Arthur Hertzberg
in Zusammenarbeit mit
Aron Hirt-Manheimer

Wer ist Jude?

Wesen und Prägung eines Volkes

Aus dem Amerikanischen
von Udo Rennert

Carl Hanser Verlag

Titel der Originalausgabe:
Jews. The Essence and Character of a People
HarperSanFrancisco, 1998

5 4 3 2 1   04 03 02 01 00

ISBN 3-446-19760-5
© 1998 by Arthur Hertzberg and Aron Hirt-Manheimer
First published by HarperCollins, San Francisco, CA.
All Rights Reserved.
Published by arrangement with Linda Michaels
Limited, International Literary Agents.
Alle Rechte der deutschen Ausgabe vorbehalten:
© 2000 Carl Hanser Verlag München Wien
Satz: Satz für Satz. Barbara Reischmann, Leutkirch
Druck und Bindung: Clausen & Bosse, Leck
Printed in Germany

Unseren Vorfahren

»Die Taten der Vorfahren weisen ihren
Nachkommen den Weg«

Inhalt

Vorwort zur deutschen Ausgabe 9
Vorwort 13
Einleitung 20
1 Die Erwählten 34
2 Eine zerstrittene Sippschaft 56
3 Die Außenseiter 68
4 Ein Zug von Wildheit 92
5 Die Synagoge Satans 108
6 Die furchtbare Wahl 123
7 Die Dame gegen den Papst 139
8 Messiaswahn 151
9 Das Zeitalter der Ketzer 159
10 Die chassidische Revolution 182
11 Unerwiderte Liebe 202
12 Das Neuerfinden des Judeseins 226
13 Zwei radikale Lösungen 253
14 Über die Schwierigkeit, Jude zu sein 268
15 Ein Judentum ohne Gott? 288
16 Von Gott verlassen 312
17 Die Zukunft 324

Chronologie der jüdischen Geschichte 343
Anmerkungen 346
Dank 352
Namenverzeichnis 356

Vorwort zur deutschen Ausgabe

Juden haben in einigen europäischen Ländern seit wenigstens zweitausend Jahren gelebt. Im Laufe der Jahrhunderte haben sie sich dann in fast jeder Region niedergelassen. Überall aber blieben sie nach wie vor eine Minderheit ohne rechtliche Gleichstellung, ja, ohne dauerhaftes Bleiberecht in dem Land, in dem sie geboren wurden.

Vor zweihundertfünfzig Jahren nun, in der Mitte des 18. Jahrhunderts, wandten einige der besten Köpfe in Europa ihre Aufmerksamkeit der »jüdischen Frage« zu. Es setzte sich, wenngleich auch nicht prinzipiell, die Überzeugung durch, daß Diskriminierung von Juden ein Unrecht sei, nur gab es keine Übereinstimmung in der Frage, wie ihnen praktisch geholfen werden sollte. Es gab solche, die vorschlugen, daß die Juden zurück in das Land ihrer Vorfahren, nach Palästina, geschickt werden. Andere befürworteten zusätzliche wirtschaftliche Rechte für die Juden, um so ihre Lebenslage zu erleichtern. In ihrer Mehrheit vertrat die Intelligenzija am Ende des 18. Jahrhunderts die allgemein geltende Lösung der Aufklärung: nämlich problematischen Minderheiten den Zugang zur Gesellschaft zu gestatten, um sie so von Leid und Mühsal zu befreien. Im Gegenzug zu dieser Emanzipation erwartete man von den Juden, daß sie sich nun änderten und kooperationswillig in »aufgeklärte« Mitglieder der westlichen Kultur verwandelten. Im August 1789 – die französische Nationalversammlung verabschiedete gerade die revolutionäre Erklärung der Menschen- und Bürgerrechte und debattierte die zukünftige Politik gegenüber den Juden – verlangte Stanislas de Clermont-Tonnerre, daß Juden als Individuen (er meinte damit diejenigen, die sich als Franzosen verstanden) alle Rechte und volle Gleichstellung gewährt werden sollten, während denjenigen, die darauf bestanden, Glied einer abgesonderten Gemeinschaft zu bleiben, ein neuer Status verweigert werden sollte.

In Deutschland erinnerte Gotthold Ephraim Lessing, der enge Freund von Moses Mendelssohn, zur selben Zeit mit der Ringparabel in seinem Stück *Nathan der Weise* mahnend daran, daß jede monotheistische Hochreligion dieselbe Lehre verkünde: die ganze Menschheit werde von einem gemeinsamen Moralgesetz zusammengehalten. Die Schlußfolgerung daraus lautete: Jeder, der die Unterschiede zwischen den einzelnen religiösen Traditionen hervorhob und verteidigte, würde der Zukunft der menschlichen Gesellschaft Schaden zufügen. Die Juden selbst waren es, die in dieser Entscheidung verschiedene Wege beschritten. Einige waren bereit, den Preis für die Assimilation zu zahlen, um Zugang zu der sie umgebenden Gesellschaft zu bekommen. Andere wiederum beharrten darauf, daß die Mehrheiten in den mannigfaltigen europäischen Gesellschaften Raum auch für Minoritäten zuzulassen hätten.

Die eigentliche Auseinandersetzung fand jedoch innerhalb der Mehrheitsgesellschaft statt. Nahezu drei Jahrhunderte lang waren in allen europäischen Gesellschaften immer wieder Strömungen hervorgetreten, die hartnäckig darauf bestanden, daß Minoritäten in ihnen nichts zu suchen hätten. Man wollte einzelne Persönlichkeiten, wenn ihnen die Assimilation bis zum vollständigen Verschwinden aller Unterschiede gelungen war, anerkennen, doch diese Menschen würden ohnehin in der Minderzahl bleiben. Die vielen, die dem strengen Urteil der Mehrheit nicht genügten, sollten ausgeschlossen und von den »wahren« Deutschen oder den »wahren« Franzosen abgesondert werden. Den radikalsten Ausdruck fand diese Jagd nach Schaffung einer »reinen nationalen« Gesellschaft in der Ideologie des Nationalsozialismus.

Heute scheint in Europa die Vision heraufzudämmern, daß viele unterschiedliche Kulturen in einer friedlichen Multikulturalität koexistieren sollten. Dieser Bewußtseinswandel war keine leichte Sache und ist noch weit davon entfernt, vollkommen verwirklicht zu sein. Die Zerstörung des ehemaligen jugoslawischen Bundesstaates geschah in den neunziger Jahren vor den Augen der Welt, und in Nationalismus wurzelnde ethnische Säuberungen auch in anderen Teilen der Welt setzen sich unvermindert fort. Dieses reaktionäre Denken jedoch, das zu solchen völkermörderischen Angriffen führt, ist am Ende selbstzerstörerisch bis hin zum nationalen Selbstmord. Die Entwicklungslinie in Europa weist denn auch in die entgegengesetzte Richtung, hin zu pluralistisch geformten Gesellschaften.

Die Auseinandersetzung, die vor zweihundertfünfzig Jahren begonnen hat, nähert sich jetzt unausweichlich ihrem Abschluß. Das ist nun nicht einer siegreichen, verdienstvollen Argumentation in der Debatte zu verdanken, sondern lediglich der Wirklichkeit der sich wandelnden Gesellschaft, etwa der unvorhersehbaren Bewegungsfreiheit, die auf dem ganzen Kontinent herrscht. In jedem Land möchte nun eine Vielzahl von Minoritäten ein Lebensrecht finden, und die Mehrheiten würden bei jedem Versuch, diese Minoritäten zu totaler Assimilation zu zwingen, scheitern. Die verschiedenen Kulturen und Traditionen haben gar keine andere Wahl als zusammenzuleben. Sie haben sich gegenseitig so zu verstehen und anzuerkennen, wie sie wirklich sind.

Zu dieser tiefen Überzeugung bin ich gelangt, weil ich die alte Auseinandersetzung im Lichte der Erfahrungen der Juden betrachtet habe. Im Zeitalter der Französischen und der amerikanischen Revolution und der starken Wirkung der Aufklärungsideale in Deutschland standen Juden immer in vorderster Linie derjenigen, die den Traum von einer neuen, »aufgeklärten« Menschheit träumten. Im 20. Jahrhundert waren es die Juden, die die Hauptopfer derjenigen wurden, die darauf bestanden, daß die europäische Gesellschaft »rassisch rein« und »ethnisch von denjenigen gesäubert« werden müsse, die anders als die Mehrheit waren. Und heute: Klein an Zahl sollten Juden nun wieder eine starke Kraft sein, wenn es um die Forderung nach Toleranz und Gastfreundschaft gegenüber Menschen und fremden Traditionen geht, die einige, ja, vielleicht viele ausschließen möchten. Aber um ganz aufrichtig zu sein: Es wäre viel bequemer, wenn sich die Juden dieser Aufgabe entziehen könnten. Aber Gott und die Geschichte haben die Juden dazu gezwungen, den Herrschenden Dinge zu sagen, die sie vielleicht nicht hören wollen. Demokratie und Menschenwürde fordern von jedem Staat, alle Bürger, die seine Institutionen respektieren, anzuerkennen, besonders aber diejenigen, deren religiöse und kulturelle Traditionen von denen der Mehrheit abweichen. Der Staat soll und darf nicht als Instrument für religiöse oder kulturelle Intoleranz mißbraucht werden.

Wir haben dieses Buch geschrieben, um die uralte Schicksalsgeschichte des Judentums verständlich werden zu lassen. Es ist keine Schrift zur Bekehrung, und ebensowenig soll es eine Vorstellung davon vermitteln, wie sich die Juden verhalten sollten, um »akzeptabel« zu erscheinen. Ich brauche wohl kaum hinzuzufügen, daß dieses Buch in Deutschland in der Hoffnung erscheint, jene Kräfte in der deutschen Gesellschaft zu stärken, die verstanden haben, daß die Zukunft dem Pluralismus gehört.

Vorwort

Im Herbst 1940 begann ich mein Studium am Jüdischen Theologischen Seminar in New York. Der Unterricht war kostenlos, weil ich ein Stipendium bekommen hatte, doch das Geld für Unterkunft und Verpflegung verdiente ich mit Nachtarbeit hinter dem Schalter der Seminarbibliothek. Diese Nächte waren belebend und voller Überraschungen. Ich erinnere mich an einen chassidischen Gelehrten in schwarzem Kaftan und mit samtenem Käppchen, der vor meinem Schalter neben einem Besucher stand, der an einer Geschichte des Jiddischen arbeitete. Dahinter stand ein hebräischer Autor, der wartete, bis er an der Reihe war, und nach einem seltenen Buch über mittelalterliche Dichtung fragte. In wenigen Minuten konnte sich dieses Bild wieder ändern. Jetzt standen da ein Wissenschaftler, der einige Fragmente aus dem Schatzfund von Manuskripten einsehen wollte, die Salomon Schechter vor einem halben Jahrhundert aus Kairo mitgebracht hatte, dahinter ein aus Warschau geflohener Rabbiner, der dabei war, eine umfassende Anthologie rabbinischer Kommentare zur Bibel zusammenzustellen, und eine junge Frau, die Material über weibliche Talmudgelehrte im Mittelalter suchte. In den wenigsten Fällen wußte ich etwas von den religiösen oder weltanschaulichen Überzeugungen dieser Leserinnen und Leser. Die Bibliothek stand jedermann offen, dem etwas daran lag, sich in die Gemeinschaft jüdischer Gelehrter einzureihen. Das waren keineswegs nur Juden. Eines frühen Abends kamen der Talmudist Louis Ginzberg, die Leuchte des Seminars, und sein Freund George Foot Moore, ein renommierter christlicher Religionswissenschaftler an der Harvard-Universität. Sie wollten einen seltenen Text einsehen. Doch die meisten Besucher, die Abend für Abend hierherkamen, waren Juden der unterschiedlichsten Glaubensrichtungen und Weltanschauungen. Sie tauschten Gedanken aus und halfen sich häufig bei der Suche nach Quellennachweisen. Sie waren alle in jüdischer Tradition und in jüdischer Gelehrsamkeit verwurzelt.

Meine Nachtschichten in der Bibliothek verstärkten etwas, was ich bereits zu Hause bei meinen Eltern gelernt hatte. Mein Vater und meine Mutter waren der Raw und die Rebezen in der chassidischen Gemeinde von Baltimore. Und trotzdem kam »jeder« bei uns zu Besuch. Bei Tisch sah ich chassidische Rabbiner, die bei uns übernachteten, wenn sie ihre Anhänger besuchten, Reformrabbiner, die mit meinem Vater über die Schriften Martin Bubers diskutieren wollten, und junge Menschen, die eine neue konservative Synagoge gründen wollten und eine Thorarolle brauchten, für deren Kauf sie jedoch kein Geld hatten. Ohne lange zu überlegen, half mein Vater ihnen mit einer der Thorarollen aus seiner Synagoge aus. Bald darauf fragten ihn einige seiner Gemeindemitglieder, warum er diesen »Ketzern« geholfen habe. Mein Vater antwortete ihnen sehr direkt: »Wenn dreißig Juden am Sabbatmorgen keine Thoralesung hören können, geht es Ihnen davon besser?« In diesem Frühjahr, fünfzig Jahre später, werde ich *scholar-in-residence* in ihrer Synagoge sein, die inzwischen mehrere hundert Mitglieder zählt. Wir werden der Anfänge gedenken und der Hilfe meines Vaters, als sie noch gering an Zahl und hilfsbedürftig waren.

Mit Aron Hirt-Manheimers Hilfe und unter seiner Beteiligung habe ich dieses Buch geschrieben, um das zum Ausdruck zu bringen, was ich im Haus meines Vaters und meiner Mutter und an jenen Abenden gelernt habe, als ich hinter dem Ausleihschalter der Bibliothek saß und von Juden aller Couleur umgeben war. Meine Eltern haben mich gelehrt, jeden von ihnen bereitwillig anzunehmen und nie auf die Idee zu kommen, den Juden gehe es besser und die Welt lebe anständiger, wenn ich alle, die nicht meiner Meinung seien, von mir fernhielte.

Ich habe im Lauf eines guten halben Jahrhunderts mehrere Bücher und zahllose Essays geschrieben. Es waren historische und religionswissenschaftliche Monographien, geistig anspruchsvolle Sachen und polemische Artikel, doch jetzt sehe ich mich genötigt, direkt für mich selbst als Jude zu sprechen. Ich bin zutiefst und mit jeder Faser meines Herzens davon überzeugt, daß ich im wahren Mainstream aufgewachsen bin, im Haus von Eltern, die ihre Liebe und Wertschätzung allen Juden gleich welcher Art entgegenbrachten und die aus ihrem Jüdischsein die Lehre gezogen haben, daß alle Menschen Kinder Gottes sind. Diese Mainstream-Tradition ist in den letzten Jahren durch lärmende Stimmen auf der religiösen Rechten entstellt worden, die darauf pochen, nur die Anhänger ihrer religiösen Richtung seien die wahren Juden, und auf der religiösen Linken, die behaupten, um Jude zu sein, müsse man weder bestimmte Studien treiben noch irgendwelche Verpflichtungen auf sich nehmen, weil die Vergangenheit für die neue Zeit irrelevant sei. Ich höre fast jeden Tag von Menschen, für sie habe es keine Bedeutung, daß sie Juden seien, oder bestenfalls, daß es ihnen genüge, jüdisch zu empfinden, ohne viel darüber zu wissen, was das eigentlich bedeutet. Ich kann nicht schweigen, wenn die Selbstgerechten oder Unwissenden immer wieder behaupten, für das Judentum zu sprechen.

Dieses Buch, das so ganz anders ist als alle anderen, die ich geschrieben habe, ist etwas, das ich meinen Eltern und meinen Lehrern schuldig bin. Sie haben mich gelehrt, den authentischen Mainstream der jüdischen Erfahrung zu verstehen. Es ist ein uralter Fluß, und seine starke Strömung wird die Juden auch weiterhin tragen.

Arthur Hertzberg
Januar 1998

Es gibt ein altes Sprichwort: »Zwei Juden, drei Meinungen.« Wie ist es dann möglich, daß zwei Juden ein Buch über das Wesen des jüdischen Charakters mit einer einzigen Stimme schreiben – und Freunde bleiben?

Die einfache Antwort lautet: Arbeitsteilung. Als wir uns zusammentaten, um dieses Buch über die Juden zu schreiben, waren Arthur Hertzberg und ich uns darin einig, daß die in diesem Buch vorgetragenen Gedanken durch seine Sichtweise und seine Gelehrsamkeit bestimmt werden sollten. Tatsächlich hat er fast den gesamten ersten Entwurf allein diktiert! Ich habe anschließend aus dem Manuskript einen Arbeitstext gemacht, den wir gemeinsam und zur beiderseitigen Befriedigung redaktionell bearbeitet haben.

Doch das Gelingen unserer Zusammenarbeit betraf weit mehr als die praktische Frage, wer welchen Teil der Arbeit übernehmen sollte. Hätten wir nicht dieselbe Sprache des Herzens gesprochen, wäre dieses Buch nie zustande gekommen. Obwohl wir vom Alter eine ganze Generation auseinanderliegen, sind Arthur Hertzberg und ich Seelenverwandte. Als Arthur Hertzberg einmal mit den Fingern einen bestimmten Rhythmus auf dem Tisch schlug, erkannte ich darin sofort das Lied, das mein Vater immer geklopft hatte, als ich noch ein Kind war. Ich weiß heute, daß der Rhythmus zu einem chassidischen *niggun* (Melodie) gehört. Unsere unmittelbaren Vorfahren waren in der Tat chassidische Juden aus Polen. Wir haben beide unsere Großeltern in den Vernichtungslagern verloren, und wir wanderten beide in die USA als Kinder ein, die nur Jiddisch sprachen. Er kam 1926 aus Polen und ich 1951, als meine Eltern, die überlebt hatten, schließlich aus einem Lager für Displaced Persons in Deutschland, in dem ich geboren wurde, entlassen wurden.

Das Buch trägt unsere beiden Namen als Verfasser auf dem Umschlag, weil es das Produkt einer echten Zusammenarbeit ist. Dennoch haben wir, wie die Leserinnen und Leser bemerken werden, in der Ichform geschrieben, um meine Erfahrung wiederzugeben, die Stimme von Rabbi Hertzberg zu

»hören«, vor allem wenn er sich an seine Begegnungen mit einigen der größten jüdischen Denker des 20. Jahrhunderts erinnert. Dieses Vorgehen steht überdies im Einklang mit der alten jüdischen Tradition der mündlichen Überlieferung vom Rabbi auf den Schüler.

Arthur Hertzberg bringt in dieses Buch mehr ein als ein ungeheures akademisches Wissen über jüdische Religion und Geschichte. Auf den folgenden Seiten begegnen uns die prägenden Einflüsse in seinem Leben: seine Identifikation mit der chassidischen Welt seiner Jugend, seine Jahre als Kanzelrabbi in der konservativen Bewegung, seine Laufbahn als Professor an der Columbia-Universität und den Universitäten Dartmouth und New York, seine fachliche Erfahrung als Autor von acht Büchern, die er bisher geschrieben hat, als Chefredakteur der *Encyclopedia Judaica* und als mehr oder weniger regelmäßiger Verfasser von Beiträgen für die *New York Review of Books*, die *New York Times Book Review* und viele andere Zeitschriften auf der ganzen Welt und sein öffentliches Leben als ehemaliger Präsident des American Jewish Congress und Vizepräsident des Jüdischen Weltkongresses.

Obwohl Arthur Hertzberg inzwischen von vielen als eine Art jüdische graue Eminenz angesehen wird, versteht er sich selbst bis heute als »einen Chassiden in modernem Gewand«. Sein Vater Zwi Elimelech Herzberg war seit den dreißiger Jahren bis 1971 der Rabbiner der chassidischen Gemeinde von Baltimore, Maryland. Jeden Morgen, bevor er zur Schule und später aufs College ging, vertiefte sich Arthur zusammen mit seinem Vater in den Talmud. Der Vater hielt den Sohn auch dazu an, jiddische und hebräische Zeitschriften zu lesen, um sich ein Bild von den Fragen und Problemen zu machen, die die gesamte Gemeinschaft der Juden etwas angingen. Arthur setzte diese zweispurige Erziehung und Bildung fort. Bereits mit achtzehn Jahren erhielt er seine erste Rabbinerweihe (orthodox) und ein Jahr später machte er seinen B. A. an der Johns-Hopkins-Universität. Danach empfing er seine zweite Ordinierung (konservativ) durch das Jüdische Theologische Seminar und promovierte in Geschichte an der Columbia-Universität. Arthur wurde ein enger Schüler von Professor Louis Ginzberg am Jüdischen Theologischen Seminar und von Professor Salo Baron, dem renommierten Historiker an der Columbia-Universität. Sein erstes Buch, *The Zionist Idea*, wurde ein Klassiker. Sein einleitender Essay gilt in weiten Kreisen als ein Meisterstück kritischer Analyse der modernen jüdischen Geschichte.

Erst dadurch, daß ich so eng mit Arthur zusammen an diesem Buch gearbeitet habe, konnte ich seine Empfindungen im Kern verstehen. Zeitlebens hat er über den Verlust der jüdischen Welt seiner Vorfahren in Osteuropa getrauert. Jeden Morgen wickelt er sich in einen großen, altmodischen Tallit (Gebetsmantel) und legt sich die Tefillin (Gebetsriemen) an der Stirn und am linken Arm an, kleine schwarze Kapseln, die auf Pergament geschriebene Bibelstellen enthalten. Sein wertvollster Besitz sind die Tefillin, die sein Großvater ihm zu seiner Bar-Mizwa geschenkt hat; ihn haben die Nazis 1943 zusammen mit der übrigen Familie in Lemberg (Lwow) ermordet. Jedes Jahr am Vorabend von Jom Kippur zündet Rabbi Hertzberg zu ihrem Gedenken 37 Kerzen an. Er betet niemals allein; sie und alle ihre Vorfahren sind sein *minjan**, seine Gebetsgemeinschaft.

Der Verlust fast all meiner Verwandten und das Leiden meines Vaters und meiner Mutter in den Konzentrationslagern der Nazis sind die prägenden Ereignisse meines Lebens. Doch was soll ich aus diesem düsteren Vermächtnis machen? Soll ich mit Gott hadern, wie mein Vater es für den Rest seines Lebens getan hat? Soll ich Gott dankbar sein wie meine Mutter, weil er sie vor dem sicheren Tod errettet hat? Oder vielleicht wäre es für mich am besten, auch weiterhin ein überzeugter Jude zu sein, ohne überhaupt viel an Gott zu denken? Nach der gemeinsamen Arbeit mit Arthur Hertzberg

---

* Wörtlich »Zahl«, Mindestzahl von zehn Männern, die für einen ordnungsgemäßen Gottesdienst notwendig sind.

an diesem Buch vermag ich heute zu erkennen, daß es weit weniger auf theologische Formulierungen ankommt als darauf, den Mut zu finden, einen Neuanfang als Jude zu machen. Dieser Willensakt ist heute wie seit jeher das Wesen des jüdischen Glaubens.

Nach jeder großen Katastrophe haben die unmittelbaren Nachfahren der Überlebenden – jene, die sich dafür entschieden, Juden zu bleiben – neue Fundamente gelegt und das jüdische Leben wiederaufgebaut. Die Generationen, die auf die Zerstörung des zweiten Tempels folgten, schufen den Talmud, den größten Schatz jüdischer Literatur seit der hebräischen Bibel. Die Kinder und Enkel der Juden, die 1492 aus Spanien vertrieben wurden, haben dem Verlauf der jüdischen Geschichte eine radikal andere Richtung gegeben. Und heute, eine Generation nach dem Holocaust, befinden wir uns wiederum am Anfang eines solchen Zyklus.

Arthur Hertzberg und ich haben dieses Buch geschrieben, weil die jüdische Tradition uns gebietet, uns dem Werk des Neuaufbaus anzuschließen. Wir hoffen, daß in dem Jahrhundert, das vor uns liegt, die Juden lernen werden, miteinander und mit der Welt in Frieden zu leben.

Aron Hirt-Manheimer
Januar 1998

Einleitung

Die Juden sind ein merkwürdiges Volk. Zu allen Zeiten hat man damit gerechnet, daß sie verschwinden, und trotzdem gibt es sie noch. Zu allen Zeiten waren sie klein an Zahl, und trotzdem sind sie sich selbst – und ihren Feinden – groß erschienen. Zu allen Zeiten haben die Überzeugungen und Wertvorstellungen der Juden die Mehrheitsgesellschaft herausgefordert und immer wieder deren Mißfallen erregt. Zu allen Zeiten wurden Juden in großer Zahl umgebracht, haben ihren Glauben unter Zwang oder aus freien Stücken aufgegeben, doch es blieben genügend übrig, die sich dafür entschieden, ihr jüdisches Anderssein beizubehalten, um den Weg weiterzugehen.

Niemand bezweifelt – nicht einmal ihre Feinde –, daß die Juden das kreativste aller kleinen Völker in der menschlichen Geschichte waren. Von den Propheten der Bibel über die Rabbiner des Talmuds, die Dichter und Philosophen des Mittelalters bis zu den Schriftstellern, Komponisten und Gelehrten der Neuzeit haben die Juden in der Geistesgeschichte der Menschheit stets eine herausragende Rolle gespielt. Warum das so ist, bleibt ein Rätsel. Manche haben die Antwort in dem Schicksal gesucht, das Gott für die Juden bestimmt hat. Andere sahen den Grund in dem unablässigen Druck, dem die Juden fast ununterbrochen durch Antisemiten ausgesetzt waren. Wir, die Autoren, finden die Antwort in der Kontinuität des Charakters der Juden.

Zweifellos waren der jahrhundertelange Glaube an ihre Erwähltheit und der jahrhundertelange Widerstand gegen ihre Feinde die Hauptkräfte bei der Herausbildung dieses Charakters, doch das jüdische Wesen hat inzwischen eine Eigendynamik angenommen. Was wir in diesem Buch beschreiben, sind die näheren Umstände, unter denen dieser Charakter geformt wurde und wie er sich änderte, auch wenn er seit der Zeit des Stammvaters Abraham vor etwa viertausend Jahren im wesentlichen derselbe geblieben ist. Von einer Generation zur nächsten sind die Juden Abraham nachgefolgt – indem sie anders waren, indem sie auf ihrem Anderssein beharrten.

Deshalb ist dies ein Buch, das Anstoß erregt. Es schlägt allen höflichen und politisch korrekten Porträts der Juden ins Gesicht. Es untersteht sich, den unwandelbaren jüdischen Charakter zu definieren. Eine solche Häresie wird zweifellos ärgerliche Reaktionen von manchen Juden und Nichtjuden auslösen, die uns vorwerfen werden, wir hätten ein reaktionäres und schädliches Werk verfaßt. Tatsächlich haben einige Verleger in den Vereinigten Staaten und Europa das Manuskript zu diesem Buch in der Befürchtung abgelehnt, mit seiner Veröffentlichung den Zorn des jüdischen Establishments auf sich zu ziehen. Offenbar löst eine Beschäftigung mit dem jüdischen Charakter tiefes Unbehagen aus; sie bedeutet den Bruch mit einem Tabu, das nach dem Holocaust entstanden ist.

Die Befürchtung, in Klischees zu verfallen, stellt sich merkwürdigerweise nicht ein, wenn es um die Charakterisierung anderer nationaler Gemeinschaften geht. Die Beobachtung Alexis de Tocquevilles aus dem Jahr 1835, die Nordamerikaner seien im großen und ganzen ein praktisch denkendes und auf die Lösung von Problemen ausgerichtetes Volk, wird nach über einhundertsechzig Jahren noch immer in Darstellungen des amerikanischen Nationalcharakters regelmäßig zitiert. Ebenso üblich ist es, sich ohne Hemmungen über den französischen, deutschen oder italienischen Nationalcharakter zu äußern. Vor über dreißig Jahren wurde sogar Luigi Barzinis Buch *Die Italiener*, in dem er die »großen Leitmotive« und »unveränderlichen Merkmale« des italienischen Volkes seit undenklichen Zeiten darstellte, zu einem internationalen Bestseller. Niemand erhob Einwände gegen seine Feststellung, daß die Italiener eine unwiderstehliche Neigung hätten, von Julius Cäsar bis zu Benito Mussolini der Faszination von Diktatoren zu erliegen. Doch sobald man von einem unwandelbaren jüdischen Charakter spricht, spüren viele Juden ein spontanes Unbehagen.

Man könnte sagen, das Problem liege in den Schwierigkeiten, Judentum zu definieren. Je nach den Umständen wurden die Juden als Religionsgemeinschaft, Gesellschaft, Nation, Klasse, Rasse oder als eine Kombination mehrerer dieser Kategorien definiert. In Wirklichkeit haben die Ängste, die dieses Buch auslöst, mit den endlosen Debatten darüber, was einen Juden ausmacht oder wer ein Jude ist, nichts zu tun. Sie reichen tiefer. Wenn wir öffentlich und in vielen Sprachen darauf beharren, daß es einen bestimmbaren jüdischen Charakter gibt, so steht dies im Widerspruch zu einer anderen Botschaft, die von unterschiedlich stark assimilierten Juden seit knapp zweihundert Jahren, seit dem Beginn ihrer Emanzipation in Europa ausgeht: daß sie gute Franzosen, gute Deutsche oder gute Amerikaner und damit letztlich nicht anders als alle anderen seien.

Es gibt noch einen weiteren, dunkleren Grund für diese instinktive Ablehnung des Unternehmens, jüdische Gruppenmerkmale zu definieren. Er rührt aus dem Erbe des Judenhasses, der in unserer eigenen Zeit so monströse Ausmaße annahm, daß er fast die Gesamtheit der europäischen Juden vernichtet hätte. Deshalb können wir verstehen, warum viele Juden die Existenz gemeinsamer jüdischer Charakterzüge bestreiten. Wer eine solche Behauptung aufstellt, so ihr Einwand, ist entweder ein Antisemit, der uns durch Ausschließung definiert, oder ein irregeleiteter oder an Selbsthaß leidender Jude, der die Position des Feindes stärkt. Nur wer uns übelwill, kann das Bedürfnis haben, uns als etwas Besonderes zu definieren – als anders als die anderen. Diese vorsichtige und defensive Haltung ist verständlich, doch widerlegt sie unsere These nicht, daß es einen bestimmbaren jüdischen Charakter gibt, der mit dem ersten Juden – Abraham – begann und bis zum heutigen Tag fortdauert. Es ist unser Ziel,

Juden so zu beschreiben, wie sie wirklich sind, und nicht wie eine Werbeagentur sie zur Wahrung jüdischer Interessen in einer Imagekampagne vielleicht darstellen würde.

Wohlgemerkt, es geht hier nicht um ein oberflächliches Porträt, das die jüdische Identität auf ihren kleinsten gemeinsamen Nenner oder auf einige wenige Klischees reduziert. Unsere Absicht ist es, die Dinge zu klären, nicht sie zu vereinfachen. Um unser Porträt der Juden entwerfen zu können, haben wir einen Begriffsrahmen geschaffen, innerhalb dessen der jüdische Charakter durch drei Grundbegriffe bestimmt wird: der Jude als Erwählter, als Aufrührer und als Außenseiter. Manche jüdischen Leser werden sich in dem Bild, das ihnen aus dem Wechselspiel dieser Elemente entgegentritt, nicht wiedererkennen. Es ist nicht das Bild, das die Welt von ihnen haben soll. Es ist »zu jüdisch«. Ihre ganze Geschichte hindurch waren die Juden stets in zwei Lager gespalten: Für die einen war und ist die Fortexistenz ihres Judentums von zentraler Bedeutung für ihr Leben, während die anderen ihr Ideal in der Anpassung an die sie umgebende Gesellschaft sehen. Leser, die in die zweite Kategorie fallen, werden sich durch unsere Darstellung »des Juden« schlechthin vermutlich befremdet fühlen. Vielleicht werden sie jedoch einen Eltern- oder einen Großelternteil darin wiedererkennen – oder sogar eines ihrer Kinder, das gerade aufgebrochen ist, um sein eigenes jüdisches Ich zu finden.

Der wesentliche Unterschied zwischen diesem Buch und anderen zeitgenössischen Werken zu diesem Thema liegt darin, daß die meisten Autoren über die Juden einen Standpunkt der Gegenwart einnehmen und von dort aus in die Vergangenheit zurückblicken. Wir sind den umgekehrten Weg gegangen und haben bei der Urquelle der jüdischen Identität angefangen. Das innerste Wesen des Juden war unserer Überzeugung nach bereits in der Person Abrahams angelegt und ausgebildet. Es wurde jahrhundertelang immer wieder von Juden bekräftigt, die bereit waren, lieber die Erniedrigungen des Exils zu ertragen oder gar ein Martyrium auf sich zu nehmen, als ihrem Glauben abzuschwören. Für uns läßt sich der jüdische Charakter mit einem alten Fluß vergleichen, der sich in ein Delta – unsere heutige Zeit – ergießt und dort in viele Arme verzweigt. Doch die eigentliche Kraft geht vom Fluß aus. Es sind nicht die einzelnen Arme, die in den Fluß münden, es ist der Fluß, der in seine Arme mündet, und die Kraft seiner Strömung hat das jüdische Volk bis auf den heutigen Tag am Leben erhalten. Deshalb muß in unseren Augen ein wirklich erfolgversprechender Ansatz zu einem Verständnis der jüdischen Identität von den fundamentalen Quellen ausgehen, der hebräischen Bibel und dem Talmud, der Aufzeichnung von Kommentaren und Neudefinitionen der Bedeutung der Heiligen Schrift, die sich über acht Jahrhunderte erstrecken. In diesem Buch beschreiben wir die wesentlichen und überdauernden Merkmale der Juden am Beispiel von bedeutenden Persönlichkeiten der Vergangenheit und Gegenwart, in denen sich die Kämpfe, die Ambivalenzen und die Sehnsüchte des jüdischen Volkes in entscheidenden Augenblicken ihrer Geschichte verkörpert haben. Diese Menschen ragen heraus, weil jeder von ihnen ein dauerhaftes Element des jüdischen Charakters repräsentiert. Man sollte darüber allerdings nicht vergessen, daß die heutige Existenz des jüdischen Volkes sich der Hartnäckigkeit und dem Mut der jüdischen Massen verdankt, die sich entschieden haben, ihren Weg fortzusetzen, selbst wenn das Terrain noch so viele Gefahren bergen mochte.

In diesem Buch versteigen wir uns zu der Behauptung, daß der Judenhaß kein irrationales Vorurteil ist, das die nichtjüdische Welt befallen hat. Er hat einen Grund. In seinem Kern ist der Antisemitismus eine wütende Reaktion auf die Juden, die bisher noch in jeder Gesellschaft, in der sie lebten, zu den hartnäckigsten Andersdenkenden gehört haben. Die von Jean-Paul Sartre in seinen nach dem Holocaust erschienenen *Betrachtungen zur Judenfrage* geäußerte Überzeugung, daß die Juden schon längst in ihren Gastgesellschaften aufgegangen wären, wenn es den Antisemitismus nicht gäbe, wird von uns nicht geteilt. Sartre war der dezidierten Meinung, daß die Juden keine selbständige Existenz hätten; sie seien eine Erfindung ihrer Feinde. Keineswegs. Es wäre ein gravierender Irrtum, alle jüdische Religion, Kultur und Geschichte als irrelevant abzutun. Tief in ihrem Innern tragen die Juden die Entschlossenheit mit sich, anders zu bleiben und – häufig in bedrohter Lage – als Minderheit an den Rändern einer fremden Kultur zu leben. Die Juden sind ein Produkt ihrer selbst und existieren als Juden bis heute aus eigenem Entschluß.

Wir lehnen auch das gängige moderne Argument ab, dem zufolge alle Judenhasser mit ihrem Haß lediglich das eigene Bedürfnis nach einem Sündenbock befriedigen, auf den sie ihre ganze Wut richten können. Warum suchen sie sich hierfür gerade die Juden aus? Für die Begründer des modernen Zionismus, Leon Pinsker und Theodor Herzl, lautete die Antwort vor einem Jahrhundert, daß der Antisemitismus der am weitesten verbreitete Ausdruck der Xenophobie, des Fremdenhasses sei. Doch Juden sind keine gewöhnlichen Fremden. Die Spannungen, unter denen beispielsweise die unter den Völkern Ostasiens verstreut lebenden Chinesen zu leiden haben, lassen sich mit der jüdischen Erfahrung im Exil nicht vergleichen. Gruppenkonflikte allein können die Verteufelung und Entmenschlichung des Juden nicht erklären. Sie bieten auch keine Erklärung für die Ermordung der europäischen Juden, die tiefe kulturelle, theologische und rassistische Wurzeln hatte.

In den unmittelbaren Nachwehen des Holocausts haben Sozialwissenschaftler die Psyche antisemitischer Massenmörder nach Anzeichen von Persönlichkeitsstörungen untersucht. In einer vom American Jewish Committee 1950 in Auftrag gegebenen Studie haben Theodor W. Adorno und andere »die autoritäre Persönlichkeit« definiert und in Beziehung zu den Nationalsozialisten gesetzt. Auch dieses Argument ist nicht stichhaltig. Der Apparat des Nationalsozialismus wurde nicht von Menschen mit Persönlichkeitsstörungen in Gang gehalten; die große Mehrheit der Deutschen und der übrigen

Europäer, die mit ihnen beim Völkermord an den Juden kollaborierten, waren ansonsten gewöhnliche Leute. Hier ging etwas anderes vor. Dieses »Etwas« ist den meisten neueren Antisemitismusforschern entgangen, weil ihre Theorien zumeist aus säkularen Annahmen abgeleitet sind. Wer den Antisemitismus in erster Linie mit dem Bedürfnis nach Sündenböcken oder einer autoritären Persönlichkeitsstruktur erklärt, projiziert heutige Interpretationen auf die Vergangenheit zurück.

Alle diese Erklärungen umgehen die entscheidende Frage: Tragen die Juden möglicherweise selbst zum Antisemitismus bei? Die Antwort lautet grundsätzlich und unweigerlich: ja. Ihr Beitrag zum Judenhaß besteht darin, daß sie darauf bestehen, Juden zu sein; als solche stellen sie von vornherein die herrschenden Lehren in Frage. In der rabbinischen Darstellung begann Abraham seine Rebellion, indem er die Idole seines Vaters zerstörte. Er bestand darauf, daß nur der Eine Gott der Wahre und das Heidentum falsch sei. Er stellte die Kultur, in deren Mitte er lebte, in Frage. Als die Juden nach der Eroberung Palästinas durch Alexander den Großen mit der hellenistischen Kultur in Berührung kamen, waren sie die einzigen Andersdenkenden. Als das Christentum zur Staatsreligion des Römischen Reiches erhoben wurde, weigerten sich die Juden, die neue religiöse Ordnung anzunehmen. Im mittelalterlichen Europa hätte niemand auch nur für einen Augenblick die göttliche Natur Jesu angezweifelt, bis ein Jude daherkam. Solange Juden an ihrem eigenen Glauben und ihren eigenen Wertvorstellungen festhalten, stellen sie den Glauben und die Kultur der Mehrheit in Frage. Selbst nichtgläubige Juden wie Franz Kafka in Prag oder Sigmund Freud in Wien erschütterten die scheinbar selbstverständlichen Überzeugungen und Werte der bürgerlichen Gesellschaft. Was also ist der Antisemitismus? Er ist die wilde und manchmal mörderische Wut von Mehrheiten auf ein Volk, dessen bloße Existenz ihre Wahrheiten fortwährend in Zweifel zieht.

Wir verstehen, warum Juden Erklärungen für den Antisemitismus vorgezogen haben, die den Hauptakzent auf die moralischen Unvollkommenheiten nichtjüdischer Mehrheiten gelegt haben. Es ist tröstlicher zu glauben, daß die Judenhasser in ihrer ganzen Bösartigkeit zu ihrer Wut nicht den geringsten – nicht einmal einen schlechten – Grund haben. Für Juden ist es wesentlich schwieriger, die Vorstellung zu akzeptieren, daß der Antisemitismus möglicherweise in seinem Kern der Furor eines kulturellen Zusammenstoßes ist.

Das Gesagte darf allerdings keinesfalls als Rechtfertigung für den Antisemitismus mißverstanden werden. Juden haben ein Recht darauf, anders zu sein und mit der sie umgebenden Gesellschaft nicht übereinzustimmen. Sie haben das Recht zu verlangen, daß die Mehrheit sie und andere Angehörige einer Minderheit als das akzeptiert, was sie sind. Wie demokratisch eine Gesellschaft ist, erweist sich an ihrer Fähigkeit, Menschen gerecht zu behandeln, die anders sind, vor allem, wenn sie die am tiefsten eingewurzelten Überzeugungen der Mehrheit in Frage stellen. Jede Gesellschaft, die nicht imstande ist, mit dem andersdenkenden anderen umzugehen, kann schnell zu einem Schlachthaus werden. Der Antisemitismus und alle anderen Formen des Gruppenhasses werden erst dann verschwinden, wenn die Menschen bereit sind, Männer und Frauen aus anderen Kulturen als Gleichgestellte neben sich zu akzeptieren. Die Auflösung des Antisemitismus erfordert, daß die Juden an den Tisch treten und zu ihren Verfolgern sagen: Ja, wir sind anders. Wenn Antisemiten die Juden und ihre Freunde sagen hören, die Juden seien eigentlich »genau wie wir«, dann wissen sie, daß das nicht stimmt, und deshalb verfangen Appelle zur Toleranz bei ihnen nicht. Albert Einstein hat diesen Sachverhalt sehr klar ausgedrückt, als er 1921 schrieb: »Es genügt, daß wir [Juden] eine gesellschaftliche Gruppe von Menschen bilden, die sich mehr oder weniger deutlich von der übrigen Menschheit abhebt und deren Realität von niemandem bezweifelt wird.«[1] Juden können sich in dieser langen und tödlichen Debatte nur verteidigen, indem sie auf ihrem Recht – und dem Recht anderer Minderheiten – bestehen, anders zu sein.

Die Juden haben natürlich keinen Ausschließlichkeitsanspruch darauf, verfolgt zu werden. Aber sie haben an mehr Orten und über längere historische Zeiträume hinweg unter Verfolgungen gelitten als jedes andere Volk. Schon früh in ihrer Geschichte haben die Juden begonnen, nach Mitteln und Wegen zu suchen, um in feindseligen Gesellschaften überleben zu können. Ihr Stammvater Abraham versuchte sich am Hof des Philisterkönigs Abimelech zu schützen, indem er seine schöne Frau Sara als seine Schwester ausgab. Abimelech wollte Sara offensichtlich gern in seinen Harem aufnehmen, und Abraham konnte mit seiner Täuschung zunächst eine unmittelbare Gewaltanwendung abwenden und die nötige Zeit gewinnen, bis Gott eingriff und beide rettete. Der neugeborene Moses überlebte das Gebot des Pharaos, alle neugeborenen jüdischen Söhne zu töten, denn seine Mutter und seine Schwester legten den Knaben in einen Binsenkorb und setzten ihn am Ufer des Nils aus, wo ihn die mitleidige Tochter des Pharaos finden würde. Und so ging es weiter, ein Menschenalter um das andere. Die Juden waren gezwungen, schlau zu sein und Listen anzuwenden, die von den Schwachen ersonnen werden müssen, um sich gegen die Starken zu behaupten, auch wenn sie ihre Hoffnung und ihr Vertrauen in Gott setzten, der sie aus der Gefahr retten würde.

In der Neuzeit geht das leidenschaftliche Eintreten der Juden für Gleichstellung zum großen Teil auf das aufgestaute Bedürfnis zurück, endlich alle Angewohnheiten ablegen zu können, die ihnen das Überleben in den Zeiten ermöglicht haben, als sie ungleich und schutzlos waren. Die Juden sind überglücklich in Gesellschaften, in denen alle den gleichen Schutz des Gesetzes genießen, weil sie in ihrer langen Geschichte so viel Verfolgung und Ohnmacht erfahren haben. Juden haben darum gekämpft, das Schtetl verlassen zu können – jene wärmende, innere Heimat, wo sie ein intensives

Leben unter ihresgleichen führen konnten –, weil es ein Ort der Schwäche und der Entbehrung war, ein Ort, an dem so viele als »Luftmenschen« leben mußten, als Menschen ohne feste Arbeit, die – im allgemeinen erfolglos – von nichts Handfesterem leben als der Luft. Der »neue Jude«, der den Zionisten vorschwebte, wurde als unbeugsam und ganz besonders stark und aufrichtig vorgestellt. Die Juden sind es seit langem überdrüssig, findige Luftmenschen zu sein.

Das Leben in Schwäche und Leiden erzeugte in der jüdischen Seele eine tiefsitzende Traurigkeit. Das religiöse Gesetz der Juden besagt, daß keine Freude jemals vollkommen sei, weil man sich selbst unter den glücklichsten Umständen stets an die Zerstörung des heiligen Tempels und die Verbannung aus dem Heiligen Land erinnern soll. Die Musik der traditionellen jüdischen Liturgie ist in düsterem Moll gehalten. In Osteuropa gab es noch bis vor wenigen Generationen bei jeder Hochzeit einen Badchen, einen Mann, der zu Ehren von Braut und Bräutigam Lieder improvisierte. Es waren keine fröhlichen Melodien, und der Text war nicht feierlich. Der Badchen sagte dem jungen Paar, das Leben werde voller Kummer sein, und falls sie dennoch das Glück finden sollten, sei dies eine seltene Ausnahme. Dennoch gebe es immer eine Hoffnung. Der Messias lasse lange auf sich warten, aber er werde kommen und das »Ende der Tage« bringen, wenn alle Übel der Welt ein Ende haben und alle Menschen für immer in Frieden leben würden. Diese Hoffnung war die erlösende Gnade.

Selbst in der schlimmsten Zeit gab es eine Hoffnung. Im Konzentrationslager Theresienstadt hielt eine Gruppe jüdischer Frauen, die dem Hungertod nahe waren, ihre Lieblingsrezepte in einem Notizbuch fest. Sie stritten sich über die richtige Weise der Zubereitung eines Nudelauflaufs, eines Zwetschgenstrudels oder von Karamelbonbons. Die Zusammenstellung eines Kochbuchs war ein Akt trotziger Selbstbehauptung und ein Aufbegehren gegen die Verzweiflung. Eines Tages würden die Nazis besiegt sein. Die Rezepte würden aus ihrem Versteck geborgen werden. Das erinnert an ein jiddisches Lied, das die Speisen aufzählt, die Gott beim Festmahl zur Feier der Ankunft des Messias auftischen wird. Diese Frauen in Theresienstadt hatten ihren eigenen Speiseplan für den Tag der Erlösung, an dem sie wieder bei sich zu Hause sein und für ihre Männer und Kinder in der eigenen Küche kochen würden.

In Auschwitz trat ein jüdischer Häftling beim Namensappell mit seinen Gebetsriemen an, den kleinen schwarzen Kapseln mit Bibelsprüchen, die an seinem linken Arm und seiner Stirn angelegt waren. Er hatte sein Morgengebet noch nicht verrichtet, weil die Morgenandacht (Schachrit) nicht vor Tagesanbruch beginnen darf, die Arbeitskolonnen sich jedoch schon um fünf Uhr in der Frühe aufstellen mußten. Die Kapos, von den Nazis ausgesuchte Lageraufseher, schlugen den Mann, weil er es gewagt hatte, sich über die Regeln im Todeslager hinwegzusetzen. Vielleicht schlugen ihn diese Kapos, weil sie sich schämten, daß sie nicht den Mut gefunden hatten, sich so wie er zu verhalten. Oder hofften sie vielleicht, selbst mit dem Leben davonzukommen, wenn sie den Nazis gehorchten und die anderen Gefangenen mißhandelten? Wir können es nicht wissen. Wir wissen jedoch, daß der Häftling mit den Gebetsriemen sich weigerte, nachzugeben. Dieselbe Szene wiederholte sich am nächsten Morgen. Dieser Mann wollte seinem Feind keinen Zollbreit nachgeben und nahm dafür das Martyrium auf sich. Er ließ die Hoffnung nicht fahren, daß seine Werte weiterleben würden.

Eine andere Geschichte: Der Gefreite Schulz (seinen Vornamen kennen wir nicht) war ein deutscher Soldat, den man einem Exekutionskommando zugeteilt hatte. Er weigerte sich, auf Zivilpersonen zu schießen. Was als nächstes passierte, ist auf einem Film festgehalten. Schulz erhielt den Befehl, sich auf die andere Seite zu begeben, und wurde zusammen mit den übrigen Opfern erschossen. Ebenso wie der Jude, der seine Gebetsriemen nicht ablegen wollte, entschied sich dieser Deutsche dafür, er selbst zu sein: Er brachte es nicht fertig, auf wehrlose Zivilisten zu schießen. Überall in Europa gab es einzelne Nichtjuden, die ihr Leben aufs Spiel setzten, um Juden zu verstecken, und einige von ihnen verloren ihr Leben in einem der Konzentrationslager der Nazis. Diese aufrechten Nichtjuden waren eine Quelle der Hoffnung, und sie werden im Holocaustmahnmal Yad Vashem in Jerusalem geehrt.

Die Juden konnten sich behaupten, weil sie es ablehnten zu glauben, daß ihr Schicksal ein endloser Zyklus von Niederlagen und Katastrophen sein sollte. Die jüdische Geschichte ist keine ewig gleichbleibende griechische Tragödie, eine menschliche Tretmühle, aus der man nie herausfinden kann. Im Mittelpunkt des jüdischen Glaubens steht die Überzeugung, daß am »Ende der Tage« die Juden dabeisein werden, um die wunderbaren Geschehnisse und Mirakel bei der Ankunft des Messias zu erleben. Es ist diese Hoffnung auf Erlösung, die den Juden den Mut gibt, ihren Weg weiterzugehen.

Die rabbinische Vorstellungswelt erlaubt selbst beim Gedenken an die Leiden der Vergangenheit eine Vorahnung von der wiederhergestellten künftigen Welt. Das Decken des Tisches, an dem eine Familie in Eintracht und Frieden lebt, ist ein Akt der Wiederherstellung, der Tisch ist ein Stück des Altars im alten Tempel von Jerusalem. Im Talmud findet sich das wunderbare Bild, daß die Synagogen und Jeschiwot (höhere Talmudschulen; Einzahl: Jeschiwa) der Diaspora, auch wenn sie noch so armselig und baufällig sind, nach der Ankunft des Messias alle in das Land Israel verlegt werden. Das denkwürdigste jiddische Lied, das in Polen während der Verfolgungen durch die Nazis geschrieben und gesungen wurde, beginnt mit der Zeile: »Sog nischt kejnmol as du gejst dem letztn Weg« – »Sage niemals, daß du den letzten Weg gehst«. Für den gläubigen Juden gibt es immer die Verheißung einer strahlenderen Zukunft. Und für alle nichtgläubigen Juden, die in vorderster Front aller liberalen Ideen und Bewegungen standen, ist es der Kampf für den Aufbau einer besseren Gesellschaft, der ihre Hoffnungen beflügelt.

Und wie steht es mit der jüdischen Zukunft? Worin wird sie sich von der jüdischen Vergangenheit unterscheiden? Die Zukunft des jüdischen Volkes ist von schweren Problemen bedroht. Die Zahl der Mischehen und der Assimilationswilligen in der Diaspora ist extrem hoch und fast überall im Steigen begriffen. Was noch schlimmer ist: Die besonders orthodoxen Fraktionen liegen mit den religiös liberalen Gruppen des jüdischen Volkes zunehmend im Streit. Diese Leidenschaft zur Ablehnung und Abgrenzung speist sich aus der Vorstellung, daß wir ins »Zeitalter des Messias« eingetreten seien. Die unterschiedlichsten Handlungen, mögen sie noch so unvernünftig und rücksichtslos sein, sind gerechtfertigt, weil die Messiasgläubigen diesem höchsten Ereignis den Weg ebnen müssen. Dieses messianische Eiferertum innerhalb einer kleinen, aber lautstarken Minderheit nähert sich inzwischen sogar der Erregung, die im 17. Jahrhundert von den Anhängern des falschen Messias Sabbatai Zwi ausgelöst wurde. Wie wir zeigen werden, stellen die neuen Sabbatianer die schwerste Bedrohung für die Zukunft des jüdischen Volkes dar. Doch es gibt eine Hoffnung, und sie liegt darin, die jüdische Erfahrung durch die Brille der rabbinischen Autoren des Talmuds zu betrachten. Sie standen einer Chronologie gleichgültig gegenüber und betrachteten jede jüdische Erfahrung als gegenwärtige; für sie waren Vergangenheit und Gegenwart eines, so wie Gott nur eines ist. Die Weisen Hillel und Rabbi Akiba werden im Talmud so zusammengeführt, als debattierten sie gemeinsam über die Auslegung einer Stelle im jüdischen Gesetz, obwohl ihre Lebenszeiten Generationen auseinander lagen. Es spielt kaum eine Rolle, wer wem vorausging oder wer zu welcher Zeit lebte. Die Rechtschaffenen und die Verworfenen erscheinen in jeder Generation aufs neue, Recht und Unrecht ändern sich nicht, und der Kampf zwischen ihnen hält bis zum Ende der Tage an.

Die Gegenwart ist nur insoweit von Bedeutung, als in ihr alle jüdischen Vergangenheiten ihren Widerhall finden. Ich kann mich noch daran erinnern, wie mein Vater nach 1945 von der Welt Osteuropas niemals in der Vergangenheit, sondern in der Gegenwart sprach. Nie sagte er beispielsweise: »In Raische hat men gesogt« – »in Raische hat man gesagt«. Bis an sein Lebensende sagte mein Vater stets: »In Raische sogt men« – »in Raische sagt man«. Durch einen Willensakt hielt er diese Kultur am Leben. Was hatte die Scharade meines Vaters zu bedeuten? Natürlich wußte er, daß die Juden in Polen umgebracht worden waren, aber er weigerte sich, in ihnen Opfer zu sehen, die tot und begraben waren. Natürlich trauerte er über ihren Tod, doch er blieb vereint mit dem Volk, das von den Nazis ermordet worden war. Mein Vater verehrte ihr Leben als etwas noch Heiligeres als ihren Märtyrertod. Immer, wenn er von ihnen in der Gegenwart sprach, nahmen sie durch ihn Leben an.

Die Tragödien wiederholen sich natürlich. In der jüdischen Liturgie heißt es zwar: »Denn um dich werden wir gewürgt Tag für Tag«, doch es gibt Licht und Hoffnung. Gläubige Juden haben einen unerschütterlichen Glauben an die Ankunft des Messias. In säkularen Begriffen ist dieses Drama von einem Ende der Tage – eine Zeit universellen Friedens – die großartigste Schöpfung des jüdischen Geistes. Doch ob Gott oder der Mensch in ihrem Mittelpunkt steht, die messianische Idee war für das jüdische Bewußtsein von entscheidender Bedeutung. Am Ende der Tage wird eine strahlendere Welt erstehen, und eine zukünftige Generation wird diese glorreiche Zeit erleben. Solange diese Hoffnung fortbesteht, so lange werden die Juden weiterleben.

1
Die Erwählten

Vor einigen Jahren wurde ich in den Vatikan eingeladen, in das Arbeitszimmer eines Erzbischofs, das nur zwei Türen von den Privaträumen des Papstes entfernt lag. Das Gespräch nahm einen guten Verlauf – so gut, daß der Erzbischof mich fragte, ob ich den Wunsch habe, den Papst persönlich kennenzulernen. Er fügte hinzu, ich habe mit Seiner Heiligkeit etwas gemeinsam, weil ich ebenso wie der Papst in Polen geboren sei. Der Erzbischof äußerte die Vermutung, ich könne mich gewiß ohne Schwierigkeiten mit dem Papst in unserer Muttersprache verständigen. Ich erwiderte, meine Muttersprache sei Jiddisch, und ich könne mich nur noch an ein paar Brocken Polnisch erinnern, die ich auf der Straße aufgeschnappt hatte. Der Erzbischof war neugierig. Er wollte wissen, an was ich mich noch erinnern konnte, und ich sagte es ihm. Die Worte, die mir noch immer im Gedächtnis hafteten, obwohl ich Polen schon vor sechzig Jahren verlassen hatte, wurden mir damals von den Kindern nachgerufen, die mich auf der Straße verfolgten und dabei schrien: »parschiwe schid!« – »dreckiger Jude!« Mit einemmal wurde die Atmosphäre förmlicher. Der Erzbischof befürchtete anscheinend, ich könnte dem Oberhaupt der katholischen Kirche dieselbe Geschichte erzählen – eine berechtigte Sorge, das hätte ich getan –, so daß es nie zu einer persönlichen Begegnung mit dem Papst gekommen ist.

Ich wollte den Erzbischof nicht mit dem Eindruck zurücklassen, wir könnten unmöglich Freunde sein, und deshalb erzählte ich ihm eine zweite Geschichte. Mit sechzehn Jahren beendete ich die High-School in Baltimore und benötigte dringend ein Stipendium, um auf ein College zu wechseln. Es war das Jahr 1937; die Weltwirtschaftskrise war noch nicht wieder abgeflaut, und meine Eltern hatten kein Geld. Überdies war es eine Zeit, in der die Nationalsozialisten in Deutschland ihre Machtposition konsolidierten und der Antisemitismus in den Vereinigten Staaten ständig zunahm. Mit ziemlich weichen Knien ging ich zu einem Gespräch, das über meine Zukunft entscheiden sollte. Der Gutachter war ein Professor an der Johns-Hopkins-Universität, der in Deutschland geboren und offensichtlich katholischer oder protestantischer Christ war. Er behandelte mich freundlich und mit einem anscheinend spontanen Verständnis für meine Nervosität. Aus meinem Bewerbungsschreiben und weil ich es ihm ausdrücklich gesagt hatte, wußte er, daß ich der Sohn des Rabbiners der chassidischen Gemeinde in Baltimore und gläubiger Jude war. Am Ende des Gesprächs sagte mir der Professor, er werde mich für das Stipendium vorschlagen. Einige Tage später erhielt ich die offizielle Bestätigung und rief aus diesem Grund den Professor an und bat ihn um ein weiteres Gespräch.

Bei unserer zweiten Begegnung dankte ich ihm überschwenglich und fand sogar eine Möglichkeit, ihm zu sagen, wie tief bewegt ich sei, daß jemand seiner Herkunft eine besondere Anteilnahme am Sohn eines Rabbiners gezeigt habe. Auf diese Bemerkung ging er nicht näher ein. Als ich aufstand, um mich zu verabschieden, versicherte ich dem Professor, daß ich ihm immer dankbar sein würde, und fragte ihn, was ich tun könne, um meine Dankbarkeit zum Ausdruck zu bringen. Er antwortete ganz ruhig und sehr feierlich: »Junger Mann, eines Tages werden Sie auf der anderen Seite des Tisches sitzen. Wenn Sie dann derjenige sind, der die Entscheidungen trifft, denken Sie immer daran, den Kleinsten und den Geringsten zu helfen.« Als ich fünf Jahre alt war, mußte ich vor Christen davonlaufen, doch elf Jahre später hatte mir ein gläubiger Christ geholfen – weil er Christ war.

Der Erzbischof schien erleichtert, und unser Gespräch wurde fortgesetzt. Dennoch wußte ich, daß ich ihn aus der Fassung gebracht hatte, weil ich mit einer Offenheit gesprochen hatte, die bei solchen Begegnungen unüblich ist. Von

Juden erwartet man, daß sie »nett« sind, und da kam so einer wie ich und sagte ihm, daß ich einer Horde polnischer Kinder entkommen war, denen man beigebracht hatte, ich persönlich sei schuld am Tod Jesu Christi.

Das Ende der Geschichte aus meiner Kindheit behielt ich dann allerdings für mich. Es gelang mir, meinen Verfolgern zu entkommen (seit Jahrhunderten haben die Juden eine besondere Fertigkeit entwickelt, sich zu verstecken). Als ich schließlich atemlos und zitternd in unser Haus stürmte, redete meine Mutter beruhigend auf mich ein. Sie sagte mir, es sei falsch von diesen polnischen Kindern, mich nur deshalb verletzen zu wollen, weil ich anders sei. Und ich fragte sie: Warum sind wir anders? Meine Mutter überlegte keinen Augenblick. Wir sind anders, erklärte sie, weil Gott es so will. Er will, daß wir uns besser benehmen als diejenigen, die versuchen, uns weh zu tun. Du bist anders, setzte sie hinzu, weil deine Eltern erwarten, daß du diese heiligen Bücher studierst – sie zeigte auf die Bibliothek meines Vaters aus heiligen hebräischen Texten –, damit du erfährst, was Gott von den Juden erwartet und was wir von uns selbst erwarten. Noch immer in Angst machte ich mich wieder auf den Weg zum Cheder, der traditionellen jüdischen Grundschule, die seit Hunderten von Jahren in meinem Heimatort Lubaczow existierte. Aber ich war sicher, daß das Erlernen des Hebräischen, Gottes eigener Sprache, es wert war, täglich aufs neue Spießruten zu laufen.

Dieses ganz persönliche Drama im Jahre 1926 war die Neuinszenierung einer uralten Geschichte. An diesem Tag, als ich fünf Jahre alt war, lernte ich von meiner Mutter etwas, was Juden schon immer gewußt haben. Ihr Grundgefühl ist Stolz, nicht Angst. Gläubige Juden hängen ihrem Judentum in der Überzeugung an, daß sie das erwählte Volk sind. Das mag eine Illusion sein oder zumindest eine Übertreibung, doch sie ist der eigentliche Kern ihres Selbstbildes. Sie hat uns den Mut gegeben, Generation für Generation weiterzumachen und unsere Kinder in unserer Tradition und Gemeinschaft großzuziehen.

Welche Belege haben die Juden, um einen so unerhörten Anspruch zu vertreten? Der beste »Beweis« ist, daß selbst unsere Feinde von der einen oder anderen Version dieser Behauptung überzeugt sind. Der Apostel Paulus akzeptierte diese Wahrheit, als er von den Juden sagte: »Gott hat sein Volk nicht verstoßen, welches er zuvor ersehen hat« (Römer 11:2). Auch der Islam wurzelt in der Überzeugung, daß Gottes erste Offenbarung dem Patriarchen Abraham zuteil wurde und daß die alten Hebräer Gottes erste Sendboten waren. Und somit würden die meisten christlichen und muslimischen Theologen übereinstimmen, daß Gott sich der Welt zuerst in der Sprache der Hebräer zugewandt hat.

Selbst der tragische und dämonische Schatten dieser akzeptierten Wahrheit bezeugt die einzigartige Bedeutung der Juden, denen man die Rolle des besonderen Feindes der Christenheit und zunehmend des Islams zugewiesen hat. Die Kirchenväter, die im 2. Jahrhundert das christliche Dogma in eine Form gebracht haben, erklärten sich das Unvermögen der Juden, das Christentum anzunehmen, aus dem Umstand, daß der Teufel die Oberhand über die Juden gewonnen und sie zur »Synagoge Satans« gemacht habe. Im Lauf der Jahrhunderte tauchte das dämonische Bild der Juden in immer häßlicheren Abwandlungen auf, doch die fundamentale Beschuldigung blieb dieselbe. Die Juden besaßen angeblich die einzigartige Fähigkeit, das Christentum und überhaupt die ganze Menschheit zu untergraben. Selbst im heutigen Japan, wo es fast keine Juden oder Christen gibt, ist die antisemitische Fälschung *Die Protokolle der Weisen von Zion* ein bis heute von vielen gelesenes Buch, in dem das internationale Judentum einer Verschwörung zur Herrschaft über die ganze Welt bezichtigt wird. Offensichtlich war es in all den Jahrhunderten einer intensiven und unaufhörlichen Diskussion der Juden nicht schwierig, zu dem Schluß zu gelangen, daß die Menschheit insgesamt in ihnen ein Volk sieht, das anders ist als alle anderen Völker.

Doch glauben die Juden selbst wirklich an die Lehre der Erwähltheit? Religiöse Gläubige haben natürlich kein Problem, sich als Teil des erwählten Volkes zu verstehen; es ist die zentrale Aussage des jüdischen Glaubens, daß Gott die Vorfahren der Juden dazu ausersehen hatte, mit ihnen einen ewigen Bund zu schließen. Der Segensspruch, den die Juden aufsagen, bevor sie die Thora lesen, enthält die Worte: »Gesegnet seist Du, Einziger, unser Gott, König der Welt, der uns aus allen Völkern auserwählt hat.« Doch es sind nicht nur gläubige Juden, die sich als erwählt betrachten. Ich kenne jüdische Agnostiker, die zwar nicht daran glauben, daß Gott eine besondere Beziehung zu den Juden vorgesehen hat, die jedoch darauf bestehen, daß die Juden die *selbstgewählten* Träger einer einzigartigen, leuchtenden Botschaft seien. Israels erster Ministerpräsident David Ben Gurion sagte gegen Ende seines Lebens:

»Meine Vorstellung vom messianischen Ideal und der messianischen Vision ist nicht metaphysisch, sondern sozial-kulturell-moralisch ... Ich glaube an unsere moralische und intellektuelle Überlegenheit, an unsere Fähigkeit, als Vorbild für die Erlösung des Menschengeschlechts zu dienen. Diese meine Überzeugung gründet sich auf meine Kenntnis vom jüdischen Volk und nicht auf einen mystischen Glauben; die Herrlichkeit der Gegenwart Gottes ist in uns, in unseren Herzen, nicht außerhalb von uns.«[1]

Als Zionist widmete Ben Gurion sein Leben einer großen jüdischen Aufgabe – der Schaffung einer modernen jüdischen Gesellschaft in einem wiederhergestellten jüdischen Staat. Wie die meisten Zionisten mußte er davon überzeugt sein, daß es in seinem Kampf gegen die Araber nicht einfach um Grundbesitz ging. Unter seiner Führung sollte sein Volk durch den Zionismus der ganzen Menschheit ein moralisches Beispiel geben. Ist das nicht eine moderne Version der Erwähltheit der Juden? Einmal hatte ich die Kühnheit, ihn etwas provozierend zu fragen, ob seine »Theologie« nicht auf die Behauptung hinauslaufe: »Es gibt keinen persönlichen Gott, aber Er hat die

Juden auserwählt, und Er verhieß ihnen das Gelobte Land.« Ben Gurion lächelte, als hätte ich sein Geheimnis enthüllt.

Selbst viele Juden, die ihr ganzes Leben außerhalb der jüdischen Gemeinschaft verbrachten, haben diese Vorstellung, einem erwählten Volk anzugehören, nicht abgelegt. Sie war ihnen von ihren Vorfahren her in Fleisch und Blut übergegangen, die in all ihrer Mühsal und Plage durch den unerschütterlichen Glauben aufrechterhalten wurden, Gott habe die Juden als ein »Königreich von Priestern und ein heiliges Volk« auserwählt. Diese biblische Definition – daß Juden eine besondere Bestimmung haben – liegt dem Selbstbild der Juden im Innersten zugrunde. Es ist der Grund, warum so viele jüdische Eltern möchten, daß ihre Kinder Juden heiraten.

Die Juden haben die Vorstellung von ihrer Erwähltheit nicht erfunden. Die Idee geht vermutlich auf prähistorische Höhlenbewohner in den Anfängen eines religiösen Bewußtseins zurück. Diejenigen, die über genau umrissene Glaubensvorstellungen verfügten, betrachteten sich selbst als »Ingroup«. Sie waren die wahre Menschheit; alle anderen waren geringere Wesen. Sie waren die Gemeinschaft der Erwählten, die Elite; die übrigen waren primitiv und minderwertig. Die Idee der Erwähltheit hat demnach eine lange – und häufig eine blutige – Geschichte. Sie wurde als Rechtfertigung für die Angriffe der Träger der »Wahrheit« auf die angeblich unwissenden, schmutzigen Wesen, die nicht zu den Aufgeklärten gehören, benutzt.

Christen haben Ketzer angegriffen und hingerichtet, weil diese den wahren Glauben verleumdeten, und sie haben Juden verfolgt, weil diese die Wahrheit Gottes zurückgewiesen hätten, als sie in der Gestalt Jesu unter ihnen erschienen sei. Die Nazis ermordeten sechs Millionen Juden, um die Welt von einer angeblich minderwertigen Rasse zu säubern. Die Juden gehörten somit zu den Hauptopfern der Lehren einer religiösen und rassischen Überlegenheit. Doch dürfen wir nicht vergessen, daß bei der Eroberung des Landes Kanaan auch Juden das Recht für sich in Anspruch nahmen, ein anderes Volk zu vernichten. Im Alten Testament findet sich mehrfach das Gebot, daß die götzendienerischen Völker, die in diesem Land ansässig waren, vernichtet werden müßten, so daß keine Spuren ihrer Götter oder ihrer unmoralischen Bräuche übrigblieben. Das Gewissen der Juden wurde von dieser Geschichte gequält.

Die jüdische Ambivalenz gegenüber der Bedeutung der Erwähltheit zeigt sich bereits im 5. Buch Moses, wo es heißt: »Nicht weil euer ein Mehr wäre gegen alle Völker, hat ER sich an euch gehangen, hat euch erwählt, denn ihr seid das Mindere gegen alle Völker.« (5. Moses 7:7–8; Übersetzung Buber/Rosenzweig) Der Prophet Amos spricht es ähnlich aus, wenn er Gott sagen läßt: »Seid ihr mir nicht wie die Mohrensöhne, Söhne Jißraels? ... Habe ich nicht Jißrael aus dem Land Ägypten heraufgebracht, und die Philister aus Kaftor ...?« (Amos 9:7; Übers. Buber/Rosenzweig) Was für eine Enttäuschung mußte es gewesen sein, zu hören, daß Gott den unversöhnlichsten und mächtigsten Feind Israels nicht weniger liebte als die Kinder Israels selbst! Amos definierte die Erwähltheit nicht als ein Verdienst, sondern als eine Verantwortung oder gar als Heimsuchung. Gott erwartet von den Juden, daß sie kraftvoll, kreativ und sittenstreng leben, als moralisches Vorbild für die Menschheit. Die Erwähltheit ist die allgegenwärtige und unentrinnbare Qual, die durch das Gewissen verursacht wird.

Natürlich starb die ältere, chauvinistische Sichtweise niemals ganz aus. Eine jüdische rechte Minderheit in Israel ist heute der Meinung, das »Palästinenserproblem« sei durch Macht und Eroberung zu lösen. Im Verständnis dieser Ultranationalisten muß das erwählte Volk die Palästinenser aus dem Land vertreiben, das im Altertum den Juden gehörte. Gleichgültig, wie lange diese »illegalen Siedler« schon in Palästina ansässig sind, sie haben keinen gültigen Rechtsanspruch auf das Land, das Gott den Juden verheißen hat. Dieses Argument wird von Leuten vorgebracht, die sehr genau wissen, daß der Talmud sich zu diesem Punkt unzweideutig äußert: Die unbarmherzige Eroberung des Gelobten Landes liegt weit, weit zurück. Sie war ein einmaliges Ereignis; es ist verboten, etwas Ähnliches jemals zu wiederholen. Die Rabbiner des Talmuds gelangten zu dieser Auffassung, indem sie festlegten, das ursprüngliche Gebot habe sich nur auf »sieben Völker« bezogen, die Stämme, auf die die Israeliten stießen, als sie in das Land Kanaan vordrangen, und diese Stämme existieren seit langem nicht mehr. Maimonides ließ in seinem Codex des jüdischen religiösen Gesetzes an dieser Position keinen Zweifel; dort heißt es, daß alle Gebote über die »sieben Völker« nicht mehr in Kraft seien, weil ihr Gedächtnis heute verschüttet ist. (Mischna Torah; Yad Hachazakah, Die Gesetze von Königen, 15:4)

Diese Debatte über die Bedeutung der Erwähltheit, des besonderen Bundes, den Gott mit den Juden geschlossen hat, ist keine abstrakte Auseinandersetzung. Sie bildet den Kern der Kontroverse im Zusammenhang mit dem Gedächtnis Baruch Goldsteins, jenes Messianisten, der an der heiligen Begräbnisstätte der Patriarchen und Matriarchen in Hebron mit einer Maschinenpistole auf betende Muslime schoß. Das war im Februar 1994, und Goldstein tötete 29 Muslime, bevor er selbst von erzürnten Überlebenden zu Tode geprügelt wurde. Die große Mehrheit der Juden in Israel und im Ausland war entsetzt über Goldsteins Angriff auf eine ins Gebet vertiefte Versammlung; für die meisten Juden war diese Tat das extreme Gegenteil von allem, was sie immer von sich selbst geglaubt hatten – daß Juden friedliebend und gegenüber gläubigen Menschen besonders ehrerbietig seien. Doch das Grab Goldsteins ist zu einem Wallfahrtsort für manche Juden geworden, die in ihm einen Märtyrer für eine uralte Sache sehen: die Säuberung des Landes Israel von allen Eindringlingen, so daß Gottes erwähltes Volk dort seinen Wohnsitz nehmen kann, wo er in der Bibel vorgesehen ist. Bei den meisten Juden, mich selbst eingeschlossen, weckt die Erinnerung an Baruch Goldstein tiefe Scham.

Was haben wir Juden dann überhaupt davon gehabt, Gottes erwähltes Volk zu sein? Der vielleicht größte Vorteil besteht darin, daß es uns in unserem Gemüt erhoben hat. Wir sind nicht einfach eines von diesen vielen unbedeutenden kleinen Völkern der Menschheitsfamilie auf Erden. Seit dem Bundesschluß auf dem Sinai haben die Juden sich als Hauptdarsteller auf der Weltbühne verstanden. Selbst als sie gezwungen waren, in verkommenen Ghettos zu leben, haben sie sich stets daran erinnert, wer sie waren, und wußten, daß sie ihr Bestes geben mußten. Am heiligen Sabbat konnten sich selbst die ärmsten Juden als Mitglieder eines Fürstenhauses fühlen. In diesem Bild von sich selbst als Adel des Geistes kommt ein Glaube zum Ausdruck, daß das, was Juden tun, für die gesamte Menschheit von transzendenter Bedeutung sei. Solche Ansprüche können von anderen mit Recht als Zeichen einer maßlosen Arroganz aufgefaßt werden. Die Feinde der Juden erklären, Erwähltheit bedeute in Wirklichkeit ein jüdisches Streben nach Weltherrschaft, während die Juden behaupten, es sei ein Auftrag, für universellen Frieden und Gerechtigkeit zu kämpfen. Ich sage, es ist sowohl das Gefühl einer moralischen Sendung als auch ein Überlebensmechanismus, der uns Tröstung ebenso wie Drangsal beschert.

Die Vorstellung von den Juden als dem auserwählten Volk Gottes hat zu jeder Zeit Hohn und Spott auf sich gezogen. Die Römer verhöhnten Jesus mit einer Dornenkrone: Wenn du der »König der Juden« bist, der Führer des erwählten Volkes, wie kommt es dann, daß wir dich bald ans Kreuz schlagen werden? Im Mittelalter waren die Juden gezwungen, eine besondere Kleidung zu tragen, so daß man sie sogleich erkennen – und ihnen mit Verachtung begegnen konnte. Die Nationalsozialisten verhöhnten den Anspruch der Juden auf Erwähltheit, indem sie sich ein diabolisches Vergnügen daraus machten, zu beweisen, daß sie die Juden wie Ungeziefer behandeln konnten. Selbst auf ihrem letzten Weg in die Gaskammern klammerten sich viele Juden an ihren Glauben und rezitierten trotzig »Schema Jisrael« – »Höre Israel, der Ewige ist unser Gott, der Ewige ist Einzig«. Sie starben als Juden. Sie glaubten bis zum Schluß daran, daß sie und ihr Volk eine besondere Rolle spielten, auch wenn sie nur noch Niederlagen erlitten und Gott weit weg zu sein schien.

Wie immer die Theorien und selbst die intellektuellen Verrenkungen aussehen mögen, mit denen die jüdische Lehre der Erwähltheit gerechtfertigt wird, es bleibt die Frage: Warum sollte Gott sich überhaupt noch mit der Welt befassen, nachdem er sie einmal geschaffen hatte? Die Rabbiner in alter Zeit befreiten sich aus diesem Dilemma zu ihrer Zufriedenheit. Sie sagten, als Gott die Welt aus dem kosmischen Chaos geschaffen habe, sei ein Stück seiner Schöpfung unvollendet geblieben. Gott habe den Menschen die große und heilige Aufgabe stellen wollen, eine gewisse Ordnung in ihre Welt zu bringen. Zumindest würden sie danach streben, das Chaos in ihrer eigenen Seele zu beherrschen. Für die Rabbiner stand außer Frage, daß der hauptsächliche Partner Gottes bei diesem kosmischen Unternehmen das erwählte Volk war. Die gläubigen Juden hatten somit keinerlei Probleme mit der Frage, warum Gott sich mit der Menschheit und vor allem mit den Juden noch abgeben sollte. Gott schuf den Mann und die Frau als Teil des göttlichen Unternehmens – die Welt zu bändigen –, und die Juden sollten dabei die Führung übernehmen. Deshalb empfanden selbst diejenigen, die den alten Glauben verloren oder aufgegeben hatten, noch immer die Stoßkraft der alten rabbinischen Behauptung, daß die zentrale Aufgabe der Juden, der eigentliche Zweck ihres Lebens darin liege, bei der Vervollkommnung der Welt eine transzendente Rolle zu spielen.

Wir dürfen uns nicht zu der Vorstellung verleiten lassen, diese Idee bedeute, daß die jüdische Religion in ihrem Wesenskern darauf gerichtet sei, die Bedürfnisse des Menschen nach innerem Frieden oder auch nach einer grandiosen spirituellen Erleuchtung zu befriedigen. Von Anfang an hat der Judaismus die Betonung des eigenen Ichs verschmäht. Natürlich war der Wunsch nach Selbstverwirklichung schon immer tief in der menschlichen Natur verwurzelt. Schon in der Frühzeit der Religion suchten Männer und Frauen die Götter zu besänftigen, indem sie ihnen wertvolle Opfer darbrachten, damit die Götter sie dafür mit Fruchtbarkeit und Glückseligkeit beschenkten. Doch die biblischen Propheten haben immer wieder hervorgehoben, daß solche Opfer leere Gesten sind, da es nicht die Aufgabe Gottes sei, den Seelenfrieden der Menschen zu gewährleisten. Der Gott der Bibel fordert vom Menschen das Eingehen einer absoluten Verpflichtung zu Gerechtigkeit und Erbarmen. Diese Verpflichtung ist unbequem und beschwerlich. Die Menschen, die nach diesem Gesetz leben, müssen sich ständig befragen, ob sie ihren Mitmenschen gegenüber ihre moralische Pflicht erfüllt haben. Auch hier bedeutet Erwähltheit eine Last und eine Mühsal.

Das Beste, was Menschen tun können, um einem Seelenfrieden nahezukommen, besteht nach dem düsteren Ausspruch Rabbi Israel Salanters, eines Moralisten des 19. Jahrhunderts, darin: Um die eigene Seele zu erlösen, muß der Mensch den Leib eines anderen retten. Israel Salanter hatte vom elementaren Judentum ein tieferes Verständnis als die zahlreichen Popularisierer unserer Zeit. Er erinnerte daran, daß Gott, als er Abraham in die Welt hinaus schickte, zu ihm gesagt hatte: »Gehe du aus deinem Land, aus deinem Geschlecht, aus dem Haus deines Vaters in das Land, das ich dir zeigen werde ... *und will dich segnen.*« (Genesis 12:1–2) Gott schickte Abraham nicht nach Shangri-La oder zu einem geschützten Zufluchtsort, wo er zufrieden gewesen wäre und seine Ruhe gehabt hätte. Gott bot Abraham keinen inneren Frieden durch Yogaübungen oder kabbalistische Meditationen. Natürlich konnten Juden meditieren und über ihr Tun nachdenken; sie konnten tanzen, um ihre Freude am Leben zum Ausdruck zu bringen oder um den Vorzug zu feiern, Gottes Teilhaber zu sein, doch nichts davon hat etwas mit dem zentralen Inhalt oder der innersten Bedeutung des Judentums zu tun. Solche Aktivitäten sind nur schmückendes Beiwerk, aber nicht das Eigentliche des Judentums oder des jüdischen Charakters. Im Gegenteil, Abraham erhielt den Auftrag, in die Welt hinauszugehen und allen Menschen in seiner Nähe und letztlich der ganzen Menschheit ein Segen zu sein. Abraham und Sara wurden auf eine Reise geschickt, um den Hungernden, den Schwachen und Wehrlosen Hilfe und Schutz zu bringen. Den Juden ist es untersagt, sich von der Gesellschaft, von der übrigen Welt zu entfernen und sich mit ihrer Selbstvervollkommnung zu beschäftigen. Von Abraham über Israel Salanter bis zum heutigen Tag opfern diejenigen, für die im Mittelpunkt des religiösen Bemühens das »bedürftige Ich« steht, letztlich die wahren Werte des Judentums auf dem Altar ihrer eigenen Wünsche.

In der Neuzeit ereignete sich der pointierteste Zusammenstoß mit der Idee der Erwähltheit nicht unter den gläubigen, sondern unter den nichtgläubigen Juden. Bis zum Beginn des 19. Jahrhunderts hatte das zentrale religiöse Thema der europäischen Juden in einer passiven Erwartung, von Gott aus ihrem Exil erlöst zu werden, bestanden. Jetzt wurde es in eine entschlossene, aktive Anstrengung, als Ebenbürtige in einer umfassenderen Gesellschaft akzeptiert zu werden, umgemünzt. Eine wachsende Zahl von Juden wollte ihr Schicksal selber bestimmen und ihren gerechten Anteil an der Welt des Hier und Jetzt besitzen.

Die komplexeste Abwandlung der Lehre von der Erwähltheit des jüdischen Volkes erfolgte durch nichtgläubige jüdische Intellektuelle, die sich den Reihen der großen Revolutionsbewegungen in Mittel- und Osteuropa angeschlossen hatten. Diese Menschen zeigten eine besondere Leidenschaft für eine Neuerschaffung der Welt, und sie akzeptierten bereitwillig das Martyrium als den Preis für eine Verwirklichung der Verheißung einer besseren Welt für alle. Zu ihnen gehörte auch Samuel Aaron Lieberman (1845–1880), ein Frühsozialist und hebräischer Autor, der seine fortschrittliche Ideologie der antiken jüdischen Kultur zuschrieb, insbesondere dem Thema einer messianischen Erlösung. In seinem Manifest an die »gesunden und gläubigen Juden« (1876) unterstrich er, daß die wahren Führer in der Bewegung für eine sozialistische Gesellschaft einer universellen Gerechtigkeit nicht die Juden seien, die sich ausgrenzen wollten, sondern die »aufgeklärten Juden«, die Hebraisten, die sich mit dem jüdischen Volk identifizierten und denen es am Herzen lag. Sie hätten sich der Vorhut einer neuen Elite angeschlossen, als »duldende Diener« der Revolution, um den Auftrag auszuführen, den die Propheten und Rabbiner der Menschheit erteilt hätten: in das moralische Chaos der Gesellschaft durch die Schaffung einer gerechten Ordnung einzugreifen.

Eines der schlagendsten Beispiele für diese neue Version der Erwähltheit war die Art und Weise, wie sich der Allgemeine Jüdische Arbeiterbund (»Bund«) bei seiner Gründungsversammlung 1897 definierte. Zuerst in Wilna (Vilnius) aufgebaut, wurde der Bund sehr schnell zur mächtigsten Organisation jüdischer Arbeiter im ganzen zaristischen Rußland. Anfangs bezeichneten sich die Bundisten als antireligiös, antinationalistisch und antizionistisch. Ihr erklärtes Ziel war es, sich dem umfassenderen Kampf russischer Arbeiter zum Sturz der unterdrückerischen herrschenden Klasse anzuschließen. Der Zusammenschluß jiddischsprechender Arbeiter war eine reine Frage der Zweckmäßigkeit; er erleichterte den Verkehr untereinander. Der Bund beabsichtigte nicht, auf eine jüdische Einheit hinzuwirken oder die jiddische Sprache und Kultur zu pflegen. Nach wenigen Jahren spaltete sich der Bund, als einige seiner Führer begannen, die Tugenden der jüdischen Volksverbundenheit und die Bedeutung der jiddischen Volkskultur hervorzuheben. Sie behaupteten, den Juden komme in der Revolution eine besondere Rolle zu, weil sie als ein seit langem verfolgtes Volk in den jetzigen Kampf eine unverhältnismäßig große Energie einbrächten. Diese stärker jüdisch geprägten Strömungen standen dem sozialistischen Ideal einer proletarischen Gesellschaft entgegen, in der alle nationalen Unterschiede verschwinden würden. Für die bolschewistischen Führer Lenin und Stalin waren die Bundisten »jüdisch-nationale Abweichler«. Georgij Plechanow, der »Vater des russischen Sozialismus«, verspottete diese jüdischen Sozialisten als Zionisten, die sich nur deshalb nicht in Odessa einschifften und nach Palästina führen, weil sie »Angst vor der Seekrankheit« hätten. Die Bundisten hatten zwar der jüdischen Religion und all den heiligen Büchern in hebräischer Sprache abgeschworen, aber sie hielten am Jiddischen als der nationalen Sprache der Juden fest, und sie feierten den jüdischen Proletarier als die Vorhut der Revolution. Das alles erinnerte Plechanow an bestimmte alte Vorstellungen von der seit jeher bestehenden Besonderheit der Juden. Plechanow hatte recht damit.

Die Frage der Erwähltheit löste auch innerhalb der Zionisten selbst Debatten aus. Theodor Herzl, der Gründer der modernen zionistischen Bewegung, interessierte sich nicht sehr für diese Frage. Sein Traum bestand darin, die Juden zu einer nationalen Gruppe mit einem eigenen Staat umzuformen und aus ihnen eine »normale Nation« zu machen. Doch Herzls bedeutendster ideologischer Gegner innerhalb des zionistischen Lagers, Ascher Ginzberg, der unter dem Pseudonym Achad Haam veröffentlichte, war ein überzeugter Verteidiger der Erwähltheitslehre, auch wenn er seine eigene Zugehörigkeit zum Judentum nicht religiös, sondern kulturell begründete. Achad Haam vertrat nachdrücklich den Standpunkt, daß die zentrale Bekräftigung des jüdischen Selbstbewußtseins die Erwähltheitslehre sei. Die Juden hatten ihre eigenen, einzigartigen Wertvorstellungen entwickelt, und nur wer dieses Ethos und dieses Selbstverständnis teilte, würde letzten Endes Jude bleiben.

Besonders kränkend war für Achad Haam die in dem 1909 erschienenen Buch *The Synoptic Gospels* von dem frühen jüdischen Reformer Claude Montefiori vertretene Idee, daß die Morallehren des Judentums und des Christentums identisch seien. In einer Kritik zu diesem Buch schrieb er:

»Noch hat die Geschichtsforschung nicht auf befriedigende Weise zu erklären vermocht, wie es dazu kam, daß in einem kleinen Völkchen in einem Winkel Asiens eine ganz eigenartige religiös-sittliche Anschauung sich bildete, eine Anschauung, welche die ganze übrige Welt so sehr beeinflußte und dennoch dieser ganzen Welt so fremd blieb ... Aber jeder wahre Jude, sei er nun orthodox oder liberal, fühlt tief in seinem Herzen, daß im Geiste unseres Volkes etwas Eigenes lebt – wenn wir gleich nicht wissen, was es ist –, das es von der anderen Völkern gebahnten Straße abgelenkt und dazu geführt hat, das Judentum auf jenen Grundlagen zu schaffen, um derentwillen es bis auf den heutigen Tag mit ihm im Winkel steht, ohne sie aufgeben zu können. Wer in seinem Herzen diese Empfindungen noch hat, bleibe drinnen – wem sie bereits verlorengegangen, der mag fortgehen. *Einen Vergleich kann es hier nicht geben.*«[2]

Mit anderen Worten, Juden, die nicht länger einem erwählten Volk, das für die Welt eine besondere moralische Botschaft hat, angehören wollen, sollten sich aus dem Judentum verabschieden, weil sie sich darüber im Irrtum befinden, was es bedeutet, Jude zu sein.

Der jüdische Erwähltheitsglaube hat selbst in seiner abgeschwächtesten Form stets behauptet, daß Juden zumindest der Idee nach moralisch höherständen als ihre Nachbarn. Jüdische Intellektuelle haben immer wieder betont, daß diese Unterscheidung keiner herablassenden Haltung entspringe. Doch in der Vergangenheit haben die jüdischen Massen keine derartige Differenzierung vorgenommen. Sie haben ihren Trost in dem Glauben gesucht, daß sie besser seien als ihre Feinde, so wie es mir meine eigene Mutter beigebracht hat, wenn ich den Steinen und Stöcken meiner Verfolger in Polen entkommen war. Wie oft haben die Juden ihren Stolz aus ihrer besonderen Begabung bezogen, ihre Widersacher, die ihnen Verletzungen zufügen wollten, zu überlisten.

In der jiddischen Literatur und Sagenwelt werden immer wieder Juden und »Gojim« einander entgegengesetzt, um zu zeigen, daß das erwählte Volk in all seinem Leiden dennoch den Nichtjuden überlegen sei. Dem oft gebrauchten jiddischen Ausdruck »schicker wie a goj« – »betrunken wie ein Nichtjude« – liegt die folgende Geschichte zugrunde. Es ist Rosch ha-Schanah, das jüdische Neujahrsfest. Reb Levi Jizchak von Berditschew hat den Eindruck, daß die Prüfung der Juden vor den Pforten des Himmels einen schlimmen Verlauf nimmt, also unterbricht er seinen Gottesdienst und trägt dem Schammes, dem Synagogendiener, auf, unter den Bänken der Synagoge nachzusehen. Der Schammes fragt: »Wozu?« »Um nachzusehen, wie viele Betrunkene dort liegen«, antwortet der Rabbi. Der Schammes denkt nach und fragt: »An diesem heiligen Tag rechnet Ihr wirklich damit, unter den Bänken betrunkene Juden zu finden?« Doch da der Rabbi beharrlich bleibt, fügt sich der Schammes und meldet, er habe keinen einzigen Trunkenbold gefunden. Darauf richtet der Rabbi seine Augen zum Himmel und sagt: »Gott der Gerechte, wir Juden mögen ein einfaches Volk sein, aber sieh doch nur den Unterschied zwischen unserem neuen Jahr und ihrem. An ihrem Neujahrstag legt man sie wie die Heringe betrunken auf den Boden. An Rosch Ha-Schana würde ein Jude nicht einmal von so etwas träumen. Sind wir nicht ein besseres Volk? Sind wir nicht das Volk, das dir am nächsten steht? Haben wir nicht ein gutes Jahr verdient?« In dieser Anrufung stecken etwas Chauvinismus und eine leichte Anklage, aber zum größten Teil soll sie einen Trost bieten – sie ist ein Knochen für die armen Hunde der Gesellschaft.

Wenn Hunde reden könnten

Sigmund Freud hat geschrieben, daß sich im jüdischen Humor und in der jüdischen Überlieferung häufig das Bedürfnis der Ohnmächtigen äußere, sich an den Unterdrückern zu rächen. Der jüdische Witz ist ein feingeschliffenes Werkzeug zur Verspottung von Männern, welche die Macht haben, andere zu mißhandeln, zu verjagen und umzubringen. Es gibt den Witz über den Poritz, den polnischen Grafen, der nach Paris reist, um sich dort dem Glücksspiel hinzugeben. Er kommt zurück mit einem Hund und sagt zu seinem Moschke, seinem Hausjuden: »Bring meinem Hund in einem Monat das Sprechen bei, oder ich lasse dich hängen.« Der Jude läuft nach Hause und teilt seiner Frau die furchtbare Nachricht mit. Sie sagt: »Du mußt zurückgehen und den Grafen dazu bringen, auf diese verrückte Forderung zu verzichten.« Er spricht mit dem Poritz und kommt strahlend zurück. »Nu«, sagt seine Frau, »hat er seine verrückte Idee aufgegeben?« »Nein«, sagt ihr Mann, »aber er läßt mir ein ganzes Jahr Zeit dafür.« »So, in einem Jahr kann der Hund also sprechen?« schimpft sie. »Du verstehst nicht«, sagt er, »in einem Jahr hat der Poritz die Sache vielleicht vergessen, oder vielleicht ist er bis dahin tot, oder wer weiß, vielleicht habe ich dem Hund bis dahin wirklich das Sprechen beigebracht.«

Der zionistische Politiker Nahum Goldmann dachte sich sein eigenes Ende dieser Geschichte aus und stellte sich vor, was am Ende des einen Jahres passieren könnte. Der Poritz läßt den Moschke zu sich rufen und fragt ihn: »Spricht mein Hund schon?« »O großer Poritz«, flüstert der Jude, »ich muß Euch eine Geschichte erzählen. Letzte Woche hat der Hund zu sprechen angefangen, und das hat er gesagt: ›Der Herr hat mich als Geschenk von der Herrin des teuersten Bordells in Paris erhalten, wo er die Edelsteine seiner Frau verspielt hat, die er eigentlich zum Juwelier bringen sollte, um sie einfassen zu lassen. Statt dessen hat er die Steine verkauft und billige Imitationen zurückgebracht.‹« An dieser Stelle unterbricht ihn der Poritz und sagt: »Ach du lieber Gott, diese Geschichte darf auf keinen Fall herumerzählt werden«, doch Moschke beruhigt ihn: »Keine Sorge, ich habe dafür gesorgt, daß der Hund nicht mehr reden kann.«

Während der meisten Zeit in der Diaspora waren die Juden machtlos, doch sie gelangten schließlich zu der Überzeugung, daß selbst in den schlimmsten Zeiten am Ende doch alles wieder gut würde. Einige von ihnen würden untergehen, doch die meisten würden dank ihrer Gewitztheit und mit Gottes Hilfe durchkommen. Ein solches Gottvertrauen wurzelte in der Idee der Erwähltheit, die den Juden die Zuversicht eingab, daß niemals alles verloren sei, daß Gott schon etwas tun würde. Bisher hatten sie es immer geschafft, Stürme heil zu überstehen. Gegenüber dem Nationalsozialismus war dieses Vertrauen eine Falle. Hier hatten die Juden es mit einem ideologischen Krieg von einer Art zu tun, die sie noch nie kennengelernt hatten. Die einzig mögliche Verteidigung hätte in der Flucht bestanden, doch viele Juden warteten zu lange darauf, daß die Verhältnisse sich besserten und die Lage sich beruhigte. Andere flohen tatsächlich oder versuchten es wenigstens, konnten jedoch keine Zuflucht finden. Alle Nationen dieser Welt hatten sie so gut wie ganz ausgesperrt. Das war der Grund, warum unmittelbar nach dem Holocaust die Erkämpfung eines jüdischen Staates – einer Stätte, wo Juden zu allen Zeiten willkommen sein würden – zur einigenden Kraft des jüdischen Volkes wurde.

In Nordamerika fehlte der Überzeugung von der Erwähltheit des jüdischen Volkes die Bitterkeit und der Groll in Verbindung mit der europäischen Erfahrung. Der tiefsitzende Antisemitismus der alten Welt konnte auf diesem Kontinent nie wirklich Fuß fassen. Überall in Europa waren Juden die Opfer einer Benachteiligung durch das Gesetz. Ein Staat nach dem anderen hatte sie vertrieben (England 1290, Frankreich 1394, Spanien 1492 ...). Die Juden erhielten zwar nicht immer und überall im kolonialen Amerika gleiche Rechte zugebilligt, doch sie wurden nie aus der Wirtschaft oder gar der Politik ausgeschlossen. Die Vereinigten Staaten waren eine Einwanderergesellschaft und dehnten ihre Grenzen ständig weiter nach Westen aus. Sie waren auf Neuankömmlinge angewiesen. Ein Außenseiter konnte schließlich einen Platz in dieser Nation finden, deren Verfassung auf revolutionären Grundsätzen fußte und allen ihren Bürgern uneingeschränkte Gleichheit versprach. Deshalb begegneten die Juden von Anfang an der Obrigkeit in den Vereinigten Staaten respektvoller und gehorsamer. Das Gefühl der Erwähltheit wurde in den USA nicht zu einer Trotzreaktion einer verfolgten Minderheit, die es nötig hatte, sich Mut zu machen, indem sie sich im stillen sagte, ich bin besser als ihr. Statt dessen wurde diese Idee zu einer moralischen Herausforderung: Wir werden beweisen, daß wir es wert sind, vorbehaltlos angenommen zu werden, indem wir euch zeigen, was wir für rechtschaffene und wunderbare Menschen sind. Amerikanische Juden haben diesen Standpunkt am sichtbarsten mit ihrer leidenschaftlichen Bereitschaft zu wohltätigen Spenden zum Ausdruck gebracht.

Das Hadern mit Gott nach dem Holocaust

Mehr als jedes andere Ereignis seit der Zerstörung des zweiten Tempels in Jerusalem stellte die Vernichtung der europäischen Juden die Erwähltheitslehre auf die Probe. Wenn die Juden das erwählte Volk Gottes sind, warum waren sie dann wiederholt die Zielscheibe der schlimmsten Exzesse menschlicher Schlechtigkeit? Als die Nachricht von der Shoah (das hebräische Wort für Holocaust in der Bedeutung »Katastrophe«) meinen Vater in Baltimore erreichte, erklärte er: »Wir sollten als Abordnung zurück zum Berg Sinai gehen und sagen: ›Gott im Himmel, wir, dein auserwähltes Volk, haben dreitausend Jahre lang deine Thora mit uns herumgetragen. Jetzt sind wir gekommen, um sie dir zurückzugeben. Wir bitten dich inständig, unser Gott, ein anderes Volk zu erwählen. Soll dieses doch die Last tragen.«‹ Natürlich meinte er das Gesagte nicht so, wie er es gesagt hatte. Mein Vater stand in einer langen Reihe von Juden, angefangen mit Abraham, die Gott zur Rechenschaft zogen. Er rief aus: Warum hast du diese Schrecken zugelassen? Warum hast du uns das angetan? Und mein Vater wußte, daß er anders als Hiob keine Stimme aus dem Wettersturm hören würde, die auf seine Anrufung antwortete, aber er mußte es aussprechen. Er mußte mit Gott hadern.

Einige – religiöse ebenso wie weltliche – Juden haben sich auf den Standpunkt gestellt, daß das Überleben des jüdischen Volkes bis auf den heutigen Tag, selbst nach dem Holocaust, ein Beweis für seine Erwähltheit sei. Für die Zionisten besteht das Wunder in der Wiedergeburt des jüdischen Staates nach fast zweitausend Jahren in der Verbannung; für die Ultraorthodoxen ist es die Wiedererstehung der Lebensweise, wie sie im Schtetl Tradition war, in verschiedenen Gegenden der neuen Welt und ganz besonders in Enklaven in Israel, nachdem diese Kultur überall in Osteuropa fast völlig ausgerottet worden war; und für die Teilassimilierten ist es die anhaltend wichtige Rolle der Juden innerhalb der westlichen Kultur.

Ich stimme keiner dieser »Erklärungen« zu. Die Erwähltheit der Juden ist ein Geheimnis. Es bleibt das Geheimnis Gottes, aus welchem Grund er einen unbedeutenden Volksstamm dazu ausersehen hat, zu leiden und mehr zu erreichen, als man von einer so kleinen Völkerschaft auf einer so stürmischen Reise erwarten konnte. Alles, was wir Juden über uns selbst wissen können, ist, daß wir bis jetzt nach jeder Tragödie einen Neuanfang gemacht haben.

Die Erwähltheit des jüdischen Volkes ist kein beneidenswerter Zustand. Isaiah Berlin, der vielleicht brillanteste britische Intellektuelle unserer Zeit, beharrte darauf, daß es für die Juden besser wäre, ein normales Volk wie die Albaner zu werden (sein Beispiel), statt dieses einzigartige Volk zu sein, das so viele schöpferische Köpfe hervorgebracht hat. Berlin ergänzte seine Behauptung durch eine verblüffende Metapher. Eine gesunde Auster, sagte er, lebt und stirbt in einem Zustand der Normalität und bringt zeitlebens keine Perle hervor. Die Perle ist das Resultat einer Krankheit der Auster. Berlin stellte die Frage, ob sich die Auster, wenn sie die Wahl hätte, dafür entscheiden würde, die Krankheit zu erdulden, um die Perle hervorzubringen. Ähnlich verhält es sich mit den Juden: Trotz der Verfolgung durch ihre Feinde haben sie an ihrem Selbstbild als erwähltes Volk festgehalten und Menschen von großen Geistesgaben hervorgebracht, aber war es das Opfer wert? Berlins Antwort lautete, er wäre lieber ein normaler Albaner geworden als ein schöpferischer Jude.

Als einer seiner Freunde hatte ich meine Zweifel, ob Isaiah Berlin wirklich der Meinung war, die Juden sollten sich in imaginäre albanische Bauern verwandeln. Berlin zählte eine Vielzahl jüdischer Geistesgrößen von Chajim Weizmann bis Albert Einstein zu seinen Bekannten und war stolz darauf. Wollte er wirklich, daß sie und er selbst verschwanden? Glaubte er wirklich, daß die Juden sich jemals damit zufriedengeben würden, im Glück von Ruhe und Zufriedenheit zu leben? Gewiß, ein befristeter Urlaub von der Anspannung des jüdischen Lebens wäre ganz angebracht, aber doch kein Dauerurlaub.

Es gibt kein ruhiges Leben für die Juden in aller Welt, zumindest nicht für lange. Die einzige Frage ist, ob man inmitten der Stürme mit Entschlußkraft und Würde lebt. Wir Juden wissen, warum wir leiden. Die Gesellschaft wendet sich gegen jeden, der ihre fundamentalen Überzeugungen, Verhaltensweisen und Vorurteile in Frage stellt. Die herrschende Klasse schätzt es nicht, wenn man ihr sagt, daß Moral vor Macht geht. Der Anspruch auf Erwähltheit sorgt dafür, daß die Juden ein unruhiges Leben führen. Ich halte es für wesentlich besser, das erwählte Volk zu sein, ein Stachel im Fleisch und ein Ärgernis für einen Großteil der Menschheit, als in Schüchternheit und Furcht zu leben. Die Juden sind auf der Erde, um unerschrocken zu sein. Sie können sich nicht vor der Aufgabe drücken, die Welt gerechter und anständiger zu machen. In einer Gesellschaft ohne Recht, in der nur die rohe Gewalt herrscht, ist niemand sicher, und in den meisten Fällen ist es der Jude am wenigsten von allen. Deshalb muß er sich für eine Gesellschaft einsetzen, die an eine menschliche Ethik gebunden ist, und muß im Angesicht der Macht die Wahrheit sagen.

Moderne Juden sind irritiert und peinlich berührt, wenn sie hören, Juden seien in irgendeiner Hinsicht etwas Besonderes oder Einzigartiges. Sie möchten, daß die Welt der Nichtjuden sie wegen ihrer Geistesgaben und ihrer Kreativität bewundert, aber nicht wegen einer religiösen Berufung aus alter Zeit. Trotzdem läßt sich nicht bestreiten, daß dieselben Juden, die Wert darauf legen, »wie jeder andere zu sein«, alle Welt wissen lassen wollen, daß jeder siebte Nobelpreisträger ein Jude ist, obwohl der Anteil dieses kleinen Volkes an der Weltbevölkerung weniger als 0,2 Prozent ausmacht. Bücher über »den jüdischen Beitrag zur Zivilisation« werden seit Jahrzehnten immer wieder gedruckt, sehr zur Genugtuung auch jener Juden, denen allein schon die Vorstellung von einem erwählten Volk zuwider ist.

Es war notwendig, über die Rolle zu sprechen, die der Erwähltheitsgedanke im jüdischen Bewußtsein im Lauf der Jahrhunderte gespielt hat, auch wenn er aus Gründen der *political correctness* geschönt und zurechtgestutzt wurde, so daß wir eine offene Diskussion über das Wesen des Juden fortsetzen können. Die Erwähltheitslehre ist im Bewußtsein der Juden so tief eingewurzelt, daß sie selbst bei denen noch zu finden ist, die den Glauben ihrer Vorväter nicht mehr teilen. Paradoxerweise würden diese Menschen zwar bestreiten, daß sich die in den USA lebenden Juden von allen anderen Amerikanern unterscheiden, aber sie können es auch nicht über sich bringen, eine Idee aufzugeben, welche die jüdische Existenz bestimmt hat, seit die Juden am Fuß des Berges Sinai Gott begegnet sind.

Die Juden machen sich bis heute mit Gewalt unglücklich, indem sie danach streben, sich ihrer Erwähltheit würdig zu zeigen.

2
Eine zerstrittene Sippschaft

Während meiner Studienzeit am Jüdischen Theologischen Seminar tolerierte Rabbi Mordechaj Kaplan zwar meine Ansichten, die von seinen eigenen abwichen, aber er schätzte sie nicht. Schon damals vertrat ich den Gedanken einer Erwähltheit der Juden, während er darauf beharrte, das sei eine undemokratische Idee. Eines Tages bekam ich die Quittung dafür. Ich sollte im Seminar ein Referat halten und wollte es besonders klug anstellen und mich unangreifbar machen, indem ich all das wiedergab, was Kaplan selbst zu diesem Thema vier Tage zuvor gesagt hatte. Während meines Vortrags blieb Mordechaj Kaplan unbewegt sitzen, doch dann nahm er alles, was ich vorgetragen hatte, Punkt für Punkt auseinander. Danach sagte ich vorwurfsvoll: »Aber, Dr. Kaplan, ich glaube auch nicht an dieses Zeug, aber es ist genau das, was Sie letzten Donnerstag zu diesem Thema ausgeführt haben.« Er sah mir direkt in die Augen und sagte: »Schon, Arthur, aber ich bin seit Donnerstag eben klüger geworden.« Der große Mordechaj Kaplan hatte seine eigenen Ansichten verleugnet, um mich zu widerlegen.

Zwei Jahrzehnte später arbeitete ich eng mit einem weiteren legendären jüdischen Führer zusammen, Nahum Goldmann, dem jahrelangen Präsidenten des Jüdischen Weltkongresses und der Zionistischen Weltorganisation. Ich bewunderte seine Fähigkeit, freundschaftliche Beziehungen zu Vertretern unterschiedlicher Fraktionen zu unterhalten, die sich untereinander nicht ausstehen konnten. Eines Tages hatte ich bei einem Essen zu seinen Ehren den Vorsitz und stellte ihn als den einzigen Mann vor, dem ich je begegnet war, der gleichzeitig die Regierungspartei und die Opposition anführen könne.

Wir Juden machen Witze über unsere Streitigkeiten, doch während unserer ganzen Geschichte reichten sie sehr tief und waren häufig tragisch.

Die weitverbreitete Vorstellung von einer Einheit des Weltjudentums ist ein Mythos, den sich Antisemiten lange Zeit zunutze gemacht haben. Das klassische Beispiel sind die *Protokolle der Weisen von Zion*, die im letzten Jahrzehnt des 19. Jahrhunderts von Agenten der russischen Geheimpolizei verfaßt wurden, um die Existenz einer geheimen, internationalen jüdischen Verschwörung zur Eroberung der Weltherrschaft zu beweisen. Diese noch heute in vielen Sprachen gedruckten Protokolle sind nach wie vor eine Hauptstütze des Antisemitismus. Im Nahen Osten finden sie in arabischer Sprache allgemein Verbreitung. In den Vereinigten Staaten verteilt die antisemitische Nation of Islam unter der Führung von Louis Farrakhan eine Ausgabe kostenlos an ihre Mitglieder und an jeden, der an einem ihrer Werbestände stehenbleibt. In deutscher und in anderen europäischen Sprachen sind die *Protokolle* die Bibel der Neonazis. Die Leser, die den Inhalt dieses Pamphlets für bare Münze nehmen, glauben die Anschuldigung, jüdische Kapitalisten verfolgten den Plan, die Welt zu versklaven. Jawohl, es gibt eine Verschwörung, doch ihre Mitglieder sind keine Juden; es sind Leugner des Völkermords an den Juden im Zweiten Weltkrieg und andere Antisemiten, die ein weltweites Geschäft mit Hetzliteratur als Druckschriften und im Internet betreiben.

In den Jahren vor der Machtergreifung der Nationalsozialisten in Deutschland kursierte dort die Geschichte von zwei Juden in der Straßenbahn, von denen der eine das antisemitische Hetzblatt *Der Stürmer* las und vom anderen gefragt wurde: »Entschuldigen Sie bitte, aber warum lesen Sie diesen antisemitischen Schund?« Darauf erwiderte der Angesprochene: »Wenn ich eine jüdische Zeitung aufschlage, muß ich lesen, wie die Juden sich gegenseitig das Leben schwermachen, und dann bin ich deprimiert. Aber wenn ich im *Stürmer* lese, daß die Juden reich und mächtig, organisiert und einig sind und die Welt beherrschen, dann geht es mir gleich wieder besser.«

Das jüdische Volk war von Anfang an eine zerstrittene Sippschaft. Das Kennzeichen der jüdischen Geschichte war die Spannung zwischen dem Streben nach einem einigen Volk und einem fürchterlichen Parteienzwist. Das alte biblische Reich der Könige hatte als einheitliches Reich nur unter David und Salomo Bestand, und das waren weniger als hundert Jahre. Wenn die Juden gelegentlich den Anschein der Einigkeit erweckten, dann immer nur für kurze Zeit. In der Diaspora, in der es manchmal anerkannte jüdische Führer gab, beispielsweise den Exilarchen in Babylon vom ersten bis zum 12. Jahrhundert oder den »Rat der Vier Länder« in Polen und Litauen im 17. und 18. Jahrhundert, wurden diese Organe gewöhnlich von den Herrschern ernannt, um von den Juden besondere und sehr drückende Steuern einzuziehen. In der jüdischen Geschichte gab es nur selten eine Zentralgewalt ohne äußeren Druck.

Die innerhalb des Judentums bestehenden Fraktionen zerstritten sich über viele Fragen. In biblischer Zeit tobte der Hauptkampf zwischen den Juden, die einen einzigen Gott verehrten, und den Juden, welche die heidnischen Götzenbilder übernahmen, die im Land Kanaan verehrt wurden. In hellenistischer Zeit verlief die Haupttrennungslinie zwischen denen, die sich der Weltkultur der Griechen assimilieren wollten, und denen, die sich weigerten, dem Glauben und der Lebensweise ihrer Vorfahren abzuschwören. In römischer Zeit gab es den Bruch zwischen denen, die bereit waren, ihren Frieden mit der Besatzungsmacht zu schließen, und denen, die eine Unabhängigkeit um jeden Preis wollten. Bei oberflächlicher Betrachtung schien es sich dabei um politische und kulturelle Zwistigkeiten zu handeln, doch im Grunde genommen ging es dabei um Religion. Die fundamentale Frage in zahlreichen Abwandlungen lautete stets: Wer ist der wahre Erbe der biblischen Offenbarung? Es war ein Kampf um Legitimität und um die Macht, die diese dem Sieger verlieh.

Wie jeder weiß, der mit der Bibel vertraut ist, begann dieser Konflikt im Haus von Abraham und Sara. Welcher ihrer Söhne, Ismael oder Isaak, hatte den rechtmäßigen Anspruch auf das Erstgeburtsrecht – das heißt auf den Segen Gottes? Der Bibel zufolge war Isaak der legitime Erbe, obwohl er der jüngere Sohn war. (Der Koran gab das Erstgeburtsrecht an Ismael zurück, Isaaks älteren Halbbruder, den Sohn von Saras Dienerin Hagar.) In der nächsten Generation erschlich sich Jakob das Erstgeburtsrecht von seinem älteren Bruder Esau und verstärkte damit das Muster, nach dem die jüngeren Söhne den Mantel der Führung für sich beanspruchten. Abermals eine Generation später wurden zwei der jüngeren Söhne Jakobs, Juda und Joseph, nach dem Tod König Salomos die Stammväter des Nord- und des Südreichs. Nach welchem Recht haben sich diese jüngeren Söhne das Erstgeburtsrecht ihrer Brüder angeeignet und tief eingewurzelte Normen des Erbrechts verletzt? Auf welches Recht gründeten sie ihren Anspruch, die wahren Erben des Segens zu sein, den Gott dem Stammvater Abraham gespendet hatte? Die Antwort liegt im Charakter der betreffenden Männer, nicht in der Reihenfolge ihrer Geburt.

In der Bibel wurde das Erstgeburtsrecht außer Kraft gesetzt, wenn der jüngere Sohn für den *isch haruach* befunden wurde, für denjenigen, der den Geist Gottes in sich trägt. Diese jüngeren Söhne taten sich durch ihre göttliche Auserwähltheit, ihre spirituelle Vortrefflichkeit hervor. Es kam vor, daß alle Kinder in der ersten Familie übergangen wurden, etwa als Mose den Mantel des Führers an Joshua übergab, der von einem anderen Stamm kam. Warum Joshua? Weil Gott Mose zufolge entschieden hatte, ihn anzureden. Die Nachfahren Aarons wurden die *kohanim*; sie erbten den Rang der levitischen Priester, doch ihre Führerrolle wurde ihnen von den Propheten streitig gemacht, die unmittelbar im Namen Gottes sprachen, und später von den jüdischen Schriftgelehrten (den Rabbinern), die behaupteten, den Schlüssel zur Bedeutung der Schrift zu besitzen. Die Autorität der Propheten oder Rabbiner war nicht ererbt. Diese Männer waren die Gefäße, durch die Gott sprechen wollte. Das Erbfolgeprinzip des *isch haruach* institutionalisierte einen Wettbewerb zwischen rivalisierenden Mächten, die von sich behaupteten, die legitimen Vermittler der göttlichen Wahrheit zu sein. Es kann kaum wundernehmen, daß der Zusammenstoß zwischen diesen heiligen Gefäßen einen wütenden Parteienstreit zur Folge hatte, der bis heute unvermindert anhält.

Selbst in Zeiten relativer Ruhe gab es keinen einzelnen Rabbiner, dessen Autorität allgemein respektiert worden wäre. Im 2. Jahrhundert wurde die Stellung Rabbi Juda Hanassis (Juda der Fürst), nach der Tradition der Redakteur der Mischna, des grundlegenden Textes des jüdischen Rechts, von seinen rabbinischen Kritikern untergraben. Im 13. Jahrhundert wurden die Schüler des Maimonides von einer rivalisierenden Fraktion, die die Ansichten ihres Lehrers für Ketzerei hielt, mit dem Bann belegt.

In unserer Zeit leitete sich die rabbinische Autorität ebenso wie im Altertum nicht aus einer Ernennung, sondern aus individuellem Verdienst ab. Von den vierziger bis zu den achtziger Jahren wurde Rabbi Josef Soloweitschik, der nie einer Jeschiwa vorgestanden hatte, unter den modernen orthodoxen Juden der Vereinigten Staaten allgemein als die führende religionsgesetzliche Autorität anerkannt. Die noch Orthodoxeren richteten ihre Fragen an Rabbi Moshe Feinstein, das Haupt einer weniger bedeutenden Jeschiwa. In Israel war die führende talmudische Persönlichkeit Rabbi Schlomo Zalman Auerbach, der bis zu seinem Tod im Jahr 1995 als Vorsteher einer kleinen Jeschiwa wirkte. Das Ansehen der offiziellen obersten Rabbiner des Heiligen Landes war unterschiedlich. Der erste, der dieses Amt bekleidete, Rabbi Abraham Jizchak Kook, wurde allgemein als ein heiliger Mann und großer Gelehrter verehrt, doch selbst ihm erwies man nicht uneingeschränkten Respekt und Gehorsam. Juden bringen dem Inhaber eines hohen religiösen Amtes nicht von vornherein Verehrung entgegen. Sie sind seit eh und je uneins darüber, wer gelehrt oder fromm genug ist, um einer wirklichen Achtung würdig zu sein. Ich bin sicher, daß selbst Gott, wenn er in der Verkleidung eines Rabbiners in die Stadt käme, auf die Opposition der Fraktion in der Gemeinde stoßen würde, der der Rabbiner nicht gefällt. Juden beurteilen einander sehr streng, und manchmal kann nicht einmal Gott vor ihrem Urteil bestehen.

In einer alten rabbinischen Geschichte kommt dies prägnant zum Ausdruck. Sie beruht auf dem Mythos, daß Gott einen Ur und einen riesigen Fisch, den Leviathan, schuf, die am Ende der Tage zum Mahl aufgetragen würden, wenn die Rechtschaffenen zur Ankunft des Messias ein Fest feiern werden. Nun fragten manche Rabbiner, warum mußte Gott zu dem Ochsen auch noch einen Fisch erschaffen? Steht nicht in der Schrift, daß zu einem richtigen Fest Fleisch als Hauptgang gehört? Ein anderer Rabbiner erwiderte, der Fisch sei notwendig, weil Gott am Ende der Tage den Ochsen schlachten und weil es unter den Geladenen auch Gäste geben werde, die Gott nicht zutrauten, daß er das Fleisch nach allen Regeln der jüdischen Speisevorschriften zubereitet habe!

Die Uneinigkeit unter den Juden war gewöhnlich gerade dann am größten, wenn die Bedrohungen von außen eigentlich gerade das Gegenteil erfordert hätten. In keiner einzigen großen Krise in ihrer Geschichte gab es eine einhellige Reaktion. Im 2. Jahrhundert v. u. Z. wurde Judäa von syrischen Griechen und einer jüdischen Eliteschicht regiert – levitische Priester und sonstige Beamte, welche die griechische Kultur übernommen hatten. Der Aufstand der Makkabäer (an ihren Sieg erinnert das Chanukkafest) war nicht weniger ein Bürgerkrieg als ein Kampf der Juden gegen einen äußeren Unterdrücker. Eine ländliche Familie von Priestern, die Makkabäer, führte den Kampf gegen gebildete Juden in Jerusalem, die sich dem Hellenismus assimiliert hatten. Die Makkabäer reinigten den Tempel, weil Juden im Heiligtum Idole, die Symbole griechischer Kultur, aufgestellt hatten. Diese jüdischen »Hellenisierer« waren nichts anderes als gute Bürger. Bei den Griechen war es üblich, bei einem Friedensschluß mit einer anderen Macht Idole auszutauschen – die Kontrahenten nahmen jeweils den Gott oder die Götter der Gegenseite in ihren eigenen Pantheon auf. Die Makkabäer gewannen zwar den Krieg und eroberten die Macht, doch drei Generationen später übernahmen ihre Nachfahren die hellenistische Kultur. Und damit entflammte erneut der Kampf um die legitime jüdische Herrschaft, als eine neue Fraktion sich erhob und die regierende Gewalt in Jerusalem herausforderte.

Am zerstrittensten waren die Juden während des großen Aufstands gegen Rom, der im Jahr 66 begann. Bevor Jerusalem vier Jahre später zerstört wurde, führten die Fraktionen innerhalb der belagerten Stadt einen mörderischen Krieg gegeneinander bis zu dem dramatischen Augenblick, als die Anführer des Aufstands, die Zeloten, die Getreidevorräte der Stadt verbrannten. Danach hatten die jüdischen Einwohner keine andere Wahl, als im verzweifelten Kampf zu versuchen, die Belagerung zu durchbrechen. Auch solche Katastrophen konnten die sich befehdenden jüdischen Parteien nur selten dazu bewegen, Kompromisse anzustreben. Selbst heute, im modernen Staat Israel, setzen sich diese Kämpfe fort.

Seit dem berühmten Sieg Israels im Sechstagekrieg im Juni 1967 hat sich dort eine lautstarke jüdische Minderheit die Auffassung zu eigen gemacht, daß die Entscheidungen der Regierung für sie nicht bindend seien; sie richten sich allein nach dem höheren Gesetz Gottes, wie sie es definieren. Ihre erbitterte Ablehnung gilt in erster Linie der Versöhnungspolitik der Regierung gegenüber den Palästinensern. Die Rückgabe auch nur eines Fußbreits Boden auf der West-Bank ist in ihren Augen ausgeschlossen, weil Gott befohlen habe, die Juden müßten das gesamte Heilige Land besitzen. Das ist eine Frage von transzendenter Bedeutung, denn angeblich leben wir in den Tagen des Messias, und die politischen Entscheidungen der Gegenwart würden den glorreichen Tag, an dem der Herr auf Erden erscheinen wird, entweder hinauszögern oder beschleunigen. Für die neuen Zeloten verstößt jede Regierung, die zu einem noch so kleinen Kompromiß gegenüber den Palästinensern in der Landfrage bereit ist, gegen ein göttliches Gebot, und jeder jüdische Politiker, der ein Abkommen über die Rückgabe eines Teils oder gar der gesamten West-Bank an die palästinensischen Araber unterzeichnet, macht sich des Hochverrats schuldig. Mit diesen Argumenten hat Jigal Amir seinen Mord an dem israelischen Ministerpräsidenten Itzhak Rabin 1995 gerechtfertigt.

Zwar lehnt die Mehrzahl der jüdischen Messianisten Mord als Mittel zur Erlösung ab, doch ein harter Kern bleibt in diesem Punkt fanatisch und unnachgiebig. Die Jigal Amirs in Israel werden nicht zögern, gegen ihre Feinde Krieg zu führen. Die Juden werden mit der Spannung leben müssen zwischen dem weniger rabiaten Messianismus derjenigen, die ein friedliches Abwarten befürworten, und dem aggressiven Messianismus jener Zeloten, die zum Töten bereit wären, wenn sie damit die Ankunft des Messias schneller herbeiführen könnten. Diejenigen, die junge Juden lehren, Töten sei eine religiöse Pflicht, machen sich ebenso schuldig wie die Mörder, die sie heranzüchten. Das Allerschlimmste an diesen Gewalttaten ist, daß sie in gutem Glauben von Menschen verübt werden, die überzeugt sind, den Willen Gottes auszuführen, während sie tatsächlich *hillul Haschem* – eine Entweihung des göttlichen Namens – begehen. Manchmal, wenn ich besonders niedergeschlagen bin, frage ich mich, ob es diese Gewaltausbrüche auch in den Tagen des Messias geben wird. Ich erwache aus solcher Verzweiflung und sage mir, daß sie dann ein Ende haben müssen, denn wozu ist ein Messias gut, der keinen Frieden zwischen den Juden stiften kann?

Angesichts ihrer langen Geschichte innerer Zwistigkeiten mag es wie eine Ironie erscheinen, daß es ein talmudisches Gebot gibt, das zu den fundamentalsten Grundsätzen des jüdischen Lebens gehört: »Alle Juden sind füreinander verantwortlich.« Tatsächlich empfinden die allermeisten bekennenden Juden ihrem Volk gegenüber ein starkes Zugehörigkeitsgefühl. Wenn gläubige Juden ins Ausland reisen, suchen sie die Nähe anderer Juden, und häufig werden sie in die Familie zu einem Sabbatmahl oder zum Gottesdienst in der Synagoge eingeladen. Wenn ein Nichtjude zum jüdischen Glauben konvertiert und formell in die neue Glaubensgemeinschaft aufgenommen wird, dann sagen wir zu ihm nicht: »Damit bist du in die Reihe der jüdischen Gläubigen aufgenommen«, denn das ist selbstverständlich. Die Rabbiner sprechen zu diesem feierlichen Anlaß eine ganz einfache Formel aus. Zu einem Mann sagen sie: »Du bist unser Bruder«, und zu einer Frau sagen sie: »Du bist unsere Schwester.«

Während der längsten Zeit ihrer Geschichte haben die Juden als Minderheit gelebt, die immer wieder Angriffen ausgesetzt war. Um zu überleben, waren sie aufeinander angewiesen; deshalb begehen Juden, die einander im Stich lassen, eine unverzeihliche Sünde. Als im Jahr 1492 zweihundertfünfundsiebzigtausend Juden Spanien verlassen mußten, nahmen die meisten jüdischen Gemeinden in Europa die Flüchtlinge freundlich und hilfsbereit auf; andere jüdische Gemeinden, die durch die Neuankömmlinge Nachteile für sich befürchteten, wiesen sie ab. Doch in aller Regel bestand die jüdische Erfahrung in all diesen Jahrhunderten darin, daß die Juden die Verantwortung für ihr Volk übernahmen; das hat sich für das Überleben der Juden als ganz wesentlich erwiesen. Und deshalb gingen bei den Massenauswanderungen aus Europa in die Vereinigten Staaten zwischen 1882 und 1914 die Juden, die in den Vereinigten Staaten ankamen, von der Annahme aus, daß die Juden, die sich bereits dort befanden, sowohl ihre Verwandten als auch die seit langem bestehenden jüdischen Gemeinden, ihnen behilflich sein würden. Einige überließen die Neuankömmlinge sich selbst, die meisten jedoch nicht. Was immer die Juden sonst sein mögen, in ihrem tiefsten Innern sind und bleiben sie eine große Familie.

Eine der schmerzlichsten Diskussionen innerhalb der jüdischen Gemeinschaft ist die Frage nach dem Verhalten der Juden in den freien Ländern während der tödlichen Verfolgungen durch die Nationalsozialisten: Haben die Juden, die dem Völkermord nicht ausgesetzt waren – vor allem die Juden in Nordamerika und Palästina –, genug getan, um die Juden Europas zu retten? Die Kritiker räumen ein, daß die Juden in Amerika unter dem dortigen Antisemitismus litten und die Juden in Palästina der Herrschaft der Briten unterworfen waren, die 1939 eine weitere jüdische Einwanderung stark einschränkten. Trotzdem hat der Vorwurf, diese Gemeinden hätten nicht genug getan, ein enormes Gewicht und wird allgemein vernommen.

Noch größer sind Zorn und Empörung allerdings über die nichtjüdischen Mehrheiten in den einzelnen besetzten Ländern, die tatenlos zusahen oder sogar mit den Deutschen kollaborierten. Alle Menschen, die Juden geholfen haben, bleiben in dankbarer Erinnerung. Manche Juden haben überlebt, weil sie außerhalb der jüdischen Gemeinschaft Unterstützung fanden; mancher Bischof oder Botschafter, der sich schützend vor sie stellte oder ihnen Unterschlupf bot, nimmt in der jüdischen Geschichte einen Ehrenplatz ein.

Doch im Grunde leben die Juden in dem Gefühl, daß sie sich ausschließlich auf die Angehörigen ihres eigenen Volkes verlassen können. Im Jahr 1945, am Ende des Zweiten Weltkrieges, mobilisierte die jüdische Weltgemeinschaft alle ihre Hilfsmittel und erhob sich vereint, um bei der Errichtung des Staates Israel mitzuhelfen. Drei Jahre später hieß es in der Proklamationsurkunde des neugegründeten Staates Israel, die vom Provisorischen Staatsrat unterzeichnet wurde: »Der Staat Israel wird für die jüdische Einwanderung und die Sammlung der zerstreuten Volksglieder geöffnet sein.« Am 5. Juli 1950 nahm die Knesseth das Gesetz der Rückkehr an, das jedem Juden das Recht zur Einwanderung in Israel gewährte.[1] In der vorhergehenden Debatte sagte Ben Gurion: »Dieses Gesetz bestimmt nicht, daß der Staat den Juden aus dem Ausland das

Recht einer Niederlassung gewährt, sondern vielmehr, daß dieses Recht jedem Juden kraft seines Judeseins innewohnt, sofern es sein Wille ist, an der Besiedlung dieses Landes mitzuwirken. Dieses Recht ging dem Staat Israel voraus, es ist das, was diesen Staat errichtet hat.« Das Gesetz war eine Bekräftigung des talmudischen Prinzips der gegenseitigen Verantwortung der Juden. In allen Zeiten war das Gebot, »Gefangene frei[zu]kaufen«, das heißt Juden vor unmittelbarer Gefahr zu bewahren, so zentral, daß selbst Synagogen und Thorarollen verkauft werden durften, um das geforderte Lösegeld zusammenzubringen und Leben zu retten. Israel bleibt für jeden Juden in Not eine Stätte der Zuflucht. Der Hafen von Haifa und der Ben-Gurion-Flughafen bei Tel Aviv sind die heiligsten jüdischen Stätten auf der Welt. Hier wird keiner der jungen Männer und Frauen in Uniform, von denen die Reisepässe kontrolliert werden, jemals sagen, daß es in Israel bereits zu viele Juden gebe.

Auch wenn jüdische Besucher auf dem Ben-Gurion-Flughafen an der Paßkontrolle in dem stolzen Bewußtsein vorbeigehen, den Boden des jüdischen Staates zu betreten, ist kaum einer von ihnen ein unkritischer Bewunderer von allem, was in Israel vorgeht. Das kann auch gar nicht anders sein, denn die Juden sind von Natur aus ein Volk von Kritikern. Chajim Weizmann, der erste Staatspräsident Israels, hat einmal gesagt, die Schwierigkeit seines Amtes bestehe nicht darin, daß er der Präsident von Millionen Bürgern, sondern von Millionen Präsidenten sei. Doch kein Jude kann aus der Zollabfertigungshalle in das Gewimmel der Straße hinaustreten, ohne das Gefühl zu haben, nach Hause gekommen zu sein. Das bedeutet nicht, daß die Besucher aus der Diaspora nicht ganz und gar Amerikaner, Holländer oder Italiener oder keine Patrioten der Länder wären, aus denen sie gekommen sind, doch die Einreise in das Land Israel beschwört eine der tiefsten jüdischen Empfindungen herauf. Dies ist die Heimat, in der die Großfamilie ihre Anfänge hatte. Vergessen sind für einen Augenblick die jüngeren Erinnerungen an die Welt des

Schtetls in Polen oder die Mellahs in Marokko oder die Dörfer in Äthiopien; hier auf dem Gehweg außerhalb der Zollabfertigungshalle sind die Taxifahrer, die sich um einen Fahrgast nach Jerusalem oder Tel Aviv balgen, unsere Vettern, die wir noch nicht kennengelernt haben. Diese Taxifahrer könnten versuchen, sich auf englisch, französisch oder spanisch verständlich zu machen, aber am einfachsten ist es für sie auf hebräisch; dies ist die Sprache ihrer Vorfahren.

Der Staat Israel ist allen Juden sehr kostbar. Seine bloße Existenz ist der sichtbarste Ausdruck dafür, daß das jüdische Volk immer wieder die Stärke und den Mut zu einem Neuanfang finden wird. Das Israel von heute ist eher säkular als religiös, eher modern als traditionell, eher zerstritten als vereint, und dennoch ist es das zentrale Behältnis der jüdischen Erinnerungen. Das heutige Israel führt die Juden über ihre jahrhundertealte Zerstrittenheit hinaus zum Fundament ihrer innersten Identität. Es gibt den Juden die Sicherheit, daß sie ein ewiges Volk sind.

3
Die Außenseiter

Ich verstehe Abraham und Sara, weil ich im Haus meiner Eltern Zwi Elimelech und Nechama aufgewachsen bin. Ihre Gastfreundschaft gegenüber den Armen ist legendär in Baltimore, wo mein Vater 42 Jahre lang, von 1929 bis zu seinem Tod 1971, Rabbiner war. Wenn die Polizei jemanden auf der Straße antraf, der auf der Suche nach einem Essen oder einem freundlichen Wort war, dann wußte sie, daß sie diesen Menschen zur Küche meiner Mutter bringen konnte, und dies auch in einer Zeit, als meine Eltern selbst kaum etwas hatten. Ich kann mich an keine einzige Mahlzeit erinnern, an der nicht mindestens ein bedürftiger Fremder mit an unserem Tisch gesessen hätte. Wenn ich also die Sprüche im *Buch Genesis* über die Gastfreundschaft der ersten jüdischen Familie lese, dann sind das für mich keine Worte über eine längst vergangene Zeit in einem weit entfernten Land.

Ebenso wie Abraham war mein Vater ein Zerstörer von Idolen. Franklin Delano Roosevelt war unter den Juden ein Idol, denn der politischen Koalition, die ihn viermal zum Präsidenten der USA wählte, gehörten 80 bis 90 Prozent der jüdischen Wähler an. Roosevelts New Deal sprach das moralische Empfinden der Juden an – er unterstützte die Armen. Er ignorierte die Antisemiten, indem er den Juden gleiche Zugangschancen zu den Stellen in der bundesstaatlichen Bürokratie einräumte, und er berief Juden in sein Kabinett und in das Oberste Bundesgericht. Aber er unternahm nichts, um den europäischen Juden, die den Verfolgungen durch die Nazis entrinnen wollten, die Einwanderung zu erleichtern. Das Problem wurde 1939 noch virulenter, als die Deutschen in Polen einfielen und mit der massenhaften Ermordung von Juden begannen. Die Nachricht von diesen Greueln gelangte innerhalb kürzester Zeit in die Vereinigten Staaten, doch die Regierung in Washington, die bis zum Kriegseintritt der USA am 7. Dezember 1941 eine Neutralität wahrte, protestierte nicht gegen die grausame Verfolgung der Juden in Europa, und für die Juden, die zu fliehen versuchten, wurde es immer schwieriger, ein Einreisevisum in die Vereinigten Staaten zu erhalten.

An Jom Kippur, dem Versöhnungstag 1941, sagte mein Vater vor seiner Gemeinde unter bittern Tränen, es sei die Pflicht der Juden im freien Amerika, gegen diese Untätigkeit zu protestieren. Er richtete an jedes Mitglied der Gemeinde und an jeden anderen, dessen Ohr er erreichte, die Aufforderung, sich schon am nächsten Tag nach Washington zu begeben und vor das Weiße Haus hinzustellen, um gegen das Schweigen und die Tatenlosigkeit Amerikas Protest einzulegen. Als wir an diesem Abend das Fasten brachen, hörten wir vor der Haustür ein Geräusch. Meine Schwester ging nachsehen und fand ein Kuvert, das jemand unter der Tür durchgeschoben hatte. Als mein Vater den Umschlag öffnete, fand er darin eine kurze Benachrichtigung, daß der Gemeindevorstand unmittelbar nach dem Gottesdienst eine Dringlichkeitssitzung einberufen und den Beschluß gefaßt hatte, ihm wegen Mangels an Respekt vor dem Präsidenten der USA zu kündigen. Mein Vater war ein Zerstörer von Idolen, und er bezahlte den Preis dafür. Tatsächlich gab es seit Abraham immer wieder Juden, die bewußt anders und sehr häufig sogar in Opposition zur Mehrheit stehen wollten. Aus dem Leben meiner Eltern und auch in meinem eigenen Leben habe ich gelernt, daß man an dieser Fahne schwer trägt.

Alles, was wir über den Juden wissen müssen, ist bereits in Abraham, dem ersten Juden und dem urtypischen jüdischen Charakter angelegt. Als Anführer einer kleinen, andersdenkenden Minderheit, die ein prekäres Dasein am Rande der Gesellschaft führt, definiert er die bleibende Rolle des Juden als die des Außenseiters. Die ständig wiederkehrenden Themen der jüdischen Geschichte – Andersartigkeit, trotzige

Selbstbehauptung, Brüchigkeit der Existenz und Moral – finden sich alle bereits in seinem Leben. Die Geschichte der ersten Familie des Judentums, wie sie in der hebräischen Bibel erzählt und in rabbinischen Legenden ausgeschmückt wird, sollte in der langen Wanderschaft des jüdischen Volkes stets aufs neue inszeniert werden. Das Geheimnis des jüdischen Volkes liegt in der Grauzone zwischen Mythos und Geschichte.

Abraham zerstört die Idole seines Vaters Terach und steht allein da mit dem einzigen Gott. Er ist der erste Jude.

Gott fordert Abraham auf, den Ort seiner Geburt zu verlassen und mit seiner Frau Sara in ein weit entferntes Land zu ziehen. Dort wohnen sie in Zelten wie die Beduinen und weiden ihre Herden. Sie sind Fremde und leben unter Stämmen von Götzenanbetern. Abraham versucht, über diese Kluft Brücken zu schlagen. Als Mann von tiefer Nächstenliebe öffnet er sein Zelt nach allen vier Seiten. Die Hungrigen und Notleidenden können unmittelbar zu ihm kommen, ohne lange nach dem Eingang suchen zu müssen.

In dem trockenen Land Kanaan, in dem Wasser das wertvollste aller Güter ist und die Hirten nur überleben können, wenn es genügend Wasser für ihre Herden gibt, gräbt Abraham Brunnen und macht sie auch noch für alle zugänglich – ein beispielloser Schritt. Er geht ein Bündnis mit einer der Gruppen ein, die einen Krieg gegen eine benachbarte Gruppe führt, lehnt jedoch jeden Anteil an der Beute ab. Seine Großzügigkeit wird allgemein gerühmt.

Als drei Engel erscheinen und die Absicht Gottes verkünden, Sodom und Gomorrha wegen der Sündhaftigkeit ihrer Einwohner zu zerstören, bittet Abraham Gott, diese Menschen zu verschonen, sofern sich eine Mindestzahl von Gerechten unter ihnen findet. Abraham wagt es, Gott zu ermahnen: »Fern sei dir solches zu tun, Schuldlose, Frevler mitsammen zu töten... Der ganzen Erde Richter, soll der nicht das Recht tun?« (1. Mose/Das Buch Namen 18:25) Er verteidigt die Heiden und Götzendiener, auch wenn er mit ihrer Lebensweise gebrochen hat, weil auch sie Gottes Kinder sind.

Abraham glaubt, in Kanaan eine Heimat gefunden zu haben. Doch in der schwersten Stunde seines Lebens entdeckt er, daß er keine Freunde unter den Hethitern hat. Als Gott ihm befiehlt, seinen Sohn Isaak auf einem Berg im Land Morija zu opfern, kommt keiner von denen, die in seinem offenen Zelt gespeist oder aus seinen Brunnen Wasser geschöpft haben, zu ihm, um ihn zu trösten. Im Gegenteil, als Abraham und Isaak sich auf eine drei Tage lange Wanderschaft machen, bis sie den Berg erreicht haben, verspotten ihn seine Nachbarn links und rechts des Weges. Hat dein Gott nicht verheißen, daß aus deinem Samen ein großes Volk entstehen wird? Warum befiehlt er dir dann, deine Nachkommen bereits als Kinder auszurotten? Diese Heiden haben nichts auszusetzen an einem Gott, der Menschenopfer verlangt, denn diese sind bei ihnen Brauch. Dein Gott ist nicht besser als unserer, tadeln sie, warum glaubst du dennoch, daß du anders bist? Einige warten das Ende der Wanderung nicht ab. Sie eilen nach Beerscheba zurück und erzählen Sara, ihr Mann habe Isaak erschlagen. Sara ist von der Nachricht so erschüttert, daß sie stirbt. Sie ist das erste Opfer des Judenhasses.

Abraham und Isaak gelangen schließlich auf den Berg. Der Vater legt seinen Sohn auf den Altar. Als Abraham das Messer erhebt, gebietet ihm die Stimme eines Engels vom Himmel Einhalt. Statt des Sohnes opfert er einen Widder, der sich im Dickicht eines Gebüschs verfangen hat. Beide kehren nach Hause zurück und finden Sara tot. An diesem Punkt muß Abraham sich über sein Leben im Land Kanaan Rechenschaft ablegen. Er und sein Stamm waren vorbildliche Bürger, doch die Heiden haben ihm niemals ganz verziehen, daß er darauf bestand, anders zu sein als sie.

Sara liegt unbestattet vor ihm. Abraham hat keine Wahl. Er muß die Älteren der Hethiter aufsuchen und von ihnen eine Begräbnisstätte erbitten. Da er sich geweigert hat, auf sein Anderssein zu verzichten und ihren Glauben anzunehmen, kann der Patriarch auch kein eigenes Land besitzen. »Gast [*ger*] und Ansasse [*toschav*] bin ich bei euch, gebt mir einen Grabbesitz bei euch, daß ich hinweg mir meinen Toten begrabe.« (1. Mose/Das Buch Namen 23:4) Die Versammlung hört ihn an und antwortet ihm mit demonstrativer Höflichkeit. Eine so hochgestellte Persönlichkeit wie er solle sich für das Grab das beste Land aussuchen. Da er weiß, daß dies nichts als leere Worte sind, bittet er um die »Höhle auf Machpela, Mamre gegenüber«, in Hebron, besteht jedoch darauf, für sie und einen dazugehörenden Anger den vollen üblichen Kaufpreis zu entrichten. In Worten, die den Anschein erwecken sollen, daß er die Höhle zu einem Vorzugspreis erhält, verlangt der Eigentümer vierhundert Lot Silber von Abraham. Obwohl dieser weiß, daß der Preis mehrfach überhöht ist, zahlt er ohne Murren das Verlangte.

Als Fremder war Abraham sich darüber im klaren, daß er und sein Familienverband nur überleben konnten, wenn sie ungewöhnlich zurückhaltend und freigebig waren. Er wagte es nicht, den Oberen der Hethiter zu sagen: Ihr seid eins mit mir und ich mit euch, und dennoch sind wir nicht dasselbe. Ihr seid Heiden, und ich bete zu dem einen Gott, der durch kein Bildnis und keine Statue dargestellt werden kann. Ich verehre keine Götter, die man mit Blutopfern beschwichtigen muß; mein Gott fordert moralische Rechtschaffenheit. In seinem Kummer wußte Abraham, daß er der Außenseiter schlechthin war: der einsame Gläubige, der mit seinen Angehörigen und Anhängern auf der einen Seite einer tiefen Kluft stand und die übrige Gesellschaft auf der anderen Seite.

Die Juden betraten die Bühne der Geschichte mit einer Urhandlung trotziger Selbstbehauptung. Abraham erwachte eines Morgens in der Überzeugung, daß es nur einen Gott gebe und alle Götzen hohl und leer seien. Im Namen dieses neuen Glaubens zerschlug Abraham die steinernen Götzenbilder seines Vaters. Immer wieder wird in der Bibel unterstrichen, daß der Gott Abrahams der wahre Gott ist und alle anderen Gottheiten falsch sind. Die jüdische Liturgie wiederholt dieses Thema unter Berufung auf die Psalmen und spottet über die Götzen: »[Sie] haben einen Mund und können nicht reden, haben Augen und können nicht sehn, haben Ohren und können nicht hören, haben eine Nase und können nicht riechen.« (Psalmen/Das Buch der Preisungen 115:5–6)

Abraham war vielleicht nur der Anführer einer kleinen Nomadenschar, aber deshalb war er noch kein Kleingeist. Er stellte mehr dar als einen defensiven und unterwürfigen Zugewanderten, wenn er ein offenes Herz für Fremde hatte. Er legte bei Gott Fürbitte ein, damit dieser die Unschuldigen in Sodom und Gomorrha verschone, auch wenn sie Götzendiener waren. Er war ein guter Mitbürger und ein guter Nachbar, aber er bestand darauf, anders zu sein.

Abraham hat diese Trennungslinie gezogen, und seine Nachfahren haben sie vertieft. Zu allen Zeiten haben die Juden darum gekämpft, zwei widerstreitende Neigungen miteinander in Einklang zu bringen. Sie wollten eine eigene und besondere Kultur pflegen und zugleich von der Mehrheit akzeptiert werden. Dieses Bedürfnis, anders und dennoch gleichartig zu sein, gibt auf drei verschiedenen Ebenen Anlaß zu gravierenden Spannungen: einer Spannung im Innern einzelner Juden, die nicht wissen, welcher Kultur sie eigentlich zugehören; zwischen einzelnen Gruppen innerhalb des Judentums, die sich immer wieder darum streiten, wieweit sie sich der Mehrheitskultur anpassen dürfen, ohne ihren jüdischen Charakter zu gefährden; und zwischen den Juden und der sie umgebenden größeren Gesellschaft, da sie ständig bemüht sind, im Einklang mit der übrigen Gesellschaft zu leben, indem sie ihr Anderssein mit dem Wunsch, dazuzugehören, in ein Gleichgewicht bringen.

Häufig kann man in ein und derselben Familie entgegengesetzte Reaktionen auf diese Spannungen feststellen. Vor zweitausend Jahren behauptete beispielsweise in Alexandria der Philosoph und Theologe Philon, die biblische Religion sei der griechischen Kultur überlegen. Sein Neffe Tiberius Julius Alexander wurde römischer General, der Titus bei der Belagerung Jerusalems unterstützte. Er saß mit in dem Kriegsrat, der die Entscheidung traf, den zweiten Tempel niederzubrennen (er befand sich mit seiner Meinung, das Heiligtum solle erhalten bleiben, in der Minderheit). In den zwanziger Jahren unseres Jahrhunderts weigerte sich Leib Dawidowitsch Bronstein, als einer der Führer der russischen Revolution unter dem Namen Leo Trotzkij bekannt, seinen Vater auf einem jüdischen Friedhof beerdigen zu lassen. Doch die Bewegung der Juden erfolgte nie in eine einzige Richtung – als Abkehr vom Judentum zugunsten einer Assimilation. Karl Marx' Tochter Eleanor, deren Vorfahren eine lange Ahnenreihe jüdischer Rabbiner bildeten, in den beiden letzten Generationen jedoch zum Protestantismus konvertiert waren, fand in den achtziger Jahren des 19. Jahrhunderts auf dem Umweg über ihre Bewunderung für die Einwanderer in den jiddischsprechenden Gewerkschaften im Londoner East End zum Judentum zurück. Und ich habe gehört, daß der einzige lebende Nachkomme Trotzkijs, ein Urenkel, heute ein orthodoxer Jude ist, der in Israel lebt. Und so mündet der Kampf der Juden untereinander und mit den Nichtjuden niemals in eine völlige Niederlage oder in einen völligen Sieg. Jede Generation von Juden sieht sich diesen Kämpfen von neuem ausgesetzt.

Der rettende Rest

Eigentlich gibt es nur zwei Lager von Juden – diejenigen, die einem starken Druck und häufig unsäglichen Leiden widerstanden haben, um an ihrem Anderssein festzuhalten, und diejenigen, häufig die Mehrheit, die ihr Judentum abgelegt haben, um ein leichteres Leben zu haben. Der Prophet Jesaja beschreibt die erste Gruppe als den »Samen der Heiligung« (Jesaja/Jeschajahu 6:11–13, Übersetzung Buber/Rosenzweig)

– es ist der Rest, der das jüdische Volk retten wird. Zu allen Zeiten finden sich diese jüdischen Loyalisten nicht nur unter den Orthodoxen, die an dem heiligen Bund festhalten, den ihre Vorfahren am Fuße des Berges Sinai geschlossen haben. Die konservativen und die Reformjuden, die heute die Mehrheit der religiösen Gläubigen in der Diaspora stellen, bestehen gemeinsam mit den Orthodoxen darauf, daß die Juden auch weiterhin als eine eigene Gemeinschaft fortbestehen müssen, die ihre eigenen Werte und Vorstellungen pflegt. Auch nichtgläubige Juden haben viele Gründe gefunden, warum sie es ablehnen, sich der Mehrheitskultur zu assimilieren. Im 17. Jahrhundert weigerte sich Baruch de Spinoza, obwohl er die Gültigkeit der biblischen Religion bestritt, zum Christentum zu konvertieren, weil es für ihn keine andere Religion gab, die wahrer sei als die des Judentums. Drei Jahrhunderte später fühlte sich ein anderer Philosoph jüdischer Abstammung, Henri Bergson, zur christlichen Lehre hingezogen, doch auch er entschied sich dafür, Jude zu bleiben, weil für ihn ein Verlassen seiner Gemeinschaft in den beiden Jahrzehnten nach dem Ersten Weltkrieg, als diese den heftigen Angriffen der französischen Antisemiten und der deutschen Nazis ausgesetzt war, unehrenhaft und sogar ein Verrat gewesen wäre. Bis heute bleiben viele Juden in der jüdischen Gemeinschaft, weil eine rätselhafte Mischung aus Ehrgefühl, Trotz und Stolz – und ein Glaube, den sie häufig nicht genau definieren können – sie an ihre Vorväter bindet.

Während immer wieder ein rettender Rest das jüdische Volk vor dem Aussterben bewahrt hat, sind im Lauf der Jahrhunderte zahlreiche Juden von der – heidnischen, christlichen oder muslimischen – Mehrheitskultur absorbiert worden oder haben eine Spielart universeller Werte übernommen. In guten wie in schlechten Zeiten gehörte der Abfall von Juden in großer Zahl von ihrem traditionellen Glauben zur Normalität. Wenn alle Juden von Geburt im Lauf der Jahrhunderte Juden geblieben wären, dann wären wir Schätzungen zufolge heute ein Volk von mindestens hundert statt tatsächlich knapp dreizehn Millionen. Die große Frage ist, ob der rettende Rest seine Wanderung vollenden und, theologisch gesprochen, das Ende der Tage erleben wird – die Ankunft des Messias, der den Juden das Gelobte Land zurückgeben und der Welt den Frieden bringen wird –, oder ob das jüdische Volk vergehen und sterben wird. Diese Frage ist seit der Zerstörung des ersten Tempels vor zweitausendsechshundert Jahren immer wieder gestellt worden und ist heute Gegenstand heftiger Spekulationen. Ich glaube, daß das jüdische Volk überleben wird. Es hat noch immer überlebt.

Das sage ich nicht nur so dahin, um Menschen, die sich um die Überlebensfähigkeit des Judentums Gedanken machen, optimistisch zu stimmen. Meine Einschätzung der Erneuerungsfähigkeit der Juden stützt sich auf die empirische Tatsache, daß die jüdische Geschichte eine zyklische Abfolge von Aufwärts- und Abwärtsbewegungen darstellt. Es gab Zeiten der Hoffnung und Zeiten der Verzweiflung, Zeiten der Zerstörung und Zeiten des Wiederaufbaus. Das ist keine Umformulierung der Behauptung, daß nichts Neues unter der Sonne geschehe (Prediger 1:9). Mein Urteil stützt sich auf eine Theorie der jüdischen Geschichte, die vor hundertfünfzig Jahren von Nachman Krochmal (1785–1840) vorgeschlagen wurde, einem Religionshistoriker, der in Südostpolen lebte. In seinem Buch *Führer der Verwirrten dieser Zeit*, das Maimonides' Werk *Führer der Verwirrten* zum Vorbild hatte, behauptete Krochmal, daß die jüdische Geschichte einen periodischen Verlauf aufweise: Auf eine Phase der Geburt (wie zur Zeit Abrahams) folgt der Aufstieg zu einem Höhepunkt (wie zur Zeit Salomos, als der erste Tempel erbaut wurde) und schließlich eine Phase des Niederganges und der Verzweiflung (wie zu der Zeit fünfhundert Jahre danach, als der Tempel zerstört wurde). In den Zeiten tiefster Niedergeschlagenheit kommt es zu einer Spaltung. Ein Teil der Juden sieht das Ende ihres Volkes gekommen – Gott ist besiegt worden. Wir sind aus unserem Land verbannt; uns bleibt nichts mehr, als das Judentum zu vergessen und uns zu assimilieren. Die anderen sagen sich, wir werden nicht verzweifeln, wir werden nicht aufgeben. Sie warten auf eine bessere Zeit, auf ein Zeichen der Erlösung.

Für Krochmal war die jüdische Geschichte etwas Einzigartiges, weil sie diese Zyklen von Aufstieg und Niedergang durchlief. Jede andere Zivilisation (zum Beispiel im Altertum die ägyptische, griechische und römische) durchläuft einen einzigen Zyklus: Geburt, Aufstieg bis zum Höhepunkt, Verfall. Die jüdische Kultur dagegen stirbt nie, die Juden wiederholen einfach den Zyklus. Krochmal sah darin einen Beweis für die Gegenwart Gottes in der jüdischen Geschichte.

Ich möchte Krochmals Beobachtung durch einen Zusatz ergänzen. Nicht nur diese Zyklen von Aufstieg und Niedergang wiederholen sich, sondern auch bestimmte Dramen innerhalb der Zyklen. Fast immer sehen sich die Juden hin- und hergerissen zwischen denen, welche die Fahrt durch das stürmische Meer fortsetzen, und denen, die das Schiff in ruhigere Gewässer steuern möchten. Als die Juden Ägypten verließen, blieben einer rabbinischen Legende zufolge vier von fünf als Sklaven zurück; sie wollten lieber ihren geringen Anteil an der Fülle, die an den fruchtbaren Ufern des Nils geerntet wurde, genießen, als sich gemeinsam mit Mose den Gefahren der Wüste aussetzen.

Dasselbe Muster begegnet uns in der jüngeren Geschichte. Nach dem Sieg über den Nationalsozialismus erklärten die überlebenden Juden in den Lagern für die »DPs« (Displaced Persons) auf jiddisch: »Mir sejnen do« – »Wir sind da«. Hitler war tot und seine Armeen geschlagen; und diese wenigen Überlebenden beschlossen, als Juden weiterzuleben. Doch viele Juden, die den Nazis entronnen waren, zum Beispiel auch die Eltern der US-Außenministerin Madeleine Albright, konnten es kaum erwarten, die Last ihres Judentums loszuwerden. Wir wissen nicht, wie viele Juden, die dem Holocaust entronnen waren oder ihn überlebten, nach dem Ende des Zweiten Weltkriegs ihr Volk verlassen haben, aber nach einer mir bekanntgewordenen Schätzung waren es vielleicht zwei von zehn.

Zu allen Zeiten gab es die Unglückspropheten, die erklärten, die Juden stünden kurz vor dem Untergang. Solche Nachrufe kamen jedesmal verfrüht. Vor fünfzig Jahren mokierte sich der Historiker Simon Rawidowicz über diese ständig wiederkehrende Prophezeiung, als er sagte: »Die Juden sind das ewig sterbende Volk«. Gewiß, die Juden haben viele Angehörige ihres Volkes verloren, aber immer wieder wird sein Fortbestand durch jene Juden gesichert, die sich weigern, sich der Verzweiflung oder den Verlockungen der sie umgebenden Kultur zu überlassen. Der erlösende Rest trägt die Last und den Ruhm dieses Volkes, das mit einer beispiellosen Kraft der Erneuerung ausgestattet ist.

Die Bundeslade mit den Tragestangen

Die biblische Verheißung, daß die Nachfahren Abrahams und Saras sich eines Tages in ihrem eigenen Land niederlassen würden, erfüllte sich schließlich, als die Hebräer das Land Kanaan vor über dreitausend Jahren eroberten. König David vereinigte die zwölf zerstrittenen Stämme zu einem einzigen Reich, und sein Sohn Salomo baute den Tempel auf einem Berg in Jerusalem. Und damit fanden die langen Jahre der Wanderung ein Ende, abgesehen von einer einzigen merkwürdigen Begebenheit. Als die Priester die Bundeslade im Allerheiligsten aufstellten, entfernten sie die beiden langen Stangen nicht, mit denen die Lade nach dem Auszug aus Ägypten vierzig Jahre lang durch die Wüste getragen wurde. Die Rabbiner des Talmuds erklärten, die Stangen seien nicht von der Lade entfernt worden, weil dieser schlichte, staubige Kasten, in dem sich die Tafeln mit den zehn Geboten befanden, dazu bestimmt gewesen sei, mit den Juden überallhin in ihrer Verbannung zu gehen. Im Augenblick des größten Triumphes der Juden ließen sie die Tragestangen an der Bundeslade befestigt, zur Erinnerung daran, daß sie, die als wandernder Stamm angefangen hatten, eines Tages möglicherweise wieder Nomaden sein würden. Doch was auch immer kommen mag, die Juden werden niemals von Gottes Gesetz getrennt werden. Die Wanderung wird weitergehen bis zu dem Tag, da der Messias kommt; erst dann werden die Tragestangen entfernt werden, denn dann wird die Bundeslade in einer erlösten Welt zur Ruhe kommen, in der es keine Sünde und kein Leid mehr gibt. Erst dann wird der Tempel dauerhaft wieder aufgebaut werden, und die Juden werden aus ihrer Verbannung im Gelobten Land wieder zusammenkommen. Und diese glorreiche Zukunft wird nicht Israel allein vorbehalten bleiben. An einer Stelle des Talmuds heißt es, die Heiligkeit Zions breite sich aus, um alle Völker der Erde zu erfassen, und »Jerusalem wird die Mutter aller Länder sein« (Midrasch Schemot Rabba 23:10).

In den vielen ekstatischen Visionen von der Ankunft des Messias heißt es über die Juden immer wieder, daß sie in das Land Israel zurückkehren werden. Die Verbindung der Juden mit Jerusalem und Israel wird vom Christentum wie vom Islam bekräftigt. Für die Christen wird die zweite Ankunft Christi erst eintreten, nachdem die Juden seine Göttlichkeit anerkannt haben. Danach werden sie ins Heilige Land zurückkehren, und das »Ende der Tage« wird beginnen. (Das ist auch der Grund, warum die Organisation United Jewish Appeal* von evangelischen Christen Millionen Dollar für die Ansiedlung von Juden in Israel erhält). Selbst im Koran finden sich Stellen, denen man entnehmen kann, daß das Land Israel den Juden gehört. Der Prophet Mohammed hat gesagt: »Für euch eure Religion, für mich meine Religion« (CIX,6). Und an einer anderen Stelle heißt es: »Diejenigen, die geglaubt haben, und diejenigen, die Juden waren, und die Christen und die Sabier – wer an Allah geglaubt hat und an den Letzten Tag und Rechtschaffenes getan hat, so ist für sie ihre Belohnung bei ihrem Herrn und keine Furcht auf ihnen,

---

* Bedeutendste Organisation in den USA zur Sammlung von Spenden für die Juden.

und sie sind nicht traurig.« (II,62) Die Juden haben seit jeher die von den Christen verbreitete Vorstellung zurückgewiesen, daß erst eine Bekehrung aller Juden die Wiederkehr des Messias auslösen werde. Ebenso haben sie der Behauptung der Muslime widersprochen, daß das Land der Juden eine Enklave in einer von den Anhängern Mohammeds beherrschten Welt sein werde. Für die Juden ist Israel ihr Erstgeburtsrecht, und die Hoffnung auf eine künftige Rückkehr hat ihnen in allen Ländern der Verbannung Kraft gegeben. Doch wie wir noch sehen werden, ist das Verhältnis der Juden zum Gelobten Land weitaus komplizierter, als es uns in den vielen jüdischen Erklärungen einer unerschütterlichen Liebe entgegentritt.

Die Spannung, die sich daraus ergibt, daß die Juden sich ins Gelobte Land zurücksehnen, aber in der Verbannung leben, war bis auf den heutigen Tag ein zentrales Thema der jüdischen Geschichte. In der täglichen jüdischen Liturgie drückt sich eine tiefe Sehnsucht nach Zion aus; die Juden wenden das Gesicht nach Jerusalem, wenn sie beten; sie lassen traditionell einen Winkel ihres Hauses unfertig, um stets daran erinnert zu werden, daß das Leben in der Diaspora nicht von Dauer ist; der Seder des Passahfestes endet mit den Worten: »Nächstes Jahr in Jerusalem«; bei jüdischen Hochzeiten zerbricht der Bräutigam nach altem Brauch ein Glas, indem er es auf den Boden stellt und zertritt, um die Freude durch die Erinnerung an die Zerstörung des alten Tempels zu dämpfen. Wenn am Ende der Tage die Welt wieder im Lot ist, dann wird auch die Verbannung der Juden beendet sein, und »Jehuda und Jißrael sitzen in Sicherheit, unter seinem Rebstock, unter seinem Feigenbaum jedermann« (Micha 4:4).

Diese Hoffnung war um so stärker und um so brennender, als in ihrer über dreitausendjährigen Geschichte vor der Gründung des Staates Israel 1948 die Juden nur zweimal als ein vereinigtes Volk auf ihrem eigenen Land gelebt hatten – während der Regierungszeit Davids und Salomos weniger als hundert Jahre im 10. Jahrhundert v. u. Z. und weitere hundert Jahre (aber nur in einem Teil des Landes Israel) unter den Makkabäern im 2. und 1. Jahrhundert v. u. Z. Selbst in den glorreichen Tagen König Salomos ließ sich eine beträchtliche Zahl von Juden in Handelskolonien außerhalb der Grenzen des Reiches nieder. Somit läßt sich die jüdische Erfahrung am exaktesten als die Geschichte eines Volkes in der Verbannung unter fremder Herrschaft beschreiben; sie unterscheidet sich in vielem von der üblicheren Geschichte anderer Völker, die eine nationale Kultur auf ihrem eigenen Territorium entwickeln konnten.

Die erste bedeutsame jüdische Diaspora faßte nach der Eroberung Judäas und der Zerstörung des ersten Tempels 586 v. u. Z. im persischen Reich Fuß. Die meisten Juden gerieten in Gefangenschaft. Verzweifelt riefen sie aus:»Wie sängen wir SEINEN Gesang auf dem Boden der Fremde?« (Psalmen/ Buch der Preisungen 137:4) Der Prophet Jeremias tröstete sie mit der Botschaft Gottes, es sei möglich, überall auf der Erde Jude zu bleiben, und während sie darauf warteten, in ihr Land zurückgeführt zu werden, sollten sie Häuser bauen, Gärten pflanzen und Söhne und Töchter zeugen: »Und fragt dem Frieden der Stadt nach, dahin ich euch verschleppen ließ, betet für sie zu MIR, denn in ihrem Frieden wird euch Frieden sein.« (Jeremias/Das Buch Jirmejahu 29:7) Jeremias hatte angenommen, daß die Verbannten bald wieder zurückkehren würden, und nicht mit einer langdauernden Diaspora gerechnet.

Am Ende des 6. Jahrhunderts v. u. Z. erließ König Kyros ein Dekret, das den Verbannten erlaubte, nach Jerusalem zurückzukehren und den Tempel wieder aufzubauen. Etwa dreißigtausend Juden kehrten zurück, doch die Mehrheit blieb in Persien. Im Lauf der folgenden Jahrhunderte breiteten sich die Juden im ganzen Perserreich aus. Die meisten siedelten sich am Euphrat und Tigris an, wo ihre Nachfahren den babylonischen Talmud zusammenstellten, das autoritative rabbinische Rechtskompendium zu fast jedem denkbaren Aspekt jüdischen Lebens.

Welches sind die Wurzeln dieser Neigung der Juden, in der Diaspora zu leben? Im Talmud heißt es, Gott habe den Juden eine große Gnade erwiesen, indem er sie unter die Völker der Erde zerstreute, so daß sie während ihres langen Wartens auf die Erlösung nicht allesamt unter einem einzigen Regime lebten, das sich möglicherweise gegen sie wenden und sie alle töten könnte. Aber warum sollten die Juden über die ganze Erde zerstreut werden, wenn Gott sie in ihrem eigenen Land schützen kann? Die meisten Juden haben ihr Verbleiben in der Diaspora mit der Behauptung begründet, sie seien die Träger einer universellen Botschaft für die gesamte Menschheit (ein Anspruch, den auch die Christen und Muslime für sich geltend machen). In der Mythologie des Judaismus bekehrte Abraham die Männer und Sara die Frauen vom Heidentum zum einen Gott, und so sollte es in der ganzen Welt bis auf den heutigen Tag weitergehen. Die Bekehrung sollte nicht durch Propaganda oder durch Missionierung der Ungläubigen, sondern durch persönliches Beispiel erfolgen. Und so wurde den Juden auferlegt, im Heiligen Land eine beispielgebende Gemeinde aufzubauen und das Land mit einem »priesterlich[en] Königreich und ein[em] heilige[n] Volk« (2. Mose 19:6) zu bevölkern, um der Welt zu zeigen, daß eine ganze Gesellschaft die Lehren Gottes zum Ausdruck bringen könne. Wie wir wissen, ist diese Vision noch nicht Wirklichkeit geworden; die Maßstäbe, die sich die Juden selber gesetzt haben, liegen jenseits der menschlichen Kräfte, doch die Juden haben sich immerhin bemüht, das prophetische Ideal nicht aus den Augen zu verlieren.

Die Selbstrechtfertigungen, die von den Juden als Erklärungen für ihr Verbleiben in der Diaspora gebraucht wurden, sind allzu passend und zu edelmütig. Ich bin überzeugt, daß die große Mehrheit der Juden nicht deshalb in der Verbannung blieb, weil sie sich zu Missionaren der Welt ernannt hatten, schon gar nicht in den langen Jahrhunderten des Mittelalters, als eine solche Mission bei Todesstrafe verboten war. Der wahre und unmittelbarere Grund war der, daß eine Reise ins Heilige Land in der Regel mit großen Gefahren verbunden und die Sicherung des Lebensunterhaltes dort fast ein Ding der Unmöglichkeit war. Es brauchte viel Heroismus und eine tiefe religiöse Überzeugung, wenn Juden im Gelobten Land leben wollten. Und dennoch gab es im Lauf der Jahrhunderte immer wieder Juden, die sich dazu durchrangen, unterstützt von ihren Glaubensbrüdern in der Diaspora. Dennoch bleibt die Frage: Warum ist die große Mehrheit der Juden in der »Galuth«, in der Verbannung geblieben?

Die tiefere Antwort ist im Charakter der Juden zu finden. Die fünf Bücher Mose (Die fünf Bücher der Weisung), der fundamentale Text der jüdischen Religion, handelt von der Wanderschaft eines Volkes, das ursprünglich aus Hirtennomaden bestand, in Ägypten zu einem starken Sklavenheer heranwuchs und vierzig Jahre lang in der weglosen Wüste Sinai umherstreifte. Etwas von einem Wanderer steckt noch immer in der Seele eines jeden Juden. Das zeigt sich vor allem am höchsten Festtag im jüdischen liturgischen Kalender, dem Versöhnungstag (Jom Kippur). Eine der biblischen Lesungen in der Liturgie ist aus dem Buch Jeremias, wo es heißt, daß das Verhältnis Gottes zum jüdischen Volk wie das von Bräutigam und Braut sei: »So spricht ER: Ich gedenke dir den Holdsinn deiner Jugend, da du mir nach durch die Wüste gingst, durch das Land, das neu besät wird.« (Jeremias/Jirmejahu 2:2)

Die Juden sind erfahrene Nomaden. Sie haben eine wichtige Rolle im internationalen Handel gespielt und gehen seit dem Altertum auf Reisen. In unserem Jahrhundert haben sich viele wieder in ihrem eigenen Land niedergelassen, sind jedoch noch immer neugierig auf die übrige Welt. Sie können erst dann Ruhe geben, wenn sie möglichst viel von dieser Welt gesehen und erfahren haben. Zum Übergangsritus im heutigen Israel gehört eine Weltreise von etwa einem Jahr Dauer nach Ableistung des Militärdienstes. Man frage diese jungen Frauen und Männer, warum sie sich dazu getrieben fühlen, und die Antwort ist unweigerlich stets dieselbe: Wir sind in einem kleinen Land aufgewachsen, und wir wollen die große Welt kennenlernen. Kein einzelnes Land ist groß genug, um die schöpferische Energie, vor der dieses Volk strotzt, zu bändigen.

Die Juden haben sich mit Inbrunst des Landes ihrer Urväter angenommen, haben es im Gedächtnis bewahrt und sind ihm länger verbunden geblieben als jedes andere Volk in der Geschichte. Trotzdem sind die Juden zugleich das kosmopolitischste von allen Völkern. Auch dieses Paradox begann bereits bei Abraham und Sara, die in Mesopotamien geboren wurden und einen Großteil des Vorderen Orients und Ägyptens durchwanderten, bevor sie sich in einer Wüstenoase in der Nähe von Beerscheba niederließen. Innerhalb des jüdischen Volkes werden fast alle Sprachen der Welt gesprochen, und die Juden sind in fast jedem Land zu Hause. Der Jude ist Nomade, Nationalist und Kosmopolit in einem. Saubere Abgrenzungen, die sich zur Kategorisierung anderer Völker eignen, werden dem Volkscharakter der Juden nicht gerecht; das ist es, was uns für Nichtjuden ebenso interessant wie beunruhigend macht.

Was also hat die Juden davon abgehalten, ihrer Stammesherkunft abzuschwören? Wie haben sie es fertiggebracht, den Verlockungen und Belohnungen der dominanten Kulturen, in denen sie seit dem Altertum gelebt haben, zu widerstehen? Die Antwort ist ganz einfach die, daß nur die überzeugtesten Juden am Glauben festgehalten haben.

Die Verlockung der griechisch-römischen Kultur

Die Nachfahren der jüdischen Stämme trafen auf zahlreiche heidnische Gesellschaften, doch keine stellte sie vor eine größere Herausforderung als die griechische Kultur mit ihrer intellektuellen und ästhetischen Anziehungskraft. Im Zuge der militärischen Eroberungen Alexanders des Großen breitete sich der Hellenismus überall in Westasien und Ägypten aus. Die Nachfolger Alexanders legten im ganzen Reich neue Siedlungen an. Eine der größten war der Seehafen Alexandria an der Mittelmeerküste. Die Juden machten die Hälfte der Stadtbevölkerung aus, und ihre herrliche Synagoge war sogar noch prächtiger als der Tempel in Jerusalem.

Die griechischsprechenden Juden benötigten sehr bald eine Bibel in griechischer Übersetzung. Die meisten konnten zwar die Bibel in ihrer eigenen Sprache nicht mehr lesen, aber sie bemühten sich, ihren Gesetzen treu zu bleiben. Ebenso bedeutsam war der Umstand, daß die jüdischen Führer den griechischen Philosophen und der politischen Elite der Griechen nicht nur beweisen wollten, daß die Religion der Bibel achtungswürdig sei, sondern auch, daß der Judaismus der hellenistischen Zivilisation zumindest ebenbürtig, wenn nicht sogar überlegen war. Zur Verteidigung ihrer Religion erfanden jüdische Intellektuelle die Theologie, die Darstellung der biblischen Religion in philosophischen Begriffen. Die Schriften Philons, des führenden jüdischen Gelehrten in Alexandria im 1. Jahrhundert v. u. Z., sollten für die theologischen Studien von Christen und Muslimen im Mittelalter von zentraler Bedeutung werden.

Die sogenannte Septuaginta, die Übersetzung der Bibel in die griechische Sprache, war die erste Wiedergabe der Heiligen Schrift in einer Fremdsprache, und um ihre Entstehung ranken sich viele Legenden. In einer berühmten Geschichte wurden siebzig Gelehrte (nach einer anderen Version waren es zweiundsiebzig) jeweils mit einer Bibel in ein Zimmer gesetzt, und jeder sollte eine eigene Übersetzung anfertigen. Die anschließend vorgelegten Arbeiten unterschieden sich um kein Jota voneinander. Diese Geschichte ist die Quelle einer freundlichen Einschätzung einiger Rabbiner im Talmud, daß die identischen Übersetzungen der siebzig Gelehrten (Septuaginta ist lateinisch und bedeutet siebzig) eine göttliche Eingebung waren. Die entgegengesetzte Meinung kam im Talmud in der Feststellung zum Ausdruck, daß der Tag, an dem die Septuaginta beendet war, »für Israel ebenso unerträglich war wie der Tag, an dem das Goldene Kalb gemacht wurde, weil die Thora nicht angemessen übersetzt werden kann« (Talmud, Soferim 1). Die Rabbiner, von denen die Übersetzung mißbilligt wurde, befürchteten, daß unfreundliche Augen die Bibel ohne Hinzuziehung eines jüdischen Kommentars lesen und daß die Feinde des Judentums Stellen finden würden, die sie angreifen konnten. Die Einstellung der Rabbiner in der Antike zur hellenistischen Kultur kommt am besten in einem oft zitierten Ausspruch zum Ausdruck: »Hütet euch vor der griechischen Weisheit, die zwar Blüten, aber keine Früchte trägt«, mit anderen Worten, die Kultur der Griechen bringt zwar Schönheit, aber keine moralische Wahrheit hervor.

Im Talmud finden sich mehrere Mythen über die frühe Begegnung des Judentums mit der hellenistischen Gesellschaft. In einer von ihnen stellten die Rabbiner sich vor, daß Alexander der Große dem Hohenpriester des Tempels in Jerusalem, Simon dem Gerechten, seine Ehrerbietung bezeugte. In einer Variante dieser talmudischen Legende erscheint dem Feldherrn in der Nacht vor ihrer Begegnung im Traum das Ebenbild Simons des Gerechten, und Alexander muß erkennen, daß die Juden die Erben einer vornehmen Kultur sind. Eine weitere beliebte Talmuderzählung schildert, wie die Weisen Athens die Rabbiner bitten, ihnen schwierige Bibelstellen auszulegen. In diesen Geschichten äußert sich das Bedürfnis der Juden, von der herrschenden Weltmacht anerkannt zu werden. In Wirklichkeit ist Alexander nie nach Jerusalem gekommen, und für die Hellenisten war das Judentum der griechischen Kultur unterlegen.

Hundert Jahre später erfolgte der Aufstieg Roms zur beherrschenden Weltmacht, und das hellenistische Heidentum wurde als die wahre Universalkultur verkündet. Griechisch wurde zur zweiten Sprache Roms. Cicero und andere Senatoren waren stolz darauf, sich in der griechischen Philosophie auszukennen. Jeder, der nicht die griechische Kultur übernahm, galt als unzivilisiert. Das Judentum blieb die am meisten beachtete intellektuelle, religiöse und kulturelle Tradition, die sich weigerte, sich der moralischen Autorität der neuen Ordnung zu unterwerfen. Im Unterschied zu den Barbaren, die ihren minderwertigen Rang ablegen konnten, indem sie die griechische Kultur übernahmen, hielten die Juden (die von den Römern als Judäer bezeichnet wurden) auch weiterhin an ihrem Glauben an den einen unsichtbaren Gott fest. In der griechischen und römischen Literatur wurden die Juden gelegentlich gepriesen, häufiger jedoch verurteilt, weil sie diesen fremden Gott verehrten, von dem es keine Statue und kein Bildnis gab, doch die Juden mußten als die hartnäckigen und unbeugsamen Verteidiger einer Gegenkultur ernst genommen werden, die sie von der dominierenden hellenistischen Zivilisation unterschied. Dieser Zustand bildete genau das richtige Klima für die Erfindung des klassischen Antisemitismus.

Eine der frühesten Schilderungen dieser neuen Formulierung des Judenhasses findet sich in einer jüdischen Quelle: dem biblischen *Buch Esther*, das vermutlich irgendwann im 3. oder 2. Jahrhundert v. u. Z., auf dem Höhepunkt des Zusammenpralls zwischen der jüdischen und der griechischen Kultur, verfaßt wurde. In der Geschichte, die mehrere Jahrhunderte früher spielt, unterrichtet der Wesir Haman den persischen König, daß es ein gewisses Volk gebe, das unter den einhundertsiebenundzwanzig Völkern des Reiches zerstreut sei und dessen Sitten und Gesetze sich von denen aller anderen unterschieden. (Diese Äußerung ist eine knappe Zusammenfassung des hellenistischen Antisemitismus.) Haman beschuldigt die Juden, königliche Erlasse zu mißachten, und rät dem König, dieses umstürzlerische Volk zu vernichten. Am Ende werden die Juden von Königin Esther gerettet, die ihre jüdische Abstammung geheimgehalten hatte, und Haman findet den Tod am Galgen. Bis auf den heutigen Tag wird dieser frühe jüdische Sieg über den Antisemitismus mit dem jährlichen Purimfest gefeiert, an einem Tag, an dem die Kinder verkleidet in die Synagoge kommen, wo aus dem *Buch Esther* vorgelesen wird und die Versammlung der Gläubigen den Namen Hamans mit Lärminstrumenten übertönt.

Eine Schar von Aussätzigen

Weniger gut kommen die Juden in den Schriften Manethos davon, eines griechisch-ägyptischen Priesters und Historikers, der im 3. Jahrhundert v. u. Z. die Juden angriff, weil sie darauf beharrten, anders zu sein, und sich von der übrigen Gesellschaft abseits hielten. Manetho beklagte, daß »die Juden nicht mit uns essen oder trinken; sie haben keinen Anteil an unserem öffentlichen Leben; sie heiraten nur andere Juden; und sie halten ihren Gott dem unseren für überlegen. Sie zeigen keine Bilder unserer Götter in ihrem Tempel, obwohl wir ihren Gott in unseren Pantheon aufnehmen als ein Zeichen des Friedens zwischen unseren Gemeinschaften.« Manetho erzählte die Geschichte eines abtrünnigen ägyptischen Priesters namens Osarsiph (offenbar Manethos Version des biblischen Mose), der zum Anführer einer Schar von Aussätzigen wurde und seine Anhänger lehrte, keinen Verkehr mit der übrigen Gesellschaft zu haben.

Die Kritik Manethos wurde im 1. Jahrhundert v. u. Z. in einem Buch Apions von Alexandria erneut aufgegriffen, der behauptete, die Juden hätten in Wirklichkeit nicht gegen den Pharao rebelliert, wie es im 2. Buch Mose (Exodus) stehe; die jüdischen Sklaven seien eine Horde von Aussätzigen gewesen und von den Ägyptern aus dem Land gejagt worden. Auch Apion verurteilte die Juden, weil sie etwas Besonderes sein wollten, weil sie das einzige Volk waren, das nichts von den heidnischen Göttern wissen wollte. Von ihm stammt die aberwitzige Vorstellung, einmal im Jahr würden die Juden sich eines Nichtjuden bemächtigen, ihn schlachten und von seinen Innereien essen und während des Mahls schwören, das Volk des Opfers zu hassen. Diese Beschuldigung sollte zu einer Primärquelle für das im Mittelalter von Christen verbreitete Greuelmärchen werden, die Juden würden ihr Passahbrot mit dem Blut ermordeter Christenkinder backen. Diese Behauptungen Apions wurden von Josephus Flavius, dem jüdischen Befehlshaber, der während des Jüdischen Krieges

66–70 zu den Römern übergelaufen war, in seiner Schrift *Gegen Apion* zurückgewiesen. Die Verteidigung des Josephus Flavius legte das Muster fest für alle zukünftigen Debatten über die Judenfrage. Er räumte ein, die Juden ständen in besonderer Treue zu dem einen Gott, ihr einzigartiger Glaube hindere sie jedoch nicht daran, pflichtgetreue Bürger des Römischen Reiches zu sein, sofern ihnen Toleranz entgegengebracht und sie nicht von der Obrigkeit gezwungen würden, gegen Gottes Gebote zu verstoßen. Zum Schluß erklärte er, Apions Beschuldigung, die Juden seien in Wirklichkeit Aussätzige und würden Krankheiten verbreiten, sei eine bösartige Verleumdung. Doch nachdem diese Vorstellungen sich erst einmal im kollektiven Bewußtsein eingenistet hatten, konnten sie mit rationalen Argumenten nicht mehr ausgeräumt werden.

Die Einstellung Apions findet sich auch in den Werken einiger der größten Schriftsteller Roms wieder, darunter der Philosoph und Staatsmann Seneca und der Redner und Politiker Cicero. Seneca wird von Augustinus mit folgenden Worten zitiert: »Da unterdessen der bei diesem ganz verkommenen Volk übliche Gebrauch so um sich gegriffen hat, daß er schon in allen Ländern angenommen ist, so haben die Besiegten den Siegern Gesetze gegeben.«[1] Auch Cicero nahm Anstoß an den Juden und sagte in seiner Rede für den Flaccus: »Selbst als Jerusalem noch stand und die Juden mit uns im Frieden lebten, lief die Praktizierung ihrer heiligen Rituale dem Ruhm unseres Reiches und der Würde unseres Namens und den Bräuchen unserer Ahnen zuwider. Doch jetzt ist es noch weit mehr der Fall, da dieses Volk mit seinem bewaffneten Widerstand gezeigt hat, was es von unserer Herrschaft hält.«[2]

Apions Bild der Juden als Überträger von Krankheiten wurde im Mittelalter wiederholt von Christen aufgegriffen, von denen die Juden beschuldigt wurden, Brunnen zu vergiften und die schwarze Pest zu verbreiten. In unserem Jahrhundert verglichen Hitler und Goebbels die Juden mit einem

Bazillus; Stalin unterstellte seinen jüdischen Leibärzten, sie hätten ihn vergiften wollen, und heute behaupten die Black Muslims in den USA, die Juden infizierten sie mit Aids. Apions Bild vom Juden als einem Aussätzigen, als Überträger von Krankheiten und als einem Feind der Menschheit nistete sich tief in die westliche Überlieferung ein. Es war eine Verleumdung, der die Juden nie entgehen konnten.

Jahrhundertelang haben die Juden sich bemüht, sich vom Fluch des Antisemitismus zu befreien, indem sie die jüdische Gemeinschaft verließen. Häufig haben sie es höchst widerstrebend getan, unter Schmerzen und Selbstvorwürfen, und gesagt, sie wollten mit diesem Opfer die Sicherheit ihrer Kinder gewährleisten. Jahrhundertelang hat der rettende Rest unter den Juden die entgegengesetzte Entscheidung getroffen. Diese Juden haben Kinder in die Welt gesetzt und Erinnerungen an Vertreibung, mörderische Verfolgung und Pogrome weitergegeben – dieselben Erinnerungen, von denen andere aus der Herde vertrieben wurden. Warum sind sie geblieben? Die einfachste Erklärung ist natürlich die einer Trotzhaltung. Als Juden Kinder in die Welt zu setzen und sie als Juden großzuziehen ist gleichbedeutend mit der Behauptung: »Das können sie mit uns nicht machen.« Wer immer »sie« sein mögen und was immer »das« bedeuten mag.

Doch ein trotziges Aufbegehren allein erklärt noch nicht die Hartnäckigkeit der Juden. Und sie überleben auch nicht als ein Volk, um eine widerspenstige Welt besser zu machen. Juden haben beschlossen, ihre Kinder als Juden großzuziehen, weil wir nicht die Verbindung mit vergangenen Generationen unseres Geschlechts abbrechen wollen. Wir wollen unsere Kinder nicht ihrer kollektiven Vergangenheit berauben. Ich bete jeden Tag darum, daß ich lange genug lebe, um meinen Enkeln etwas über ihre Großeltern zu erzählen. Das wird ihre moralische Schulung sein.

Wir wissen natürlich, daß Juden den gefahrvollen Kampf zur Verbesserung der Welt führen müssen. Wie ich bereits gesagt habe, läßt Gott uns offenbar keine andere Wahl, doch das ist nicht der Grund, warum Juden die Herde nicht verlassen. Wir verehren unsere Vorfahren aus freiem Entschluß.

Der amerikanische Philosoph und Essayist Ralph Waldo Emerson hat einmal gesagt, jeder Mensch sei ein Omnibus, in dem alle seine Vorfahren mitführen. Das ist eine treffende Beschreibung der innersten und nicht weiter reduzierbaren Selbstbekräftigung des überzeugten Juden. Deshalb heißt es im Talmud, daß im Augenblick der göttlichen Offenbarung auf dem Berge Sinai die Seelen aller Juden, die sechshunderttausend Zeugen und die noch Ungeborenen, gemeinsam anwesend waren. Juden mögen mit Gott hadern und sich gegenseitig anschreien, wenn sie unterschiedlichen Lagern angehören, doch was sie als ein Volk zusammenhält, ist die Überzeugung, daß sie die Nachkommen großer Vorfahren sind. Sie wollen, daß ihre Kinder die Ahnenreihe fortsetzen.

Wir haben jetzt in diesem Buch einen Wendepunkt erreicht. In den ersten drei Kapiteln haben wir die Schlüsselelemente des Charakters der Juden eingeführt. Die folgenden Kapitel zeigen das Wechselspiel dieser Elemente in der jüdischen Erfahrung. Wir laden den Leser ein zu einer zweitausendjährigen Reise von der Zeit des jüdischen Aufstands gegen Rom und der Geburt des Christentums bis in die Gegenwart. Wir bieten keine umfassende Geschichte an. Unser Ziel ist es, zu zeigen, daß der Kern des jüdischen Charakters sich in guten und in schlechten Zeiten, im Verlauf der Zerstreuung unter die Völker kaum gewandelt hat. Der Leser wird Gelehrten und Mystikern beggenen, Apostaten und falschen Messiasgestalten, Kriegern und Diplomaten, Schriftstellern und Rebellen. Zeitalter auf Zeitalter haben diese Menschen in tragischer und häufig heroischer Weise die Seele des jüdischen Volkes verkörpert.

4
Ein Zug von Wildheit

Ein besiegtes oder versklavtes Volk steht vor einer Alternative: Es kann sich dem Usurpator unterwerfen, oder es kann gegen ihn aufbegehren. Im Altertum versuchten es die Juden mit beiden Möglichkeiten, und mit beiden hatten sie kein Glück. Sie waren zu aufsässig, um sich befrieden zu lassen, und nicht stark genug, um sich gegen die Assyrer und Babylonier zu behaupten, die den ersten Tempel in Jerusalem zerstörten, oder gegen ihre späteren Eroberer, die Perser und die Griechen. Deshalb gingen die Juden einen dritten Weg – das Martyrium, den inneren Widerstand derjenigen, die sich sagten, besser im Gehorsam gegenüber dem Gesetz Gottes zu sterben, als nach dem Gesetz der Heiden zu leben. Auf diese Weise wurde *kidusch haschem* geboren – für die Heiligung des Namens Gottes den Märtyrertod zu erleiden.

Jüdisches Martyrium wurde im 2. Jahrhundert v. u. Z. durch die frommen Juden definiert, die sich dem Diktat der hellenistischen Kultur in Palästina widersetzten. Erzählungen wie die Geschichte von Hanna und ihren sieben Söhnen, die eher ihr Leben hingaben, als sich zwingen zu lassen, Schweinefleisch zu essen, kamen in jener Zeit auf und sind seitdem von Juden immer wieder aufs neue erzählt worden. An diese Geschichte haben sich zweifellos die belagerten Juden auf dem Felsplateau von Massada im Jahre 73 erinnert, als Ehemänner und Väter ihre eigenen Kinder, ihre Frauen und schließlich sich selbst töteten, um nicht die Gefangenen und Sklaven der Römer zu werden. Das Muster kehrte im Jahre 1096 wieder, als Ritter des 1. Kreuzzugs die Juden in Mainz, Worms und Speyer ermordeten. Einige der Opfer versuchten, Widerstand zu leisten. Als dieser hoffnungslos wurde, begingen sie Massenselbstmord.

Wildheit als Gruppenmerkmal wurde für gewöhnlich mit Aggressivität gleichgesetzt und Tollkühnheit mit hochgradiger Erregbarkeit, die zu selbstzerstörerischen aggressiven Akten führte. Diese Tendenz hat sich zweifellos bei den Juden manifestiert, vor allem im Altertum und in der jüngsten Zeit. Juden haben für kurze Zeit über eine gewisse bewaffnete Macht verfügt, doch in den langen Jahrhunderten, in denen sie überall auf der Erde als ohnmächtige Minderheit lebten, kam dieser Hang zur Wildheit im selbstgewählten Martyrium zum Ausdruck. Solche Tode waren der letzte Ausweg der Schwachen und höchster Akt ihrer trotzigen Selbstbehauptung.

Die Juden von Alexandria waren mit den äußeren Attributen der hellenistischen Kultur durchaus einverstanden, ohne jedoch deshalb in ihrer traditionellen Treue zum Gott Israels wankend zu werden. Sie kämpften erfolgreich um das Recht der Befreiung von allen Veranstaltungen, bei denen heidnische Götter verehrt wurden. Diese Abneigung gegen jede Götzenverehrung war sogar noch stärker bei den Juden in Judäa, wo es den römischen Legionen untersagt war, in die heilige Stadt Jerusalem einzumarschieren und dabei ihre Legionszeichen zu zeigen, weil die Adler auf ihrer Spitze als Gottheiten verehrt wurden und deshalb die Juden reizen würden. Eine besonders dramatische Situation, in der die Juden ihren jüdischen Widerstand gegen jede Götzenanbetung bekundeten, wurde von Philon geschildert. Der wahnsinnige Kaiser Caligula, der den Senat gezwungen hatte, sein Pferd zum römischen Konsul zu wählen, rief sich selbst zum Gott aus und erteilte den Befehl, im jüdischen Tempel in Jerusalem ein Standbild von ihm aufzustellen. Im Bericht Philons heißt es hierzu:

»Sobald aber die Bewohner der heiligen Stadt und des übrigen Landes von dem Anschlag hörten, strömten sie wie auf ein Signal zusammen ... brachen in Massen auf, ließen Städte, Dörfer und Häuser leer zurück und machten sich in geschlossenem Zuge auf den Weg nach Phönizien, dem augenblicklichen Aufenthalt des Petronius [des Legats von Syrien] ... Darauf trat die Gruppe der älteren Männer vor und hielt folgende Ansprache: ›Waffenlos sind wir, wie du siehst, ... [wir] bieten unseren Körper jedem, der uns töten will, ein leichtes Ziel zu sicherem Schuß. Unsere Frauen, Kinder und Verwandten haben wir mitgebracht und niemanden zu Hause gelassen ... Wir ziehen aus unseren Städten, verlassen Haus und Hof; unsere Habe, unser Geld, unseren Schmuck und was wir sonst noch haben wollen wir aus freien Stücken anbieten. Wir werden glauben, beschenkt zu werden, nicht aber zu schenken. Eins bitten wir uns als Gegengabe aus: Nichts werde in unserem Tempel verändert, vielmehr bleibe er so bewahrt, wie wir ihn von unseren Vätern und Vorvätern übernommen haben. Jedoch wenn wir dich nicht rühren können, so weihen wir uns selbst dem Untergang, um im Leben nicht eine Schande sehen zu müssen, die schlimmer ist als der Tod ... Wir stellen uns bereitwillig und freudig dem Blutbad.‹«[1]

Petronius suchte die Angelegenheit hinauszuzögern, dann wurde Caligula ermordet, und eine Katastrophe wurde so abgewendet. Natürlich sprachen die Tausende, die vor Petronius auf dem Boden lagen, nicht für alle Juden in Palästina, die sich unter römischer Herrschaft befanden. Es waren diejenigen, die den Mut hatten, sich zu erheben und zu protestieren, und die bereit waren, dafür ihr Leben zu opfern. Sie demonstrierten, daß Juden zur Verteidigung bestimmter Grundsätze bis zum Äußersten gehen. Die Juden haben schon vor langer Zeit gelernt, sehr vorsichtig und anpassungsfähig zu sein, um in fremden Kulturen zu überleben, doch unter ihnen ist auch dieser Zug zur Wildheit, der sich vehement Bahn bricht, wenn bestimmte Grenzen überschritten werden.

Der von Philon geschilderte Zwischenfall ereignete sich während eines der unruhigsten Jahrhunderte in der Geschichte der Juden. In den jüdischen Gemeinden auf der ganzen Erde, aber vor allem in Israel selbst, nahmen unter der harten römischen Herrschaft sektiererische Zwiste eine erbitterte und verhängnisvolle Wendung. Die Frontlinien verliefen zwischen den Juden, die überzeugt waren, daß sich in nächster Zeit das Ende der Tage durch Wunder ankündigen werde, und denen, die entschlossen waren, die römische Herrschaft mit Waffengewalt abzuschütteln. Die revolutionäre Begeisterung verstärkte sich während des Passahfestes, als die Einwohnerschaft Jerusalems durch Tausende von Pilgern vermehrt wurde, die aus zahlreichen jüdischen Gemeinden aus allen Regionen des Heiligen Landes und der Diaspora hierhergekommen waren. Hier in der Heiligen Stadt wollten sie der ersten Befreiung der Juden gedenken, als Gott sein Volk aus Ägypten herausgeführt hatte. Dieses Fest war schon immer eine Zeit inbrünstiger Hoffnung, daß es am Jahrestag des biblischen Geschehens wieder zu einer Erlösung kommen werde. Die römischen Schildwachen wurden in erhöhte Alarmbereitschaft versetzt, um gegen alle Anzeichen von Unruhen sofort vorzugehen. Jeder, der innerhalb der Stadt oder in ihrer näheren Umgebung predigte, geriet sogleich in den Verdacht, einen Aufstand zu planen. Jesus kam mit seinen Jüngern nach Jerusalem, um das Passahfest zu feiern; sein »letztes Abendmahl« war ein Seder. Doch die Römer sahen in ihm einen Rebellen; bereits sein Ausspruch »Mein Reich ist nicht von dieser Welt« genügte ihnen als Beweis, um ihn zu verurteilen. Schon die geringste Andeutung einer messianischen Rhetorik galt als Kapitalverbrechen.

Was sich in Jerusalem zur Zeit des Prozesses gegen Jesus und während seiner Kreuzigung tatsächlich abgespielt hat, läßt sich historisch zuverlässig nicht mehr feststellen. Selbst die vier Autoren des Neuen Testaments gehen in ihren Meinungen zu mehreren wichtigen Punkten auseinander. An erster Stelle wäre hier die Frage zu nennen, wie groß der Anteil der Verantwortung war, den man der jüdischen Machtelite – den Sadduzäern – zuschrieb, die sich gegen alle Beschuldigungen einer Illoyalität verteidigen wollte, und wieweit man die Römer für den Prozeß verantwortlich machte, die alle abweichenden Meinungen jüdischer Sektierer unterdrücken wollten. Je mehr das Christentum aufhörte, eine jüdische Sekte zu sein, und sich in die Welt der Nichtjuden einfügte, desto heller war das Licht, in dem Pontius Pilatus (der römische Statthalter in Palästina, der die Kreuzigung Jesu befahl) in der Leidensgeschichte dargestellt wurde, und desto schlechter kam die jüdische Obrigkeit in diesen Schilderungen davon.

In den letzten ein bis zwei Jahrhunderten, als die kritische christliche Religionswissenschaft sich darum bemüht hat, Jesus unter einem historischen Blickwinkel zu betrachten, haben die Juden sich mit der Behauptung vieler Wissenschaftler angefreundet, die Religion Jesu selbst sei Judaismus, die Religion *um* Jesus sei dagegen Christentum. Die Juden sind im allgemeinen einverstanden mit dem Bild Jesu als Morallehrer in der brodelnden Welt der Juden jener Tage, und die wenigsten Juden hätten ein Problem mit der gemäßigteren Erklärung von Jesus: »In meines Vaters Haus gibt es viele Wohnungen.« Diese Vorstellung von verschiedenen religiösen Inspirationen, die miteinander darum rivalisieren, Gutes zu tun, steht im Einklang mit dem jüdischen Denken. Doch alle diese nuancierten Bilder Jesu werden überschattet von der nackten Realität, daß Juden seit der Kreuzigung Christi immer und immer wieder von Christen verleumdet, mißhandelt und ermordet wurden, weil angeblich sie es waren, die den Gottessohn gekreuzigt haben.

Seit langer Zeit wollten die Christen wissen, was die Juden wirklich von der christlichen Religion halten. Diese Frage wurde immer wieder gestellt, weil zwischen Judentum und Christentum eine fundamentale Asymmetrie besteht. Das Christentum ist ohne seine Beziehung zum Judentum nicht vorstellbar. Es hat die hebräische Bibel als sein Eigentum betrachtet, bezeichnet sie jedoch als das Alte Testament, weil es seinen Inhalt als den ersten Akt des göttlichen Dramas betrachtet, das in der Handlung des Neuen Testaments zu seinem Höhepunkt und Abschluß kommt. Auf der anderen

Seite gibt es im Judentum absolut nichts, das es ihm auferlegen würde, eine Meinung oder eine Theologie zu Jesus beizusteuern. Das Judentum ist ebensowenig genötigt, zu Jesus Stellung zu beziehen, wie das Christentum genötigt ist, Mohammed in seiner Theologie unterzubringen. Des ungeachtet haben die Juden, da sie unter Christen lebten, gelegentlich versucht, ein Urteil über Jesus abzugeben. Die maßgebliche Antwort der Juden lautete seit dem Mittelalter, daß er ein Lehrer mit der Moral eines Propheten war, ein einzigartiger Rabbi, eine spirituelle Persönlichkeit von tiefreichender Bedeutung für die Welt. Doch diese Antwort hat in den seltensten Fällen das Unbehagen der Christen an den Juden gemildert, weil im Zentrum ihres Glaubens die göttliche Menschwerdung Jesu Christi steht. Dieser historische und verhängnisvolle Unterschied zwischen Juden und Christen läßt sich auch mit einem noch so großen rhetorischen Aufwand nicht wegdisputieren.

Die Wahrheit ist, daß in der biblischen Religion jede Version darauf beharrt, allein ihre Anhänger wüßten, was Gott von der Menschheit wirklich will. Das Problem besteht in dem Ausmaß, in dem jede Tradition versucht, ihren Glauben anderen aufzunötigen oder gar aufzuzwingen. Zum einen haben die Juden nie von den Christen erwartet, mit ihnen darin übereinzustimmen, daß das richtige Verständnis der Bibel im Talmud zu finden sei. Gläubige Juden waren bereit, bis ans Ende der Tage zu warten, an dem sich der rechte Glaube erweisen werde. Das Problem für die Juden war seit jeher die Christenheit, nicht das Christentum – nicht der Glaube der Christen, sondern ihr Zorn gegen die »falschen« und »ungläubigen« Juden. Neunzehn Jahrhunderte lang waren die Christen mit der Frage beschäftigt: Warum akzeptieren die Juden Christus nicht als den Messias? In derselben Zeit quälten die Juden sich mit der Frage herum: Warum hören sie nicht auf, uns zu verfolgen? Um zu verstehen, wie eine kleine jüdische Sekte zur beherrschenden Religion des Römischen Reiches aufstieg, deren Anhänger die hauptsächlichen Verfolger der

Juden waren, müssen wir bis ins Jahr 66 zurückgehen – zur Geschichte eines Musterbeispiels für den Hang zur Wildheit im Charakter der Juden.

Der Aufstand

Etwas mehr als dreißig Jahre nach der Kreuzigung Jesu Christi erhob sich eine relativ kleine, aber entschlossene Gruppe jüdischer Rebellen, die Zeloten, in einem Aufstand gegen Rom. Die Hunderttausende von Juden, die Jerusalem während des Passahfestes überschwemmten, konnten die Stadt nicht mehr verlassen, weil die römischen Legionen sie belagerten. Diesen Juden blieb keine andere Wahl als zu kämpfen. In seiner Darstellung vom Fall Jerusalems und der Zerstörung des zweiten Tempels glorifizierte Josephus den römischen Befehlshaber und späteren Kaiser Titus, schilderte aber auch Szenen jüdischen Heldentums – wenn sich die jüdischen Verteidiger lieber in die Flammen stürzten, die den heiligen Tempel verschlangen, als sich zu ergeben. Über eine Million Juden kamen bei dem Aufstand um, und viele weitere starben in den Monaten danach. Titus hatte zwar den Befehl gegeben, alle Juden lebendig zu ergreifen, und seinem Freund Haterius Fronto die Aufgabe übertragen, die Stadt zu räumen. Trotzdem fand eine »Selektion« statt. Obwohl die römischen Soldaten von dem langen Feldzug erschöpft waren, erhielten sie den Befehl, alle Alten und Kranken niederzumachen. Nur »Männer im besten Mannesalter«, die man in die Sklaverei oder als Gladiatoren in die Arena schicken konnte, sollten am Leben bleiben. Während Fronto die kräftigsten Gefangenen aussortierte, starben elftausend von ihnen den Hungertod.

In der talmudischen Literatur findet sich eine Fülle von jüdischen Reflexionen über die Zerstörung des zweiten Tempels. Warum hat Gott zugelassen, daß der Tempel zerstört wurde? Der Talmud gibt die Schuld daran den Juden selbst. Ein Rabbi sagte, der Tempel sei zerstört worden, »weil dann [= damals] grundlose Feindschaft herrschte. Dies [die Zerstörung des Tempels] lehrt dich, daß grundlose Feindschaft die drei Sünden, Götzendienst, Unzucht und Blutvergießen, aufwiege.«[2] Die Juden wurden nicht nur mit der Zerstörung des Tempels, sondern auch mit seiner Entweihung konfrontiert. Die Rabbiner griffen zu den scheußlichsten Bildern, um den Schrecken und den Schauder zu unterstreichen, der die Zeugen des Untergangs des höchsten Heiligtums der Juden befallen hatte (Schir-Hashhirim Rabba 1:5). Der Talmud erzählt die wenig glaubhafte Geschichte vom römischen General Titus, der das Allerheiligste betrat, auf dem Tempelboden eine Thorarolle ausbreitete und das Pergament als Bettlaken benutzte, auf dem er sich mit einer Hetäre vergnügte.

Der göttliche Wille wurde hingenommen, doch der Zorn, den die Juden gegen Gott richteten, legte sich nicht. In dem Augenblick, als der Tempel in Flammen aufging (die Geschichte wird in zwei Fassungen erzählt, einmal über die Zerstörung des ersten und einmal über die des zweiten Tempels), kletterten junge Priester auf das Tempeldach, warfen die Schlüssel zum Heiligtum in die Höhe und riefen laut zu Gott: »Die Schlüssel zum Heiligtum nützen uns jetzt nichts mehr ... du kannst sie wiederhaben.« Daraufhin erschien eine Hand aus den Wolken und nahm die Schlüssel an sich. Danach stürzten sich die Priester in die Flammen (Taanit, 29a).

Der Aufstand gegen Rom war mit dem Fall Jerusalems nicht beendet. Er dauerte noch drei Jahre bis zum Fall Massadas, wo fast eintausend Zeloten den römischen Legionen von einer Bergfestung am Rande der Jüdischen Wüste in der Nähe des Toten Meeres aus Widerstand leisteten. Als die Einnahme Massadas durch die Römer kurz bevorstand, rief der jüdische Befehlshaber Eleasar ben Jair die Verteidiger zusammen und forderte sie zu einem letzten Akt trotziger Selbstbehauptung auf. In zwei leidenschaftlichen Reden (wie Josephus Flavius berichtet) behauptete er, das Unheil, von dem sein Volk heimgesucht worden sei, lasse sich nicht ausschließlich mit dem Aufstand erklären, sondern habe auch etwas mit der Andersartigkeit der Juden zu tun. Die Juden in Caesarea seien vom Pöbel niedergemetzelt worden, »gerade während sie Sabbath feierten«. Ebenso geschah es in Syrien. »Zu einer Zeit, als sie nicht einmal einen gut erdichteten Vorwand zur Hand hatten, erfüllten die Damaszener ihre Stadt mit einem abscheulichen Morden, wobei sie 18 000 Juden gemeinsam mit Frauen und Kindern abschlachteten ...« Und in Ägypten fielen den Morden sogar 60 000 Juden zum Opfer. Wie Eleasar erklärte, war der Grund stets darin zu suchen, daß die Juden anders waren: »Zwar ist es möglich, daß jene so starben, weil sie im fremden Land zu keinerlei angemessener Abwehr den Feinden gegenüber gelangen konnten ...« Die erste seiner beiden Reden hatte Eleasar mit folgenden Worten beschlossen: »Ich glaube ..., daß uns von Gott diese Gunst geschenkt wurde, eines schönen und freien Todes zu sterben ... Wir haben die für morgen bevorstehende Einnahme der Festung offen vor Augen; frei aber bleibt uns die Wahl eines edlen Todes gemeinsam mit unseren liebsten Menschen.«[3]

Die Alternative, vor der die Verteidiger Massadas gestanden hatten, wiederholte sich unter ähnlich verzweifelten und tragischen Umständen im April 1943, nachdem die Nazis beschlossen hatten, die letzten Juden im Warschauer Ghetto zu vernichten. Am dritten Tag der Vernichtungsaktion fand zwischen den Anführern der verschiedenen politischen Parteien der Juden im Ghetto eine strategische Besprechung statt. Einer der Anwesenden, ein zionistischer Gewerkschaftsführer namens Hirsch Berlinski, hinterließ ein zusammenfassendes Protokoll der Diskussion und nannte den Grund, warum sie beschlossen hatten, den Kampf aufzunehmen, auch wenn dieser völlig hoffnungslos war:

»Die Deportationen bedeuten so oder so die Vernichtung. Deshalb ist es besser, in Würde zu sterben und nicht wie ein gehetztes Wild. Es gibt keinen anderen Ausweg, uns bleibt nur noch der Kampf. Auch wenn wir nicht mehr tun können als einen Kampf aufzunehmen, der nur geringe Ähnlichkeit mit einem wirklichen Kampf aufweist, wird es immer noch besser sein, als wenn wir es passiv hinnehmen, daß man uns abschlachtet... Indem wir so handeln, werden wir der Welt zeigen, daß wir uns gegen den Feind erhoben haben, daß wir nicht willig zur Schlachtbank mitgegangen sind.«[4]

Massada und Warschau wurden zwei der großen Kampfparolen des modernen Israel, eines Staates, der errichtet wurde, um der Ohnmacht der Juden in der Verbannung ein Ende zu machen. Jedes israelische Kind kennt den Satz: »Massada wird kein zweitesmal fallen.« Der Aufstieg auf das Plateau von Massada ist für jeden jugendlichen Israeli ein Übergangsritual, und die Elitesoldaten der israelischen Streitkräfte werden auf dem Boden vereidigt, auf dem Eleasar ben Jair fast zweitausend Jahre zuvor seine schicksalsschwere Rede gehalten hatte. Dennoch haben diese legendären Episoden jüdischen Heldentums auch eine dunkle Seite, die sich nicht bestreiten läßt. Im Lauf der Jahrhunderte haben Juden im Angesicht von Niederlagen immer wieder die Schuld bei sich selbst gesucht. Auch Josephus läßt dies in seiner Einleitung zum *Jüdischen Krieg* anklingen: »Denn unserer Stadt ist es zugestoßen, daß sie, die einst den größten Wohlstand von allen unter römischer Herrschaft stehenden Städten erreicht hatte, ins äußerste Unglück stürzte. Ja, alles Unheil, was sich seit jeher sonst ereignet hat, scheint mir vergleichsweise geringer zu sein als dasjenige, welches die Juden betroffen hat. Und die Schuld daran trägt niemand aus fremdem Stamm.«[5] Josephus übte keine Kritik an Rom als einer imperialistischen Macht, die im Zuge ihres expansionistischen Programms Palästina unter ihre Herrschaft bringen mußte; er sprach nur von der Torheit des jüdischen Widerstandes. Somit ist die Neigung der Juden, sich eher Selbstvorwürfe zu machen als den Feind als den wahren Schuldigen zu benennen, tief in ihrer Geschichte verankert. Dasselbe Verhalten war nach den beiden Zerstörungen des Tempels, nach der Vertreibung der Juden aus Spanien und nach dem Holocaust zu beobachten.

Diese Haltung des Josephus Flavius ist auch in der Liturgie des traditionellen jüdischen Gebetbuchs angelegt. Wir haben in jedem bedeutenden Festgottesdienst ein Gebet, das mit den Worten beginnt: »Wegen unserer Sünden sind wir aus unserem Land verbannt worden.« Die Vorstellung, wir trügen an unserem Unglück selbst die Schuld, wir seien aufsässige Kinder, die vom verärgerten Vater bestraft werden, nimmt unserem Zorn gegen Gott die Spitze und schafft einen Rahmen, innerhalb dessen wir mit Ihm unseren Frieden schließen können; sie erhält unsere Beziehung aufrecht. Doch das jüdische Volk weiß niemals ganz genau, für welche Sünde es bestraft wird und warum es so schwer dafür büßen muß. Obwohl die frommen Juden im Gebet alle Übertretungen aufzählen, deren sie sich schuldig gemacht haben könnten, wissen sie in ihrem Herzen, daß zwischen ihren Sünden und der Strafe ein gewaltiges Mißverhältnis besteht. Welche Sünde sollten die Juden begangen haben, die nur mit dem Tod von sechs Millionen Juden, ein Viertel davon Kinder, gesühnt werden könnte? Dieser theologische Rahmen fällt in sich zusammen, sobald er auf die Judenvernichtung unter dem Nazismus angewandt wird. Josephus hat ihn zur Zeit der Zerstörung des zweiten Tempels in Zweifel gezogen. Solche Ereignisse stellen die Juden vor ein unlösbares Dilemma. Und deshalb lassen gläubige Juden die Theologie beiseite und sagen nach jeder Tragödie aufs neue: Die Wege des Herrn sind für uns Erdenkinder unerforschlich.

Doch die Juden können es dabei nicht bewenden lassen. Nach jeder großen Katastrophe geben viele Juden auf und verschwinden, während andere mit um so größerer Entschlossenheit und manchmal in einer Trotzhaltung als Juden weiterleben. Es gibt die Geschichte von einem frommen Juden, der während eines Judenpogroms aus Spanien vertrieben wurde. Nach mehrjähriger Wanderschaft verschlug es ihn weitab irgendwo an die nordafrikanische Küste. Seine Frau und seine Kinder waren zurückgeblieben und wurden zwangsgetauft. So saß er da, von allem beraubt, was ihm lieb und teuer gewesen war. Und was tat der Mann? Er verfaßte einen Kommentar zum Talmud. Einmal sah er von seiner Arbeit auf und sagte: »Lieber Gott, du hast alles Erdenkliche getan, um mich von dir zu vertreiben, aber das werde ich nicht zulassen. Ich werde weiterhin an dich glauben, und ich werde mich weiterhin als ein Angehöriger des von dir auserwählten Volkes verhalten. Ich weiß nicht, warum du mir all diesen Kummer und Schmerz geschickt hast, doch wenn du mich auf die Probe stellen willst wie einst Hiob und darauf wartest, daß ich deinen Namen lästere, dann tust du es vergeblich.« Dieser Jude war in all seinem Elend entschlossen, seinen Teil des Vertrages mit Gott einzuhalten. Er würde gläubig und gehorsam gegenüber seinem Gott bleiben, doch beharrte er darauf, daß dieser dasselbe tat, indem er ihn beschützte und ihn oder seine Nachkommen ins Land der Verheißung führte.

In der trotzigen Haltung gegenüber Kaisern und Diktatoren und selbst gegenüber Gott kommt die jüdische Überzeugung zum Ausdruck, daß eine Kapitulation die schlimmste aller Sünden ist. Die Juden haben einen unerschütterlichen Willen, weiterzumachen, selbst wenn es den Anschein hat, als wäre die ganze übrige Welt und sogar Gott gegen sie. In der Bibel nannte Gott die Juden ein »halsstarriges« Volk; ich nenne es den Zug zur Wildheit. Gerade dann, wenn unsere Feinde glauben, wir seien besiegt, schlagen die Juden zurück, manchmal mit militärischer Gewalt, manchmal, indem sie den Tod von Märtyrern sterben, und manchmal, indem sie sich neu erfinden.

Der bewaffnete »Messias«

Als Titus im Triumphzug in Rom einmarschierte und hinter ihm versklavte Juden die heilige Menora, den siebenarmigen Leuchter, tragen mußten, war er überzeugt, daß Rom die letzten Glutreste des jüdischen bewaffneten Widerstandes ausgetreten habe. Darin täuschte er sich. Eine Generation später, während der Regierung Kaiser Trajans, brachen in Palästina und der Diaspora kleinere Unruhen aus, wurden jedoch niedergeschlagen. Der letzte bedeutende militärische Aufstand der Juden im Altertum wurde im Jahr 132 von Bar Kochba (»Sternensohn«) angeführt. Anfangs schlugen die Streitkräfte Bar Kochbas die Römer zurück, und drei Jahre lang stand er an der Spitze einer jüdischen Regierung in Israel. Schließlich wurde der Aufstand jedoch von den Römern niedergeschlagen, und seine Anhänger wurden entweder in die Verbannung geschickt oder gefoltert und dann getötet. Die Römer erklärten jede jüdische Religionslehre zu einem Kapitalverbrechen, doch insgeheim ging die Unterweisung im jüdischen Glauben weiter. Die Rabbiner, die dabei ertappt wurden, nahmen ihren Tod als von Gott geschickt auf sich. Unter ihnen befand sich auch Rabbi Akiba ben Joseph, der Bar Kochba zum verheißenen Erlöser erklärt hatte. Im Alter von 85 Jahren wurde er im Jahr 135 zu Tode gepeitscht.

Eine der berühmtesten Geschichten des Talmuds erzählt von Rabbi Akiba ben Joseph, der zusammen mit drei anderen Rabbinern nach der Zerstörung des Tempels in Jerusalem nach Rom wandert. Als sie sich der Stadt nähern, hören sie den Lärm einer ausgelassenen Menschenmenge. Seine drei Gefährten beginnen zu weinen, er dagegen bleibt heiter. Sie fragen ihn: »Warum bist du so fröhlich?« Er erwidert: »Warum weint ihr?« Sie antworteten: »Seht auf diese Heiden, die sich vor Götzenbildern verbeugen und Weihrauch verbrennen; sie leben in Sicherheit und Ruhe. Wir dagegen, die Anhänger des einen wahren Gottes, sind geschlagen – unser Tempel wurde zerstört.« »Gerade das ist der Grund, warum ich fröhlich bin«, erwiderte Rabbi Akiba. »Wenn es ihnen, die sich an dem Einen Gott versündigen, so wohl ergeht, um wie vieles besser wird es dann denen von uns ergehen, die dem Herrn wohlgefällig sind?« (Makkot 24a–b)

In seinem eigenen Leben lieferte Rabbi Akiba ein Musterbeispiel für einen zentralen Zug des jüdischen Charakters: Er sah in jeder Lage noch eine Möglichkeit. Erst mit vierzig Jahren lernte er lesen und schreiben – und wurde der größte Gelehrte seiner Zeit. Er wollte sich von den Römern nicht in die Knie zwingen lassen – also schloß er sich dem Aufstand von Bar Kochba an. Nach dessen Niederschlagung trotzte er dem Erlaß, der das Lehren der jüdischen Religion verbot. Der Geist Rabbi Akibas konnte nicht überwältigt werden; auch im Angesicht eines furchtbaren Todes durch Auspeitschen war er nicht zu besiegen.

Mit dem Sieg der Römer über Bar Kochba war jeder Gedanke an eine Fortsetzung des bewaffneten Widerstandes der Juden hinfällig geworden. Die Rabbiner nachfolgender Generationen wandten sich dem Studium und geistigen Problemen zu, um die jüdische Lebensweise zu bewahren. Mit der Zeit besserte sich das Verhältnis zwischen Juden und Römern in Palästina. Der Überlieferung zufolge unterhielt Rabbi Juda Hanassis (Juda der Fürst), der spirituelle und weltliche Füh-rer der Juden Palästinas in der Mitte des 2. Jahrhunderts, eine freundschaftliche Korrespondenz mit dem römischen Kaiser. Eine berühmte Geschichte im Talmud bringt die Ambivalenz der Juden in dieser Zeit zum Ausdruck. Drei Rabbiner sitzen zusammen und debattieren über das Wesen der römischen Herrschaft. Sagt Rabbi Jehuda: »Wie schön sind doch die Werke dieser Nation! Sie haben Straßen angelegt, Brücken gebaut und Bäder errichtet.« Darauf erwidert Rabbi Simón ben Johaj: »Alles, was sie errichtet haben, geschah nur in ihrem eigenen Interesse. Sie haben Straßen angelegt, um da Huren zu setzen, Bäder errichtet zu ihrem Behagen, Brücken gebaut, um Zoll zu erheben.«[6]

Noch viele Jahrhunderte lang blieben die Juden gegenüber den Regierungen, unter denen sie lebten, zutiefst ambivalent. Sie suchten bei ihnen Schutz gegen feindliche Elemente, doch gleichzeitig wußten sie auch, daß die Adligen und Könige, von denen sie beschützt wurden, früher oder später allen Besitz der Juden an sich bringen und sie dann aus ihrem Reich vertreiben würden. Deshalb haben sich die Juden allen weltlichen Mächten gegenüber ein gesundes Mißtrauen bewahrt.

Ein Sieg des Herzens

In ihrem vergeblichen militärischen Kampf gegen das mächtige Rom konnten die Juden immerhin einen Sieg von weitreichender historischer Bedeutung für sich verbuchen. Sie erschütterten den Glauben der Römer an heidnische Gottheiten. Zu ebender Zeit, als die Juden in einen erbitterten Krieg gegen die Römer verwickelt waren, bekehrten sich zahlreiche Angehörige der begüterten Intelligenz in den äußeren Provinzen sowie in Rom selbst zum Judentum in der Überzeugung, daß der wahre Gott kein Götzenbild sei. Der jüdische Aufstand verhalf den Juden und ihrer Religion zu Ansehen und Achtung, denn er hatte die Römer zu einem ihrer langwierigsten Feldzüge gezwungen, die sie je geführt hatten (der andere war der Krieg gegen Karthago unter Hannibal). Viele Römer blickten voller Respekt auf die Juden, die in dem Krieg ein außergewöhnliches Heldentum gezeigt hatten. Sie konnten nicht anders als staunen über eine Religion und Kultur, die dieses Volk dazu befähigte, sich den Römern so entschlossen und opferbereit zum Kampf zu stellen. Was war das für ein Gott, der die Juden zu einer Hingabe und Treue beflügelte, die soviel größer war als alles, was die Römer ihren Gottheiten entgegenbrachten? Was die Juden über Gott lehrten, mußte somit ernst genommen werden – und viele ließen sich von dem, was sie über die Morallehren der Juden erfuhren, beeinflussen.

In weitaus größerer Zahl als die Männer konvertierten römische Frauen zum Judentum, weil sie hierzu lediglich kurz in ein »lebendiges Wasser« eingetaucht wurden und die in der hebräischen Bibel vorgeschriebenen Rituale und Gesetze annehmen mußten. Die Männer waren weniger leicht zu einem formellen Übertritt zum Judentum zu bewegen. Sie wollten sich nicht dem schmerzhaften und häufig gefährlichen chirurgischen Ritual der Beschneidung unterwerfen; deshalb wurden die Männer, denen das Judentum zusagte, eher Sympathisanten als Neubekehrte. Diese Wendung zum

Judentum war so verbreitet, daß der römische Satiriker Juvenal (ca. 60–130) den judaisierenden Römer verspottete: »Wem einen Vater, der den Sabbat ehrt, / Das Schicksal gab, der betet Wolken nur / und nur des Himmels reine Gottheit an ... Dem Vater fällt die Schuld zu, welcher nie / Am siebten Tage je Geschäfte trieb / Und nichts vom Leben jemals angerührt.«[7] Wir verfügen über keine zuverlässige Schätzung der Zahl der Konvertiten und Semikonvertiten zum jüdischen Glauben im Römischen Reich, doch der Historiker Salo W. Baron hat berechnet, daß im 1. und 2. Jahrhundert die Zahl der Juden und der mit dem Judentum Sympathisierenden sieben bis acht Millionen betrug, ein Zehntel der damaligen Bevölkerung des Römischen Reiches.[8]

Die Juden führten den Religionskrieg gegen die Römer mit derselben Erbitterung, mit der die Zeloten in den bewaffneten Aufständen gekämpft hatten. Juden können von Fall zu Fall mit der Welt und untereinander Kompromisse eingehen, doch im tiefsten Innern des jüdischen Charakters steckt ein Geist des Widerstands gegen das Aufzwingen falscher Götter. Die heutigen Juden sind die Nachkommen halsstarriger Menschen, die sich jahrhundertelang gegen feindliche Kulturen und Mächte gewehrt haben. Etwas von ihren Vorvätern lebt immer noch in ihnen. Der überdauernde Charakter der Juden enthält ein Element des Trotzes.

Doch es ist mehr als ein Akt des Widerstandes gegen fremde Kulturen und andere Götter oder sogar gegen eine Verfolgung. Die Quelle der Entschlossenheit der Juden, sich zu behaupten, ist die tiefe Überzeugung, daß ihre Wertvorstellungen die richtigen sind.

5
Die Synagoge Satans

Eines der ersten Bücher, die ich über den Holocaust gelesen habe, war *L'enseignement du mépris* von Jules Isaac, einem französischen Juden, der als einziger aus seiner ganzen Familie überlebt hatte. Isaac hatte sich mit der Frage abgequält, wie es gekommen war, daß der Antisemitismus die europäische Kultur so durch und durch vergiften konnte, daß der Nationalsozialismus möglich wurde. Seine Antwort lautete, daß die christliche Kirche seit ihren Anfängen die Verachtung der Juden gelehrt hatte und der Judenhaß deshalb zu einem integralen Bestandteil der europäischen Kultur geworden war. Isaac schickte sein Buch an Papst Johannes XXIII., den er vor dem Krieg kennengelernt hatte, als dieser päpstlicher Nuntius in Paris war. Als Reaktion auf das Buch machte der Papst diese Frage zu einem zentralen Thema des Konzils, das er Anfang der sechziger Jahre einberief, um die Kirche zu reformieren.

Seither hat die katholische Kirche begonnen, den Antisemitismus bei sich auszumerzen. In diesem Prozeß der Formung eines neuen christlichen Verständnisses der Juden und des Judentums kam es zu einer Reihe historisch beispielloser Ereignisse. Im Herbst 1971 trafen offizielle Vertreter des Vatikans in einer Pariser Synagoge mit einer Delegation aus Israel und der Diaspora (in der letzteren hatte ich den Vorsitz) zusammen. Drei Tage lang aßen die Bischöfe gemeinsam mit den Rabbinern koscheres Essen. Während ich diesen Sitzungen beiwohnte, kam mir die tiefe Ironie der Szene zu Bewußtsein. Im Jahr 1242 wurde der Talmud in Paris öffentlich verbrannt. Jetzt, sieben Jahrhunderte später, saßen erneut Bischöfe Rabbinern gegenüber, aber nicht um eine Disputation gegen das Judentum zu führen, sondern um ihm Respekt zu zollen. Wir waren nach Paris gekommen, um die Beziehungen zwischen Juden und Katholiken auf einen neuen und versöhnlichen Kurs zu bringen. Auf beiden Seiten des Tisches wußten wir alle, daß wir die Bürde früherer Jahrhunderte nicht einfach abwerfen konnten. Wenn es einen Prozeß der Heilung geben sollte, dann mußten sich beide Seiten offen und ehrlich der Geschichte stellen. In diesem Geist wenden wir uns jetzt dem Thema des jahrhundertealten Konflikts zwischen Juden und Christen zu.

In seinem Werk *Geschichte des Verfalls und Untergangs des Römischen Reiches* gab Edward Gibbon dem Christentum die Schuld an der Zerstörung des Römischen Reiches. Das Christentum war innerhalb kurzer Zeit zu hoher Blüte gelangt, weil es eine attraktive Alternative zum Judentum zu bieten schien. Die Christen waren nicht gebunden durch die rituellen Gesetze, die in der hebräischen Bibel vorgeschrieben waren; sie brauchten sich nur an die Moralgesetze zu halten, wie Jesus und die Apostel sie gepredigt hatten. Insbesondere garantierte die neue Religion die himmlische Erlösung für jeden einzelnen, der daran glaubte, daß Gott in Jesus Mensch geworden war und durch sein Leiden auf Erden die Menschheit von ihren Sünden erlöst hatte. Damit hatte eine innerhalb des Judentums entstandene Sekte, deren Anhänger von Voltaire, dem großen Skeptiker der Aufklärung im 18. Jahrhundert, als ein Haufen »Reformjuden« verspottet wurden, die Götter des Olymps in den Ruhestand versetzt.

Als der römische Kaiser Konstantin im Jahr 313 zum Christentum übertrat und der neue Glaube bald danach zur Staatsreligion erhoben wurde, hätten die Juden in diesem Wechsel ihren Triumph über den römischen Götzendienst sehen können. Doch sie konnten dieses Sieges nicht richtig froh werden, denn jetzt drohte ihnen ein neues Verhängnis – die kaiserliche römische Kirche, die sich zum universalen Glaubenshüter ausrufen sollte. Die Juden wurden innerhalb kurzer Zeit in die Rolle des verstockten Außenseiters in dem Reich gedrängt, in dem die Christen nunmehr zu den obersten Wahrern der antisemitischen Tradition wurden, die, wie wir gesehen haben, griechisch-römische Ursprünge hatte. Die Kirche verunglimpfte die jüdische Religion als »die Schule Satans«, eine Vorstellung, die erstmals im Neuen Testament aufkam (Offenbarung 2:9). Die ersten Christen fragten sich, warum Jesus, die Manifestation Gottes in menschlicher Gestalt, von seinem eigenen Volk abgelehnt wurde. Der Apostel Paulus antwortete darauf, die Juden seien blind für dieses Wunder, das sich vor ihren eigenen Augen abspielte, da sie hartnäckig am Alten Bund mit Gott festhielten, voller Gesetze und Rituale: ein »Amt, das durch die Buchstaben tötet und in die Steine gebildet war«. Dem stehe das Amt des Neuen Bundes gegenüber, das »des neuen Testaments, nicht des Buchstabens, sondern des Geistes. Denn der Buchstabe tötet, aber der Geist macht lebendig.« Wenn aber »das Amt, das die Verdammnis predigt, Klarheit hat, wieviel mehr hat das Amt, das Gerechtigkeit predigt, überschwengliche Klarheit« (2. Kor. 3:6–9). Die schlimmste Sünde der Juden bestand nicht darin, daß sie Jesus getötet, sondern daß sie ihn zurückgewiesen hatten (nach christlichem Glauben war die Kreuzigung von Gott selbst befohlen worden). Nach Ansicht der christlichen Kirche hätten die Juden mehr als jedes andere Volk an Jesus als den Messias glauben müssen, weil er einer der Ihren war, doch sie blieben verstockt.

Für die Christen war die Zerstörung des Tempels die Strafe Gottes für die Sünde, Jesus zurückgewiesen zu haben. Die Juden könnten all ihrer Seelenqual ein Ende machen, wenn sie nur bereuten, daß sie dem Satan gefolgt waren. Das christliche Dogma schrieb den Juden auf diese Weise in dem Erlösungsdrama eine einzigartig negative und zugleich eine einzigartig positive Rolle zu. Sie sollten ein unglückliches Dasein führen, aber nicht völlig vernichtet werden; sie mußten am Leben bleiben, um ihre theologisch vorgeschriebene Rolle am Ende der Tage einzunehmen. Nach der Bekehrung der Juden zum wahren Glauben würde die ganze Menschheit durch die zweite Ankunft Christi erlöst werden.

Das Christentum stellte für die Juden eine weitaus ernstere Bedrohung dar als das Heidentum, das den Göttern anderer Menschen in der Regel tolerant gegenüberstand. Die alten Griechen und Römer hegten keine theologische Feindschaft gegen die Juden; ihre Gegnerschaft hatte politische Gründe – das Aufbegehren der Juden gegen die römische Obrigkeit. In der talmudischen Periode, vor allem nach dem niedergeschlagenen Bar-Kochba-Aufstand, lernten die Juden an den Rändern der heidnischen Kultur in Frieden zu leben. Doch die Lage der Juden verschlechterte sich dramatisch, als die Kirche begann, sie mit Hilfe staatlicher Macht zu unterdrücken, weil sie sich weigerten, den »Neuen Bund« zu akzeptieren.

Die Rabbiner konnten sich gegen das Christentum nicht so leicht verteidigen wie gegen den Götzendienst, der von Gott in der hebräischen Bibel immer wieder verdammt wird. Die beiden ersten der Zehn Gebote lauten: »Ich bin der Herr, dein Gott ... Du sollst keine anderen Götter neben mir haben« und »Du sollst dir kein Bildnis ... machen« (2. Mose 20:2–4). In seiner letzten Ansprache an die Juden schilderte Mose ihnen eindringlich, worin die Strafe für Götzenverehrung bestehen würde: Wenn ihr meinen Geboten gehorchen werdet, wird es euch wohlergehen, doch wenn ihr die Gesetze mißachtet und fremden Göttern folgt, werdet ihr vielfach verflucht sein. Am Ende dieser Drohrede ermahnte Mose sie: »Denn der Herr wird [alle Götzendiener] zerstreuen unter alle Völker von einem Ende der Welt bis ans andere; und [ihr werdet] daselbst andern Göttern dienen, ... Holz und Steinen ... Nacht und Tag [werdet ihr euch] fürchten und [eures] Lebens nicht sicher sein.« (5. Mose 28:64–66)

Die Bibel enthält kaum Hinweise oder Empfehlungen, wie man mit einer abgespaltenen Sekte umgehen soll, die behauptet, das »wahre Judentum« zu sein. Auf der positiven Seite lehnten die Christen heidnische Götzen ab und akzeptierten die göttliche Offenbarung auf dem Berg Sinai, doch ihre Schmähung der Rabbiner und die Vergöttlichung Jesu war Ketzerei. Angesichts dieser Herausforderung konnten die Juden sich zu ihrer Verteidigung im Alten Testament nur auf 5. Mose, 13:2–5, stützen, wo die Juden davor gewarnt werden, falschen Propheten zu folgen, die von Dingen reden, die nicht in der Thora, das heißt in der Bibel stehen. Mit diesem Argument war den Christen allerdings kaum beizukommen, die darauf verweisen konnten, daß Jesus in ihren Augen nichts anderes lehrte als das, was in der Bibel steht. Letztlich geht es bei dieser Debatte um Legitimität. Welcher der beiden biblischen Glauben war der wahre Übermittler der Offenbarung Gottes an die Menschheit? Dieser Streit läßt sich nicht mit rationalen Argumenten schlichten. Fundamentalistische Christen beharren noch immer darauf, daß die Juden nur gerettet werden, wenn sie ihren Glauben an Jesus bekunden, und gläubige Juden halten an ihrer Grundüberzeugung fest, daß Gott vom Menschen moralisches Handeln und keine Glaubensbekenntnisse fordert.

Als die Kirche im frühen Mittelalter ihre Machtstellung weiter ausbauen konnte und den Juden verbot, für ihren Glauben zu missionieren, sahen diese ein, daß ihre Verbannung wahrscheinlich auf absehbare Zeit hinaus kein Ende haben würde. Ein weiterer Schlag erfolgte im 7. Jahrhundert mit dem Aufkommen des Islams, als in Jerusalem der Felsendom auf demselben Boden errichtet wurde, auf dem einst der erste Tempel gestanden hatte. Christentum und Islam waren zu den beherrschenden Religionen in fast allen Ländern geworden, in denen Juden lebten. Den Nachfahren von Abraham und Sara blieb nichts anderes übrig, als sich als Außenseiter im Exil niederzulassen und auf die Wunderzeichen zu warten, die ihre Erlösung und ihre Heimkehr in das Land der Verheißung am Ende der Tage ankündigen würden.

Viele Christen fühlten sich immer unbehaglicher, je länger die Juden von ihnen verfolgt wurden, aber nicht, weil sie daran zweifelten, daß die Juden es verdient hatten, geschmäht zu werden; sie befürchteten vielmehr, daß sich die Juden im Zorn über ihre Verfolger an ihnen rächen würden wie Shylock in Shakespeares *Der Kaufmann von Venedig*. Solch argwöhnische Vermutungen lösten die wildesten Anschuldigungen gegen die Juden aus, die angeblich Brunnen vergifteten und Seuchen verbreiteten, mit dem Blut von Christenkindern ihre Mazza backten, des Nachts in Kirchen eindrangen und auf die heiligen Hostien urinierten und die mit dem Teufel paktierten, um alles zu besudeln, was heilig, rein und tugendhaft war. Diese falschen Beschuldigungen, die unter Christen allgemein Glauben fanden, führten zu immer schlimmeren Ausschreitungen gegen Juden, die in der mittelalterlichen christlichen Kunst und Literatur als häßlich und übelriechend dargestellt wurden; selbst ihre Art zu reden erschien den Christen widerwärtig. Auf diese Weise wurde aus einer theologisch motivierten Judenfeindschaft ein potentiell mörderischer Abscheu gegen die Juden.

Brunnenvergiftung

Als um die Mitte des 14. Jahrhunderts Europa von der Pest heimgesucht wurde, der schätzungsweise 25 Millionen Menschen zum Opfer fielen, verbreitete sich alsbald das Gerücht, die Juden seien an einer Verschwörung beteiligt, alle Christen mit der Krankheit zu infizieren. Es spielte keine Rolle, daß die Juden gegen die Seuche keineswegs immun waren; sie wurden gefoltert, bis sie Verbrechen »gestanden«, die sie unmöglich begangen haben konnten. In einem solchen Fall wurde ein Mann namens Agimet am 10. Oktober 1348 in Genf vor Gericht gestellt. Um weiteren Folterqualen vor seiner Hinrichtung zu entgehen, sah sich Agimet zu der Aussage gezwungen, daß Rabbi Peyret von Chambéry (in der Nähe von Genf) ihm befohlen habe, die Brunnen in Venedig, Toulouse und in anderen Städten zu vergiften. Nachdem Agimet dieses »Geständnis« abgelegt hatte, wurden die Juden Straßburgs am 14. Februar 1349 lebendig verbrannt. Der zeitgenössische Historienschreiber F. Closener, der nicht daran glaubte, daß die Juden Brunnenvergifter waren, hat damals geschrieben:

»Im Grunde genommen war es das Geld, was die Juden das Leben kostete. Wären sie arm gewesen und hätten die Feudalherren nicht in ihrer Schuld gestanden, dann hätte man sie nicht verbrannt. Nachdem dieser Reichtum unter den Handwerkern verteilt wurde, gaben einige auf den Rat ihres Beichtvaters ihren Anteil der Kathedrale oder der Kirche. So wurden die Juden in Straßburg verbrannt und im selben Jahr in allen anderen Städten am Rhein, ob Freie Städte oder Städte im Besitz von Feudalherren. In einigen Städten haben sie die Juden nach einem Prozeß verbrannt, in anderen ohne Prozeß. In manchen Städten setzten die Juden ihre Häuser eigenhändig in Brand und verbrannten sich selbst.«[1]

Die wirtschaftliche Ausbeutung des Juden ist zwar ein verbreiteter Ausdruck des Antisemitismus, aber sie liegt ihm nicht zugrunde. Was dem Judenhaß seinen besonderen Charakter verleiht, ist die Auffassung, daß Juden die Feinde der etablierten Gesellschaft sind und daß ihnen deshalb ihr gesamtes Eigentum gar nicht wirklich gehört; sie haben es den rechtmäßigen Eigentümern gestohlen. Wenn sich allgemein die Vorstellung durchsetzt, daß die Juden »zuviel« haben, oder wenn Könige sie enteignen wollen oder wenn Bauern ihre Schulden nicht bezahlen wollen, dann liegt die Rechtfertigung nahe: »Was, ich, ein Christ, soll den Juden bezahlen?«

So sahen die Juden sich von oben und von unten bedroht: Wenn der Adel sie nicht malträtierte, dann wurde ihnen von den Bauern übel mitgespielt. Als Außenseiter in der christlichen oder muslimischen Gesellschaft mochten einzelne Hofjuden in Positionen mit Reichtum und Einfluß aufsteigen, doch lebten sie in einem beständigen Zustand der Unsicherheit.

Die Chasaren

Inmitten wachsender Verzweiflung kam es zu einem Ereignis, das den Juden die Hoffnung gab, sie könnten eines Tages frei in ihrem eigenen unabhängigen Land leben. Um das Jahr 740 traten die Chasaren, ein Turkvolk, das im Gebiet zwischen unterer Wolga und Don lebte, formell zum Judentum über. Überall auf der Welt frohlockten die Juden bei der Nachricht, daß ein Stamm aus mehreren hunderttausend Nomaden sich zu ihrer Religion bekehrt hatte. Sie fanden Trost in der Tatsache, daß zumindest ein Volk auf der Welt erkannt hatte, daß der Judaismus die wahre Religion war.

Die Geschichte der Chasaren stieß auf besonderen Widerhall in Spanien, wo die Juden im Herrschaftsgebiet der Muslime hohe Positionen errungen hatten. Um 960 schrieb Chasdaj ibn Schaprut, der oberste Handels- und Außenminister sowie Leibarzt des Kalifen von Córdoba, einen berühmten Brief an Joseph, den König der Chasaren, in dem er ihn fragte, ob es wahr sei, daß Juden in ihrem eigenen selbständigen Reich existierten. Wenn es einen solchen Ort gebe, schrieb ibn Schaprut, werde er seinem hohen Stand entsagen, seine Familie verlassen und Berge und Flüsse überwinden, um zum Wohnsitz des Königs zu gelangen und seine königliche Herrlichkeit und den »Seelenfrieden der Israeliten« zu schauen. Des weiteren wollte ibn Schaprut wissen, »ob unter Euch Berechnungen über die Zeit der schließlichen Erlösung angestellt wurden, deren wir seit so vielen Jahren harren ... Wir wurden vom Thron unseres Glanzes gestoßen, so daß wir die Antwort schuldig bleiben müssen, wenn man uns täglich aufs neue sagt: ›Jedes andere Volk hat ein Reich, aber von eurem findet sich nirgendwo ein Zeichen auf Erden.‹«

Ibn Schapruts Brief wanderte von Hand zu Hand durch die heutigen Regionen Ungarns, Rumäniens und Bulgariens und erreichte schließlich König Joseph in seiner Hauptstadt Itil (Astrachan) an der Wolga. Fünf Jahre später traf seine Antwort in hebräischer Sprache ein. Der König beantwortete die

Fragen ibn Schapruts voller Ehrerbietung und erinnerte an die Geschichte, wie sein Vorgänger, König Bulan, das Judentum dem Christentum und dem Islam vorgezogen hatte:

»Nachdem er alle seine Prinzen und Minister und sein ganzes Volk um sich versammelt hatte, sagte er [König Bulan] zu ihnen [den Vertretern des Christentums, Judentums und des Islams]: ›Ich fordere euch auf, für mich die beste und wahrste Religion zu wählen.‹ Sie begannen untereinander zu reden, ohne indessen zu einem Ergebnis zu gelangen. Darauf sagte der König zum christlichen Priester: ›Welcher von den beiden Religionen der Israeliten und der Mohammedaner gebührt der Vorrang?‹ Der christliche Priester antwortete: ›Der Religion der Israeliten.‹ Danach fragte er den mohammedanischen Kadi: ›Welche Religion ist die bessere, die der Israeliten oder die der Christen?‹ ›Die der Israeliten‹, gab der Kadi zur Antwort. Daraufhin sagte der König: ›Ihr habt beide bekannt, daß die Religion der Israeliten die beste und die wahrste ist, und deshalb wähle ich die Religion der Israeliten, das ist die Religion Abrahams...‹ Von da an war Gott der Allmächtige sein Helfer und gab ihm Kraft, und er wurde beschnitten und ebenso alle seine Diener.«[2]

Zu Beginn des 11. Jahrhunderts verfaßte der spanisch-jüdische Rabbiner und Theologe Juda Halevi (1075–1141) das *Buch Kusari*, das durch den Brief des Chasarenkönigs an Chasdaj ibn Schaprut – der möglicherweise nicht authentisch war – angeregt wurde. Halevi, der beweisen wollte, daß die Juden das Volk waren, über das Gott mit der ganzen Menschheit verbunden war, schrieb: »Wären nicht die Kinder Israels, so gäbe es keine göttliche Lehre in der Welt.« Indem er sich in seiner Streitschrift auf die Bekehrung der Chasaren zum Judentum stützte, drehte Halevi gegen die herrschende Religion seiner Zeit den Spieß um. Er behauptete, das Neue Testament und der Koran seien einfach abweichende sektiererische Ergänzungen der hebräischen Bibel. Der wahre Glaube, wie der Chasarenkönig erkannt hatte, sei das Judentum. Der Chauvinismus Juda Halevis war eine Reaktion auf die wachsende Macht und den Einfluß der Muslime und der Christen. Die Juden, seit nunmehr neunhundert Jahren in der Diaspora, hatten ihre ehemalige Macht eingebüßt, und keine Entwicklung schien zu ihren Gunsten auszuschlagen. Um ihre Hoffnung nicht zu verlieren, behaupteten die Juden, die Macht und die Herrlichkeit der Christen und Muslime seien vergänglich, die Wahrheit der Juden dagegen sei von Dauer.

Der Mythos vom Goldenen Zeitalter in Spanien

Die Faszination der Juden durch die Konversion der Chasaren läßt erkennen, daß sie sogar in den besten Zeiten in der Geschichte der Diaspora, dem glorreichen »Goldenen Zeitalter in Spanien«, eine tiefe Entfremdung empfanden. Chasdaj ibn Schaprut, der in seiner eigenen Generation großen Einfluß ausübte, wurde – wie wir gesehen haben – von der Sehnsucht verzehrt, in einem jüdischen Reich zu leben, in dem sein eigenes Volk die Macht innehatte. Dieselbe Unzufriedenheit machte sich zwei Jahrhunderte später bei Moses Maimonides (Mosche ben Maimon; 1135–1204) bemerkbar, der sich auf der höchsten Höhe der jüdischen Gelehrsamkeit wie der zeitgenössischen Kultur befand. Er hatte alle alten und neuen Texte studiert, die in arabischer Sprache vorlagen, stand jedoch der muslimischen Mehrheit mißtrauisch gegenüber. Bald nach seiner Bar Mizwa im Jahr 1148 eroberte eine fanatische islamische Sekte, die Almohaden, seine Geburtsstadt Córdoba und zwang die Familie zu einer zehnjährigen Wanderschaft in Spanien, bevor sie eine unsichere Zuflucht im marokkanischen Fes fand. Schließlich konnte die Familie sich nach einem kurzen Aufenthalt im Heiligen Land, das sich damals in der Hand der Christen befand, in Ägypten niederlassen. Maimonides beteiligte sich am Geschäft seines Bruders, der mit Edelsteinen handelte, doch nachdem dieser während einer Handelsreise im Indischen Ozean ertrunken war, wirkte er als Arzt. Mit der Zeit stieg Maimonides zum Hofarzt des Sultans Saladin auf.

Seine Jahre als Flüchtling unter einem niemals nachlassenden religiösen Druck (die Almohaden hatten keine Skrupel, Juden umzubringen, um deren Glaubensgenossen zur Konversion zu zwingen) erzeugten in seinem Herzen tiefe Bitterkeit. Diese kam bei den seltenen Gelegenheiten zum Vorschein, bei denen Maimonides sich einige persönliche Bemerkungen gestattete. Im Nachwort zu seinem Mischnakommentar, dem zentralen Text des Talmuds, entschuldigte sich Maimonides für viele Unzulänglichkeiten und Irrtümer in diesem Werk. Die Aufgabe selbst war schwierig, schrieb er, doch darüber hinaus »war ich aufgewühlt durch das Leid in unserer Zeit, die Verbannung, die Gott über uns verhängt hatte, die Tatsache, daß wir von einem Ende der Welt zum anderen getrieben werden«. Einige Jahre später schrieb er im Vorwort zu seinem Brief an die Juden im Jemen: »Wie konnten wir das Gesetz studieren, wenn wir von einer Stadt zur anderen und von einem Land zum anderen in die Verbannung gehen mußten?«[3] Im Brief an die Juden im Jemen (sie wurden von muslimischen Fanatikern zum Abfall von ihrem Glauben gezwungen) schrieb er dann erbittert über die Christen und die Muslime, die nicht aufhörten, die Juden zu verfolgen, doch er versicherte den Juden im Jemen, die Gläubigen würden überleben. »Setzt euer Vertrauen in die wahren Verheißungen der Schrift, Brüder, und seid nicht betrübt über die Verfolgungen oder die Gewalt des Feindes über uns oder die Schwäche unseres Volkes.«

Unser Verständnis von ibn Schaprut und Maimonides wirft ein fragwürdiges Licht auf die gängige Schilderung des jüdischen Lebens im muslimischen Spanien als ein Goldenes Zeitalter. Gewiß glaubten einige Juden, in der islamischen Kultur zu Hause zu sein. Sie bewegten sich mühelos zwischen der jüdischen und der arabischen Kultur, selbst wenn sie an der Überlegenheit des jüdischen Glaubens festhielten. Die

Reichen unter den Juden im islamischen Spanien betrachteten sich als den Angehörigen des spanischen Adels völlig ebenbürtig. Die Juden lernten von den Arabern, sich als Philosophen und Dichter, Wissenschaftler und Astronomen zu betätigen. Sie schrieben auf hebräisch oder arabisch über jedes Thema innerhalb der intellektuellen Debatte. Dennoch wurden jüdische Autoren oder Denker in der arabischen Literatur nur selten zitiert. Anscheinend waren die Muslime der Meinung, sie könnten von der jüdischen Kultur, die von ihnen als minderwertig angesehen wurde, nichts mehr lernen. Dieses sogenannte Goldene Zeitalter war überwiegend eine einseitige Angelegenheit. Es hatte wenig mehr zu bedeuten als die Toleranz der islamischen Herrscher gegenüber Juden, die ihnen wirtschaftliche Vorteile brachten und sie in ihren Kriegen gegen die Christen unterstützten.

Angriff auf den Talmud

Im Hochmittelalter, seit Beginn des 13. Jahrhunderts, nahm der christliche Angriff auf das Judentum eine radikalere und höchst bedrohliche Wendung. Die Kirchenoberen gelangten zu dem Schluß, daß die Rabbiner mit ihrer Ablehnung des Neuen Testaments indirekt zum Ausdruck brachten, daß der Talmud die wahre Interpretation der hebräischen Bibel sei. Wenn demnach die Weigerung der Juden, anzuerkennen, daß in der hebräischen Bibel die Ankunft Jesu prophezeit worden war, ihren Grund im Talmud hatte, dann mußte dessen Autorität vernichtet werden. Diese neue Taktik wurde von einem zum Christentum übergetretenen Juden ersonnen, von Nikolaus Donin, dem Schüler eines berühmten rabbinischen Gelehrten, Jechiel von Paris. Er stellte eine Liste mit fünfunddreißig Anschuldigungen gegen den Talmud zusammen, in der er dessen rabbinischen Autoren Gotteslästerungen und Obszönitäten vorwarf, die gegen Jesus und Maria und die Christen insgesamt gerichtet seien. Dieser Angriff führte zu einer Disputation im Jahr 1240 in Paris, in der Donin gegen seinen früheren Lehrer Rabbi Jechiel auftrat. Bei dieser Auseinandersetzung wurde der Talmud zum ersten Mal »vor Gericht« gestellt. Das Ergebnis war abzusehen: Der Talmud wurde dazu verurteilt, verbrannt zu werden. Dieses Urteil wurde zwei Jahre später vollstreckt, als dreiundzwanzig Wagenladungen rabbinischer Texte in einer öffentlichen Zeremonie mit Fackeln in Brand gesetzt wurden. Doch diese Taktik konnte die Juden nicht davon abbringen, den Talmud zu studieren, weil die Büttel, die man ausgeschickt hatte, um die verbotenen Schriften zu konfiszieren, nicht alle Exemplare entdeckten, und für alle Fälle hatten die gelehrten Juden ohnedies alle dreiundsechzig Traktate auswendig gelernt.

Die berühmteste Disputation des Mittelalters fand 1263 in Barcelona vor dem christlichen Monarchen Jaime I. von Aragonien statt. Der Vertreter der Juden, Moses ben Nachman (1194–1270), bekannt unter dem Namen Nachmanides, war der größte Rabbiner seiner Zeit und eine der herausragenden jüdischen religiösen und intellektuellen Persönlichkeiten des Mittelalters. Er willigte in das Streitgespräch ein, weil der König sich für seine persönliche Sicherheit verbürgt hatte. Seine Gegner waren Raymond Penaforte und der vom Judentum zum Christentum konvertierte Pablo Christiani, der eine rabbinische Ausbildung erhalten hatte und sich im Talmud auskannte. Auch hier boten die Christen einen konvertierten Juden auf, um zu beweisen, daß im Talmud bereits das Christentum angelegt sei und daß diese Wahrheit in der rabbinischen Interpretation verdreht werde. Christliche Polemiker behaupteten, Pablo Christiani werde imstande sein, »die Bösartigkeit und die Irrtümer der Juden [zu] widerlegen, da ... [sie] nicht länger wie bisher frech den echten Text und die Kommentare ihrer eigenen alten Propheten verleugnen könnten, sobald sie mit unseren Heiligen in Dingen des katholischen Glaubens übereinstimmen«.[4]

Nachmanides zeigte sich der Herausforderung gewachsen. Ohne über den talmudischen Text Absatz für Absatz zu debattieren – was die Position Pablo Christianis in Gegenwart des Königs und der hohen Prälaten, in deren Dienst er inzwischen stand, untergraben hätte –, rief Nachmanides den Anwesenden ins Gedächtnis, daß Christiani in der Vergangenheit die jüdischen Gemeinden in der Provence aufgesucht hatte, um sie durch Predigten zum Christentum zu bekehren. In keinem einzigen Fall war es ihm gelungen, gebildete Juden davon zu überzeugen, daß der Talmud Jesus als den Messias anerkannt habe. Wenn dies tatsächlich im Talmud stände, so entgegnete Nachmanides, welchen Grund hätten dann die Juden, das Christentum abzulehnen und auf ihrem eigenen Verständnis der Heiligen Schrift zu beharren? Nachmanides wagte es nicht, offen und direkt die Göttlichkeit Jesu zu bestreiten, denn damit hätte er sich der Gotteslästerung schuldig gemacht. Er beschränkte sich auf das Argument, daß die Christen mit ihren fortwährenden Kriegen Verrat an Jesus, dem Friedensfürsten, übten.

Am ersten Sabbat nach der Eröffnung des Streitgesprächs besuchte der König die Synagoge in Barcelona und ließ Nachmanides unbehelligt. Und so endete die Disputation ohne Ergebnis. Jedes andere Resultat war praktisch unmöglich. Der Jude konnte nicht von einem gläubigen christlichen König zum Sieger ausgerufen werden, und dieser konnte ihn andererseits auch nicht zum Verlierer erklären, weil er dann genötigt gewesen wäre, sein Wort zu brechen und den Rabbiner zwangstaufen zu lassen.

Bald darauf veröffentlichte Nachmanides ein Buch in hebräischer Sprache, in dem er seinen großen Sieg in dem Streitgespräch schilderte. Es enthielt genau jene Kritik am Christentum, die er öffentlich nicht hatte äußern können. Die Christen veröffentlichten ihre eigene Würdigung der Debatte auf lateinisch, in der sie den Eindruck erweckten, Nachmanides sei ihnen die Antwort schuldig geblieben und völlig unfähig gewesen. Unglücklicherweise fiel den zum Christentum konvertierten Juden, die Hebräisch lesen konnten, ein Exemplar der Streitschrift von Nachmanides in die

Hände. Damit war seine Position in Spanien unhaltbar geworden. Trotz der Zusicherung des Königs, ihm werde nichts geschehen, tat Nachmanides dasselbe, was Juda Halevi vor ihm getan hatte, er floh ins Heilige Land. Seine Entscheidung war nicht überraschend, wenn man bedenkt, daß er unter den mittelalterlichen Rabbinern die höchste Autorität war, die dekretiert hatte, jedem Juden erlege das religiöse Gesetz die Pflicht auf – völlig ungeachtet seiner Lebensumstände oder der damit verbundenen Gefahren –, in das Land Israel zu ziehen.

Nachmanides hatte die Grenzen einer jüdischen Persönlichkeit des damaligen öffentlichen Lebens überschritten. Religiöse Führer der Juden durften sich nicht öffentlich dagegen zur Wehr setzen, wenn ihre Religion von Christen verunglimpft wurde. Andererseits durften sie als Führer ihr Lager nicht im Stich lassen, sondern mußten ihrem Volk Hoffnung und Ermutigung geben. Die Juden hatten sich an diese Form des inneren Widerstandes gewöhnt; es war die einzige Waffe, über die sie verfügten.

6
Die furchtbare Wahl

Im Juni 1940 machte ich mein College-Examen; es fiel in dieselbe Woche, in der Frankreich vor der deutschen Wehrmacht kapituliert hatte. Plötzlich war der Atlantik nicht mehr breit genug, als daß ich mich in Baltimore noch hätte sicher fühlen können. Diese Angst wurde in den Gesprächen deutlich, die ich in dieser Woche führte, als ich mich der Reihe nach bei den Dozenten bedankte, die mir gegenüber besonders hilfsbereit gewesen waren. Einem von ihnen erzählte ich von meinen Befürchtungen und fragte ihn direkt, was er tun würde, wenn die Nazis eines Tages in die Johns-Hopkins-Universität kämen und einen Gauleiter als deren Präsidenten einsetzten. Er überlegte einen Augenblick und entschloß sich dann zu einer offenen Antwort: »Sie hätten keine Wahl, weil Sie Jude sind; ich wäre in der Lage, mich ruhig zu verhalten und mich nicht in Gefahr zu bringen.« Er würde seinen Posten behalten und darauf hoffen, sein Möglichstes zu tun, um die Ideen und Werte der Universität zu schützen und zu bewahren. Das Gespräch schien beendet zu sein, also stand ich auf und dankte ihm so gut ich konnte für alles, was er während meiner Zeit auf dem College für mich getan hatte. Ihm war jedoch klar, daß mir seine verborgene Botschaft nicht entgangen war, und etwas in ihm drängte ihn, sie doch noch auszusprechen. Als ich schon auf dem Weg zur Tür war, sagte er: »Arthur, wenn die Nazis wirklich kommen sollten, dann rechnen Sie nicht damit, daß ich meine Familie in Gefahr bringe, um Sie zu verstecken.«

In den nächsten fünf Jahren sah die Mehrheit der Europäer weg, als die Juden ermordet wurden, doch eine Million oder mehr überlebten. Viele verdankten ihr Leben Christen, die hohe Risiken auf sich nahmen, als sie ihnen behilflich waren.

Bis heute empfinden die Juden eine tiefe Dankbarkeit und sind außerordentlich bewegt durch diese Geschichten von persönlichem Mut und Mitgefühl, und wir haben alles in unserer Macht Stehende getan, um unsere Bewunderung und unsere Dankesschuld zum Ausdruck zu bringen. Dennoch erhebt sich für mich und für jeden Juden, der von diesen Schrecken betroffen war, die Frage, sobald wir uns jemandem nahe fühlen, der kein Jude ist: Wenn, Gott behüte, die Nazis jemals wiederkommen sollten, würde dieser Mensch dann das Risiko auf sich nehmen, Juden zu verstecken?

Diese furchtbare Frage wurde schon lange vor dem Holocaust in die Seele der Juden eingepflanzt; es gibt sie mit Sicherheit seit der Vernichtung und Verbannung der Juden aus Spanien vor fünf Jahrhunderten. Schon vor dieser Zeit waren jüdische Gemeinden vertrieben worden, aus England, Frankreich und anderen europäischen Ländern, doch dort existierten die Juden nur in geringer Zahl und in Gemeinschaften ohne nennenswerten Einfluß. Die Juden Spaniens zählten dagegen über fünfhundertfünfzigtausend, weit mehr als die Hälfte aller Juden, die in ganz Europa lebten. Die Juden Spaniens hatten seit dem Altertum in diesem Land gelebt und es in allen Bereichen der Gesellschaft zu hohem Ansehen gebracht, in Politik und Wirtschaft ebenso wie in Kunst und Wissenschaft. Die Vertreibung einer so blühenden und integrierten Gemeinschaft innerhalb kürzester Frist bedeutete für alle Juden jener Zeit ein tiefreichendes Trauma. Wenn das in Spanien geschehen konnte, dann waren die Juden nirgendwo sicher. Der Untergang der deutschen Judenheit wiederholte diese Geschichte. Wieder einmal lernten die Juden, daß sie in Zeiten politischer oder wirtschaftlicher Umwälzungen auch einer Kulturnation, die in Wissenschaft, Kunst und Bildung eine Führungsrolle einnimmt, nicht trauen können.

Heute, am Anfang des 21. Jahrhunderts, sind die Juden freier und anscheinend überall auf der Welt besser geschützt als je zuvor, und dennoch reagieren sie auf jeden antisemitischen Vorfall mit unwillkürlicher Angst. Das Trauma Spanien, das sich in Deutschland und einem Großteil Europas wiederholt hat, hinterließ bei vielen Juden eine tiefsitzende Furcht, daß sie im Fall einer ernsthaften Bedrohung weitgehend allein gelassen werden.

Zwischen dem 13. und 15. Jahrhundert, als die Christen Spanien von den Muslimen zurückeroberten, wurden Juden immer wieder vor eine furchtbare Entscheidung gestellt. Solange sie Juden blieben, würden sie schikaniert und früher oder später vom Pöbel angegriffen werden. Ihre Feinde ließen keinen Zweifel daran, daß die Juden keinen Frieden finden würden.

Unter einem solchen nie nachlassenden Druck wurde die fortdauernde Verbannung der Juden immer unerträglicher. Einfach den überlieferten jüdischen Weg des Gehorsams gegenüber dem ererbten Gesetz weiterzugehen, reichte nicht mehr aus, den Geist zu befriedigen oder die Seele aufzurichten. In dieser verzweifelten Lage entdeckten einige Juden die Kabbala wieder, die alte Tradition des »Geheimwissens«, welche die Seele mit den Geheimnissen hinter der sichtbaren Oberfläche der heiligen Schriften nährte. Man nahm an, daß dieses Wissen die Macht habe, die Menschen über ihre Lebensumstände hinauszuheben und sie zu befähigen, die direkte und unmittelbare Gegenwart Gottes zu erfahren. Das Hauptwerk der Kabbala war das *Buch Sohar* (»Buch des Glanzes«), dessen Autor, der im 13. Jahrhundert lebende spanische Kabbalist Moses de León, aus älteren mystischen Quellen schöpfte.

Die Kabbala wurde in jenen Tagen von vielen anderen Autoren ausgelegt, die zu bestimmten Lehren zwar nicht alle einer Meinung waren, in ihrer Gesamtheit jedoch der religiösen Praxis der Juden eine stärker individualistische und nach innen gerichtete Wendung gaben. Die Kabbalisten befolgten die Gesetze der Bibel und des Talmuds, die sie in der unerlösten Welt der Gegenwart als notwendig betrachteten. Doch diese Gesetze würden am Ende der Tage aufgehoben, wenn die bislang verborgenen tiefsten Bedeutungen der Heiligen Schrift der ganzen Welt enthüllt würden. Es war nur ein kleiner Schritt von dieser Behauptung zu der Vorstellung, daß der Kabbalist, der diese verborgenen Bedeutungen verstand, schon jetzt von der Befolgung der biblischen Gebote befreit werden könne. Und auch der Schritt zu der weiteren Vorstellung, daß im Christentum, das sich von diesen Gesetzen seit langem freigemacht hatte, eine gewisse Wahrheit steckte, war mit einem Mal wesentlich kürzer, als es früher den Anschein hatte. Manche Juden hatten sogar begonnen, den Glauben zu verabscheuen, für den sie so viel leiden mußten. Es konnte nicht ausbleiben, daß viele Rabbiner und andere Führer der Juden die Kabbalisten mit Mißtrauen verfolgten. Am meisten befürchteten sie, daß jüngere Schüler, die nicht tief in der überkommenen jüdischen Tradition verwurzelt waren, durch ihre kabbalistischen Studien vom wahren Glauben abfallen könnten. Sie wußten, daß die Kabbala manchen Juden – und nicht nur solchen in jugendlichem Alter – die Möglichkeit eröffnete, aus religiöser Überzeugung zum Christentum überzutreten.

Fünfundzwanzig Jahre lang grübelte Abner von Burgos (1270–1340), ein Arzt und Kabbalist, über den Leiden der Juden in der Verbannung und konnte in keiner der jüdischen Lehren oder Schriften eine Antwort finden, die ihn befriedigt hätte. Etwa im Alter von fünfzig Jahren konvertierte Abner zum Christentum. Danach verbrachte er den Rest seines Lebens damit, Bücher in hebräischer Sprache zu schreiben in der Absicht, die Juden seiner spanischen Heimat zum Christentum zu bekehren. Abner begnügte sich nicht damit, lediglich die Wahrheiten des Christentums aus jüdischen Quellen darzulegen; er ergänzte sie durch furchtbare Beschuldigungen gegen die Juden und ihre Lehren. Merkwürdigerweise gibt es ein anonym veröffentlichtes Buch in hebräischer Sprache, in dem alle Argumente Abners gegen das Judentum widerlegt werden. Eine Stilanalyse dieses Werks mit modernsten Mitteln zeigt, daß es nicht nur möglich, sondern sogar wahrscheinlich ist, daß Abner das Werk selbst geschrieben hat. Das kann reine Spekulation sein, doch in diesen schwierigen Jahrhunderten waren die spanischjüdischen Intellektuellen und vor allem die Mystiker unter ihnen in ihrem Innersten gespalten.

Der Anfang vom Ende der spanischen Judenheit kam 1378, als der Erzdiakon von Ecija, Ferrant Martínez, die Einwohner Sevillas dazu aufhetzte, die dreiundzwanzig Synagogen der Stadt zu zerstören. Er erzwang eine vollständige Trennung der Juden von den Christen. Das königliche Gericht versuchte Martínez zurückzuhalten, konnte jedoch die Aufstände nicht verhindern, die im Juni überall in Spanien ausbrachen. In Sevilla ermordete der Mob die meisten Juden der Stadt und zwang die Überlebenden zu konvertieren. Die Synagogen und andere Gebäude im Eigentum von Juden einschließlich Häusern und Werkstätten wurden ins Eigentum der Kirche überführt.

Fast überall in Spanien wurde den Juden nur die Wahl gelassen zwischen Tod und Übertritt zum Christentum. Die meisten Juden konvertierten und bildeten zum ersten Mal eine große Zahl von *conversos* oder »neuen Christen«. Einige von ihnen wurden tatsächlich gläubige Katholiken und wandten sich sogar gegen ihre eigenen ehemaligen Glaubensbrüder, doch andere versuchten, ihrem ursprünglichen Glauben insgeheim treu zu bleiben. Die »neuen Christen« standen von beiden Seiten unter Verdacht. Die alten Christen bezweifelten, daß es ihnen mit dem neuen Glauben ernst war, und die Juden glaubten den *conversos* nicht, daß sie dem Glauben ihrer Vorväter im Herzen doch noch treu geblieben waren. Viele Familien erlebten erbitterte Spaltungen. Wie komplex solche Beziehungen waren, geht aus einem Brief hervor, der 1391 an einen Mann geschrieben wurde, der nur noch eine einzige jüdische Verwandte hatte, seine Mutter. Sein Vater und sein Bruder waren zum katholischen Glauben übergetreten:

»Bedenke das Unglück deines [Bruders, der] die Gemeinde

verlassen hat, um nie mehr zurückzukehren! ... Sieh Dich um! Überall ist Bruder mit Bruder und Sippe mit Sippe entzweit ... Was Deine arme Mutter angeht, so kann ich Dir mitteilen, daß sie in Bitterkeit im Haus ihres Mannes lebt und auch weiterhin am [jüdischen] Gesetz festhält und so handelt, wie es sich ziemt; und obgleich viele ihr schmerzhaft zusetzen und sie gern bekehren möchten, hat sie nur die eine Antwort, daß sie lieber sterben möchte als überzutreten.«[1]

Trotz dieser furchtbaren Erschütterungen des jüdischen Lebens und periodischer Verfolgungen im folgenden Jahrhundert stellte die jüdische Bevölkerung im Spanien des 14. Jahrhunderts einen großen Teil des Bürgertums, der Höflinge und der Finanzleute. Viele dieser reichen Juden lebten wie Adlige und reisten mit großem Gefolge von Helfern und Dienern. Trotz der Angriffe von Christen und des eigenen Niedergangs im 15. Jahrhundert wurden die spanischen Juden von ihren Glaubensgenossen in der Diaspora beneidet und bewundert.

Die Vertreibung

Am 31. März 1492 erhielten alle Juden in Spanien eine Bedenkfrist von vier Monaten, um eine furchtbare Wahl zu treffen: Sie konnten zum Christentum konvertieren oder mußten ihren ganzen Besitz zurücklassen und das Land verlassen. Etwa die Hälfte der Juden wählte das Exil, die übrigen wurden *conversos*. Die Juden, die zwar äußerlich zum Katholizismus übergetreten waren, insgeheim jedoch an ihrer alten Religion festhielten, wurden als Marranen (*marrano* = Schwein, Gauner) bezeichnet. Die ärmeren Juden entschieden sich zumeist für die Auswanderung, doch die Oberschicht war gespalten. Von ihren beiden führenden Persönlichkeiten, Abraham Seneor und Don Isaak Abrabanel (auch: Abarbanel), wurde erwartet, daß sie zusammen mit ihrem Volk ins Exil gingen, aber sie blieben nicht zusammen.

Abraham Seneor (1412–1493) bekleidete die Ämter eines Oberrabbiners und des obersten Richters über die Juden in Kastilien; praktisch war er der Steuereinnehmer für den königlichen Hof. Es spricht für ihn, daß er die Juden innerhalb seines Amtsbezirks schützte, die ihm hohe Wertschätzung entgegenbrachten und sogar als »Exilarch« bezeichneten, ein Titel, der den Führern der Juden in Babylon verliehen wurde, dem zweiten großen jüdischen Zentrum in der Diaspora. Von Seneors persönlichem Reichtum heißt es: »Er ritt mit dreißig Maultieren aus ... und trug ein goldenes Halsband ... [und] alle Würdenträger des Reiches begleiteten ihn.« Am Vorabend der Vertreibung bot Seneor der Monarchie eine ungeheure Summe für eine Aufhebung des Edikts, doch Ferdinand und Isabella lehnten ab. Auch Seneor war gezwungen, die furchtbare Entscheidung zu treffen. Am 15. Juni 1492 traten Abraham Seneor und seine Familie in einer großartigen öffentlichen Zeremonie in Anwesenheit des Königs und der Königin als Taufpaten zum Katholizismus über. Seneor nahm den Namen Fernando Nuñez Coronel an und wurde sogleich in den Rang eines königlichen Reichsrats erhoben. Ein Jahr später lebte dieser alte Mann von 82 Jahren nicht mehr. Vielleicht war die Last seiner Jahre für ihn zu schwer geworden, vielleicht konnte er aber auch die Schmach der Konversion nicht mehr ertragen.

Don Isaak Abrabanel (1437–1508) nahm am Hof Ferdinands und Isabellas eine noch höhere Stellung ein als Seneor. Zur Zeit der Vertreibung war dieser große Gelehrte des Judentums der Finanzminister Spaniens und das Oberhaupt und oberster Schutzherr der jüdischen Gemeinden. Der König und die Königin boten Abrabanel an, er könne sein Amt behalten, wenn er den christlichen Glauben annehme. Er weigerte sich. Don Isaak verzichtete auf seine Titel und seinen großen Reichtum und schiffte sich mit den übrigen jüdischen Flüchtlingen ein, um sich auf die Suche nach einer neuen Heimat zu begeben. Seine letzten Lebensjahre verbrachte er in Venedig.

Ein Jahr vor seinem Tod, kränkelnd und fast blind, schrieb Abrabanel einen Bekenntnisbrief an Rabbi Saul Hakohen Aschkenasi, einen jungen jüdischen Gelehrten, der auf Kreta lebte. Abrabanel blickte tiefbekümmert auf sein Leben zurück und beklagte die Jahre, die er vergeudet hatte:

»Während der ganzen Zeit, da ich mich an den Höfen und in den Palästen von Königen befand, hatte ich nicht die Muße zum Studium und blickte in kein Buch, sondern brachte meine Tage und meine Jahre in eitlem Tun dahin..., indem ich mir Reichtümer und Ehren erwarb; und jetzt sind ebendiese Reichtümer durch ein böses Geschick zerronnen... Erst als ich ein Flüchtling geworden war und ein Wanderer auf Erden, von einem Reich zum anderen und ohne Barschaft, habe ich mich wieder dem Buch des Herrn zugewandt... Ich bekenne meine Schuld, daß ich in der Hoffart meiner Jugend viel Zeit mit dem Studium der Naturlehre und der Philosophie verbracht habe. Doch jetzt... will es mir müßig erscheinen, soviel Zeit und Aufmerksamkeit auf griechische Literatur und andere Themen zu verwenden, da sie mir doch fremd sind. Deshalb habe ich mich auf die Betrachtung des *Führers der Unschlüssigen* und auf die Auslegung der Bibel beschränkt. Sie sind die Quellen aller Erkenntnis, und in ihrer Weisheit lösen sich alle Zweifel und Verwirrungen auf...«[2]

Es ist nicht überraschend, daß Abrabanel sich dem Studium der Schriften von Maimonides gewidmet hat. Diese beiden Meister jüdischer Gelehrsamkeit hatten ein ähnliches Leben geführt. Dasselbe Bedauern, das aus dem Brief Abrabanels spricht, kommt in einem Brief zum Ausdruck, den Maimonides drei Jahrhunderte zuvor geschrieben hatte. Sein Adressat war Samuel ben Juda ibn Tibbon, der Übersetzer des *Führers der Unschlüssigen* aus dem Arabischen ins Hebräische. Maimonides hatte ihn in seinem Brief gebeten, ihn nicht in Ägypten zu besuchen, weil er nichts davon hätte, »denn mein Tagwerk ist so, wie ich es dir berichten will«:

»Mein Dienst beim König ist sehr schwierig; ich muß ihn

täglich morgens besuchen. Fühlt er sich schwach oder ist eines seiner Kinder oder eine seiner Frauen krank, so kann ich Kairo nicht verlassen und bleibe den größten Teil des Tages im Palast ... Alles in allem: Ich gehe täglich am frühen Morgen nach Kairo ... [und kehre] nachmittags nach Fostat zurück ... Ich habe Hunger, finde aber alle Hallen voll von Menschen, Nichtjuden und Juden, angesehene und einfache Leute, Richter und Beamte, Freunde und Feinde, eine Menge Menschen, die die Stunde meiner Rückkehr wissen. Ich steige vom Tier ab, wasche meine Hände und gehe zu den Leuten hinaus und bitte sehr um ihre Freundlichkeit, auf mich zu warten, damit ich eine Kleinigkeit essen kann, was doch nur einmal am Tage geschieht. Dann komme ich, um sie zu heilen, ihnen Arzneien zu verschreiben und Heilungen ihrer Leiden anzuordnen. Das Kommen und Gehen dauert bis in die Nacht hinein, manchmal ... bespreche ich mich mit ihnen bis ans Ende der zweiten Morgenstunde oder länger noch, gebe ihnen Anordnungen und rede ihnen zu. Ich muß mich vor Müdigkeit auf den Rücken legen, und mit Eintritt der Nacht kann ich vor äußerster Schwäche nicht mehr reden. Kurz und gut, es kann kein Mensch mit mir sprechen oder mich allein antreffen, außer am Sabbat. An diesem Tage kommt nach dem Gebet die ganze Gemeinde oder ein großer Teil zu mir; ich leite die Gemeinschaft an und sage, was sie die Woche über tun sollen; ... Das ist mein Tagewerk. Ich habe dir ein wenig von dem erzählt, was du sehen wirst, wenn du kommst ...«[3]

Moses Maimonides und Isaak Abrabanel hatten sich in einflußreiche Positionen hochgearbeitet, um ihre Glaubensgenossen zu beschützen, doch ihr innerstes Bedürfnis war das Thorastudium, die uralte Stärkung und Tröstung gläubiger Juden. Rund ein halbes Jahrtausend später, zum Ende der vierziger Jahre unseres Jahrhunderts, sagte mir Stephen S. Wise, der langjährige politische Führer des zionistischen und des liberalen Flügels der Juden in den USA und ihr Vertreter in der Öffentlichkeit, wie sehr er es bedaure, den größten Teil seines Lebens im Rampenlicht der Öffentlichkeit verbracht zu haben. Er wollte, er hätte statt dessen die Thora studiert. Warum diese immer wiederkehrende Klage? Juden wie Stephen Wise sind innerhalb der klassischen jüdischen Tradition aufgewachsen. In deren Wertehierarchie ist der höchste Ausdruck der Zugehörigkeit zum Judentum nicht der aktive Einsatz für die jüdische Gemeinde. Solche Anstrengungen sind notwendig und lobenswert, doch Aktivismus ist nicht die höchste jüdische Tugend. Maimonides und Abrabanel und selbst der höchst moderne Stephen Wise wußten, daß sie der jüdischen Gemeinschaft nur auf Zeit dienten, um danach ihrer eigentlichen Bestimmung gerecht zu werden, durch das Studium der heiligen Bücher mit Gott zu verkehren.

Die höchste Heiligkeit des Studiums

Zu allen Zeiten haben die Juden gewußt, daß das Studium des Wortes Gottes ihre authentischste jüdische Verbindung mit der Ewigkeit ist. Die meisten von ihnen sind mit dem talmudischen Mythos aufgewachsen, daß im Himmel die Rechtschaffenen hoch oben in der Gelehrtenschule sitzen und sich bis in alle Ewigkeit mit der Auslegung der Heiligen Schrift beschäftigen. In diesem Mythos scheint Gott gelegentlich einer bestimmten Thorastelle die gewünschte Bedeutung zu geben, während die Gelehrten manchmal selbst Gottes eigener Deutung nicht zustimmen wollen! Einmal kommt Mose dazu und hört, wie Rabbi Akiba die Thora auslegt, und Mose sagt zu Gott: Du hast den Juden die Thora durch mich gegeben, aber ich hätte mir nie vorstellen können, daß sie die Bedeutungen enthält, die Akiba ihr gibt. Gott erwidert, diese Bedeutungen müßten zweifellos in dem Text verborgen gewesen sein, damit künftige Gelehrte sie entdeckten. In der himmlischen Hochschule gibt es weder Vergangenheit noch Zukunft; hier führen Mose, Akiba, Maimonides, Abrabanel und alle Juden, die das Wort Gottes lieben, eine Diskussion weiter, die sie zu ihren Lebzeiten begonnen haben.

Es ist kein Zufall, daß alte jüdische Manuskripte in der Regel mit Randnotizen versehen sind. Manchmal sind es die nachträglichen Überlegungen des Autors selbst, häufiger sind es jedoch Kommentare späterer Gelehrter oder Schüler, die die vom Meister begonnene Diskussion fortsetzen. Solche Zwiegespräche kommen dem, was in der Gelehrtenschule im Himmel geschieht, sehr nahe.

Während die Debatten zwischen Vorvätern und Nachkommen weitergehen, gibt es im klassischen Thorastudium eine Kultur des Respekts und der Demut. Diejenigen, die an den Rand von Büchern Notizen schreiben, räumen bereitwillig ein, daß sie mit dem Text möglicherweise deshalb nicht übereinstimmen, weil sie nicht richtig verstanden haben, was die großen Lehrer gemeint haben. Das Studium dieser Texte ist jedenfalls in der Vorstellung mit dem Recht verbunden, eine eigene oder abweichende Meinung zu vertreten. Damit ist das Studium der Thora eine Schule, die sowohl Mut als auch Gesittung lehrt. Um die Mitte des 19. Jahrhunderts wurde ein brillanter junger Talmudschüler dem chassidischen Rebbe Menachem Mendel aus Kotzk vorgestellt. Der junge Mann prahlte vor dem Rabbiner damit, daß er siebenhundert Blätter des Talmuds »durchgegangen« sei. Dieser blieb unbeeindruckt. Er fragte den stolzen jungen Mann: »Und wie viele von den siebenhundert Blättern sind durch dich gegangen?« Der Rabbiner von Kotzk lehrte den selbstgefälligen angehenden Gelehrten den jüdischen Begriff des Studiums. Es ist eine Form der Selbstaufgabe, der Selbstauslöschung, die es dem Schüler ermöglicht, das Wort Gottes und die Lehren der Weisen aus vergangenen Zeiten, die mit seiner Bedeutung gerungen haben, wirklich in sich aufzunehmen.

Die jüdische Gemeinde versteht sich im Idealfall als eine Schule, als einen Ort, an dem Jung und Alt vermittelt durch das Lernen Zwiesprache mit Gott halten, einen Ort, an dem alle – auch Maimonides im 12. und Abrabanel im 15. und der Wilnaer Gaon* im 18. Jahrhundert – sich bewußt waren, daß sie noch nicht genug gelernt hatten.

Um keine Mißverständnisse aufkommen zu lassen: Für die Juden ist das Studium der heiligen Schriften keine elitäre Angelegenheit, die auf rabbinische Intellektuelle und Akademiker beschränkt wäre. Das Gebot zum Studium der heiligen Bücher wurde mehr oder weniger von allen Juden befolgt. Diejenigen, die nicht genug Bildung besaßen, um den Talmud zu verstehen, kamen regelmäßig zusammen, um die Psalmen zu lesen, die ihre Herzen und ihre Leiden ansprachen. Die Schwachen bezogen Trost aus dem Wissen, daß ihre eigene Verzweiflung selbst von König David empfunden wurde, der als Verfasser dieser lyrischen Dichtung gilt.

In jeder jüdischen Gemeinde überall auf der Erde kommen täglich Gleichaltrige zusammen, um gemeinsam zu studieren. In Warschau banden in der Zeit vor der Vernichtung der dortigen jüdischen Gemeinde durch die Nazis einige der jüdischen Kutscher ihre Pferde am Eingang zur Synagoge an und gingen hinein, um nach einer kurzen Andacht im Gebet eine Stunde lang gemeinsam zu studieren. In Wilna (Vilnius) war die große Synagoge von vielen kleineren Bethäusern umgeben, in denen jeweils eigene Studienzirkel zusammenkamen, zum Beispiel »die Versammlung der Talmudschüler« oder »die Versammlung der Psalmenschüler«. Die Frauen auf der »Frauenempore« waren keine passiven Beobachterinnen des Geschehens im Hauptraum der Synagoge, sondern studierten ebenfalls. Am Sabbatmorgen lasen überall in Europa die gebildetsten jüdischen Frauen (in der Regel die Ehefrauen der Rabbiner) eine Übersetzung mit Kommentar auf jiddisch zur Thoralesung der Woche. Jedesmal wurden dabei von der gelehrten Anführerin Fragen gestellt, aus denen sich eine angeregte Diskussion entwickelte.

---

* Gaon (Pl. Geonim): Seit dem ausgehenden Mittelalter Ehrentitel für alle führenden jüdischen Gelehrten.

Das Lernen der Thora steht in der Werteordnung eines jeden Juden an oberster Stelle, weil er dann der Offenbarung Gottes am nächsten ist. Das Studium ist der Punkt, an dem die Juden aufhören, sich gegenseitig mit ihren Nöten und ihren Eitelkeiten zuzuhören. Das Studium ist der Punkt, an dem die Juden wieder mit allen anderen Menschenkindern, den bereits geborenen und den ungeborenen, am Fuße des Berges Sinai stehen.

Das Studium ersetzt das Gebet. Deshalb ist nichts Ungewöhnliches an der Regelung des Talmuds, eine Synagoge dürfe verkauft werden, falls das nötige Geld für den Bau einer Schule fehle. Der talmudische Meister Raba traf einmal seinen Schüler Hamnuna ins Gebet vertieft an. »Als [er] bemerkte, wie R[abbi] Hamnuna sein Gebet in die Länge zog, sprach er: Sie lassen das ewige Leben und befassen sich mit dem zeitlichen Leben.«[4] Übermäßiges Beten heißt, sich übermäßig mit sich selbst zu beschäftigen. Raba ermahnte seinen Schüler, weil die richtige jüdische Haltung darin besteht, durch das Studium über das eigene Ich hinauszuwachsen und so mit Gott und allen jüdischen Generationen Zwiesprache zu halten.

Die neue Kabbala

In den unmittelbaren Nachwehen der großen Katastrophe von 1492 kamen zwei Reaktionen auf, und jede sollte auf Generationen hinaus eine tiefe Auswirkung auf das jüdische Denken und den jüdischen Charakter haben. Die eine war die apokalyptische Kabbala, die den Glauben lehrte, daß nach dieser Katastrophe das Ende nahe sein und die Heimkehr nach Zion unmittelbar bevorstehen müsse. Die zweite Reaktion, die innerhalb der Marranen entstand, wies den Juden den Weg in das säkulare Zeitalter der Neuzeit.

Die apokalyptische Reaktion trat sehr schnell in Erscheinung. In die Verbannung getriebene jüdische Mystiker begannen die Kabbala umzudefinieren. Was in der Vergangenheit ein Mittel gewesen war, durch das der einzelne Jude sich bemühte, Gott näherzukommen, wurde nunmehr zu einem Instrument der messianischen Erlösung für das gesamte jüdische Volk. Den neuen Kabbalisten war es darum zu tun, mit übernatürlichen Mitteln eine nationale Erlösung zuwege zu bringen. Der spanische Kabbalist Josef de la Reina beispielsweise wollte die Macht des Messias zwingen, indem er versuchte, das exakte Datum der Erlösung vorherzubestimmen, obwohl der Talmud solche Spekulationen untersagte. Selbst Don Isaak Abrabanel widmete sich diesem Unternehmen und errechnete, daß das Ende der Tage etwa zwischen 1503 und 1541 fallen werde. Dieser ganzen kabbalistischen Aufregung lag das verzweifelte Bemühen zugrunde, die Leiden des jüdischen Andersseins zu beenden, indem das jüdische Volk aus seiner Verbannung heraus in das Land der Verheißung erhoben würde.

Seinen Höhepunkt erreichte dieses Bemühen in der nächstfolgenden Generation im Werk des bedeutendsten Kabbalisten des 16. Jahrhunderts, Isaak Lurja (1534–1572). Lurjas Vater war aschkenasischer (jiddischsprechender, mitteleuropäischer) Herkunft, doch seine Mutter war die Tochter einer vertriebenen sephardischen (spanischjüdischen) Familie. In seinen letzten Lebensjahren ließ Lurja sich in der galiläischen Stadt Zefat (Safed) nieder, wo er zur charismatischsten Persönlichkeit unter den Kabbalisten der Stadt wurde, von denen manche in ihm den Vorläufer des Messias sahen.

Auf Lurja geht die Vorstellung von einem *Tikkun*-Prozeß zurück, der Restitution oder Heilung der Welt. Als Gott die Welt schuf, sei ein Teil des Lichts von *Kelipoth* eingefangen worden – »Schalen« aus Materie, die diese Funken göttlichen Lichts umschlossen und verbargen. Deshalb sei es zu einer Aufgabe für die Menschen geworden, solche Schalen aufzubrechen, um die darin gefangenen Lichtfunken freizusetzen. Diese Vorstellung von einem *Tikkun*-Prozeß führte die Kabbalisten weg von der Beschäftigung mit der eigenen Seele und hin zur Beschäftigung mit der Welt insgesamt. Wenn der *Tikkun*-Prozeß erfolgt, werden die Seelen der Juden, die durch die Kraft des Bösen eingeschlossen sind, wieder ihre leuchtende Schönheit erhalten und im Heiligen Land versammelt werden. So wurde die lurjanische Kabbala zu einem radikalen Rezept, das jüdische Volk aus seiner Verbannung zu erlösen. Der Jude sollte nach seiner Erlösung die Führung bei der Restitution der Welt übernehmen.

Uriel Acosta, der verstoßene Marrane

Die zweite anhaltende Reaktion auf die Vertreibung aus Spanien wurde durch Uriel Acosta (1585–1640) verkörpert, der als Sohn einer Marranenfamilie in Portugal geboren und als frommer Katholik erzogen wurde. Später sagte er sich zwar vom Christentum los, konnte sich jedoch nicht mit der Hauptströmung des Judentums identifizieren. Am Rande beider Traditionen stehend, begab er sich nach Amsterdam, wo er eine romantisierte Version des Judentums entwarf, die sowohl das Neue Testament als auch die rabbinischen Lehren ablehnte. Er veröffentlichte ein Buch, in dem er den Pharisäern eine falsche Bibelauslegung vorwarf, den »Stolz und die Anmaßung« der Rabbiner in der Stadt angriff und diese als »die Pharisäer der Amsterdamer Synagoge« bezeichnete. Ein rabbinisches Gericht schloß ihn aus der Gemeinde aus. Acosta wurde zu einer Geldbuße verurteilt und für kurze Zeit ins Gefängnis geworfen, sein Buch fiel dem Scheiterhaufen anheim. Nachdem er vierzehn Jahre lang in Amsterdam als Paria gelebt hatte, kehrte Acosta wieder in die jüdische Gemeinde zurück. Aber er konnte seine Abneigung gegen die Religion seiner Väter nicht zügeln. Er behauptete, das Gesetz Moses sei von Menschen gemacht, und beteiligte sich an keinen religiösen Veranstaltungen mehr. Als er versuchte, potentielle Konvertiten vom Übertritt zum Judentum abzuhalten, wurde Acosta ein zweites Mal exkommuniziert.

Für weitere sieben Jahre blieb er aus der jüdischen Gemeinschaft ausgeschlossen. Uriel Acosta glaubte weder an das Judentum noch an das Christentum, aber er konnte nicht in der Isolation leben; er mußte unbedingt einer Gemeinschaft angehören. Nachdem er sein Dasein als Ausgestoßener nicht länger ertragen konnte, erklärte er sich bereit, sich einer öffentlichen Buße zu unterwerfen, einem demütigenden Ritual, in dem er seinen Irrtümern abschwören sollte. An dessen Ende erhielt er neununddreißig Peitschenhiebe und wurde gezwungen, sich auf die Schwelle der Portugiesensynagoge zu legen, während Hunderte von Gemeindemitgliedern beim Verlassen der Synagoge über ihn hinwegschritten und ihn bespuckten. Durch dieses Martyrium im Innersten zerrüttet, kehrte Acosta nach Hause zurück, schrieb einige Seiten seiner Autobiographie und nahm sich mit einer Pistole das Leben.

Ebenso wie Lurja hatte Acosta eine radikale Lösung zur Beendigung der Andersartigkeit der Juden vorgeschlagen. Lurja erstrebte eine nationale Erlösung durch die Kabbala; Acosta beschritt den Weg zu einer Universalreligion. Lurja lebte innerhalb des jüdischen Gesetzes; Acosta wurde aus der jüdischen Glaubensgemeinschaft ausgeschlossen, weil er das Judentum verlassen und nach neuen Wegen gesucht hatte. Beide erschienen auf der Bühne, weil die jüdische Diaspora durch die tragischen Ereignisse in Spanien und Portugal so tief erschüttert worden war.

7
Die Dame gegen den Papst

Am Vorabend der Vertreibung aus Spanien hatte Abraham Seneor dem Königspaar Ferdinand und Isabella eine mehr als königliche Summe angeboten, um sie zu einer Aufhebung des Vertreibungsedikts zu bewegen. Dieses Verfahren wurde im Mittelalter immer wieder angewandt, um solche Dekrete abzuwenden; es war ein Mittel, das sich bisher schon oft bewährt hatte. Diesmal schlug es fehl. Die Kräfte, die gegen die Juden mobilisiert wurden, waren zu mächtig und zu unversöhnlich. Der Tiefpunkt war in den letzten Julitagen 1492 erreicht, als die letzten spanischen Juden an Bord der Schiffe gingen, die sie ins Exil bringen sollten. Sie hatten alles verloren, und sie hatten keine Sicherheit, daß man ihnen irgendwo erlauben würde, an Land zu gehen. Kolumbus begegnete einigen dieser Flüchtlingsschiffe, als er zu seiner großen Fahrt nach Westen aufbrach, und er muß sich gedacht haben, daß diese Verbannten ein geschlagenes und verzweifeltes Volk waren. Zweifellos haben es viele Männer und Frauen auf den Schiffen selbst so empfunden. Sie wußten noch nicht, daß sie dabei waren, den Lauf der jüdischen Geschichte zu ändern. Auf ihrer Fahrt in die Fremde erfuhren die Verbannten, daß der Versuch zur Beschwichtigung des spanischen Königspaares mißlungen war. Von nun an würden sie Mittel und Wege finden müssen, sich zur Wehr zu setzen. Sie würden gezwungen sein, Macht zu erwerben und ihren Gebrauch zu erlernen, um ihre Feinde abzuschrecken und sogar zu bestrafen.

Die Verbannten und vor allem die *conversos*, die Spanien verließen, um ihr Judentum wieder für sich zu reklamieren, wurden sehr bald zu einer internationalen Wirtschaftsmacht. Es gab unter ihnen Bankiers und internationale Geschäftsleute. Die wirtschaftliche Blüte der großen Hafenstädte Europas beruhte in hohem Maße auf den Aktivitäten von Juden. Um die Mitte des 16. Jahrhunderts trat eine außergewöhnliche Persönlichkeit auf den Plan, Doña Gracia Nasi. Sie besaß ein großes Vermögen, und sie nutzte es zu dem Versuch, eine so mächtige Figur wie den Papst selbst zu demütigen. Abraham Seneor hätte Papst Paul IV. vielleicht ein sehr großes Geschenk übersandt, um ihn dazu zu bewegen, die Juden freundlicher zu behandeln; Doña Gracia entschied sich jedoch dafür, dem damaligen Herrscher des Kirchenstaates den Krieg zu erklären, und zwar einen Handelskrieg. In den kommenden Jahrzehnten sollten die Juden zwar gelegentlich noch auf die alten Mittel der Beschwichtigung zurückgreifen, doch Doña Gracia leitete eine neue Entwicklung ein, indem sie sich zur Wehr setzte.

Die dramatische Geschichte von Christoph Kolumbus (1451 bis 1506), der sich mit seinen Schiffen auf die Suche nach der Neuen Welt machte, ist schon so oft erzählt worden, doch obwohl er als Christ geboren wurde und starb, sind sein Leben und seine Laufbahn auch ein Bestandteil der tragischen Geschichte der Juden in Spanien. Unter Wissenschaftlern besteht so gut wie Einigkeit darüber, daß die jüdischen Vorfahren von Kolumbus nach judenfeindlichen Ausschreitungen etwa hundert Jahre vor der Vertreibung der Juden aus Spanien zum Christentum übertraten. Bekanntlich hat sich die Familie in Genua niedergelassen, wo Kolumbus geboren wurde; er wurde dort in jungen Jahren Seemann und ging nach einem Schiffbruch vor der portugiesischen Küste zu seinem Bruder nach Lissabon. Im Jahre 1492 erschien Kolumbus vor Ferdinand und Isabella, mitten während der stürmischen Diskussionen über die Vertreibung der Juden, um eine von ihm geplante Reise nach Westen vorzuschlagen, auf der er einen kürzeren Seeweg zu den Schätzen des Orients zu finden hoffte. Bis zum letzten Augenblick war es alles andere als sicher, daß Ferdinand und Isabella ihre jüdischen Untertanen nicht tatsächlich aus dem Land vertreiben würden. Ihre vertrautesten Berater waren Juden oder *conversos* mit starken verwandtschaftlichen und geschäftlichen Wurzeln in der jüdischen Gemeinde. Zweifellos taten die Juden alles, was in ihrer Macht stand, um sich dem Dekret zu widersetzen. Sie rechneten fest damit, zumindest einen Aufschub zu erhalten.

Kolumbus fand starke Unterstützung bei den Juden. Seine hauptsächlichen Verbündeten und Finanzgeber waren Abraham Seneor, Don Isaak Abrabanel und Luis de Santangel, ein *converso*, der Oberaufseher des Reiches war. Die führenden Astronomen der Zeit, Abraham ben Samuel Zacuto und sein Schüler Joseph Vecinho (ein späterer *converso*), bauten die nautischen Instrumente und erstellten die Tafeln, die Kolumbus benötigte, um seine Flotte zu steuern. Unter den Mannschaften der drei Schiffe befanden sich mehrere *conversos*, so der Dolmetscher, der Arzt, der Chirurg und zwei Seeleute.

Die Quellen lassen stark vermuten, daß Kolumbus den Juden emotional verbunden war und an ihrem Schicksal besonderen Anteil nahm. Er begann seinen Bericht über die Reise mit einem Hinweis auf die Vertreibung der Juden aus Spanien, die ihren furchtbaren Höhepunkt am 31. Juli 1492 erreichte, nur drei Tage, bevor er selbst die Segel setzte. In einem anderen Dokument bezeichnete Kolumbus den zweiten Tempel als das »Zweite Haus« (*Bayit Sheini*), ein Terminus, der nur in jüdischen Quellen erscheint. Und anscheinend legte er den Termin seiner Abreise auf den 9. Aw, den feierlichen Fasttag zum Gedenken an die Zerstörung des ersten und des zweiten Tempels und der anschließenden Verbannungen. Ohne Zweifel stand er in enger Verbindung mit den Führern der Juden in Spanien, und es ist sogar wahrscheinlich, daß einige seiner eigenen Verwandten praktizierende Juden waren. Kolumbus war sich demnach durchaus bewußt, daß die Vertreibung der Juden aus Spanien ein einschneidendes Ereignis in der Geschichte des Volkes darstellte, in dem seine eigene Familie verwurzelt war.

Weder Kolumbus selbst noch einer der *conversos*, die mit ihm reisten, legten in der Neuen Welt eine kryptojüdische

Siedlung an. Sein Dolmetscher, der *converso* Luis de Torres, blieb in Kuba, doch es gibt keinen Hinweis darauf, daß er irgendwo auf der Insel eine geheime Synagoge errichtet hätte. Viele der *conversos*, die auf der Iberischen Halbinsel verblieben, selbst diejenigen, die sich entschlossen hatten, mit ihrer jüdischen Vergangenheit zu brechen und gute Christen zu werden, standen unter scharfer Beobachtung, ob sie irgendwelche Anzeichen erkennen ließen, daß sie »rückfällig« werden könnten. Um zu verhindern, daß sie in einflußreiche Positionen gelangten, verfielen die Autoritäten auf die Idee der *limpieza de sangre*: Juden wurden benachteiligt, weil in ihren Adern unreines Blut floß. Diese neuen Christen, die im privaten Kreis und weitgehend im verborgenen möglichst viel von ihren religiösen Bräuchen bewahrten, lebten unter tödlicher Bedrohung durch die spanische Inquisition, die 1478 ins Leben gerufen worden war, um die Kirche von allen Ketzern zu säubern. Unter den *conversos* – den Aufrichtigen, den Schwankenden und denen, die heimlich dem alten Glauben treu geblieben waren – hatten viele gute Gründe, die Iberische Halbinsel so weit wie möglich hinter sich zu lassen, auch wenn sie dazu den Atlantik überqueren mußten. Der lange Arm der Inquisition würde nicht bis in die Kolonien reichen, glaubten sie, wenigstens nicht in nächster Zeit. Das war ein Irrtum.

In den ersten Jahrzehnten des 16. Jahrhunderts wanderten heimliche Juden in großer Zahl nach Mexiko (Neuspanien), Brasilien und andere südamerikanische Territorien aus. Sie nahmen in Mexiko zahlenmäßig so überhand, daß dort 1571 die Inquisition offiziell eingeführt wurde, doch das erste Autodafé, die öffentliche Verbrennung von Ketzern, hatte sich in der neuen Welt bereits 43 Jahre zuvor ereignet. Die Opfer waren zwei *conversos*, die mit Hernando Cortez 1519 nach Neuspanien gesegelt waren. Einer von ihnen, Alonzo de Avila, der ehemalige Buchhalter des Conquistadors, war der erste Bürgermeister von Veracruz, bis ihn jemand als »Anhänger des Judaismus« denunzierte. Sein Ankläger bezeugte, daß

Avila unter seinem Schreibpult ein Kruzifix verwahrte, das er des öfteren zu Boden werfe, um absichtlich darauf herumzutrampeln, eine typische falsche Anschuldigung, um die Verachtung des Beschuldigten für das Christentum zu »beweisen«. De Avila wurde für seine angebliche Sündhaftigkeit bei lebendigem Leibe verbrannt, doch sein wahres Verbrechen bestand anscheinend darin, daß er ein wirtschaftlich erfolgreicher Mensch war. Prominente Juden wurden besonders leicht die Zielscheibe solcher falschen Anklagen. Ein führender jüdischer Kaufmann in Mexiko, Tomás Treviño de Sobremonte, wurde 1649 vor Gericht gestellt und zum Tode verurteilt, weil er in seinem Haus eine heimliche Synagogenversammlung geleitet hatte. Er sagte den Inquisitoren, man habe ihn nicht nur aus religiösen Gründen denunziert, sondern auch aus Neid auf seinen wirtschaftlichen Erfolg: »Ich habe [die Bewohner der hiesigen Städte] zu niedrigeren Preise als die anderen Händler mit Waren versorgt, gemäß meinem Motto: kleine Profite und schneller Umsatz.«[1]

In Lima, der Hauptstadt des spanischen Vizekönigtums Peru, lebten so viele verkappte Juden, daß die Stadt als »la Juderia«, als das Judenghetto, verspottet wurde. Überall in Spanien und Portugal und in den Amerikas ging es den *conversos* immerhin so gut, daß sie zur Zielscheibe einer von Neid angetriebenen Aggression wurden. Am 23. Januar 1639 wurden elf »Judäer« auf dem Scheiterhaufen verbrannt, darunter Manuel Bautista Perez, der reichste Kaufmann in Lima. So wurde die erbarmungslose Suche nach verkappten Juden in Europa wie in den neuen Kolonien ebensosehr durch wirtschaftliche Konkurrenz wie durch die Notwendigkeit bestimmt, die christliche Orthodoxie zu verteidigen.

Daß die Beschuldigung, dem Judentum anzuhängen, besonders häufig gegen Begüterte erhoben wurde, erwies sich unter dem Gesichtspunkt des Staatsinteresses nur kurzfristig als vorteilhaft. Die spanischen Herrscher des 16. Jahrhunderts waren unterschiedlich fromm, aber sie waren allesamt treue Katholiken, die eine starke Abneigung gegen »rückfällige« Juden hatten. Zunächst profitierten sie zwar davon, wenn die Kirche Ketzer verbrennen ließ, deren Vermögen von der Krone eingezogen wurde. Doch der Krieg gegen die Marranen beeinträchtigte den inneren Frieden des Reiches. Die Feindschaft gegen die rückfälligen *conversos* erzeugte eine scharfe Spaltung innerhalb der spanischen Gesellschaft und trieb die wehrhaften ehemaligen Juden in fremde Länder. Durch die Auswanderung der Juden gingen Spanien nicht nur Kapital, sondern auch wertvolle Handels- und Bankverbindungen in der ganzen Welt verloren.

Die Juden, die Spanien verließen, taten dies im Zorn und hatten sich gewöhnlich der einen oder anderen Denunziation erwehrt und sich aus dem Gefängnis freigekauft. Sie konnten die Demütigungen nicht länger ertragen, die es für sie bedeutete, so zu tun, als äßen sie Schweinefleisch, oder an Jom Kippur zu arbeiten, um zu beweisen, daß sie dem alten Glauben abgeschworen hatten. Es gab nicht genügend Don Quijotes unter den *conversos* (dessen Schöpfer Miguel de Cervantes übrigens ebenfalls für einen Mann jüdischer Abstammung gehalten wurde), um eine feurige, entrüstete Verteidigung ihrer Würde auf den Plan zu rufen. Obwohl man den Unglücklichsten unter ihnen die Gnade eines leichteren Todes anbot, wenn sie nur ihre Irrtümer widerriefen – das heißt, sie würden stranguliert statt auf dem Scheiterhaufen verbrannt –, lehnten viele diese Möglichkeit ab. Sie bestanden darauf, ihre Würde vor den Gaffern zu bewahren, die gerne erleben wollten, wie sie um Gnade flehten. Diese Marranen waren in zweifacher Hinsicht kompromißlos; sie hatten die Halsstarrigkeit der Juden geerbt und den aufbrausenden Stolz der spanischen Granden angenommen.

Unter den neuen Christen, die das Land verließen, begannen einige, sich gegen ihre Peiniger zur Wehr zu setzen. Mit dieser militanten Reaktion wurde in der Geschichte der jüdischen Diaspora ein neues Kapitel aufgeschlagen. Sie baten nicht mehr um Gefälligkeiten; und sie bezahlten nicht mehr für das, was ihnen ohnedies rechtmäßig zustand. Diese Juden waren bereit, offen für ihre Rechte zu kämpfen und ihren Verfolgern Schaden zuzufügen. Sie gebrauchten die einzige Waffe, die ihnen zu Gebote stand – sie brachen alle wirtschaftlichen Verbindungen zu den Feinden ihres Volkes ab.

Doña Gracia, die militante Marranin

Die Wende zu einer neuen Ära hatte einen zentralen Angelpunkt – Doña Gracia Nasi, eine der faszinierendsten und heroischsten Persönlichkeiten der gesamten jüdischen Geschichte. Sie wurde 1510 als Beatriz de Luna in eine wohlhabende und angesehene portugiesische jüdische Familie hineingeboren, die formell zum Katholizismus übergetreten war. Mit achtzehn Jahren heiratete sie den Bankier Francisco Mendes, der acht Jahre später starb. Bald nach dem Tod ihres Mannes schloß Doña Gracia Nasi den Lissabonner Zweig des Familienunternehmens und zog mit ihren Töchtern nach Antwerpen, der Handelshauptstadt Nordeuropas. Dort tat sie sich mit ihrem Schwager Diogo Mendes zusammen, einem internationalen Kaufmann von außergewöhnlichem Geschick, der den Pfefferhandel monopolisiert und sich als »Gewürzkönig Europas« einen Namen gemacht hatte. Auch Diogo starb in jungen Jahren und hinterließ Doña Gracia – und nicht seiner eigenen Ehefrau – eines der größten Vermögen Europas, sämtliche Guthaben und Unternehmungen des Handelshauses Mendes. Diogo hatte die Begabung, den Mut und die Urteilskraft seiner Schwägerin schätzen und bewundern gelernt.

In dem unter spanischer Herrschaft stehenden Antwerpen ging Doña Gracia regelmäßig zur Messe und spendete reichlich der katholischen Kirche. Insgeheim war sie eine gläubige Jüdin; die Küchen in ihrem Haus waren koscher, ihre Familie aß an Passah Mazza, fastete an Jom Kippur und nahm an heimlichen jüdischen Gebetsveranstaltungen teil. Zu Lebzeiten Diogos und nach seinem Tod unter der alleinigen Leitung

Doña Gracias finanzierte und unterhielt das Handelshaus Mendes in ganz Europa ein Untergrundnetz zur Unterstützung und Ansiedlung glaubenstreuer Juden, die dem »eisernen Kessel« der Iberischen Halbinsel entkommen waren. Diese Aktivitäten konnten nicht vollständig geheimgehalten werden. Im Jahr 1532, vier Jahre vor der Ankunft seiner Schwägerin, hatte man Diogo verhaftet und der Ketzerei sowie der Unterstützung flüchtiger Marranen angeklagt. Nachdem er zwei Monate im Gefängnis verbracht hatte, konnte er sich freikaufen. Die ständigen Sorgen und Gefahren eines Lebens als außerordentlich reiche heimliche Juden in Antwerpen wurden schließlich unerträglich, so daß Doña Gracia den Wohnsitz ihrer gesamten Familie nach Italien verlegte, zunächst nach Venedig und dann, unter dem Schutz des Herzogs, nach Ferrara. Zum ersten Mal in ihrem Leben war sie nicht unmittelbar von der Inquisition bedroht. Doch die Atempause in Ferrara war nur von kurzer Dauer; die Gegenreformation, der Kampf der katholischen Kirche gegen jede Ketzerei, erfaßte bald auch den Kirchenstaat. Kardinal Giovanni Pietro Caraffa (der spätere Papst Paul IV.; 1555–1559) führte den Angriff in Italien an. Er gelobte, die protestantischen Ketzer zu vernichten, und ging fanatisch gegen »rückfällige« jüdische *conversos* vor.

Im Jahr 1553 verlegte Doña Gracia ihren Wohn- und Geschäftssitz nach Konstantinopel, in die Hauptstadt des Osmanischen Reiches. Ein zeitgenössischer Beobachter, Andres Laguna, hat in seinen Erinnerungen die Szene ihrer Ankunft festgehalten:

»Eines Tages kam eine portugiesische Dame, die sich Doña Beatriz Mendes nannte und sehr reich war, mit vierzig Reitern und vier prachtvollen Kutschen mit spanischen Damen und Dienerinnen nach Konstantinopel. Der Hausstand, den sie mit sich führte, stand in nichts dem eines spanischen Herzogs nach, und sie konnte ihn auch unterhalten, denn sie [war] sehr reich. Sie machte ihre Aufwartung am Hofe ...«[2]

Der osmanische Sultan, Süleiman I., war hoch erfreut, daß

das Familienunternehmen Mendes seinen Stammsitz in der Hauptstadt seines Reiches aufgeschlagen hatte. Doña Gracia wurde sehr bald zu einer außerordentlich hohen Persönlichkeit innerhalb der jüdischen Gemeinde. Ihre guten Werke waren wahrhaft fürstlich. Sie gründete und finanzierte Synagogen und jüdische Hochschulen, gab eine spanische Übersetzung der Bibel für ehemalige Marranen in Auftrag und hatte für jeden Bedürftigen einen Platz an ihrem Tisch. Samuel Usque sang ihr Lob in seinem Buch *Eine Tröstung für die Leiden Israels*, mit dem er das jüdische Volk inmitten all seiner Drangsale aufrichten wollte. Als unmittelbarer Nutznießer von Doña Gracias Wohltätigkeit pries Usque sie, weil sie »den unzähligen bedürftigen und notleidenden Armen beistand ... ein Lager, das den Erschöpften zur Ruhe dient; eine Quelle klaren Wassers, aus der die Durstigen trinken; ein fruchttragender, schattenspendender Baum, von dem die Hungrigen essen und unter dem die Trostlosen und Verlassenen ruhen können ...«[3]

Als anerkannte Führerin der Marranen ihrer Zeit nahm Doña Gracia die zentrale Rolle vorweg, die im 19. und zu Beginn des 20. Jahrhunderts von den Rothschilds in der weltweiten jüdischen Gemeinde gespielt werden sollte. Doch Doña Gracia war mehr als eine fromme Jüdin mit einem Hang zur Wohltätigkeit. Sie konnte politisch denken und verfügte über eine kämpferische Haltung von der Art, wie man sie in den vierzehn Jahrhunderten des Exils noch nie bei Juden erlebt hatte.

Die Probleme begannen im Juli 1555, als Papst Paul IV. einen apostolischen Nuntius nach Ancona schickte, um dort gegen die *conversos* vorzugehen, die wieder ihren alten Glauben angenommen hatten. Der päpstliche Vertreter befahl die Verhaftung von einhundert Menschen, von denen sich die Hälfte durch Bestechungsgelder ihrer Festnahme entzog. Daraufhin schickte der Papst einen zweiten Beauftragten, der nicht mit Geld und Schmuck gekauft werden konnte. Die Gefangenen wurden in Ketten gelegt und gefoltert, bis sie ein

»Sündenbekenntnis« ablegten. Nachdem die ersten Nachrichten von den Greueln in Ancona an das Ohr Doña Gracias gedrungen waren, suchte sie den Sultan des Osmanischen Reiches auf, der in den ersten Märztagen 1556 den Vatikan in einer Botschaft aufforderte, alle Gefangenen freizulassen, die osmanische Untertanen waren. Dazu war der Papst nicht bereit. Im April 1556 wurden die Opfer auf einem öffentlichen Platz einer johlenden Menge vorgeführt. Unter den ersten, die sterben sollten, waren die betagte Doña Majora, die einzige Frau in der Gruppe, und Jakob Masso, einer von Doña Gracias Angestellten am Ort. Der Henker strangulierte sie, bevor er ihre Leichen dem Scheiterhaufen überantwortete. Ein weiteres Opfer, Solomon Jachia, lehnte die Gnade der Strangulierung ab. Er sprach den traditionellen hebräischen Segensspruch vor dem Martyrium und sprang in die Flammen.

Juda Faraj, einer der Gefangenen in Ancona und Handelsagent Doña Gracias, konnte sich ins Osmanische Reich flüchten. Er trug einen Brief der Gefangenen bei sich, in dem die Tragödie in Ancona geschildert und zu einem Boykott der »blutigen Stadt« aufgerufen wurde. In Konstantinopel wurde eine Dringlichkeitssitzung einberufen, auf der die hervorragendsten rabbinischen und Laienführer im Osmanenreich anwesend waren, darunter natürlich auch Doña Gracia Nasi selbst. Die Versammlung beschloß, einen achtmonatigen Boykott über Ancona, den bedeutendsten Hafen des Kirchenstaates, zu verhängen; alle jüdischen Händler, die dagegen verstießen, würden geächtet. Für kurze Zeit wurde der Boykott aufrechterhalten, und Ancona stand kurz vor dem Bankrott, doch die Maßnahme konnte nicht fortgesetzt werden, weil die Juden unter sich uneinig waren. Die Juden, die den Boykott durchbrachen, machten geltend, daß seine Fortsetzung ihre Existenz bedrohe und einen ohnedies feindseligen Papst nur noch weiter gegen sie aufbringen werde. In ihrem herrischen Temperament zeigte Doña Gracia kein Verständnis für solche Argumente. Sie ging sogleich gegen alle Juden vor, die sich ihrem Vorhaben widersetzten. In einem

Fall entzog sie der Talmudschule des Rabbi Joseph Aschkenasi die Förderung, weil dieser es gewagt hatte, entgegen ihren Anweisungen mit Ancona Handel zu treiben.

Beide Lager, die Befürworter wie die Gegner des Boykotts, fragten die Rabbiner um ihre Meinung, ohne daß jedoch eine Übereinstimmung zustande gekommen wäre. Rabbi Josua Soncino von der Großen Synagoge in Konstantinopel war gegen die vorgeschlagene Maßnahme aufgrund des im Talmud formulierten Prinzips, daß eine Selbstbehauptung nicht auf Kosten anderer durchgesetzt werden dürfe. Der Boykott würde die zum Christentum übergetretenen Juden in Ancona ruinieren und sie harten Vergeltungsmaßnahmen der traditionellen Christen aussetzen. Doña Gracia suchte den Rat des berühmten Rabbiners Josef Karo von Safed, des späteren Verfassers des autoritativen jüdischen Gesetzeskodex *Schulchan Aruch* (»gedeckter Tisch«), der sich für eine Fortsetzung des Boykotts aussprach.

Doña Gracia beharrte darauf, daß das wirtschaftliche Eigeninteresse hinter dem Grundsatz zurücktreten müsse. Die Folterung und Verbrennung von Juden dürfe nicht ungestraft hingenommen werden. Jetzt den Rückzug anzutreten, würde auf Generationen hinaus die jüdische Macht dem allgemeinen Gespött preisgeben. Doch am Ende verfehlte der Boykott sein Ziel. Doña Gracia betrachtete dies als eine persönliche Niederlage.

Ein ähnliches Drama sollte sich in den dreißiger Jahren unseres Jahrhunderts noch einmal abspielen, nachdem in Deutschland die Nazis an die Macht gekommen waren. Rabbi Stephen S. Wise, der Gründer und Vorsitzende des American Jewish Congress, schlug damals einen weltweiten Boykott deutscher Produkte vor. Die Meinung der US-amerikanischen Juden war geteilt. Die Gegner des Vorschlags gaben ihm nur geringe Erfolgschancen und befürchteten, damit würden die Nazis nur noch mehr gereizt. Die Führer der Juden in Deutschland, die nicht den Zorn Hitlers auf sich ziehen wollten, forderten Wise auf, den Boykott abzusagen. Das tat er zwar nicht, doch der durch die fehlende Einigkeit geschwächte Boykott schlug ebenso fehl wie die Kampagne Doña Gracias fast vierhundert Jahre früher, die schließlich ergebnislos abgebrochen werden mußte. Doña Gracias Scheitern war ehrenhaft und heroisch. Noch aus dieser Niederlage ging sie als die erste wahrhaft moderne jüdische politische Führerin hervor; erst als Golda Meïr zur Ministerpräsidentin des Staates Israel gewählt wurde, sollte eine Jüdin ihr Format erreichen.

8
Messiaswahn

Doña Gracia besaß die wirtschaftliche Macht, um dem Papst den Krieg erklären zu können. Ihr naher Zeitgenosse, die bedeutendste rabbinische Persönlichkeit unter den Juden Mitteleuropas, der legendäre Maharal von Prag – der Oberrabbiner Juda Löw, eigentlich Juda ben Bezalel (ca. 1525–1609) – verfügte nur über die Macht seiner umfassenden Bildung und seines brillanten Kopfes, um sein Volk zu verteidigen. Doch die jüdische Legende stattete ihn mit mystischen Kräften aus. Ihr zufolge schuf er den Golem, ein übermenschliches Geschöpf aus Lehm, indem er in dessen Kopf ein Stück Pergament einfügte, das den unauslöschlichen Namen Gottes trug. Der Golem war dazu gedacht, die Bewohner des Prager Ghettos gegen die Judenhasser von außen zu schützen. Anfangs erfüllte der Golem seine Aufgabe mit bewundernswerter Zuverlässigkeit, doch nach einiger Zeit griff er jeden an, dessen er ansichtig wurde. Da der Maharal eine Katastrophe befürchtete, setzte er den Golem außer Funktion, indem er das Pergament aus seinem Kopf entfernte. Der künstliche Mensch fiel zu einem Haufen Staub zusammen, und seine Überreste wurden angeblich auf dem Dachboden der Prager Altneuschul oder »Altneusynagoge« verwahrt. Touristen sind noch heute fasziniert, wenn ihr Reiseführer auf die Stiege der mittelalterlichen Synagoge zeigt und die berühmte Legende erzählt.

Der Maharal von Prag und seine Nachfolger hätten es nicht gewagt, ihr Volk in einen Kampf mit den Christen zu schicken. Die meisten mitteleuropäischen Juden lebten in Armut und waren überall in Europa lediglich geduldet. Die geringste Provokation hätte leicht ihre Vertreibung oder Schlimmeres zur Folge haben können. Dennoch forderte Rabbi Löw religiöse Toleranz für die Juden. 1598 widersetzte er sich der Zensur jüdischer Bücher durch die Kirche und argumentierte, daß religiöser Fanatismus die Einheit von Nationen sprenge und es deshalb jedem Volk erlaubt sein solle, seinen eigenen Glauben zu bewahren. Der Maharal sprach sich mit beredten Worten und mit für seine Zeit erstaunlicher Offenheit für eine allgemeine Religionsfreiheit aus und setzte sich sogar für zivilen Ungehorsam ein: »Denn wenn ein König aus Fleisch und Blut etwas gegen die Religion dekretiert, so darf man seinem Dekret keine Folge leisten, sondern nur dem König der Könige gehorchen; und das ist eine Ablehnung des Dekrets seiner königlichen Autorität.« Der Maharal bezog diese Position als Verteidiger seines Volkes, weil er sehr wohl wußte, daß Könige sich seit langem angewöhnt hatten, Dekrete zu erlassen, die von den Juden aufgrund ihrer eigenen religiösen Gesetze nicht befolgt werden durften. Wenn man ihnen befahl, am Sabbat zu arbeiten, weigerten sich die Juden. Wenn man ihnen befahl, Religionsunterricht in der herrschenden Konfession zu nehmen, erfanden sie Mittel und Wege, sich unpäßlich zu stellen. Nur wenn der Staat das Anderssein der Juden offiziell anerkannte, würden solche Konflikte nicht mehr auftreten.

Der Maharal führte kein isoliertes Leben innerhalb des Ghettos. Da er in Prag lebte, einem der bedeutendsten kulturellen Zentren Europas, nahm er das intellektuelle Leben in seiner Umgebung bewußt wahr. Er freundete sich mit dem berühmten Astronomen Johannes Kepler an und studierte Mathematik als Hilfsmittel zur Aufhellung talmudischer Stellen, die genaue Messungen und Berechnungen erforderten. Als er von den eingeborenen Kulturen in der »neuen Welt« erfuhr, äußerte er die Hoffnung, daß die Forscher, die diese weit entfernten Gegenden erschlossen, möglicherweise etwas über die näheren Umstände der verlorenen Stämme Israels in Erfahrung bringen würden. Der Maharal bezog alles Neue auf klassische jüdische Themen: die Verbannung, das Anderssein und die Erwähltheit der Juden. Vor allem verteidigte er die alten Werte und ererbten Wahrheiten seiner Vorfahren, insbesondere die Behauptung, daß die Juden besser seien als ihre Peiniger.

Der Maharal setzte die Tradition Juda Halevis fort, in dessen Augen die Spaltung zwischen Jakob und Esau (das heißt zwischen Judentum und Christentum) so natürlich war wie »zwischen Wasser und Feuer«. Esau führe im Augenblick das Zepter, doch sein Erfolg sei nur möglich, weil die bestehende Welt unvollkommen sei. Jakob werde seinen Sieg erringen, wenn die Welt wiederhergestellt und des Volkes Gottes würdig sei. Bis dahin würden die Juden im unnatürlichen Status der Verbannung leben, doch am Ende werde Israel wieder in sein eigenes Land zurückgeführt, denn, so heißt es beim Maharal:

»Die Verbannung ist eine Änderung der natürlichen Ordnung und eine Abkehr von ihr... Der Ort, den sie [die Juden] nach der Ordnung des Seins verdient haben, sollte unabhängig in Erez [dem Land] Israel sein... Außerdem ist es nach der Ordnung des Seins nicht angemessen, ... daß Israel der Herrschaft anderer untersteht.«[1]

Doña Gracia trotzte dem Papst, weil sie sich weigerte, sich der usurpatorischen Herrschaft anderer zu unterwerfen. Der gewaltige Rabbi von Prag redete zur Christenheit im selben Geist des Trotzes (was möglicherweise erklärt, warum der Mythos vom Golem ein Teil seines Vermächtnisses ist). Bis zur Zeit Doña Gracias und des Maharals waren die Juden vor den Mächten der Nichtjuden fast immer als Bittsteller erschienen, die um eine Gefälligkeit baten oder versuchten, sich Wohlwollen zu erkaufen. In der neuen Militanz von Doña Gracia und dem Maharal äußerten sich eine zunehmende Ungeduld und Irritation über die jüdische Ohnmacht, doch konnten sie nichts an der Situation ändern; die Juden blieben überall verletzlich. Die Inquisition in Spanien und seinen überseeischen Besitzungen ging weiter. In der Ukraine erhoben sich die Bauern unter der Führung von Bogdan Chmielnicki gegen ihre polnischen Herrscher und massakrierten die Juden zu Zehntausenden. Welchen besseren Beweis hätte es dafür geben können, daß die Lage der Juden abnormal und gefährlich war? Jetzt war die Bühne vorbereitet für radikale und selbst apokalyptische Versuche von Juden, ihr Anderssein zu beenden. Die beiden vorgeschlagenen Lösungen stellten eine Revolte gegen die jüdische Vergangenheit dar.

Aufstieg und Fall des Sabbatai Zwi

In den Jahren nach 1660 inspirierte ein Gelehrter und Kabbalist aus Smyrna (dem heutigen Izmir) im Osmanischen Reich eine messianische Bewegung im Judentum, wie es sie seit der Niederschlagung des Bar-Kochba-Aufstandes fünfzehnhundert Jahre zuvor noch nie erlebt hatte. Mindestens die Hälfte der Juden auf der Welt, vom Bankier bis zum Bettler, sah in Sabbatai Zwi den Messias, nachdem sein Prophet Nathan aus Gaza ihn als solchen ausgerufen hatte. Die beiden hatten sich 1665 kennengelernt, als Sabbatai sich gerade auf einer Pilgerfahrt nach Jerusalem befand. Sabbatai, der abwechselnd unter Anfällen ekstatischer Wahnvorstellungen und lähmender Depressionen litt, hatte sich Nathan ausgesucht, einen Kabbalisten, der im Ruf eines Heilers stand. Doch statt der gepeinigten Seele Sabbatais Frieden zu bringen, überzeugte Nathan den Mann aus Smyrna, er sei in Wirklichkeit der langersehnte Erlöser Israels. Nathan, der die Gabe hatte, durch das geschriebene Wort zu überzeugen, verfaßte einen Rundbrief an seine Brüder in Israel, in dem er verkündete, »daß unser Messias in der Stadt Smyrna Leben angenommen hat und sein Name Sabbatai Zwi ist«. Nathan schrieb in diesem Brief:

»In Bälde wird er sein Königreich allen kundtun und die Königskrone vom Haupt des Sultans nehmen und sich selbst aufsetzen. Wie ein kanaanitischer Sklave wird der König der Türken hinter ihm gehen, denn Sabbatai ist die Macht und die Herrlichkeit... Und wenn er in Jerusalem angekommen ist, wird Gott vom Himmel einen Tempel aus Gold und Edelsteinen herniederschicken, und er wird die Stadt mit seinem Glanz erfüllen, und darin wird der Messias sein Opfer als Hoherpriester darbringen. Und an jenem Tag werden die Toten auf der ganzen Welt aus ihren Gräbern auferstehen ...«[2]

Die Briefe Nathans erregten in der ganzen jüdischen Welt großes Aufsehen und versetzten die Menschen in helle Aufregung. In ihren Memoiren berichtete Glückel von Hameln über die Wirkung dieser Briefe auf die Juden in Hamburg:

»Was für eine Freude herrschte, wenn man Briefe bekam, [die von Sabbatai Zwi berichteten,] ist nicht zu beschreiben. Die meisten Briefe haben die Portugiesen bekommen. Sie sind immer damit in ihre Synagoge gegangen und haben sie dort vorgelesen. Auch Deutsche, jung und alt, sind in die Portugiesen-Synagoge gegangen. Die portugiesischen jungen Gesellen haben sich allemal ihre besten Kleider angetan und sich grüne, breite Seidenbänder umgebunden – das war die Livrei von Sabbatai [Zwi]. So sind sie alle ›mit Pauken und Reigentänzen‹ in ihre Synagoge gegangen und haben mit einer Freude, ›gleich der Freude beim Wasserschöpfen‹, die Schreiben vorgelesen.* Manche haben Haus und Hof und alles Ihrige verkauft, da sie hofften, jeden Tag erlöst zu werden.«[3]

Während seiner manischen Anfälle zeigte Sabbatai ein höchst provozierendes Verhalten. Einmal umritt er in Jerusalem siebenmal die ummauerte Stadt, als wäre er der Messias. Daraufhin wurde er von den Rabbinern der Heiligen Stadt in den Bann getan. In Smyrna führte er eine große Menschenmenge zur Synagoge der Portugiesen, dem Sitz seiner Gegner, und begann, die verschlossene Tür mit einer Axt einzuschlagen. Nachdem er sich auf diese Weise Zutritt zum Heiligtum verschafft hatte, übernahm er die Leitung des

---

* Zur Zeit des zweiten Tempels zu Jerusalem wurde in den Nächten des Hüttenfestes das zum Gußopfer des folgenden Tages erforderliche Wasser in feierlichem Zuge ... aus einer nahen Quelle geholt. »Wer die Freude beim Wasserschöpfen nicht gesehen hat, hat nie eine richtige Freude gesehen.« Mischna Sukka, V, 1. (Anmerkung des Herausgebers und Übersetzers der *Denkwürdigkeiten*, Alfred Feilchenfeld.)

Gottesdienstes und schmähte die Rabbiner der Gemeinde, indem er sie mit unkoscheren Tieren verglich. Er nahm eine Thorarolle aus dem Thoraschrein und sang ein altkastilisches Liebeslied über die Tochter des Kaisers, in das er kabbalistische Geheimnisse hineinlas. Danach rief sich Sabbatai selbst zum »Gesalbten des Gottes Jakobs« aus, dem Erlöser Israels, und erklärte den 18. Juni 1666 zum Tag der Erlösung.

Als der verheißene Tag gekommen war, wurde der Messias-Prätendent in ein türkisches Gefängnis gesperrt. Dort wurde er am 15. September 1666 vor die Wahl gestellt, zum Islam überzutreten oder hingerichtet zu werden. Sabbatai Zwi entschied sich für das erstere und nahm den Namen Asis Mehmed Effendi an. Als bedeutender Konvertit erhielt er den Ehrentitel Kapidschi-Baschi (»Kammerherr«) und eine königliche Pension. Nach seinem Abfall vom jüdischen Glauben verfiel Sabbatai Zwi in tiefe Depression. Nathan aus Gaza und die übrigen Apologeten des Pseudomessias erklärten, ihr Meister sei in »die neunundvierzig Pforten der Unreinheit«* hinabgestiegen, um die heiligen Lichtfunken zu bergen, die in den *klippot* festgehalten wurden, die nunmehr im Islam konzentriert seien. Allein Sabbatai Zwi, der Messias, könne diese gewaltige Aufgabe einer Restitution der Welt (*tikkun olam*) lösen, nur er könne eine allgemeine Erlösung bewirken.

Sabbatai Zwis Anziehungskraft innerhalb der jüdischen Welt war ohne Beispiel. Jüdische Kaufleute, Bankiers und andere hartgesottene Geschäftsleute sangen sein Lob selbst noch in Hamburg und Amsterdam, wo sie ihre Religion vergleichsweise unbehelligt ausüben konnten. Warum schnürten diese Juden ihr Bündel und warteten darauf, daß der Messias sie ins Heilige Land schickte? Für die Juden jener Zeit konnte sich kein Land der Diaspora, und mochte es ihnen noch so wohlgesonnen sein, mit der prophetischen Vision eines nor-

---

* Nach der jüdischen Kabbala führen vom Licht zur vollkommenen Finsternis neunundvierzig Stufen hinab mit je einer Pforte der Unreinheit davor. Wer alles Licht retten will, das bis hinter die Pforte der tiefsten Finsternis gefallen ist, muß alle neunundvierzig Pforten passieren.

malen Lebens unter dem eigenen Rebstock und dem eigenen Ölbaum vergleichen. Sabbatai Zwi wollte die lange und bittere Verbannung der Juden beenden, indem er sie ins Gelobte Land zurückführte. Seine Lösung folgte dem klassischen jüdischen Handlungsmuster der Erlösung: Der Messias (gespielt von Sabbatai Zwi) würde für die Juden wieder die Gnadensonne Gottes leuchten lassen, und sie würden Zion zurückgegeben werden. Doch die erhofften Wunder blieben aus. Das Leben ging für die Juden unverändert weiter, und so zerschlug sich der Traum. In fast jeder Generation sollten neue Messiasprätendenten auftreten und ergebene Anhänger um sich scharen, doch auf die verheißene Erlösung warteten sie vergebens. Woran werden wir erkennen, daß der wahre Messias gekommen ist? Die wohl typischste jüdische Antwort auf diese Frage stammt von dem schillernden und umstrittenen israelischen Gelehrten Jeschajahu Leibowitz. Ihm zufolge ist der Messias, der leibhaftig auftritt und sich selbst verkündet, immer der falsche Messias.

Mein Großvater und vor ihm sein Vater pflegten Nacht für Nacht in ihren Kleidern zu schlafen, damit sie für den Fall, daß der Messias erschien, sofort aufstehen und ihn willkommen heißen konnten. Und sie standen um Mitternacht auf, um *tikkun hazot* zu beten, besondere Gebete, die Gott daran erinnern sollten, daß der Messias schon zu lange auf sich warten lasse.

Immer wenn die Juden in ihrer bisherigen Geschichte von Katastrophen heimgesucht wurden, nahmen ihre Ungeduld und ihre Sehnsucht nach dem Messias besonders stark zu. Nach der Vertreibung aus Spanien wollte der führende jüdische Mystiker der nächsten hundert Jahre, Isaak Lurja, mit Hilfe der Kabbala den Messias bringen und auf diese Weise die Macht der Juden wiederherstellen. Ein Jahrhundert später brannte die Hoffnung auf den Messias noch immer in der sephardischen Diaspora, obwohl diese inzwischen eine beträchtliche wirtschaftliche Machtstellung erlangt hatte. Diese

Sehnsucht wurde noch durch den christlichen, vor allem unter Protestanten verbreiteten Glauben befördert, daß das Ende der Tage bevorstehe. Und als dann Sabbatai Zwi auf den Plan trat, sich zum Messias ausrief und das Jahr 1666 als Jahr der Erlösung bezeichnete, wurden über die Hälfte aller Juden auf der Erde von einer religiösen Begeisterung ergriffen. Der Messias würde bald kommen, und die Juden würden auf der Erde die Herrschaft antreten. Was für ein berauschender Traum!

Der Erlöser der Juden kam im 17. Jahrhundert zwar nicht, aber der Traum erstarb nicht. Immer wieder erwachte er zu neuem Leben, selbst in unseren eigenen Tagen in Brooklyn, wo der charismatische chassidische Führer Menachem Mendel Schneerson, der Lubawitscher Rebbe, von einigen seiner Anhänger zum Messias ausgerufen wurde. Viele seiner Schüler glauben, daß ihr Rebbe, der 1994 starb, als der Messias wiedererscheinen wird. Ich bin überzeugt, daß selbst jene chassidischen Juden, die es sich versagen, an eine Wiederauferstehung des Lubawitscher Rebben zu glauben, in einem Winkel ihres Herzens dennoch diese Hoffnung hegen. Es spielt eigentlich keine Rolle, wie viele Menschen darauf warten, daß der Rebbe wiederkommt und die Welt wieder heilt. Worauf es ankommt ist, daß nüchtern denkende, religiöse, bekennende Juden sich nichtsdestoweniger als die Vorhut eines großen dramatischen Höhepunktes der Geschichte sehen. Immer wenn ich einen Lubawitscher Chassiden in seinem Auto vorbeifahren sehe, das einen Aufkleber mit der Aufschrift »I want Moshiach now!« – »Ich will den Messias jetzt!« – trägt, denke ich an meinen Großvater und meinen Urgroßvater, die in ihren Kleidern zu Bett gingen.

9
Das Zeitalter der Ketzer

An einem Sommertag Anfang der achtziger Jahre wurde ich in die Bibliothek des Jesus College in Oxford in einen Gebäudeteil geführt, der seit Jahrhunderten für den Publikumsverkehr gesperrt war. Mein Führer war ein Senior Fellow am College, der mir das lange gehütete Geheimnis anvertraut hatte, daß die Collegebibliothek im Besitz eines Exemplars der ersten vollständigen Ausgabe des Talmuds war, die zwischen 1520 und 1523 in Venedig gedruckt worden war. Er hatte den Schlüssel zu dem Kasten, in dem dieser Schatz aufbewahrt wurde. Ich schlug die Bände der Reihe nach auf und stellte fest, daß nach mehr als viereinhalb Jahrhunderten, seit man sie nach England gebracht hatte, ihre Seiten immer noch unaufgeschnitten waren. Ich fragte den Bibliothekar, auf welche Weise diese unschätzbar wertvollen Bücher in den Besitz der Bibliothek gelangt waren und warum man die Seiten noch nicht aufgeschnitten hatte. Er erzählte mir, daß diese Bücher eine Rolle in dem Drama zwischen Heinrich VIII. und seiner rechtmäßig angetrauten Frau Katharina von Aragonien in den Jahren nach 1530 gespielt hätten. Heinrich wollte eine Scheidung, um Anna Boleyn heiraten zu können, doch der Papst verweigerte seine Zustimmung; eine Ehescheidung war nach der katholischen Lehre absolut ausgeschlossen. Heinrich VIII. beschloß, dem Papst zu beweisen, daß er unrecht hatte, indem er sich auf das wesentlich tolerantere Gesetz der hebräischen Bibel berief, wie sie im Talmud ausgelegt wurde, und beauftragte seinen Gesandten in Venedig, ihm die notwendigen Texte zu beschaffen. Zu der Zeit, als das noch verlagsfrische Exemplar des Talmuds in England eintraf, war die Streitfrage jedoch nur noch von akademischem Interesse. Heinrich hatte seine Frau verstoßen und ein Schisma mit

Rom in Kauf genommen. Der König von England händigte die mehrbändige Talmudausgabe dem Erzbischof von Canterbury aus, und schließlich gelangten die Bücher in den Besitz der Bibliothek des Jesus College.

Ich wußte, daß diese Bücher von großer historischer Bedeutung waren, auch wenn Heinrich VIII. keinen direkten Gebrauch von ihnen gemacht hatte. Er hatte ihre Autorität anerkannt, als er zu beweisen versuchte, daß eine Scheidung nach dem Gesetz der Bibel und ihrer jüdischen Kommentare erlaubt war. Ein König von England hatte in seinem Streit mit dem Papst die heilige Literatur der Juden sanktioniert. Er hatte sogar die Meinung einiger italienischer Rabbiner eingeholt, und einer von ihnen hatte den Mut, sich auf die Seite des englischen Königs zu stellen. Heinrich VIII. berief sich auf einige jüdische Präzedenzfälle zu einer Zeit, als die Juden, die 1290 vertrieben worden waren, noch immer nicht nach England zurückkehren durften. Die Erstauflage des Talmuds, die ich in der Hand hielt, markierte einen bedeutenden historischen Wendepunkt.

Gerade zu jener Zeit wurde das Judentum ernster genommen als in den ganzen bisherigen Jahrhunderten seit der Antike. Die Wiederbelebung einer gelehrten Beschäftigung mit Griechisch und Latein in der Renaissance weckte auch neues Interesse an der Sprache der Bibel. Protestantische Hebraisten fühlten sich besonders zur Kabbala hingezogen, weil sie glaubten, sie enthalte Beweise für die Wahrheit des Christentums, die woanders nicht zu finden seien. Der größte unter den italienischen Hebraisten im letzten Jahrzehnt des 15. Jahrhunderts, Pico della Mirandola, verfaßte ein Buch, das sehr schnell Berühmtheit erlangte und in dem er behauptete, er habe solche Beweise in der Kabbala gefunden. Kein Jude akzeptierte seine Auslegung der Texte. Doch Italien blieb nicht lange die Heimat christlicher Hebraisten. Der deutsche Gelehrte Johannes Reuchlin (1455–1522), der gelehrteste Hebraist seiner Generation, hegte zeit seines Lebens ein Interesse an der Kabbala. Je mehr er sich in die jüdische Mystik vertiefte, desto verständnisvoller wurde seine Haltung gegenüber den Juden und dem Judentum. Der Katholik Reuchlin verteidigte den Talmud gegen die Angriffe Johannes Pfefferkorns, eines zum Christentum übergetretenen Juden, der seinen früheren Glauben mit der Behauptung verleumdete, daß der Talmud zahlreiche Schmähungen gegen das Christentum und den Charakter seines Gründers sowie dessen Mutter enthalte. Reuchlin erwiderte, der Talmud sei nicht verfaßt worden, damit jeder hergelaufene Lump mit seinen ungewaschenen Füßen darauf herumtrampeln und danach behaupten könne, er wisse alles, was darin stehe. Johannes Reuchlin wird stets im Gedächtnis bleiben, weil er mutig dafür eintrat, die Juden und das Judentum so zu verstehen, wie sie wirklich seien, und von den Christen forderte, die Juden gerecht zu behandeln. Seine unmittelbaren Zeitgenossen, die Begründer des Protestantismus, zeigten ein besonderes Interesse an den Juden und hofften darauf, daß ein reformiertes Christentum sie in die wahre Kirche zurückführen werde. Die protestantische Revolution begann 1517, als Martin Luther bestritt, daß der Papst und die von ihm ordinierten Männer die Schlüssel zur Erlösung besäßen. Luther hielt diesem Anspruch entgegen, jeder Gläubige sei ein autonomes Individuum, und die einzige maßgebliche Autorität sei Gottes Wille, wie er sich in der Bibel offenbare. Die Lehren Luthers veränderten sich im Lauf seines Lebens; das galt insbesondere für sein Verhältnis zu den Juden und zum Judentum.

Schon in den Anfängen des Kampfes zwischen Papsttum und Protestantismus kam das Judentum ins Spiel, da sich die Reformer in ihrem theologischen Streit auf das »Alte Testament« beriefen. Sie studierten den originalen, hebräischen Text, um zu belegen, daß sie und nicht die Anhänger des Papstes über das richtige Verständnis der Offenbarung Gottes verfügten, wie sie im Alten und im Neuen Testament schriftlich festgehalten war. Dennoch waren diese protestantischen Hebraisten ausnahmslos gläubige Christen und rechneten fest damit, daß die Juden sich sogleich zum Christentum bekehren würden, wenn sie dieses nur richtig darlegten.

Anfangs schrieb Luther die Ablehnung Jesu durch die Juden dem »päpstlichen Heidentum« der katholischen Hierarchie zu. 1523 hatte er geschrieben:

»... Wenn ich ein Jude gewesen wäre und hätte solche Tölpel und Knebel gesehen den Christenglauben regieren und lehren, so wäre ich eher eine Sau geworden denn ein Christ ... Denn sie haben mit den Juden gehandelt, als wären es Hunde und nicht Menschen, haben nichts mehr kundgetan denn sie schelten und ihr Gut nehmen ... Ich hoffe, wenn man mit den Juden freundlich handelt und aus der heiligen Schrift sie säuberlich unterweist, es sollten ihrer viele rechte Christen werden ...«[1]

Als die Juden Luthers Annäherungsversuche zurückwiesen, verurteilte er sie jedoch mit einer Bösartigkeit, die im protestantischen Christentum ebenso wie in der neuzeitlichen deutschen Gesellschaft, die von ihm als Übersetzer der Bibel ins Deutsche nachhaltig beeinflußt wurde, tiefe Spuren hinterließ. Zwanzig Jahre später schrieb er:

»Was wollen wir Christen nun mit diesem verworfenen, verdammten Volk der Juden tun? Zu ertragen ist es uns nicht, seitdem sie bei uns sind und wir solch Lügen, Lästern und Fluchen von ihnen wissen, damit wir uns nicht aller ihrer Lügen, Flüche und Lästerungen teilhaftig machen ... Erstlich, daß man ihre Synagogen oder Schulen mit Feuer anstecke und, was nicht verbrennen will, mit Erde überhäufe und beschütte, daß kein Mensch einen Stein oder Schlacke sehe ewiglich ... Zum zweiten: daß man ihre Häuser desgleichen zerbreche und zerstöre ... Zum dritten: daß man ihnen alle Betbüchlein und Talmudisten [!] nehme, worin solche Abgötterei, Lügen, Fluch und Lästerung gelehrt wird. Zum vierten: daß man ihren Rabbinen bei Leib und Leben verbiete, hinfort zu lehren ...«[2]

Die Juden fanden einen gewissen Trost darin, daß andere Protestanten den Angriffen Luthers entgegentraten. Einige führende Denker der Reformation, vor allem der Schweizer Heinrich Bullinger und der deutsche Hebraist Andreas Osiander, wandten sich gegen Luthers Verleumdungen und Hetzreden gegen die Juden. Selbst einer von Luthers engsten Freunden und Kollegen unter den ersten Reformatoren, Philipp Melanchthon (er war ein Neffe und Schüler Reuchlins), stellte sich gegen Luther und seine Forderung, die Juden müßten verfolgt werden. In einem Brief an eine Versammlung deutscher Fürsten verteidigte er die Juden gegen den Vorwurf, sie dächten an nichts anderes als daran, die heiligen Symbole des Christentums zu entweihen: »Es ist üblich, andere zu beschuldigen«, erklärte er, »wo wir doch besser unsere Sitten anklagen und bessern sollten.«[3]

Die intensive Debatte über den Ort der Juden in Gottes Plan für die Menschheit verlief ergebnislos, doch begann sie die christliche Einstellung zum jüdischen Volk zu verändern. Trotz Luthers Haßpredigten wurde die ältere Auffassung, daß die Juden in Untertänigkeit gehalten und angegriffen und vertrieben werden müßten, nicht mehr widerspruchslos hingenommen. Dennoch trat in dieser Debatte niemand auf, der gesagt hätte, man müsse die Juden so lassen, wie sie seien. Das Judentum wurde noch immer von Katholiken und Protestanten als eine Religion dargestellt, die vom Christentum abgelöst worden sei; die Juden mußten nach wie vor bekehrt werden, doch es war ein erster Schritt getan, um die Gewalttaten gegen Juden und die Verleumdungen gegen ihre Lehren zu beenden.

Die nächste Wendung in der religiösen Diskussion über die Juden erfolgte zwei Generationen später, in den Jahren nach 1630 in der weit entfernten Massachusetts Bay Colony. Der Protestant Roger Williams, die geistliche und erste Stimme für religiöse Gewissensfreiheit im puritanischen Neuengland, trat dafür ein, das religiöse Gewissen keinem Zwang zu unterwerfen, und sprach allen Menschen – auch den Juden, Muslimen und Ungläubigen – das Recht zu, Gott nach ihrem eigenen Gewissen anzubeten. Williams wurde gezwungen, in die Wildnis hinauszuziehen, wo er Rhode Island gründete. Er gründete den Ort Providence als Zuflucht für alle religiös Verfolgten. Aber das hieß noch lange nicht, daß Williams wirklich das Fortbestehen des Judentums akzeptiert hätte. Wie er es sah, hatten die Christen bisher versucht, die Juden zu bekehren, indem sie diese verfolgten; das richtige Mittel zu ihrer Bekehrung bestehe jedoch darin, ihnen die Freiheit zu geben und sie freundlich zu behandeln. Es sollte noch Jahrhunderte dauern, bis das Christentum in unserer Zeit sich an den Gedanken gewöhnt hatte, das Judentum als einen legitimen und eigenständigen Glauben zu betrachten.

Das Christentum bewegte sich also im 16. und 17. Jahrhundert auf ein größeres Verständnis für die Juden zu, weitgehend als eine Reaktion auf die Auseinandersetzungen innerhalb der Christenheit selbst. Nach einem Jahrhundert der Religionskriege einigten sich die katholischen und protestantischen Mächte, die des Kampfes müde geworden waren, im Westfälischen Frieden von 1648 darauf, mit der Realität eines in Fraktionen gespaltenen Christentums zu leben. Die Juden waren nicht mehr die einzige Gruppe, die vom Gesetz des Staates abhängig war, um vor der Tyrannei der Mehrheit geschützt zu sein, und die Gesetze, die eine gewisse Toleranz gegenüber christlichen Ketzern vorsahen, hatten die unbeabsichtigte Nebenwirkung, daß auch die Juden etwas toleranter behandelt wurden.

Mit zunehmender Offenheit der Christen für das Judentum schlossen immer mehr Juden Freundschaften mit Christen. Jüdische Gelehrte und Angehörige des Großbürgertums, die mit Christen Handel trieben, wollten die Vorstellung entkräften, daß das Judentum dem Christentum prinzipiell feindselig gegenüberstehe. Einige der berühmtesten Rabbiner ihrer Zeit, Männer, die völlig unverdächtig waren, auch nur im geringsten vom alten jüdischen Glauben abzuweichen, begannen Positionen zu formulieren, die für das Christentum zugänglicher waren. Rabbi Moses Rivkes aus Wilna (Vilnius), der einige Jahre in Amsterdam gelebt hatte, wies darauf hin, daß der hebräische Begriff für Nichtjuden – *gojim* – sich in der rabbinischen Literatur auf die alten Heidenvölker bezogen habe und nicht auf »die Völker, in deren Schatten wir, das Volk Israel, in der Verbannung leben und unter denen wir zerstreut sind«. Die Nichtjuden seiner Zeit glaubten »an die Grundprinzipien der Religion, und ihr ganzes Sinnen und Trachten ist darauf gerichtet, den Schöpfer des Himmels und der Erde zu verherrlichen«. Deshalb seien die Juden »verpflichtet, für ihr Wohlergehen ... und den Erfolg des Reiches zu beten ..., über das sich ihre Herrschaft erstreckt ...«. Zur Bekräftigung dieser Auffassung berief sich Rivkes auf Maimonides, der geschrieben hatte, »auch die Frommen der nichtjüdischen Völker haben Anteil an der künftigen Welt«.[4]

Rabbi Jacob Emden (1697–1776), eine der überragenden rabbinischen Persönlichkeiten seiner Zeit, ging in der Absolution des Christentums sogar noch weiter. Er hob hervor, daß es Jesus nicht darum gegangen sei, die Juden von der Einhaltung der mosaischen Gesetze zu befreien, sondern die moralischen Grundsätze des Judentums unter den Nichtjuden zu verbreiten. Deshalb beruhe der Ursprung der Feindschaft zwischen Juden und Christen auf einer falsch verstandenen Geschichte.[5] Von welchen Motiven wurde Emden geleitet? Die jüdischen Geschäftsleute von Hamburg und Altona, einschließlich Emden selbst, benötigten eine befriedigende Antwort, wenn ihre nichtjüdischen Geschäftspartner sie danach fragten, welche Einstellung die Juden zum Christentum hätten. Rabbi Rivkes und Rabbi Emden strapazierten eine alte jüdische Vorstellung. Sie hatten eine Möglichkeit gesucht, zum Ausdruck zu bringen, daß das Christentum kein Götzendienst war, sondern eine Version des Monotheismus, die das moralische Niveau der Nichtjuden anhob, ohne jedoch für die Juden von Relevanz zu sein.

Diese Annäherungsversuche haben vielleicht an der Oberfläche einiger der hochgestellten jüdischen Großbürger, der Personen mit Verbindungen am Hof und in internationalen

Geschäftskreisen, geholfen, sich nicht völlig als Fremde zu fühlen. Doch die Masse der Juden in Europa erlebte nur die dunklere Seite der Begegnung zwischen Juden und Christen. Für sie stellte die Geschichte der Hinrichtung eines *ger zedek*, eines »rechtschaffenen Bekehrten« zum Judentum im Jahr 1749 in Wilna die vorherrschende christliche Einstellung zum Judentum dar. Die Geschichte wurde in Osteuropa zu einer Legende. Graf Valentin Potocki, ein polnischer Adliger, trat in Amsterdam zum Judentum über. Nach seiner Rückkehr nach Polen wanderte er von Ort zu Ort, bis er festgenommen und gefoltert wurde, weil er die »Todsünde« begangen hatte, vom Christentum zum Judentum überzutreten. Seine Mutter und seine Freunde beschworen ihn vergebens, zu Jesus Christus zurückzukehren und sein Leben zu retten. Am 24. Mai 1749 verbrannte man Valentin Potocki in Wilna bei lebendigem Leib. Ein Teil seiner Asche, den ein Jude durch Bestechung gerettet hatte, wurde auf dem jüdischen Friedhof bestattet. Potockis Grab wurde zu einer Pilgerstätte, und Generationen von polnischen Juden schöpften in Zeiten der Schmerzen und Leiden aus der Nennung seines Namens neuen Mut.

Die Macht des Geldes

Christen und Juden wurden einander nicht nur durch einen Wandel in ihrem Religionsverständnis nähergebracht, sondern auch durch wirtschaftliche Erfordernisse. Im 17. Jahrhundert wandten sich einige der großen Mächte in Europa, insbesondere die Niederlande, nach und nach von der Vorstellung ab, die Aufgabe des Staates bestehe darin, der Religion zu dienen; als hauptsächlicher Staatszweck wurde zunehmend die Sorge für das wirtschaftliche Wohlergehen der Untertanen angesehen. Entsprechend dieser neuen Theorie, die unter dem Namen Merkantilismus bekannt wurde, waren jetzt in den fortgeschritttensten Nationalökonomien Europas

Zuwanderer ohne Ansehen ihrer Religionszugehörigkeit willkommen, sofern sie nur dem Staat wirtschaftliche Vorteile brachten. Damit standen den Juden die Türen weiter offen als je zuvor, zumindest den vermögenden unter ihnen, die Geld und Geschäftsbeziehungen mitbrachten.

Die beiden Kräfte, welche die künftige Einstellung Europas gegenüber den Juden bestimmen sollten – die Reformation und der Merkantilismus –, kamen in den Jahren nach 1650 zum Tragen, als Rabbi Manasse ben Israel aus Amsterdam nach London reiste, wo er Oliver Cromwell dazu überreden wollte, wieder Juden in England aufzunehmen. Sie waren seit über dreihundert Jahren aus diesem Land verbannt. Der Rabbiner brachte zwei Argumente vor, ein wirtschaftliches und ein religiöses. Er wies Cromwell darauf hin, daß die Juden Amsterdams den Wohlstand der Stadt beträchtlich vermehrten und England somit von einer Einwanderung von Juden nur profitieren könne. Zum anderen wußte er, daß Cromwell als überzeugter Puritaner dem Glauben anhing, daß das Ende der Tage erst dann kommen könne, wenn die Juden Jesus als ihren Erlöser annähmen. Der Rabbiner machte nun Cromwell darauf aufmerksam, daß vor dem Auftreten eines solchen Ereignisses die Juden über alle Regionen der Welt verstreut sein müßten, von wo aus Christus der Sieger sie bei seiner zweiten Ankunft ins Heilige Land heimführen werde. Da auch England eine der Weltregionen war, würde eine fortgesetzte Verbannung der Juden aus diesem Land die zweite Ankunft des Messias verhindern. Daraufhin erließ Cromwell zwar kein formelles Edikt, mit dem die Einwanderung von Juden nach England wieder gestattet wurde, doch die Obrigkeit drückte einfach die Augen zu, als spanische Marranen, die es nach London verschlagen hatte, aus ihren Verstecken kamen und wenn illegale Juden einzeln oder zu zweit auf der britischen Insel an Land gingen. Als 1660 mit der Rückkehr von Karl II. die Monarchie wiederhergestellt wurde, gab es in London bereits eine gut besuchte Synagoge.

Mit der Ausweitung der geschäftlichen Beziehungen zwischen Juden und Christen in Westeuropa änderte sich der Lebensstil des jüdischen Großbürgertums. Die Sephardim, die spanisch-portugiesischen Juden, die während ihrer Zeit als Marranen die Bärte rasiert und westeuropäische Kleidung getragen hatten, setzten diese Gewohnheit auch in Amsterdam, London, Hamburg, Bordeaux und anderen Städten fort, in denen sie sich niedergelassen hatten. Diese äußerliche Europäisierung erfaßte auch die Juden in Deutschland, zuerst die reichen Juden und mit der Zeit die gesamte jüdische Gemeinde. Bis zum Ende des 18. Jahrhunderts war im Jiddischen, der Sprache, die von den Juden vom Elsaß bis zur Ukraine immer noch gesprochen wurde, ein »Daitscher« ein Jude, der in seiner Kleidung und seinem Benehmen die deutschen Nichtjuden nachahmte.

Diese Änderungen wurden von den Verteidigern der älteren Lebensweise registriert und verurteilt, in deren Augen die Juden sich so lange ihrer Identität sicher sein konnten, solange sie eine »jüdische« Sprache sprachen und eine eigene Kleidung trugen. In den Jahren nach 1760 beklagte einer der Gründer der chassidischen Bewegung, Rabbi Pinchas von Korez, die Assimilationstendenzen und machte folgende Beobachtung:

»Die Juden [in Deutschland] sind in ihrer Kleidung und Sprechweise von den Nichtjuden nicht zu unterscheiden. Die Verbannung im Lande Ismael [die Türkei] ist nicht so bitter wie in Deutschland, weil Juden sich [hier] wenigstens durch ihre Sprache, wenn auch nicht durch ihre Kleidung unterscheiden. Doch in Polen, wo sowohl ihre Kleidung als auch ihre Sprache anders sind, ist das Exil weniger bitter als überall sonst.«[6]

Etwa um diese Zeit, um 1743, hielt Rabbi Jonathan Eybeschütz eine bittere Predigt, in der er gegen die Bräuche wetterte, denen die reichen Juden seiner Gemeinde in der lothringischen Stadt Metz huldigten. Nach dem Vorbild der reichen Nichtjuden fuhren diese Juden in ihren Kutschen in großem Pomp mit Picknickkörben und Dienern aus der Stadt hinaus, um von einer Anhöhe aus zu verfolgen, wie im 1. Schlesischen Krieg die französische und die österreichische Armee in fester Schlachtordnung gegeneinander kämpften. Für Eybeschütz war dieses Verhalten ein Verstoß gegen alle Grundwerte des Judentums und eine Lästerung Gottes. Solche kriegerischen Schauspiele, wo Fragen der politischen Macht entschieden werden, gehen uns Juden nichts an, meinte der Rabbiner. Wir Juden sind in der Welt, um Gottes heilige Gebote zu studieren und auf unsere Erlösung durch den Messias zu warten. In der Zwischenzeit müssen wir uns um unseren Lebensunterhalt kümmern, aber ansonsten haben wir mit den Nichtjuden nichts gemein. Die reichen Juden der Stadt Metz hörten höflich zu, aber sie ließen weder von ihren eleganten Kutschen ab, noch verzichteten sie auf ihre Picknickkörbe oder kündigten den französischen Hauslehrern ihrer Kinder.

Demnach begannen die reichen Juden im Mitteleuropa des 18. Jahrhunderts eine gemeinsame Basis mit ihren christlichen Nachbarn zu suchen, doch diese Beziehungen waren nur oberflächlich. Tagsüber waren Juden und Nichtjuden in derselben Welt von Handel und Wandel tätig, doch nach Feierabend pflegten die wenigsten von ihnen gesellschaftlichen Umgang miteinander. Sie hatten weder dieselbe Religion noch dieselben Sitten und Gewohnheiten oder dieselbe Kultur. Die Juden waren noch immer anders, wenn auch etwas weniger als bisher.

Ein weiterer tiefreichender Wandel im europäischen Bewußtsein waren die ersten Regungen der Freiheit, sich von allen religiösen Dogmen loszusagen. Noch immer wurden Menschen wegen Gotteslästerung auf dem Scheiterhaufen verbrannt oder in den Bann getan, und es gab auch noch Hexenverbrennungen, doch die Philosophen stellten zunehmend die göttliche Urheberschaft der Bibel und sogar die Existenz eines persönlichen Gottes in Frage. In dieser neuen intellektuellen Atmosphäre wurde die jüdische Religion zu einer von vielen Ausdrucksformen der Religiosität, und es sollte nicht mehr lange dauern, bis man selbst in kleinen jüdischen Kreisen so über sie diskutieren konnte, als sei sie ebenso wahr oder falsch wie alle anderen Religionen, die von sich behaupteten, das geoffenbarte Wort Gottes zu verkünden. Diese Auffassung wurde zum Ende des 16. Jahrhunderts von Jean Bodin vertreten, dem fortschrittlichen französischen Sozial- und politischen Philosophen, der die Meinung vertrat, daß die Weltreligionen in ihren moralischen Grundprinzipien im wesentlichen gleich seien. Bodin hatte sogar behauptet, das Judentum sei als Religion für die gesamte Menschheit natürlicher und richtiger als das Christentum.

Wie wir gesehen haben, hatte Uriel Acosta sich damit gequält, gegen die einzelnen Religionen einschließlich des Judentums im Namen eines universellen Bekenntnisses anzukämpfen. Er hatte seiner Religionsphilosophie keinen Namen gegeben, doch in den Jahren, in denen er seinen unseligen Streit mit den Rabbinern in Amsterdam hatte, definierte eine Gruppe von »Freidenkern« einen neuen Glauben – den Deismus. Die Deisten erkannten Gott in den Naturgesetzen, nicht in übernatürlichen Offenbarungen, wie sie in der Bibel stehen. Damit war der Boden bereitet für den kühnsten aller Kritiker der biblischen Religion, für Baruch de Spinoza. Mehr als jeder andere Philosoph hat er dazu beigetragen, daß die europäische Gesellschaft einem neuen, postreligiösen Zeitalter entgegenging.

Es war fast vorauszusehen, daß ein Mann wie Spinoza in Amsterdam auftauchen würde, der freiesten Stadt in Europa, dem bedeutenden wirtschaftlichen und kulturellen Zentrum der revolutionären Republik, die 1581 ihre Unabhängigkeit von Spanien erklärt hatte. Bald nach der Gründung der holländischen Republik fanden die ersten Marranen aus Spanien und Portugal den Weg nach Amsterdam, wo ihnen erlaubt wurde, ihre alte jüdische Religion wieder offiziell anzunehmen. Im Jahre 1675 errichteten die ehemaligen Marranen und ihre Nachfahren die prächtige spanisch-portugiesische Synagoge, die noch heute steht. Die Juden Amsterdams waren berühmt für ihre kulturellen Errungenschaften, zum Beispiel Theaterstücke und theologische Traktate auf spanisch, in der Sprache, die von den Marranen hierher mitgebracht worden war. Mehrere Rabbiner der Gemeinde wurden Gelehrte von beträchtlichem Ruf. Einer von ihnen, Rabbi Manasse ben Israel, war in der gelehrten Welt Europas so sehr zu Hause, daß er Streitschriften zur Verteidigung des Judentums auf lateinisch verfaßte. Bezeichnenderweise schrieben die Juden jedoch keine ernsthaften literarischen Werke in holländischer Sprache. Die beiden Kulturen hatten sich im 17. Jahrhundert noch nicht gegenseitig durchdrungen.

Im Amsterdamer Judenviertel gab es genügend malerische Gestalten, die das Interesse des großen niederländischen Meisters Rembrandt Harmensz van Rijn (1606–1669) auf sich zogen, der einige angesehene Juden porträtierte, unter ihnen auch Manasse ben Israel. Der Künstler betrachtete die Juden als einen willkommenen Teil des menschlichen Panoramas in dieser einzigartigen Stadt. Hier schienen die Juden in ihrer Andersartigkeit weniger aufzufallen, da Amsterdam mit Japanern, Indonesiern, Indianern und vielen anderen Völkern der östlichen und westlichen Hemisphäre wirtschaftliche Verbindungen unterhielt. Jüdische Geschäftsleute konnten in einer solchen Gesellschaft ein annehmliches Leben führen. Sie hielten Beteiligungen an holländischen Unternehmen und hatten Sitz und Stimme an der Börse, und gelegentlich bewirteten sie königliche Besucher in der Synagoge. Im Jahre 1654, als Peter Stuyvesant, der Gouverneur von New Amsterdam, eine Schiffsladung jüdischer Flüchtlinge aus Recife in Brasilien, die der Inquisition entkommen waren, nicht an Land lassen wollte, hatten die jüdischen Eigentümer von Anteilen an der holländischen Westindischen Kompanie so viel Einfluß, daß Stuyvesant nachgeben mußte. Damit begann die Geschichte der jüdischen Gemeinde in Amerika. Zwar waren die Juden in der überwiegend protestantischen Niederländischen Republik noch bestimmten Einschränkungen unterworfen, darunter einem Verbot, Proselyten zu werben, doch in Amsterdam konnten sie freier atmen und offener sprechen als überall sonst auf der Welt.

Die Häresie Spinozas

Baruch de Spinoza (1632–1677) entstammte einer aus Portugal geflohenen Marranenfamilie. Er empfing eine hervorragende Ausbildung in klassischen jüdischen Texten auf der jüdischen Akademie der spanisch-portugiesischen Gemeinde in Amsterdam. Sein erstes gedrucktes Werk, ein Essay über hebräische Grammatik, erschien in der Zeitschrift der Hochschule. Der junge Spinoza berechtigte zu großen Hoffnungen als jüdischer Gelehrter, doch das sollte sich radikal ändern, als er den göttlichen Ursprung der Bibel zunächst in Zweifel zog und dann völlig ablehnte.

Spinozas berühmtes Buch über Religion und Gesellschaft, *Der theologisch-politische Traktat* in lateinischer Sprache, 1670 erschienen, zerstörte die Fundamente der biblischen Religion und trat statt dessen für die Idee einer universellen Moral ein. Unter Bruch mit der Tradition Philons von Alexandria und Maimonides', die überzeugt waren, daß der Glaube stets der Vernunft überlegen sei, behauptete Spinoza, alle religiösen Schriften seien Schöpfungen von Menschen, und deshalb sei die Vernunft der Richter über den Glauben. Spinoza wurde zum tiefen Skeptiker, unternahm jedoch keine Schritte zu einem Austritt aus der jüdischen Gemeinde. Im Gegenteil, er entrichtete weiterhin die Abgaben, die von der spanisch-portugiesischen Gemeinde Amsterdams erhoben wurden. Im Jahr 1654 sammelte die Synagoge Geld zur Unterstützung der Juden an zwei Fronten – den Glaubensgenossen aus der Ukraine, die vor den Kosaken Chmielnickis flohen, und denen aus Recife in Brasilien, das die Portugiesen von den Holländern zurückerobert hatten. Zwei Jahre später erklärte ein rabbinisches Gericht in Amsterdam den vierundzwanzigjährigen Spinoza der Häresie für schuldig. Die Gemeindeältesten bestätigten dieses Urteil betrübt, aber entschlossen:

»Die Herren des Maamad thun euch zu wissen, daß sie schon vor einiger Zeit Nachricht von den schlimmen Meinungen und Handlungen des Baruch de Espinoza hatten und sich durch verschiedene Wege und Versprechungen bemühten, ihn von seinen schlimmen Wegen abzuziehen. Da sie dem nicht abhelfen konnten, im Gegentheil erhielten sie täglich mehr Nachrichten von den entsetzlichen Ketzereien, die er übte und lehrte, und von ungeheuerlichen Handlungen, die er beging, und sie hatten davon viele glaubwürdige Zeugen, welche sie ablegten und bezeugten alles in Gegenwart des besagten Espinoza, dessen er überführt wurde. Da dieses alles in Gegenwart der Herren Chachamim geprüft wurde, beschlossen sie mit deren Zustimmung, daß besagter Espinoza sei gebannt und von Israel's Nation getrennt, wie sie ihn gegenwärtig in Cherem [Bann] legen mit folgenden Cherem.«[7]

Dreihundert Jahre nach der Verbannung Spinozas forderte der erste Ministerpräsident Israels, David Ben Gurion, eine nachträgliche Aufhebung dieses Beschlusses. Kein Rabbiner nahm sich der Sache an, weil das ursprüngliche Gericht von seinem Standpunkt aus richtig gehandelt hatte. Die Rabbiner hatten Mitgefühl mit diesem brillanten jungen Mann (zwei von ihnen waren seine ehemaligen Lehrer), doch wie hätten orthodoxe Gläubige, die ihr Leben der Aufgabe geweiht hatten, die Autorität der Offenbarung Gottes in der Heiligen Schrift zu lehren, seine Ketzereien gutheißen sollen? Und wie hätten die mächtigen calvinistischen Kirchenväter reagiert, wenn keine Sanktionen gegen einen gelehrten jungen Juden erfolgt wären, der den Text der Bibel zu einem unvollkommenen Menschenwerk erklärte, das keine größere Autorität für sich beanspruchen könne als Homers *Ilias*? Selbst in der relativen Freiheit der Niederlande konnte ein Frontalangriff eines einzelnen Juden auf die etablierte Religion auf die ganze Gemeinde zurückfallen.

Spinoza selbst hatte dieses Urteil als unvermeidliche Tatsache akzeptiert. Er wußte nur zu gut, daß er gegen die Fundamente des überkommenen jüdischen Glaubens aufbegehrt und deren Wahrheit bestritten hatte. Gewiß, seinen *Tractatus theologico-politicus* sollte er erst 1670 und zudem anonym veröffentlichen, doch die Ansichten, die er in diesem radikalen Werk darlegte, hatte er seit langem vertreten.

Am Ende des 3. Kapitels dieses Traktats nahm Spinoza die Lehre von der Erwähltheit der Juden aufs Korn. Er zitierte mehrere Stellen aus der Bibel und vor allem aus den Büchern der Propheten, wo es beispielsweise heißt: »So spricht ER: ... Könnten diese Gesetze [der ewigen Natur] mir vorm Antlitz je schwinden ... dann nur könnten Jisraels Samen aufhören ein Stamm zu sein.« (Jeremias/Jirmejahu 31:36) Spinoza stellte diesen Aussprüchen Stellen aus den Propheten gegenüber, aus denen hervorgeht, daß die Auserwähltheit der Juden durch Gott von ihrem Verhalten abhängig gemacht wird, genauer gesagt davon, daß sie eine »wahre Tugend« an den Tag legen. Da die Menschen im wesentlichen alle gleich sind, kann Tugend unter allen Völkern entstehen und tut dies auch: »Folglich darf hier zwischen Juden und anderen Völkern durchaus kein Unterschied gemacht werden, somit auch keine besondere Auserwählung anders genommen werden, als die in dem bereits angezeigten Sinne ... Daher haben die Juden durchaus *nichts*, wodurch sie sich über andere Nationen erheben könnten.«[8] Für Spinoza war der einzige Maßstab des Urteils die Vernunft, und die Vernunft gebot ihm zu glauben, daß die ganze Menschheit ein und dieselbe ist, in ihren Lastern ebenso wie in ihrer Fähigkeit zu tugendhaftem Leben. Deshalb sind die Erwählten die Tugendhaften, unabhängig von ihrer Zugehörigkeit zu einem Volk.

Aber wie erklärte Spinoza dann das Überleben der Juden? Das Faktum ihrer dauerhaften Existenz ist für ihn »gar nicht wunderbar, nachdem sie sich von anderen Nationen so getrennt hielten, daß sie sich den Haß aller andern Menschen zugezogen haben, und dieses nicht durch ihren äußern Ritus, dem Ritus aller andern Völker entgegen, sondern durch das Beschneidungszeichen, an das sie sich so ängstlich halten«. Mit dieser Absonderung haben sich die Juden die anderen Menschen zum Feinde gemacht, und deren Haß hat sie in ihrer Absonderung bestärkt. Spinoza setzte hinzu: »Ich bin es überzeugt, daß nur das Beschneidungszeichen einen so mächtigen Einfluß für der Juden Nationalität äußere, und allein vermögend sey, dieses Volk ewig zu erhalten.«[9] Danach räumte er mit einer spürbaren Bekümmertheit ein, daß das Anderssein der Juden nicht aufgehoben werden kann, weil es immer eine ausreichend große Zahl von Juden gibt, die darauf bestehen, anders zu sein, und die ihre eigenen Bräuche aus freier Entscheidung beibehalten. Mit verblüffendem Scharfblick formulierte Spinoza die kritischen Fragen, die von den neuzeitlichen Juden in den folgenden drei Jahrhunderten immer wieder gestellt wurden: Warum müssen die Juden darauf bestehen, anders zu sein? Worin liegt dieser Unterschied? Wie läßt er sich definieren und kultivieren?

Spinoza bot zwei Antworten an. Viele Juden wie der Großteil der Juden in Spanien, die vor der Vertreibung 1492 zum Christentum übergetreten waren, würden nach einiger Zeit in der Mehrheit aufgehen. Nachdem sie die jüdische Religion aufgegeben hatten, gab es für sie keinen Grund mehr, anders zu bleiben. Einigen dieser getauften Juden würde die Assimilation nicht gelingen, weil die Judenhasser es verhinderten, doch für Spinoza blieb die Assimilierung die zwangsläufige Folgerung aus dem Verlust des Glaubens an die Auserwähltheit der Juden durch Gott. Dennoch hielt dieser Denker es für möglich, daß die Juden sich wieder im Land ihrer Väter zusammenfanden und dort erneut ihr eigenes Gemeinwesen schufen: »Ja wenn nicht ihre Religions-Grundsätze sie so weibisch und muthlos machen würden, so möchte ich sehr gerne glauben, daß sie bei vorkommender Gelegenheit (wie doch die menschlichen Dinge wandelbar sind) wieder ein jüdisches Reich errichten...«[10] Wie wir noch sehen werden, waren dies genau dieselben Schlußfolgerungen, zu denen Theodor Herzl über zweihundert Jahre später gelangen sollte: Angesichts eines hartnäckigen Antisemitismus würden sich die Juden entweder der europäischen Gesellschaft assimilieren oder ihren eigenen Staat in Palästina gründen.

In den letzten sechzig Jahren habe ich immer wieder diese Seiten im *Tractatus theologico-politicus* gelesen, in denen Spinoza die Zukunft der Juden erörtert, und mit jeder neuen Lektüre nimmt meine respektvolle Bewunderung zu. Auf drei Seiten sieht Spinoza die Grundzüge der jüdischen Modernität voraus und definiert sie – ihre Probleme und ihre Möglichkeiten. Mich beeindruckt weniger Spinozas direkte Botschaft, daß die Logik der Verhältnisse das Ende des jüdischen Volkes erzwingt und daß dessen Anspruch einer einzigartigen Beziehung zum Gott des Berges Sinai ein Mythos ist. Wenn ich zwischen den Zeilen lese, so sehe ich heute, daß Spinoza eine unerhörte Botschaft für uns hat: Er erteilt den Juden einen Freibrief, das Judentum guten Gewissens aufzugeben. In früherer Zeit hatten viele Juden ihrem Glauben abgeschworen, um zum Islam oder zum Christentum überzutreten, doch dieser Übergang verlief selten in ruhigen Bahnen. Die Taufjuden hatten diesen Schritt in der Regel unter inneren Kämpfen und fast immer mit Skrupeln getan. Andere hatten das Judentum im Zorn aufgegeben und ihre Vergangenheit mit Schmähungen überschüttet. Spinoza lieferte eine Rechtfertigung für eine Assimilation auf der Grundlage eines philosophischen Rationalismus und Universalismus. Er bot Juden und Christen gleichermaßen die Möglichkeit, ihre überkommenen Religionen in der gelassenen Zuversicht aufzugeben, daß sie sich auf dem Weg zu einer philosophisch fundierten universalistischen Moral befanden.

Ich entdecke in seiner Erörterung der biblischen Religion keinen Zorn, obwohl Spinoza die Demütigung der Verbannung ertragen mußte. Er behauptete einfach, die Religion der Bibel sei eine frühe, vorphilosophische Phase des menschlichen Bewußtseins und die Philosophen würden über dieses Niveau hinausgelangen, während sie sich zu einer höheren Wahrheit erheben. Demnach ist es möglich, sich mit einem wehmütig ehrfürchtigen Rückblick auf die eigene Kindheit vom Judentum zu verabschieden und damit gleichzeitig anzuzeigen, daß man ein philosophisches Reifestadium erreicht hat. Diese Haltung würde sich auch in künftigen Jahrhunderten zeigen, wenn die Träger neuer Anschauungen sich genötigt sähen, Vorstellungen der Vergangenheit aufzugeben, die nicht nur ihren Nutzen verloren hätten, sondern auch zu einer Behinderung geworden wären. Karl Marx und Sigmund Freud haben genau dies getan, als jeder auf seine Weise behauptete, die abgekapselte Existenz der Juden und ihre überholten Traditionen seien nichts anderes als ein Klotz am Bein einer gesunden Gesellschaft.

Was mich an diesen drei Seiten am meisten fasziniert, ist das, was Spinoza unausgesprochen läßt. Er konnte sich nicht dazu durchringen, klar und deutlich zu sagen, daß die Juden aufgrund reiner Willenskraft überdauern werden oder weil sie mit einer mystischen Gewißheit überzeugt sind, daß ihre Existenz in der Welt eine besondere Bedeutung hat. Doch was sonst will er uns sagen, wenn er schreibt: »Diese Juden könnten wohl aufhören, an Gott zu glauben, aber sie werden an der Beschneidung und all ihren besonderen Riten festhalten«? Dieser Rationalist sagt, daß die Juden der Logik trotzen werden, und er hat recht. Generationen von modernen, nichtgläubigen Juden haben an ihrem Judentum aus Gründen festgehalten, die ihnen selbst nicht klar sind.

Spinozas erstaunlichste Feststellung aber ist die Vorhersage, daß die Juden möglicherweise eines Tages ihren Staat wiedererrichten werden. Er hielt es für denkbar, daß die Juden wieder zu einer politischen Macht werden könnten, falls ihr Bewußtsein nicht durch das jahrhundertelange Leben unter den Einschränkungen ihrer Religion Schaden gelitten hatte. Hier deutet sich schon die zentrale Kritik des modernen Zionismus an – daß die Juden in der Diaspora erst ihre Ghettomentalität ablegen müßten, bevor sie als freie Menschen in ihrem eigenen Land leben könnten.

Auf diesen drei Seiten stellt Spinoza eine weitere revolutionäre Behauptung auf: Er definiert die Erwähltheit neu. Nur diejenigen, die ein tugendhaftes Leben führen, dürfen sich für erwählt halten. Spinoza wußte sehr wohl, daß ein solches Argument schon einmal von den Frühchristen vorgebracht wurde, die behaupteten, daß die »Erwähltheit Israels« von Israel »im Fleische« auf Israel »im Geiste« übergegangen sei; deshalb seien die neuen Erwählten diejenigen, die sich entschieden hatten, sich den Jesusgläubigen anzuschließen. Doch Spinoza definiert seine neuen Erwählten nicht als diejenigen Philosophen, die einfach einen universellen Moralbegriff haben. Er legt vielmehr den Akzent auf ein Leben in Tugend; worauf es ankommt, ist nicht das, was Menschen denken, sondern wie sie sich verhalten. In seiner *Ethik* forderte Spinoza ein Handeln, das die Menschheit »zu größerer Vollkommenheit« führen werde. Der Leitsatz aller Schöpfung ist »gut handeln und fröhlich sein«. Ich höre aus diesen Worten Spinozas mehr als nur ein wenig von dem heraus, was er als junger Mensch in seinen jüdischen Studien gelernt hat. Zweifellos kannte Spinoza die kabbalistischen Lehren Isaak Lurjas, in denen die Welt als ein Ort der Mühen dargestellt wird, die darauf abzielen, die verborgenen heiligen Funken zu erlösen, damit die Welt vollkommen gemacht werden kann. Ich möchte vermuten, daß Spinoza sich noch lange, nachdem er aufgehört hatte, seine täglichen Gebete zu sprechen, an die Sequenz in der morgendlichen Liturgie erinnerte, die den Andächtigen anhält, »zu lernen, zu lehren, [Gottes Wort] zu hören *und zu handeln*«. Und noch lange nach seiner Verbannung bewahrte Spinoza in sich das moralische Empfinden, das in seinen frühesten Jahren als orthodoxer Gläubiger in ihn eingepflanzt wurde.

Spinozas Entfremdung vom Judentum trieb ihn in nahezu vollständige Vereinsamung. Er lebte den Rest seines Lebens getrennt von seiner Familie und von allen Menschen, die er aus seiner Kindheit kannte. Obwohl seine Originalität als Denker von einigen der führenden Geister seiner Zeit wie Leibniz anerkannt wurde, breitete sich sein Einfluß nur langsam aus. Im 18. Jahrhundert wurde er von allen intellektuell bedeutenden Männern und Frauen gelesen, doch die meisten gestanden es nicht ein oder gaben vor, sie seien entsetzt über die Schriften dieses Atheisten (was Spinoza nicht war; er setzte Gott in eins mit den erkennbaren Gesetzen der Physik und der Moral). Wer Spinoza ernsthaft las, mußte erkennen, daß hier auch sein eigener religiöser Glaube einer vernichtenden Kritik unterzogen wurde, und jeder, der an seinem Glauben festhalten wollte, mußte für sich selbst Antworten auf die Fragen finden, die Spinoza gestellt hatte.

Der erste Versuch, Spinoza zu bekämpfen, wurde 1687 in Amsterdam von dem Arzt und Essayisten Isaak Orobio de Castro unternommen, der gegen das argumentierte, was er als den unverhüllten Atheismus Spinozas ansah. Doch Orobio war im Grunde ein Verfechter der klassischen biblischen Lehre von einem persönlichen Gott. Eine wesentlich ernster zu nehmende Kritik kam zu Beginn des 18. Jahrhunderts in Neapel auf. Der italienische Jurist und Philosoph Giambattista Vico behauptete, daß die universellen Werte, die Spinoza verstandesmäßig abgeleitet hatte, in Wirklichkeit durch Kultur und Geschichte vermittelt seien. Spinoza bestreite etwas für die menschliche Erfahrung Grundlegendes: Die Menschen identifizieren sich nicht mit der gesamten Menschheit, das sei eine Abstraktion. Jeder von uns gehöre einer Familie, einer Sippe und einem Volk mit seiner Geschichte an. Jede Gemeinschaft setze sich mit den Problemen und Möglichkeiten der menschlichen Existenz auf ihre eigene Weise auseinander.

Warum bin ich kein Anhänger Spinozas? Es liegt auf der Hand, daß ich seinen überragenden Intellekt bewundere und seine Anschauungen ernst nehme. Meine ehrlichste Antwort ist, daß ich mit den versteckten Hinweisen übereinstimme, die er unausgesprochen zwischen den Zeilen stehenließ und nicht in sein rationales System einpassen konnte. Er hat mich gelehrt, daß es schwierig ist, an die Geschichte zu glauben, in der Gott auf dem Berg Sinai saß und Mose seine Gesetze diktierte, der die Rolle eines Schreibers und Überbringers spielte. Spinoza hat sein Argument noch überzeugender gemacht, indem er unterstrich, daß Gott unmöglich einige der Grausamkeiten, die »in Seinem Namen« begangen wurden, wörtlich und ausdrücklich zu einem Gebot gemacht habe. Trotzdem glaube ich immer noch, daß es etwas Unerklärliches und Mystisches gibt, das unseren Weg durch die Geschichte geleitet hat. Unsere Existenz ist nicht nur die Summe unserer rationalen Entscheidungen; sie wurzelt in den verborgensten Winkeln der jüdischen Seele.

Der zweite nichtrationale Hinweis Spinozas besteht in der Unterstellung, um es in meinen eigenen Worten auszudrücken, daß es einem trotzigen Willensakt zuzuschreiben ist, warum die Juden bis heute existieren. Er hat recht, aber aus einem anderen Grund. Es ist nicht der Glaube an unsere Auserwähltheit durch Gott, der uns am Leben erhalten hat. Abraham ist nicht deshalb aufgebrochen, weil Gott ihm unvermittelt erschien und zu ihm sagte: Ich habe dich und deine Nachkommen dazu ausersehen, meine besonderen Botschafter auf Erden zu sein. Im Gegenteil, es war Abraham, der Gott wählte, indem er die Götzen seines Vaters Terach zerstörte; das ist die treibende Kraft hinter der jüdischen Existenz.

Wir glauben seit langem nicht mehr, daß Gott unmittelbar zu uns spricht. Als die Chassidim diese Vorstellung im 18. Jahrhundert wiederbelebten, wurden sie – wie wir im nächsten Kapitel sehen werden – sogleich in einen titanischen Kampf mit der etablierten jüdischen Ordnung hineingezogen. Was Juden – religiöse Gläubige wie Zweifler gleichermaßen – von sich wissen, ist, daß sie zu allen Zeiten die Welt mit ihren eigenen, anderen Augen gesehen haben. Juden entscheiden sich bis auf den heutigen Tag dafür, Götzen zu zerstören, und wir wissen, daß wir gar nicht anders können. Es ist unser Schicksal. In meiner Vorstellung hat Spinoza, der geächtete Jude, der »von seinem Volk abgeschnitten« wurde, die heiligen Kühe der westlichen Gesellschaft erschlagen. Ich stelle mir vor, daß dieser Ärgernis erregende Zweifler an den allgemein anerkannten Wahrheiten seinen einsamen Weg gegangen ist, weil er sich wie schon Abraham keinem Zwang unterwerfen konnte.

10
Die chassidische Revolution

Jizchak (Isaak) Leib Perez (1851–1915), einer der Begründer der modernen jiddischen Literatur, schrieb vor hundert Jahren eine kurze Erzählung, die etwas vom Wesen des Zusammenpralls zwischen den *Chassidim* (den »Frommen«), den ekstatischen und mystischen Pietisten, die um die Mitte des 18. Jahrhunderts auftraten, und ihren Gegnern, den *misnagdim* erfaßt, die für die Komödie der Chassidim und ihre wunderwirkenden Rabbis oder *zaddikim* (»heiligen Männer«) nur Spott übrig hatten. In der Erzählung mit dem Titel *Wenn nicht noch höher*[1] pflegte der Nemirower Rebbe jeden Morgen während der Bußgebete zu verschwinden, die an den Tagen vor Rosch Ha-Schana, dem jüdischen Neujahrsfest, vorgeschrieben sind. Die Anhänger des Rebben wußten genau, wo sich ihr Meister befand – im Himmel. Wo sonst sollte der heilige Mann sein als im Gespräch mit Gott, um bei ihm ein Wort für sein verfolgtes Volk einzulegen? Doch dann kommt ein »Litwak«, ein litauischer Jude, in die Stadt, der nicht daran glaubt, daß der Rebbe einfach verschwinden könne. (*Litwak* oder Litauer ist gleichbedeutend mit *misnaged*, weil der berühmteste Gegner der Chassidim der Gaon aus der litauischen Hauptstadt Wilna war.) Der Litwak, ein nüchterner Talmudist, konnte unter Angabe von Kapitel und Vers beweisen, daß Menschen nicht mehr zum Himmel auffahren und mit Gott sprechen können; das hatte mit dem letzten biblischen Propheten, Maleachi, aufgehört. Nur in der Phantasie seiner närrischen und einfältigen Schüler kann ein Rebbe zum Himmel auffahren.

Der Litwak mußte herausfinden, was der Rebbe in Wirklichkeit tat, wenn er verschwand, also legte er sich unter dessen Bett und wartete ab. Um sich wach zu halten, rekapitulierte er einen ganzen auswendig gelernten Talmudtraktat. Kurz vor der Morgendämmerung stand der Rebbe auf und ging zu einer Truhe, aus der er Bauernkleider holte. Er zog die Kleider an und versteckte noch eine Axt in seinem Gürtel. Der so verkleidete Rebbe ging zu einem Wald am Rande der Stadt, schlug ein Bündel Feuerholz und trug es zu einer verfallenen Hütte in der Stadt. Der Rebbe klopfte ans Fenster und gab sich als einen russischen Bauern namens Wassil aus. Die alte, bettlägerige Frau im Zimmer hinter dem Fenster fragte ihn, was er wolle. Mit rauher Stimme erwiderte der Rebbe, er habe billiges Brennholz zu verkaufen. Darauf erwiderte die Frau, sie habe kein Geld, doch er beschwichtigte sie, er sei sicher, daß sie ihn bezahlen werde, sobald sie Geld habe. Dann betrat er die Hütte, steckte das Holz in den Ofen und zündete es an. Während dieser Verrichtungen sprach der Rebbe der Reihe nach die Bußgebete. Nachdem der Litwak das alles mit angesehen hatte, wurde auch er ein Anhänger des Nemirower Rebben. Und wenn in späteren Jahren jemand zur Zeit der Bußgebete sagte, der Rebbe sei bis zum Himmel aufgefahren, setzte der Litwak leise hinzu: »Wenn nicht noch höher.«

Als aufgeklärter Jude mit sozialistischem Hintergrund romantisierte Perez die Chassidim und konnte ihrer Lebensweise vieles abgewinnen. Mehr als überall sonst in der jüdischen Welt des 19. Jahrhunderts hatte der arme Chassid einen Anspruch gegenüber dem reichen Chassiden, weil beide Anhänger desselben »Rebben« waren. In der Theorie und häufig auch in der Praxis waren sie vor ihrem Führer ebenso gleich wie vor dem Angesicht Gottes. Perez fand selbst an dem Litwak etwas Gutes, der erkannt hatte, daß eine rechtschaffene Tat der höchste aller jüdischen Werte ist und noch über der Beherrschung der heiligen Texte steht.

Die Chassidim, wie Perez sie schildert oder wie sie uns häufig in der Literatur oder in polemischen Darstellungen entgegentreten, waren nicht die Chassidim, unter denen ich im Haus meiner Eltern lebte oder denen ich in der von meinem Vater geführten chassidischen Synagoge begegnet bin. Zwar gab es bestimmte Ähnlichkeiten. Mein Vater kümmerte sich um die Armen und Wehrlosen mindestens ebensosehr wie der legendäre Nemirower Rebbe in Perez' Erzählung, und meine Mutter beendete ihr Tagwerk nie, ohne sich zu vergewissern, daß jedem Bedürftigen, von dem sie wußte, geholfen worden war. Doch der Held in der Erzählung Perez' hatte mehr von einem Gewerkschaftsführer als von einem Rebben an sich. (Kein Chassid und schon gar kein Rebbe hätte das Haus einer Frau ohne Begleitung betreten.) In keinem einzigen wirklichen chassidischen Text bin ich der Vorstellung begegnet, die spirituellen Nachfahren des Baal Schemtow seien tatsächlich verkappte Sozialisten im schwarzen Kaftan gewesen. Statt dessen fand ich allenthalben die Forderung nach Mitgefühl, nach Liebe zu jedem einzelnen Menschen. Mein Vater lehrte mich, daß das biblische Gebot »Liebe deinen Nächsten wie dich selbst!« bei Menschen, die wir lieben, überflüssig ist; es ist notwendig, weil es von uns verlangt, uns derjenigen anzunehmen, die wir unsympathisch finden. Wir sind alle Kinder Gottes, die Wohlgelittenen ebenso wie die Schlechtgelittenen. Doch die religiöse Pflicht, seinen Nächsten zu lieben, ist kein Aufruf zu einer sozialistischen Revolution, auch wenn die Kinder mancher Chassidim dem Glauben ihrer Eltern abschworen und auf die Barrikaden gingen.

Mein Unbehagen an der parteilichen und gewöhnlich polemischen Vereinnahmung der Chassidim wurde eines Tages im Jahr 1949 noch besonders gesteigert. Ich war zum ersten Mal in Jerusalem und gab mich als Journalist aus. Ich bat den leitenden Pressebeamten der neuen israelischen Regierung, für mich ein Interview mit Martin Buber zu vereinbaren, dem berühmtesten modernen Interpreten des Chassidismus. Buber verdankte seine Berühmtheit seinem bedeutenden theologischen und philosophischen Werk, in dessen Zentrum eine inzwischen bekanntgewordene Vorstellung stand: daß menschliche Werte aus echten Begegnungen zwischen Individuen erwachsen, der »Ich-Du-Beziehung«. Ich kam zur verabredeten Zeit zu Dr. Bubers Wohnung und sah durch die offene Tür in sein Arbeitszimmer, wo er in einen vor ihm liegenden Text vertieft war. Er ließ mich ein paar Minuten warten, bevor er aufblickte und mich fragte: »Welche unbeantwortete Frage hat Sie zu mir geführt?« Einen Augenblick lang war der junge Mann von achtundzwanzig Jahren gegenüber dieser lebenden Legende (kurz vor der Jahrhundertwende hatte Buber mit neunzehn Jahren seine Laufbahn als Assistent von Theodor Herzl, dem Begründer des modernen Zionismus, begonnen) verwirrt. Ich war gekommen, um mit ihm über den Chassidismus zu diskutieren, aber würde ich den Mut aufbringen, ihm zu sagen, was mich wirklich zu ihm geführt hatte? Hatte ich den Mut zu dem Wagnis, in eine echte Ich-Du-Beziehung mit Martin Buber einzutreten?

Ich gelangte zu dem Schluß, daß er es merken würde, wenn ich um des lieben Friedens willen unaufrichtig wäre, also sagte ich ihm, was mich beschäftigte. Er hatte in den *Erzählungen der Chassidim* über Vorfahren von mir geschrieben, aber sie hatten keine Ähnlichkeit mit den Schilderungen ihres Charakters und ihrer Lehren, die in meiner Familie überliefert wurden oder die ich in ihren Schriften gefunden hatte. Buber war natürlich ein sorgfältiger Wissenschaftler, und seine Wiedergaben der Geschichten waren korrekt, doch seine Porträts der chassidischen Meister erschienen mir entstellt. Sie erinnerten mich an exotische, östliche Weise, die von europäischen Autoren gern heraufbeschworen wurden, um direkt oder indirekt den Materialismus und den Mangel an Spiritualität in der westlichen Gesellschaft zu kritisieren. Bei aller spirituellen Tiefe, die er ihnen mit Recht zuschrieb, nahm ich daran Anstoß, daß Buber von der tiefen und absoluten Hingabe der Chassidim an die religiösen Bräuche und Gesetze im Talmud kaum Notiz nahm.

Nachdem wir uns eine Stunde lang über das richtige Verständnis des Chassidismus unterhalten hatten, bezeichnete ich Buber provozierend als »Neo-Chassiden«. Was ich damit sagen wollte, lag auf der Hand; ich hielt ihn nicht für einen

Chassiden. Buber war sogleich aufgebracht. »Ich bin kein Neo-Chassid«, beharrte er, »ich bin ein Chassid.« Ich nahm die Herausforderung an und sagte zu ihm in seinem eigenen Haus: »Dr. Buber, ein Vorfahr von mir, Elimelech von Lischansk, war einer der Schüler am Tisch von Dow Bär von Mesiritsch, dem ersten großen Schüler des Baal Schemtow (des Gründers des Chassidismus). Sie, Dr. Buber, sind ein tiefreligiöser Mensch, aber Sie halten sich in Ihrer Lebensweise zugegebenermaßen nicht an die jüdischen Gebräuche und Gesetze. Sind Sie damit ein Chassid in der Nachfolge Elimelechs und meines Vaters? Oder sind Sie ein Neo-Chassid?« Buber erwiderte: »Ich bin ein Chassid«, und damit war unser Gespräch beendet.

Mehrere Jahre später, als er sich zu Besuch in New York befand, schien Buber mir mein jugendliches Ungestüm verziehen zu haben, denn er bat mich, einige seiner Essays für eine Veröffentlichung in den Vereinigten Staaten aus dem Deutschen ins Englische zu übersetzen. Mich sprach vor allem die zweite von drei Reden über das Judentum an, die er vor und während des Ersten Weltkriegs vor verschiedenen Auditorien mit jüdischen Intellektuellen gehalten hatte, die sich bemühten, ihren Weg von der Assimilation zu einer Form der Selbstbehauptung innerhalb des breiten Spektrums des Judentums zu finden. In dieser Rede hatte Buber seine eigenen spirituellen Väter genannt und als seine jüdischen Vorväter solche Persönlichkeiten wie Jesus und Paulus, Sabbatai Zwi und den Baal Schemtow genannt. Sie alle, so hatte Buber damals behauptet, stellten einen ketzerischen Schlag im Judentum dar; sie waren so kühn gewesen, sich der ererbten Tradition entgegenzustellen und sie bis in ihre Fundamente zu erschüttern. Als ich Bubers Aufmerksamkeit auf diese Stelle lenkte, meinte er, inzwischen halte er es für richtig, sie aus der neuen, amerikanischen Ausgabe zu streichen. Ich hatte das unbestimmte Gefühl, als wollte er mir damit sagen, daß er sich nicht mehr als einen Nachfahren jüdischer Ketzer verstehe und daß er vor allem im Baal Schemtow keinen Rebellen mehr sehe, den man in einem Atemzug zusammen mit Paulus und Sabbatai Zwi nennen könne.

Mein Zusammentreffen mit Martin Buber war die erste von insgesamt drei Begegnungen mit führenden Interpreten des Chassidismus in Israel. 1949 kam ich auch mit der bedeutendsten Persönlichkeit unter den jüdischen Zeithistorikern an der Hebräischen Universität, Benzion Dinur, zusammen. Niemand hätte als Historiker des zionistischen Projekts anerkannter sein können als Professor Dinur. Seine zentrale Theorie lautete, daß die jüdische Geschichte sich seit Jahrhunderten auf den kritischen Punkt zubewegt habe, im Land der Väter wieder einen eigenen Staat zu errichten. In seiner Analyse betonte Dinur immer wieder, daß die Chassidim in Erscheinung getreten seien, um die verborgene messianische Sehnsucht nach der Heimkehr in das Gelobte Land ans Licht zu bringen, und daß das Hauptziel des Chassidismus darin bestehe, die jüdischen Massen aus dem Leben in der Diaspora heraus- und nach Zion heimzuführen. In diesem Sommer 1949 brannte er vor Begeisterung. Ich befand mich unter den Zuhörern, als er zu einigen von den US-amerikanischen Freiwilligen sprach, die im israelischen Unabhängigkeitskrieg mitgekämpft hatten. Dinur sagte, wir hätten eine Aufgabe zu erfüllen: das Ende der jüdischen Geschichte herbeizuführen, indem wir sogar amerikanische Juden dazu bewogen, beim »Aufstieg« nach Israel mitzumachen.

Einige Jahre später lernte ich einen noch größeren Gelehrten kennen, Gerschom Scholem, den Schöpfer der modernen Erforschung der Geschichte und der Lehren der Kabbala, und freundete mich mit ihm an. Scholem besaß ein außerordentliches Wissen über den Chassidismus, deshalb zögerte ich, mich mit ihm zu streiten, nicht zuletzt weil er ein gefürchteter Polemiker war. Scholem vertrat vehement die Ansicht, daß Buber und Dinur beide unrecht hätten. Er bestritt, daß die Chassidim auf den Plan getreten seien, um gegen überkommene religiöse Bräuche auf die Barrikaden zu gehen oder als Protozionisten zu wirken. Seiner Meinung nach kamen sie zu einer Zeit auf, als die Juden ihre Hoffnung verloren hatten; sie wollten die Überzeugung wiederbeleben, daß Gott nahe sei, und sie wollten allen jüdischen Menschen vermitteln, daß sie selbst in äußerster Armut alle eine Familie seien und einander und Gott angehörten. Für Scholem repräsentierte der Chassidismus eine entscheidende Phase des kabbalistischen Einflusses im jüdischen Leben. Die fundamentale Lehre der neuen Bewegung bestand darin, daß mit der richtigen Einstellung jeder Jude an jedem Ort Gott erfahren könne. Ich unterließ es, Scholem zu sagen, daß auch er den Chassidismus für sich vereinnahmte, um die These seines Lebenswerks zu untermauern: daß die Kabbala die große Gegenkraft zum talmudischen Gesetz gewesen sei, das die geduldige und unerschütterliche Befolgung der religiösen Gesetze gelehrt hatte. Fast hätte ich die Chuzpe besessen, ihm zu widersprechen, als Scholem begann, die marxistische Interpretation des Chassidismus durch den Historiker Raphael Mahler zu attackieren, der die chassidische Bewegung als eine Rebellion der Massen gegen die Koalition aus den einflußreichen Gemeindemitgliedern und den Rabbinern, welche die offiziellen jüdischen Gemeinden in Osteuropa beherrschten, beschrieben hatte. Scholem hielt Mahler entgegen, daß die Chassidim in den ersten Anfängen der Bewegung zwar arm waren, daß diese Situation jedoch nicht von langer Dauer war, weil einige der reichen und gebildeten Juden sich zu den wunderwirkenden Rabbis hingezogen fühlten, an deren Wunder sie glaubten und deren Ratschläge sie befolgten.

Wer oder was waren die Chassidim nun wirklich? Unbeschadet der Autorität Scholems ist der Hauptstreitpunkt bis heute die Frage, ob die chassidische Bewegung ihrem Wesen nach messianisch war oder nicht. Wurde sie ins Leben gerufen als der gezielte Versuch, die Ankunft des Messias zu beschleunigen? Die Beantwortung dieser Frage wurde durch den Umstand erschwert, daß die Chassidim zumindest in der Öffentlichkeit keinem ihrer Führer den Mantel des Messias umhängten, der darauf wartete, sich zu erkennen zu geben. In ihren ersten Jahren ging die chassidische Bewegung nicht über schwache Hinweise und Andeutungen eines Messianismus hinaus, weil die jüdische Welt sich noch immer nicht von der Erschütterung hundert Jahre zuvor erholt hatte, als der Meteor Sabbatai Zwi strahlend über dem Horizont aufgegangen und in die Apostasie abgestürzt war.

Gerade zu der Zeit, als die Chassidim in Osteuropa aufkamen, erschien ein neuer Prätendent auf die Rolle des Messias, Jakob Frank. Frank war noch verstörender als vor ihm Sabbatai Zwi, da er seine rabbinischen Gegner bekämpfte, indem er sich der Unterstützung christlicher Geistlicher bediente, und er leistete der antisemitischen Verleumdung Vorschub, der Talmud verlange von den Juden, ihr ungesäuertes Passahbrot mit dem Blut von Christenkindern zu backen. Schlimmer noch, Jakob Frank und seine Anhänger verstießen nicht nur gegen die rituellen, sondern auch gegen die moralischen Gesetze des Judentums: Sie gaben sich sexuellen Ausschweifungen hin und trieben Inzest. Deshalb hegten die Rabbiner beim Aufkommen des Chassidismus die tiefe Befürchtung, daß sie es mit einem erneuten Ausbruch der sabbatianischen Häresie zu tun hätten. Dieser Argwohn erschien um so berechtigter, als zu jener Zeit die Rabbiner in Mittel- und Osteuropa zutiefst gespalten waren über die von Rabbi Jacob Emden erhobene Beschuldigung, daß ein noch berühmterer Gelehrter, Rabbi Jonathan Eybeschütz, ein heimlicher Anhänger Sabbatai Zwis sei und Amulette verteile, die den Namen des falschen Messias trügen, und daß er seinen Segen erflehte. Die eigentliche Bedeutung dieser Behauptung lag weniger in ihrem fragwürdigen Wahrheitsgehalt als darin, daß sie glaubhaft war, denn tatsächlich gab es in jeder größeren jüdischen Gemeinde selbst unter den Rabbinern heimliche Sabbatianer. Deshalb mußten die ersten Chassidim, sofern sie wirklich Messianisten waren, diesen Umstand verbergen und alles daransetzen, die neue Bewegung von jedem Verdacht eines sabbatianischen Einflusses freizuhalten.

Mehrere chassidische Erzählungen aus jener Anfangszeit

heben in ihrer Gesamtheit diesen Punkt deutlich hervor. Besonders anschaulich ist die Geschichte, in der die Seele Sabbatai Zwis weder im Himmel noch in der Hölle einen dauerhaften Ruheplatz finden konnte und deshalb unter großen Qualen die Welt durchwanderte. Als der Baal Schemtow sich als der »Herr des Namens« zu erkennen gab – als einer, der den Namen Gottes kannte und deshalb Wunderheilungen vollbringen konnte –, kam die rastlose Seele Sabbatai Zwis zu ihm und bat den chassidischen Meister um einen *tikkun*, eine erlösende Heilung. Der Baal Schemtow willigte ein, und er rang mit aller Kraft darum, die Seele aus den Unreinheiten zu erheben, in die sie während Sabbatais Niedergang in die Apostasie gefallen war. Der Baal Schemtow erklärte, er habe sich dieser Mühe unterzogen, weil die Tatsache, daß die Seele Sabbatai Zwis zu ihm gekommen sei, beweise, daß dieser Messias-Prätendent noch immer mit dem Körper des jüdischen Volkes verbunden sei, und solange ein Glied auch nur durch eine einzige Sehne mit dem Körper verbunden ist, besteht immer noch Hoffnung, daß es wieder anwächst; wird diese Sehne durchtrennt, ist jede Hoffnung auf eine Heilung dahin. Doch eines Tages, so heißt es in der Erzählung, warf der Baal Schemtow die Seele Sabbatai Zwis ein für allemal in eine abgrundtiefe Grube. Der heilige Mann hatte entdeckt, daß die Seele Sabbatais nicht wegen eines *tikkun* zu ihm gekommen war, sondern in der Absicht, ihn zur Häresie und zum Abfall vom wahren Glauben zu verleiten. Diese Erzählung sollte natürlich als Erklärung dafür dienen, warum einige der frühen Chassidim offenbar in Verbindung zu heimlichen Sabbatianern gestanden hatten: Sie wollten sie vom falschen Weg abbringen. Nachdem dieser Versuch jedoch fehlgeschlagen war, so die »Moral« der Geschichte, brachen die Chassidim jede Verbindung zu den Sabbatianern ab.

Daß der Chassidismus ein – zwar abgeschwächtes, aber durchaus reales – messianisches Element enthielt, geht unmißverständlich aus zwei anderen Geschichten hervor, die beide auf einem Kern historischer Wahrheit beruhen. Der

Baal Schemtow versuchte, eine Pilgerfahrt ins Heilige Land zu unternehmen, konnte sie jedoch nicht zu Ende bringen, weil sein Schiff unterwegs unterging. Es verschlug ihn auf eine Insel im Mittelmeer, wo seine Tochter Odel, die ihn begleitet hatte, ihm das hebräische Alphabet beibringen mußte, weil er alles vergessen hatte, was er einmal gelernt hatte. Doch alles kehrte in seine Erinnerung zurück, als er erkannte, daß er seine Reise nicht fortsetzen sollte. Den Sinn dieser Geschichte hat man stets so erklärt: Wenn der Baal Schemtow, der heiligste Mann seiner Zeit, das Heilige Land betreten hätte, dann wäre aus dieser Begegnung ein so starkes Licht zum Leuchten gebracht worden, daß es den Himmel genötigt hätte, den Messias zu enthüllen, doch »die Zeit war noch nicht gekommen«.

Der Urenkel des Baal Schemtow, Nachnam aus Brazlaw, reinszenierte dieses Drama ein Jahrhundert später. Er erreichte das Heilige Land, doch die chassidische Erzählung läßt ihn dort nur wenige Stunden verweilen. Der heilige Mann war gekommen, um einen mysteriösen *tikkun* zu vollbringen, und wir wissen nicht, ob er ihn vollbrachte oder ob er entdeckte, daß »die Zeit noch nicht gekommen war«. Jedenfalls verließ er der Geschichte zufolge das Heilige Land sogleich wieder. Wir wissen heute, daß Nachnam aus Brazlaw tatsächlich ins Heilige Land gereist ist und sich dort einige Monate lang aufgehalten hat. Er bemühte sich vergeblich, eine dauerhafte Wohnstätte für sich zu finden, machte immer wieder versteckte Andeutungen, daß seine Begegnung mit dem Heiligen Land das Ende der Tage beschleunigt herbeiführen werde, und ließ durchblicken, daß sein Körper möglicherweise die Seele des Messias beherberge. Doch am Ende verließ Nachnam aus Brazlaw das Heilige Land wieder, und damit blieb auch das Ende der Tage aus.

Die Gegner

Der Baal Schemtow und der Wilnaer Gaon waren die letzten großen religiösen Gestalten des Judentums, bevor die Welt des Ghettos zerstört wurde. Kurz vor dem Ende der vormodernen Zeit, in der Mitte des 18. Jahrhunderts, boten diese beiden herausragenden Persönlichkeiten entgegengesetzte Lösungen an, die den Juden Osteuropas helfen sollten, das endlose Leid ihrer Verbannung erträglicher zu machen.

Der 1720 geborene Elija ben Schlomo Salman entstammte einer Familie von Talmudgelehrten in Selez in der Nähe von Grodno. Mit sechs Jahren war er bereits als ein Wunder an rabbinischer Gelehrsamkeit anerkannt. Bis zu seinem zehnten Geburtstag hatte er die gesamte Bibel und den Talmud studiert, ebenso zahlreiche Kommentare zu beiden Büchern und einige Texte der Kabbala. Daneben fand er auch noch die Zeit zu einem Mathematikstudium. Innerhalb ganz weniger Jahre erkannte die jüdische Welt ihn als einen »Gaon« an, als eine »Exzellenz« und einen Mann von höchster Gelehrsamkeit, wie es ihn seit Jahrhunderten, vielleicht sogar seit Maimonides nicht mehr gegeben hatte. Sein Ruf war so groß, daß die jüdische Gemeinde in Wilna es als eine Ehre ansah, zu seinem Unterhalt und dem seiner Angehörigen beizutragen; von da an konnte er sich ganz dem Studium widmen. Die Autorität des Wilnaer Gaons verdankte sich neben seiner Gelehrsamkeit seiner persönlichen Bescheidenheit, seiner grenzenlosen Wohltätigkeit gegenüber den Armen und seiner asketischen Lebensweise. Durch Unterweisung und mit seinem Beispiel lehrte er, daß die Beschäftigung mit dem Wort Gottes die einzige Zuflucht war, die den Juden offenstand. Jeder Versuch, die Form des geduldigen Wartens auf den Messias zu zerbrechen, sei Häresie. Alle derartigen Versuche müßten unterdrückt werden, notfalls mit dem Mittel des Ausschlusses aus der jüdischen Gemeinschaft.

Der Gaon war kompromißlos streng mit sich selbst. Einmal sprang er aus einem Kutschenwagen, als er gewahr wurde, daß das Verdeck aus Leinen und Wolle gewebt war. Er hielt sich damit strikt an das biblische Gesetz, das die Verbindung von tierischen und pflanzlichen Fasern verbietet. Es gibt eine Geschichte, in der ein Gelehrter ihn einmal besuchte und zu behaupten wagte, daß Raschi, der verehrte Kommentator der Bibel und des Talmuds aus dem 11. Jahrhundert, sich gelegentlich geirrt habe und von der unmißverständlichen Bedeutung eines bestimmten Textes abgewichen sei. Der Wilnaer Gaon sagte zunächst nichts dazu, sorgte jedoch dafür, daß die jüdische Obrigkeit in Wilna diesen Mann im Hof der Synagoge demütigte; er erhielt neununddreißig Stockhiebe, und die ganze Gemeinde ging an ihm vorbei und spuckte ihm ins Gesicht.

Der Gaon wurde allgemein verehrt, vor allem in Wilna und überall in Litauen, wo das rabbinische Studium stark verbreitet war und intensiv betrieben wurde, doch selbst in dieser Region hatten die Juden im vergeblichen Warten auf den Messias fast alle ihre Hoffnung verloren. Die Befolgung des Buchstabens des Gesetzes war ein schwacher Trost für das wunde Herz. Sie sehnten sich nach einer unmittelbareren Möglichkeit, die Gegenwart Gottes zu erfahren. Wenn die Dauer der anhaltenden jüdischen Verbannung unbestimmt ist, dann wollen wir sie verwandeln. Die Juden, vor allem die Armen und Verfolgten unter ihnen, sollen in ihren Seelen einen Glanz finden, der sie über die graue und traurige Gegenwart erhebt. Wieder einmal suchten die Juden eine Antwort in ihrer mystischen Tradition.

Der Chassidismus war die letzte religiöse Bewegung, die innerhalb der älteren Welt der jüdischen Frömmigkeit geboren wurde, das heißt bevor die Juden in die Welt der Moderne eintraten. Sein Begründer, Rabbi Israel ben Elieser, wurde um 1700 im Dorf Okup an der östlichen Grenze der polnischen Provinz Podolien geboren. Über sein Leben ist nur wenig bekannt. In manchen Legenden erscheint er als nicht besonders gebildet, in anderen als ein Mann, der über die Gesamtheit des jüdischen Wissens verfügte. Man nimmt an, daß er jahrelang fast in der Einsamkeit gelebt und sich von niederen Arbeiten ernährt hat. Es heißt, daß er im Alter von sechsunddreißig Jahren seine Wunderkräfte des Heilens und des prophetischen Blicks enthüllt habe und als der Baal Schemtow Bekanntheit erlangte. Dieser lehrte seine Schüler, daß Gott überall anwesend sei und alle Juden durch freudiges Beten und ungehemmte Begeisterung mit ihm in Verbindung treten könnten. Der Baal Schemtow und seine Schüler erfüllten die ganze ererbte Frömmigkeit mit Spontanität und Fröhlichkeit. Mancher chassidische Meister hat gelehrt, daß jemand, der die Morgengebete mit denselben Empfindungen verrichte wie am Vortag, der Abgötterei huldige; die Worte müßten jedesmal mit neuer Leidenschaft und Hingabe gesprochen werden. In ihrer äußeren, alltäglichen Existenz lebten die meisten Chassidim in finsterer Armut, doch in ihrem inneren Leben sahen sie sich als Gottes geliebte Kinder, die sich im Licht der göttlichen Gegenwart ihres Daseins freuten.

Nach dem Tod des Baal Schemtow 1760 ging der Mantel des Führers an seinen Schüler Dow Bär über, bekannt als der Maggid (Prediger) von Mesiritsch. Dow Bär umgab sich mit Dutzenden charismatischer Persönlichkeiten, die allen jüdischen Gemeinden in Osteuropa die Lehren der Chassidim brachten. Diese chassidischen Meister wurden als Zaddikim (Einzahl Zaddik = Gerechter) oder Rebbes bekannt, und für ihre Schüler waren sie die Mittler zwischen Himmel und Erde – sie waren zwar selbst nicht göttlich, doch ging von ihrer Anwesenheit eine Art Göttlichkeit aus.

Die revolutionäre Lehre des Zaddiks stand im Widerspruch zu einem seit langem geheiligten rabbinischen Grundsatz. Die Chassidim beanspruchten für den Baal Schemtow und seine Anhänger kühn die Gabe der Prophetie und übergingen die Erläuterung im Talmud, daß das Prophetentum auf das Heilige Land beschränkt sei und ohnedies mit Maleachi, dem letzten Propheten in der Bibel, zu bestehen aufgehört habe. In der chassidischen Vorstellung war jedes Schtetl in Osteuropa ein Teil des Heiligen Landes, weil an diesen Stätten abermals Propheten (die Rebbes) mit Gott in Verbindung standen. Spirituelle Vollkommenheit ließ sich in den Augen der Chassidim überall und selbst durch den ungebildetsten Menschen erreichen, man mußte lediglich Geist und Herz aufrichtig in den Dienst Gottes stellen. Wir brauchen nicht auf den Messias zu warten, um das Ende der Tage zu erleben; es kann in unserer eigenen Zeit geschehen. In der Gegenwart des Zaddiks zu sein heißt, im heiligen Tempel zu Jerusalem zu sein. Der Zaddik ist der Hohepriester, und sein Tisch *ist* der Altar Gottes. Die rabbinischen Gegner des Chassidismus brandmarkten solche Vorstellungen als Abgötterei, und die »aufgeklärten« Juden verspotteten sie als närrisch – doch die Chassidim hingen voller Bewunderung an ihrem Rebben.

Der Wilnaer Gaon und seine Anhänger mußten nicht erst die chassidischen Lehren studieren, um diese aufkommende Bewegung zu kritisieren. In den beiden chassidischen Synagogen Wilnas beobachteten sie ekstatische Chassidim, die während des Gebets Purzelbäume schlugen und die vorgeschriebene hebräische Liturgie mit spontanen Segenssprüchen auf jiddisch und mit Meditationen durchsetzten. Am schlimmsten war jedoch, daß die Chassidim dem Baal Schemtow darin folgten, das seit langem eingeführte aschkenasische Gebetbuch abzulehnen und es durch ihre Version des Gebetbuchs zu ersetzen, das unter dem Einfluß des revolutionären Mystikers von Safed, Isaak Lurja, zusammengestellt wurde. Das alarmierte den Gaon von Wilna, denn es war die lurjanische Kabbala, die der sabbatianischen Ketzerei den Boden bereitet hatte. Die Chassidim waren somit dem starken Verdacht ausgesetzt, heimliche Anhänger des abgefallenen Messias zu sein. Wenn die Anhänger des Gaons, die *misnagdim*, die Chassidim schmähten, gebrauchten sie den Begriff »verfluchte Sekte«, mit dem früher die Sabbatianer verurteilt wurden.

Dow Bär von Mesiritsch schickte zwei seiner gelehrtesten Schüler, Schnëur Salman von Ladi (»der Raw«) und Menachem Mendel von Witebsk, nach Wilna, wo sie versuchen sollten, den Gaon Elija zu überzeugen, daß die Chassidim keine Rebellen gegen die überkommene religiöse Tradition seien. Dow Bär hoffte, daß der Gaon in seinen Schülern die Hingabe zu denselben Werten erkennen würde, die ihm selbst am Herzen lagen, denn diese beiden waren im Talmud sehr bewandert. Elija weigerte sich jedoch, sie zu empfangen, und nannte als Grund, es sei verboten, das Gesicht eines Ketzers auch nur anzusehen. Elija dachte sehr wahrscheinlich, daß Gelehrsamkeit und selbst eine peinlich genaue Beachtung der religiösen Gebote ein Deckmantel für einen heimlichen Glauben an Sabbatai Zwi oder noch schlimmer an Jakob Frank sein konnten. Er konnte nicht wissen, daß die Chassidim just zu jener Zeit damit beschäftigt waren, gerade jenes Gift unwirksam zu machen, das der falsche Messias in den Körper der jüdischen Gemeinschaft eingeflößt hatte.

Der Kampf tobte buchstäblich bis auf den Tod des Gaons im Jahre 1797. Gegen die Chassidim wurden mehrere Bannflüche ausgesprochen und in alle Richtungen Botschafter ausgeschickt, die vor diesen »Ketzern« warnen sollten. Die erste dieser Verbannungen aus der jüdischen Gemeinschaft, von siebzehn Rabbinern unterzeichnet, darunter der Gaon selbst, wurde 1791 verhängt:

»Unsere Brüder in Israel, ihr seid gewißlich schon in Kenntnis über die Nachricht, von der unsere Väter sich niemals hätten träumen lassen, daß sich eine Sekte ... gebildet hat ... die in einzelnen Gruppen zusammenkommt und in ihren Gebeten von dem Text abweicht, der für das ganze Volk verbindlich ist ... Das Studium der Thora wird von ihnen gänzlich vernachlässigt, und sie werden nicht müde zu betonen, daß man sich so wenig wie möglich dem Lernen widmen und sich über eine begangene Sünde nicht so viele Gedanken machen sollte ... Jeder Tag ist für sie ein Feiertag ... Wenn sie anhand falscher Texte beten, machen sie einen solchen Lärm, daß die Wände erzittern ... und sie überschlagen sich wie Räder, kopfüber und mit den Beinen nach oben ... Solange sie nicht freiwillig Buße tun, müssen sie zerstreut und vertrieben werden, damit keine zwei Ketzer beisammenbleiben, denn die Auflösung ihrer Vereinigungen ist ein Segen für die Welt...«[2]

Die *misnagdim* aßen nicht in den Häusern der Chassidim, und sie erlaubten ihren Söhnen und Töchtern auch nicht, in chassidische Familien einzuheiraten. Dennoch gelang es den *misnagdim* nicht, die »verfluchte Sekte« zu unterdrücken. Die Feindschaft schwächte sich schließlich ab, als die *misnagdim* nicht mehr befürchteten, daß die Chassidim mit der orthodoxen Lehre brechen würden, und die Chassidim nicht mehr annahmen, ihre Gegner seien nichts als trockene Legalisten ohne jede Spiritualität. Beide Seiten haben mit derselben Leidenschaft darum gekämpft, das Anderssein des Juden zu bewahren, indem sie die Gläubigen mit einem ideologischen Zaun umgaben.

Der überzeugendste Beweis dafür, daß dem Chassidismus oder zumindest wesentlichen seiner Elemente ein Messianismus innewohnt, findet sich in den Schriften von Schnëur Salman, dem Ahnherrn der mächtigen Sekte, die ihren Namen vom Zentrum ihrer Aktivität hatte, der Stadt Lubawitsch. Schnëur Salman war der einzige Gründervater im Chassidismus, der eine systematische Darstellung seiner religiösen Lehren verfaßte. Das Buch ist unter Juden als die *Tanja* bekannt und wird bis auf den heutigen Tag von Lubawitscher Chassidim studiert, um die göttliche Wahrheit durch die Augen dieses heiligen Führers zu sehen. Die zentrale Lehre in dieser Schrift ist die über den Messias. Schnëur Salman lehnt die Vorstellung ab, daß Gott den Messias als Entschädigung für das Leiden der Juden schicken wird, nachdem sie schließlich ihre Sünden gebüßt haben (worin immer sie bestanden haben mögen). In der klassischen jüdischen Vorstellung wird der Messias zu einem erschöpften Volk kommen, um es nach langen Jahrhunderten der Verzweiflung zu erheben. Die *Tanja* lehrt etwas radikal anderes: Das Bild vom Messias ist außerordentlich, sogar kosmisch optimistisch. Der Messias werde bald kommen, um die Welt vollkommen zu machen.

Gott habe die Welt zu seiner Wohnstatt erschaffen, doch zunächst müßten alle »Hüllen«, die Gefäße, die verhindern, daß er eine Wohnstätte findet, beseitigt werden. Wie läßt sich das bewerkstelligen? Die Antwort liegt in dem, was jeder Jude tut. Der menschliche Körper selbst ist eine solche Hülle, und er läßt sich als Hindernis nur beseitigen, wenn der einzelne ihn reinigt, indem er jedes der göttlichen Gebote wortgetreu und fröhlich befolgt, denn jedes entspricht einem bestimmten Teil des menschlichen Körpers. Ebenso verhält es sich mit der Welt insgesamt. Die frommen Handlungen der Juden beseitigen die materiellen Schalen, welche die göttlichen Funken gefangenhalten; es liegt in der Macht eines jeden einzelnen Individuums, durch die Frömmigkeit seines Lebens den Tag der Erlösung näher rücken zu lassen. Demnach gibt es nur einen Weg, die Ankunft des Messias herbeizuführen: Man müsse alle Juden dazu bringen, bereitwillig und mit Freude im Herzen die traditionellen Gebote besser zu achten. Dann werde die Welt insgesamt für die Juden wie für die ganze Menschheit erlöst werden.

Schnëur Salman lehrt in der *Tanja* ein Gutteil von dem, was er zugegebenermaßen vom revolutionären Kabbalisten des 16. Jahrhunderts, Isaak Lurja, gelernt hat: Juden müssen nicht geduldig auf den Messias warten; sie können seine Ankunft beschleunigen. Das Neue bei Schnëur Salman ist, daß er die lurjanische Kabbala demokratisiert hat, indem er jeden Juden eine notwendige Rolle in dem messianischen Drama spielen läßt. Die Ankunft des Messias wird nicht beschleunigt durch die kabbalistischen Übungen und Meditationen der wenigen, die eines solchen Aufstiegs in die Unendlichkeit fähig sind. Alle Juden, von den Unwissendsten und ihrem Glauben am meisten Entfremdeten bis zu den Gelehrtesten und Frömmsten, müssen gemeinsam daran arbeiten, den Messias näherzubringen, indem jeder sich anstrengt, die Gebote Gottes oder *mizwot* getreuer zu befolgen.

Das Denken Schnëur Salmans über die Ankunft des Messias ist von Generationen Lubawitscher Chassidim regelmäßig studiert worden. Die folgenden Worte im 37. Kapitel sind für sie heilige Gebote: »Nun hängt diese letzte Vollendung der messianischen Zeit und [der Zeitpunkt der] Auferstehung der Toten, das heißt die Offenbarung des Ein-Sof-Lichts [die Unendlichkeit] in dieser physischen Welt von Euren Handlungen und Eurem [religiösen] Dienst in der Zeit der Verbannung ab.« Wenn dies erreicht ist, so lesen wir bei Schnëur Salman weiter, »wird die Gesamtheit der lebendigen Seele der Gemeinde Israel zu einem heiligen Wagen für Gott werden«. Er fügt hinzu, daß »die allgemeine Lebenskraft dieser Welt«, die jetzt durch die dunkle Kraft der Unreinheit zum Erliegen gekommen ist, »sich ebenfalls aus ihrer Unreinheit und Krankheit erheben und zur Heiligkeit aufsteigen wird, um zu einem Wagen für Gott zu werden ... Denn alles Fleisch wird gemeinsam Frömmigkeit schauen.«[3]

Schnëur Salman lehrte, daß der Messias nur auf einem Weg vorangehen könne, der mit jüdischer Frömmigkeit, religiöser Gesetzestreue und Studium gepflastert sei. Das Geschick des jüdischen Volkes und der Welt insgesamt liege in der Hand eines jeden einzelnen; es war nicht die Sache von Eliten. Insbesondere sagte er all denen, die ihm nachfolgten, daß jeder einzelne einen unveräußerlichen und aktiven Anteil daran habe, die Erlösung der ganzen Welt zu bewerkstelligen. Sie konnte unmittelbar bevorstehen oder zumindest sehr bald kommen, wenn nur alle Juden sie wollten.

Der Autor der *Tanja* erklärte kühn, daß der »Sabbat der Welt« im siebten Millennium nach dem traditionellen hebräischen Kalender kommen werde (er selbst lebte im sechsten Millennium). Kein Wunder, daß sein Nachfahr in der siebten Generation, Menachem Mendel Schneerson, dessen Lebenszeit in die zweite Hälfte des sechsten Millenniums fiel, berauscht war von der Erwartung, daß der Messias bald erscheinen werde.

Ich weiß, daß in den letzten Jahrzehnten viele Menschen und nicht nur Juden sich gewundert haben über den merkwürdigen Anblick der Sendboten Menachem Mendel

Schneersons, die überall auf der Welt erschienen und versuchten, einzelne Juden dazu zu bewegen, ein Gebet zu sprechen, an einem Ritual teilzunehmen oder ein Versprechen abzulegen, eine weitere religiöse Übung in ihren Alltag aufzunehmen. Häufig fahren diese Sendboten in einem »Mitzvah Mobile«, und immer trägt das Fahrzeug einen Aufkleber, der erklärt, daß seine Insassen den Messias jetzt wollen (»We want Moshiach now!«). In dieser Generation haben viele – wahrscheinlich die meisten – Lubawitscher Chassidim geglaubt, ihr Rebbe sei der Messias, der darauf wartete, sich zu erkennen zu geben. Wenn das wie ein plötzlicher Fall von messianischem Wahn klingt, muß man daran denken, daß dieser Impuls vor sieben Generationen durch Schnëur Salman von Ladi ausgegangen ist.

Hat der Lubawitscher Rebbe Menachem Mendel Schneerson geglaubt, er sei möglicherweise die Inkarnation des Messias? Ich kann mich nur fragen, warum er das Heilige Land nicht besucht hat. Er hat diese Reise von Brooklyn aus nie unternommen, aber ich glaube – allerdings nicht aus dem Grund, der meistens offiziell angegeben wurde: daß er, einmal dort angekommen, durch die alte rabbinische Regel gebunden gewesen wäre, man dürfe diesen heiligen Boden nie wieder verlassen. Ich halte eher einen anderen, hinter vorgehaltener Hand geflüsterten und zutiefst chassidischen Grund für wahrscheinlich: Der siebte Lubawitscher Rebbe konnte ebenso wie der Baal Schemtow und Nachman aus Brazlaw erst dann ins Heilige Land reisen, wenn der Zeitpunkt der Enthüllung des Messias gekommen war, und Menachem Mendel Schneerson wußte, daß »die Zeit noch nicht gekommen war«. Also blieb er in Brooklyn. Er erlaubte sogar seinen Schülern, in ihrer Gemeinde in Israel eine Kopie seiner Synagoge und seines Lehrhauses zu bauen, ein Haus, das dem Rebbe vertraut sein würde, wenn er als der Messias oder zumindest sein Vorläufer im Heiligen Land ankäme. Menachem Mendel Schneerson hoffte, daß diese Generation so weit gebracht werden konnte, daß sie der Ankunft des Messias würdig wäre, und seine Chassidim stellten immer wieder laut die Frage: Gibt es einen würdigeren Kandidaten als unseren Rebbe? Die Feuer, die vor über zweihundert Jahren von den ersten Chassidim in Osteuropa entzündet wurden, brennen für einige Juden auf der ganzen Welt noch immer.

11
Unerwiderte Liebe

Im Jahr 1762 schrieb Isaak de Pinto, ein Jude spanisch-portugiesischer Abstammung, einen offenen Protestbrief an die führende literarische Persönlichkeit in Frankreich und ganz Europa, an Voltaire. Sechs Jahre zuvor hatte Voltaire einen historischen Aufsatz veröffentlicht, in dem er erklärte, seit dem Altertum seien die Juden die Geißel der Menschheit. Isaak de Pinto wandte sich gegen diese Behauptung Voltaires. Er argumentierte, Menschen wie er selbst seien nicht weniger Teil der gegenwärtigen, aufgeklärten Welt als Voltaire. Dennoch verteidigte de Pinto nicht alle Juden. »Ein portugiesischer Jude aus Bordeaux und ein deutscher Jude aus Metz«, schrieb er, »sind anscheinend zwei ganz verschiedene Wesen.« Die portugiesischen Juden »tragen keine Bärte und weisen in ihrer Kleidung gegenüber anderen Menschen keinen Unterschied auf; die Reichen unter ihnen pflegen Gelehrsamkeit, Eleganz und Manieren im selben Maße wie die übrigen Völker Europas, von denen sie sich allein in der Religion unterscheiden«. Die Portugiesen seien ehrbare Geschäftsleute, trieben fast nie Wucher und seien für das Wirtschaftsleben der Länder, die ihnen die Einwanderung gestatteten, von großem Nutzen. Und sie hätten die Laster, die mit derartigen Tugenden einhergingen – eine Vorliebe für Luxus, Verschwendungssucht, Müßiggang und »Verweichlichung«, die Laster »großer Geister«.

De Pinto fügte hinzu, moderne Juden wie er selbst würden ihre Religion aufgrund ihres »Zartgefühls« nicht ablegen, auch wenn sie innerlich Deisten geworden seien. Diese Juden sollten eigentlich wegen ihre »Seelengröße« bewundert werden, weil sie »einer Religion [anhängen], die verfolgt und verachtet wird«. Mit anderen Worten, die Juden sollten sich zwar am Maßstab eines »aufgeklärten« Verhaltens und Glaubens orientieren, doch er und andere Juden mit ihm würden aus einem tiefen Gefühl der Solidarität mit ihrer Glaubensgemeinschaft dennoch anders bleiben. Sie würden ihre weniger glücklichen Brüder und Schwestern nicht im Stich lassen.

Voltaire antwortete mit einer »Apologie«, in der er de Pinto das Recht zuerkannte, alles zu sein, was ihm beliebe, selbst ein Jude, solange er nur ein *philosophe* sei, ein Mann der Aufklärung. Wäre Voltaire gegenüber de Pinto in seiner »Apologie« aufrichtig gewesen, dann hätte er seinen Antisemitismus einbekannt. Elf Jahre später, im Jahr 1773, war Voltaire in einem Brief an einen Freund sehr offen und bösartig. Er stimmte zu, daß in den englischen Kolonien manche Juden sich anscheinend wie andere Geschäftsleute benahmen, dies sei jedoch eine Maskerade:

»Diese Marranen gehen überallhin, wo Geld zu machen ist ... Doch daß diese beschnittenen Juden, die den Wilden alte Kleider verkaufen, behaupten, sie seien vom Stamme Naphtali oder Issachar, hat nicht die geringste Bedeutung. Sie sind dessen unbeschadet die größten Gauner, die jemals das Antlitz der Erde besudelt haben.«[1]

Der Mut Isaak de Pintos, eine so überragende Persönlichkeit seiner Zeit wie Voltaire in Frage zu stellen, hatte mit seinem Erbe als Marrane zu tun. Seine Vorfahren hatten in Spanien und Portugal etwas von der Empfindlichkeit der Hidalgos gegenüber Kränkungen ihrer Ehre angenommen. Aber er war keine Doña Gracia, die selbst dem Papst die Stirn geboten hatte. In seinem offenen Brief an Voltaire war etwas Neues und Unterwürfiges. Er bat den literarischen Hohenpriester der Aufklärung, nett zu ihm und seinesgleichen zu sein, weil einige von ihnen bereits »aufgeklärt« seien und andere sich auf dem Weg dorthin befänden. De Pintos Antwort an Voltaire bezeichnete einen wichtigen Wendepunkt. Bis zur Mitte des 18. Jahrhunderts stand für alle Juden, die innerhalb der Gemeinde blieben, außer Zweifel, daß allein Gott ihr Richter war. Demgegenüber machte de Pinto letztlich die nichtjüdische Intelligenz zu seinem Richter und seinem Schwurgericht. Das geschah zum ersten Mal seit hellenistischer Zeit, als junge Juden in Jerusalem und Alexandria und in vielen anderen Städten mit chirurgischen Mitteln ihre Beschneidung verdeckten, so daß sie in den griechischen Gymnasien nackt am Wettkampf teilnehmen konnten, ohne daß man ihnen ihr Anderssein ansah. Sie wollten nicht mehr die Billigung des jüdischen Gottes; sie wollten von der hellenistischen Gesellschaft akzeptiert werden. Ein ähnlicher Vorgang wiederholte sich im 18. Jahrhundert. De Pinto, der Deist geworden war, schrieb ein elegantes Französisch, und er war überzeugt, daß die rückständige Mehrheit der Juden in Bälde alles ablegen würde, das verhinderte, daß die *philosophes* sie wohlwollend bei sich aufnahmen. Darin irrte er sich. Die jüdische Mehrheit sollte ihr Anderssein niemals aufgeben, und die Antisemiten der Neuzeit sollten niemals der Auffassung zustimmen, daß ein Jude, und sei er noch so aufgeklärt, ein echter Deutscher, Franzose oder Engländer werden könne. Deshalb ist die Geschichte der Juden in der Neuzeit zu einem großen Teil die Geschichte einer unerwiderten Liebe.

Mit der Begegnung zwischen modern denkenden Juden und der Aufklärung begann die Ära der jüdischen Selbstverachtung, die bis heute angehalten hat. Viele Juden fanden es peinlich, mit der Religion und dem Glauben ihrer Väter identifiziert zu werden. Unter den *philosophes* bestand nahezu Einmütigkeit, daß der jüdische Charakter durch das jahrhundertelange eingesperrte Leben im Ghetto verdorben sei und daß das besessene Studium des Talmuds und anderer hebräischer Texte ihre geistige Entwicklung ernsthaft beeinträchtigt habe. Voltaire behauptete, die Juden seien ein hoffnungsloser Fall, und die Gesellschaft tue am besten daran, sich gegen sie zu wehren. Die Hauptströmung der Aufklärung war da nachsichtiger. Sie war der Meinung, die Juden könnten »gebessert« werden, wenn man ihnen erlaubte oder sie sogar zwang, das Ghetto zu verlassen und ein gesünderes Leben an der frischen Luft der sie umgebenden Gesellschaft zu leben.

Die modische Wirtschaftstheorie jener Zeit, die erste Wirtschaftstheorie überhaupt, war die der sogenannten Physiokraten und trug auf ihre Weise zum negativen Bild des Juden bei. Dieser Theorie zufolge gehörten nur Bauern, die ihr Land bearbeiteten, zur produktiven Klasse. Die Handwerker wurden der *classe stérile*, der unproduktiven Klasse zugerechnet. Die meisten Juden, die bestenfalls Zwischenhändler und schlimmstenfalls kleine Geldverleiher waren, wurden ebenfalls als unproduktiv verurteilt. Der Einfluß der Physiokraten war so groß, daß Königin Marie-Antoinette sich gezwungen sah, sich und ihre Kammerzofen als Melkerinnen zu verkleiden und sich der »produktiven Beschäftigung« hinzugeben, Kühe in einem eleganten »Stall« auf dem Gelände ihres Schlosses in Trianon zu betreuen. Im selben Geiste begannen reiche Juden, die ihr Geld ausnahmslos im Bankwesen und im Handel verdienten, in den Jahren nach 1780 philanthropische Institute zu gründen, in denen Juden zu Bauern und Handwerkern gemacht werden sollten. Auf diese Weise erlebten die Kultur und die wirtschaftliche Tätigkeit der Juden in den vergangenen Jahrhunderten eine massive Abwertung in der Absicht, die Juden für die neue kulturelle Währung der Aufklärung akzeptabel und den Mitgliedern der übrigen Gesellschaft ähnlicher zu machen.

Die Selbstverachtung der Juden beruhte auf zwei Grundannahmen: daß die überlieferte jüdische Kultur minderwertig und die Juden seit Generationen »Luftmenschen« seien, Menschen, die »von der Luft lebten« und zur Gesellschaft nichts von bleibendem Wert beigetragen hätten. Der Grund für diese Einschätzung der intellektuellen und spirituellen Kreativität der Juden nach der Bibel ist entweder Voreingenommenheit oder Ignoranz. Ich habe nie verstehen können, warum einer meiner Universitätslehrer, der in dem Ruf stand, Homer und Platon im altgriechischen Original zu lesen, als ein Mann von hoher Bildung angesehen wurde, während mein Vater, der den Talmud, die Kabbala und die Werke der chassidischen Meister in hebräischer und aramäischer Sprache studierte, nichts als eine kauzige Figur aus dem neuen Ghetto, der East Side von Baltimore war. Ich wußte, daß der Verstand meines Vaters bei weitem schärfer und seine moralischen und intellektuellen Ansprüche bei weitem höher waren als die aller anderen, die ich außerhalb unserer Familie kennengelernt hatte. Ich kann auch nicht verstehen, warum diese jüdischen Bankiers und Geschäftsleute aus dem 18. Jahrhundert, die als erste Geld- und Handelsbeziehungen im weltweiten Maßstab aufbauten, die Propaganda der Physiokraten nicht einfach zurückgewiesen haben. Isaak de Pinto, der auf seine Weise ein hervorragender Ökonom war, verteidigte die Bedeutung der Börse, war sich jedoch mit den Physiokraten darin einig, daß kleine Hausierer für die Ökonomie nutzlos seien. Eine solche Behauptung war selbst damals unsinnig. Die jüdischen Hausierer brachten ihre Waren zu Bauernhöfen und in Dörfer, in die außer ihnen niemand kam, und sie gaben Menschen Kredit, denen außer ihnen niemand auch nur ein paar lumpige Groschen vorgestreckt hätte. Ein Jahrhundert später zogen etliche dieser Hausierer nach Berlin oder Paris, wo man ihnen erlaubte, kleine Läden zu eröffnen, aus denen später die ersten Kaufhäuser Europas wurden. In ähnlicher Weise fanden um die Mitte des 19. Jahrhunderts jüdische Hausierer den Weg in jede größere Stadt der Vereinigten Staaten und legten überall im Zentrum den Grundstein zu Sears, Bloomingdales, Lord Taylor und der Levi Strauss Company. Zu bestreiten, daß diese Pioniere ihren Beitrag zur Wirtschaft geleistet hatten, wäre etwa so, als wollte man behaupten, daß Melkerinnen produktiv, die Weiterverkäufer von Molkereiprodukten an Lebensmittelläden dagegen Parasiten seien. Um die Mitte des 19. Jahrhunderts belebte Karl Marx die Auffassung der Physiokraten erneut mit der Behauptung, nur die Arbeiter im »primären Produktionsprozeß« produzierten einen echten Wert, und die Bourgeoisie, verkörpert in den Juden, bereichere sich an der Arbeit des Proletariats. Aber so weit bin ich noch nicht mit meiner Geschichte. Gehen wir zurück zu den letzten Jahrzehnten des

18. Jahrhunderts, als moderne Juden wie Isaak de Pinto den Mut fanden, für ihre Rechte zu kämpfen, und dabei die Achtung vor ihrem eigenen Erbe verloren.

Im Jahre 1774 faßten die weitgehend assimilierten Führer der jüdischen Gemeinde in der französischen Hafenstadt Bordeaux einen radikalen Beschluß: Sie verbannten die Unterweisung im Talmud aus ihrer Schule. Diese rabbinischen Texte, meinten die jüdischen Älteren, lehrten Anschauungen, die den Gesetzen einer universellen Vernunft zuwiderliefen. Statt dessen wurden Französisch und Mathematik unterrichtet. Der Bibelunterricht wurde beibehalten, »weil er das einzige Mittel ist, die wahren Gebote zu entdecken, die Gott uns auferlegt hat«. Mit anderen Worten, die Bibel brachte universelle Gesetze zum Ausdruck, die von Juden und Christen gleichermaßen akzeptiert werden konnten. Rabbi Chaim Joseph David Asulaj aus Hebron besuchte die Schule im Jahre 1777 und fühlte sich abgestoßen von dem, was er dort sah:

»Sie lehren nur die Bibel, und sie untersagen sogar das Studium der Kommentare von Raschi, weil er viele Stellen und Auslegungen aus dem Talmud enthält. Sie lassen nicht einmal Maimonides gelten. Wehe den Augen, die solche Dinge geschen haben. Möge diese Sünde ein Ende haben!«[2]

Die führenden Familien der Stadt Bordeaux waren internationale Kaufleute, die in Villen in den Vororten der Stadt lebten und werktags jeden Morgen in prächtigen Kutschen in ihre Handelshäuser fuhren. Die glänzendsten dieser Familien, die Gradis, unterhielten Außenstellen in der Karibik und in Nordamerika. Als nach 1750 Französisch-Kanada an die Engländer fiel, war die Firma Gradis als einzige zu dem riskanten Versuch bereit, mit ihren Schiffen die britische Blockade zu durchbrechen. Jeder andere Handelsherr hatte die Sache verloren gegeben, so daß das letzte Schiff, das in den Hafen von Quebec einlief, um General Montcalm für seine letzte Schlacht mit Material zu versorgen, die Fahnen der Firma Gradis trug. Während der amerikanischen Revolution, als einige Kaufleute in Bordeaux versuchten, durch eine Subskription das erforderliche Geld aufzubringen, um die französische Flotte mit einem Kriegsschiff für ihren Feldzug auf seiten der Kolonisten auszurüsten, kam der Löwenanteil der Spenden von jüdischen Reedern. Sie demonstrierten ihre besondere Loyalität zur französischen Krone. Diese wohlhabenden Juden verbrachten ihre Zeit miteinander und mit einigen der liberaleren Angehörigen des Großbürgertums und sogar des Adels. Es konnte nicht ausbleiben, daß sie mit der Zeit mehr Ähnlichkeit mit diesen aufwiesen als mit ihren ärmeren Glaubensbrüdern. Infolgedessen waren eine ganze Reihe von Synagogenvorstehern überzeugte Deisten, Juden, die nicht mehr an die göttliche Offenbarung der Bibel glaubten. Deshalb ist es nicht überraschend, daß der Unterricht in den Schulen der jüdischen Gemeinde eine so radikale Wendung nahm.

In London berichtete 1779 das Aufsichtskollegium der Schule für die sephardischen Juden mit Trauer und Zorn, daß unter ihren sechzig Schülern nur sieben oder acht zu finden seien, die auch nur bescheidene Kenntnisse der hebräischen Texte hatten, die sie angeblich seit Jahren studierten. Ein Jahr später beklagte sich der neue Rabbiner der aschkenasischen jüdischen Gemeinde in London, David Tewele Schiff, in einem Brief an seinen Bruder: »Ich befinde mich hier wie ein Verdurstender in der Wüste. Ich habe keine Kollegen; ich habe keine Freunde, keine Schüler, die ich unterweisen könnte, und keine Menschenseele, mit der ich mich über die Feinheiten der jüdischen religiösen Gesetze unterhalten könnte.«[3] Die Juden in Bordeaux und London waren im Sinne des bürgerlichen Rechts noch nicht emanzipiert, doch entfernten sie sich bereits von der jüdischen Bildung und vom jüdischen Anderssein, um mehr wie ihre nichtjüdischen Nachbarn zu werden.

Der vielleicht einflußreichste jüdische Bildungsreformer zu jener Zeit war Naphtali Herz Wesel oder Wessely (1725 bis 1805), ein aufgeklärter Jude, der in Berlin lebte. Im Jahre 1782 veröffentlichte er ein Buch in hebräischer Sprache mit dem Titel *Worte der Wahrheit und des Friedens an die gesamte jü-*

dische Nation, in dem er die Meinung vertrat, daß der Unterricht für jüdische Kinder sich nicht mehr allein auf die Bibel und den Talmud beschränken dürfe, sondern auch die Sprache und Literatur der Mehrheit sowie Rechnen und andere Fertigkeiten vermitteln müsse, die den Juden andere Beschäftigungen ermöglichten als die von Hausierern und kleinen Geldverleihern. Wessely stützte sein Argument auf eine falsch verstandene Stelle im Talmud, wo es heißt: Ein traditioneller Thoraschüler, der nichts von den »Weltläuften« (*derech erez*) weiß, ist weniger wert als ein Tierkadaver. Der Begriff *derech erez* bedeutet eigentlich »gutes Benehmen« oder »Respekt«. Wessely gab in dem Krieg um die Moderne den ersten Schuß ab, indem er eine bikulturelle Bildung forderte, die es den Juden ermöglichen sollte, beiden Welten anzugehören. Seine Idee sollte die Basis für die modernen jüdischen Tagesschulen werden, die in den ersten Jahrzehnten des 19. Jahrhunderts aufkamen. Doch zu seinen Lebzeiten wurde er vom Wilnaer Gaon und von Rabbi Ezechiel Landau aus Prag heftig angegriffen, weil er ein Bildungsprogramm vorgeschlagen hatte, das in ihren Augen den Inhalt und die Methode des jüdischen Unterrichts bedrohte, wie er seit Generationen praktiziert wurde; für sie rüttelte Wessely an den Grundfesten der jüdischen Lebensweise.

Wesselys Bildungstheorie stellte die Juden an der Schwelle zur Moderne vor ein ernsthaftes Dilemma: Welche Welt ist die überlegene: das Ghetto der alten Welt oder die aufkommende Gesellschaft der Aufklärung? Er hatte diese Frage mit der Behauptung umgangen, daß die neue jüdische Bildung der alten ebenso wie der neuen Welt gerecht würde. Die Beschäftigung mit dem modernen Unterrichtsstoff und die Vermittlung praktischer Fertigkeiten konnten umfassend gebildete Juden hervorbringen, doch stets würde die Religion den Kern der Unterweisung bilden. Diese »Lösung«, das Leben in zwei verschiedenen Welten, hatte Wessely von seinem Mentor, dem einflußreichsten Juden seiner Zeit, Moses Mendelssohn, übernommen.

Moses Mendelssohn, der »jüdische Platon« von Berlin

Moses Mendelssohn (1729–1786) war der erste strenggläubige Jude, der zu einer bedeutenden philosophischen und literarischen Persönlichkeit in deutscher Sprache wurde. Als Sohn eines Thorarollenschreibers empfing Mendelssohn eine traditionelle orthodoxe jüdische Bildung in Dessau. Der führende Jude in der Stadt war Moses Benjamin Wulff, der »Hofjude« des Herzogtums Anhalt-Dessau. Wulff hatte eine gewisse weltliche Bildung erworben und ein starkes Interesse an mittelalterlicher jüdischer Philosophie entwickelt. Er gründete eine Druckerei und druckte Maimonides' *Führer der Unschlüssigen*, die erste Auflage, die je von einem Juden für die jiddischsprechenden Juden in Mittel- und Osteuropa gedruckt wurde. Eines der wenigen Beispiele für einen Selbsttadel, die uns von Moses Mendelssohn überliefert sind, ist seine Bemerkung, daß er sich seinen Rücken krummgesessen habe, während er in unzähligen Stunden den *Führer* studierte. Schon in jungen Jahren hatte Mendelssohn sich vorgestellt, ein zweiter Maimonides zu werden, ein gläubiger, talmudisch geschulter Jude, der über eine so umfassende Allgemeinbildung verfügte wie sonst keiner.

Mendelssohns frühe Lebensjahre wurden ebenso unauslöschlich durch die Tatsache geprägt, daß er sich eine vollkommene Beherrschung der deutschen Sprache angeeignet hatte. Nachdem er mit vierzehn Jahren nach Berlin gezogen war, erweiterte er seine Sprachkenntnisse um Altgriechisch, Latein, Französisch und Englisch und befaßte sich außerdem mit Mathematik und Literatur. Mit vierunddreißig Jahren machte Mendelssohn als Philosoph auf sich aufmerksam, als bei einem Wettbewerb der Berliner Akademie der Wissenschaften seine *Abhandlung über die Evidenz in metaphysischen Wissenschaften* preisgekrönt wurde; den zweiten Preis erhielt Immanuel Kant, der bald danach als der größte Philosoph seiner Zeit anerkannt wurde. Auf diese Weise fand Mendelssohn

Zugang zur geistigen Elite Berlins, ebenjener Stadt, die ihm lange Zeit wegen seiner jüdischen Abstammung ein dauerhaftes Wohnrecht verweigert hatte. An der Spitze der Gesellschaft der Berliner Juden, in die er aufgenommen wurde, standen einige Bankiers- und Kaufmannsfamilien, die durch königliches Dekret das Wohnrecht in der Stadt erworben hatten. Mendelssohn wurde gestattet, als Buchhalter einer dieser gesellschaftlichen Größen in der preußischen Hauptstadt seinen Wohnsitz zu nehmen. Das dauerhafte Wohnrecht erhielt er erst, nachdem er sich als gefeierter Mann des Geistes einen Namen gemacht hatte.

Mendelssohn bewies mit seinem Beispiel, daß es möglich war, orthodoxer Jude und gleichzeitig eine prominente Persönlichkeit in der umfassenderen Gesellschaft zu sein. Selbst in den Salons seiner hochgestellten nichtjüdischen Freunde pflegte Mendelssohn sich am späten Nachmittag mitten in einer philosophischen Diskussion zu entschuldigen und sich in eine Ecke zurückzuziehen, um dort andächtig und konzentriert die vorgeschriebenen Nachmittagsgebete zu sprechen. Die Speisen, die er zu sich nahm, mußten selbst in den elegantesten Salons zweifelsfrei koscher sein. Er studierte auch weiterhin den Talmud und pflegte mit einigen der führenden rabbinischen Autoritäten seiner Zeit eine Korrespondenz über Subtilitäten des jüdischen Rechts.

Mendelssohn zog mit seiner Gelehrsamkeit europäische Intellektuelle aller Art an, die offenbar nicht recht glauben wollten, daß dieser verwachsene orthodoxe Jude eine Leuchte der aufgeklärten Wissenschaft sein sollte; sie kamen nach Berlin, um zu sehen, ob dieser eigenartige Mann seinem legendären Ruf gerecht wurde. Das vorherrschende Bild der Juden im »aufgeklärten« Europa war das eines minderwertigen Volkes, dessen Inferiorität entweder seinem biologischen Erbe oder seiner Verkümmerung im sterilen Ghetto zuzuschreiben war. Mendelssohn löste Verblüffung unter jenen Intellektuellen aus, die es nicht für möglich gehalten hatten, daß ein so brillanter und aufgeklärter Mann gläubiger Jude blieb und sich abseits des Besten hielt, was die fortgeschrittene Kultur zu bieten hatte. Mendelssohn hatte schließlich Spinozas Lehre einer universellen Moral übernommen. Wenn alle Religionen auf derselben moralischen Ebene existierten, warum sollte man dann noch Jude bleiben?

Alle diese Motive spielten mit bei dem berühmtesten Vorkommnis in Mendelssohns Leben: der Herausforderung durch Johann Caspar Lavater im Jahre 1769. Lavater war protestantischer Geistlicher aus der Schweiz, der Mendelssohn einmal besucht und seitdem über den scheinbaren Widerspruch in Mendelssohns Leben nachgegrübelt hatte. Lavater vertrat eine Version der Aufklärung, in der das Christentum als die Religion figurierte, welche die Prinzipien einer Universalmoral am besten verkörperte, worin er dem liberalen Theologen Charles Bonnet folgte. Deshalb gelangte er zu dem Schluß, daß Mendelssohn Christ werden müsse, und er forderte ihn öffentlich in einem Sendschreiben auf, entweder die Überlegenheit des Judentums zu beweisen oder sich zum Christentum zu bekehren. Die Forderung lautete, einen von Bonnet gegebenen »Wahrheitsbeweis« des Christentums zu widerlegen oder »zu tun, was Klugheit, Wahrheitsliebe und Redlichkeit zu tun gebieten, was ein Sokrates getan hätte, wenn er diese Schrift gelesen und unwiderleglich gefunden hätte«. Mendelssohn wies diese Provokation zurück und weigerte sich, »als Angehöriger eines unterdrückten Volkes« in einen öffentlichen Streit einzutreten, und begründete dies damit, jede Auseinandersetzung mit der herrschenden Religion könne für die Juden schwere Folgen nach sich ziehen.

Die Kontroverse mit Lavater hatte Mendelssohns Gesundheit stark erschüttert; in den folgenden acht Jahren zog er sich von allen ernsthaften intellektuellen Beschäftigungen zurück. Lavater hatte ihm die Augen dafür geöffnet, daß selbst ein aufgeklärter Christ einen orthodoxen Juden nicht ertragen konnte. Nicht einmal Mendelssohns Freund Gotthold Ephraim Lessing, der populärste deutsche Schriftsteller seiner Zeit, akzeptierte ihn wirklich als gläubigen Juden.

Mendelssohn diente Lessing als Vorbild und Inspiration für sein Schauspiel *Nathan der Weise*, dessen Protagonist am Ende verkündet, alle drei biblischen Konfessionen seien in gleicher Weise Gottes Wort, so daß kein Bekenntnis einen höheren Anspruch auf einen einzelnen Menschen habe als die beiden anderen. Mendelssohn lehnte diese Charakterisierung seiner Position ab und bemühte sich in den letzten Jahren seines Lebens, sein Gleichgewicht in einer Welt zu finden, die es gern gesehen hätte, wenn der damals berühmteste aufgeklärte Jude über die Religion seiner Vorfahren hinausgelangt wäre.

In den Nachwehen der Auseinandersetzung mit Lavater wandte Mendelssohn seine Aufmerksamkeit der Not seines verfolgten und geschmähten Volkes zu. Im Elsaß überschwemmte der populistische Unruhestifter François Hell die Provinz mit Tausenden gefälschter Quittungen über angebliche Rückzahlungen geringer Summen, welche die elsässischen Bauern den kleinen jüdischen Geldverleihern schuldeten. Daraufhin gingen die meisten dieser Geldverleiher, die selbst sehr arm waren, in Konkurs. Mendelssohn veranlaßte den preußischen Kriegsrat Christian Wilhelm Dohm, ein Buch zu schreiben, in dem die Juden verteidigt wurden. In diesem Buch mit dem Titel *Über die bürgerliche Verbesserung der Juden* legte Dohm dar, daß die Juden den Geldverleih und andere übel beleumdete Berufe nicht aus Geiz oder Habgier gewählt hätten, sondern dazu gezwungen wurden, weil man sie systematisch aus anderen Berufen ausgeschlossen hatte. Der Streit um die gefälschten Quittungen endete ergebnislos; die Gerichte und die öffentliche Meinung waren sich darin einig, daß François Hell ein Betrüger war, doch die Tausende von kleinen Schuldscheinen wurden nie eingelöst. Dennoch war das Buch von Dohm ein bedeutsamer Fortschritt auf dem Weg zu einer Verbesserung der Lage der Juden in West- und Mitteleuropa.

Im Jahre 1783, drei Jahre vor seinem Tod, erschien Mendelssohns Schrift *Jerusalem oder über religiöse Macht und Judentum*, seine Darlegung der jüdischen Religion. Gott habe das jüdische Volk dazu ausersehen, nach einer besonders strengen Ordnung religiöser Gesetze zu leben, um zu einem Muster an Rechtschaffenheit zu werden. Mendelssohn stützte diese Behauptung auf die klassische biblische und talmudische Vorstellung, der zufolge die Juden ein Reich von Priestern sind, ein heiliges Volk. Deshalb seien die Juden verpflichtet, die Gebote der Thora einzuhalten, als ein Mittel, sich selbst zu läutern, um sündhafte Neigungen zu unterdrücken und dem Bösen zu widerstehen. Durch eine solche Disziplin könnten Juden eine besondere moralische Vortrefflichkeit erreichen und der ganzen Menschheit als Beispiel dienen. Die von der Bibel und vom Talmud auferlegten Übungen, schrieb Mendelssohn, seien notwendig, um die Juden als ein Volk zu erhalten, bis der Messias komme.

Mendelssohn machte in diesem Buch den Vorschlag, die organisierte jüdische Gemeinde abzuschaffen und damit ihre Macht zur Disziplinierung einzelner Juden zu beenden. Mendelssohn hatte durchaus erkannt, daß jeder von einer Kirche beherrschte Staat die Juden verfolgt und daß die organisierte jüdische Gemeinde eine ähnliche Rolle gespielt hatte und noch immer spielte; nach wie vor exkommunizierte sie Ketzer und verhängte Körperstrafen über Juden, die gegen religiöse Gesetze verstießen. Für Mendelssohn waren solche Praktiken unerträglich, und er ließ sich nicht davon abbringen, daß jeder Zwang ungerechtfertigt sei: »Alle Rechte der Kirche sind Vermahnen, Belehren, Stärken und Trösten, und die Pflichten der Bürger gegen die Kirche sind ein geneigtes Ohr und ein williges Herz.«[4]

Für Mendelssohn lag die Zukunft der Juden darin, daß sie wie schon bisher mit ihrer sprichwörtlichen Hartnäckigkeit darauf bestanden, anders zu sein, aber in einer freien und offenen Gesellschaft. Das Judentum würde durch den Glauben und die Seelenstärke der einzelnen Juden überdauern. In seinem Kreis in Berlin lebten selbst jene Juden, die nicht mehr an die buchstäbliche Offenbarung der Bibel glaubten, auch weiterhin nach den Gesetzen und Traditionen ihrer Vorfahren. Doch nach Mendelssohns Tod brach der Damm. Innerhalb der jüngeren Generation Berliner Juden kam es zu einer großen Taufbewegung. In der neuen Zeit war man nicht länger gezwungen, Jude zu sein; warum sollte man also die Gebote befolgen, die Mendelssohn so teuer gewesen waren? Die nächste Generation der bürgerlichen Juden Berlins – Männer in gepuderten Perücken und festlichen Fracks und Frauen in Reifröcken – sahen das neue Zeitalter der Aufklärung als ihren Messias an. Ihr Judentum hatte kaum noch irgendeine Bedeutung für sie. Von Mendelssohns eigenen sechs Kindern blieben nur zwei, ein Sohn und eine Tochter, dem Glauben ihres Vaters treu. Nach seinem Ableben assimilierten sich die übrigen in der preußischen Gesellschaft durch den Übertritt zum Christentum. Die Motive waren unterschiedlich. Zwei seiner Kinder machten sich das beherrschende Postulat der Aufklärung zu eigen, daß alle Religionen gleich wahr oder gleich falsch seien; im besten Falle lehrten sie alle dieselbe Universalmoral, und deshalb gab es keinen Grund mehr, »die Pfeil' und Schleudern des wütenden Geschicks [zu] erdulden«, indem man Jude blieb. Die beiden übrigen wurden fromme Christen.

Diese Brüche mit der jüdischen Vergangenheit ereigneten sich inmitten eines tiefgreifenden Wandels in der Welt um die Jahrhundertwende. In den Vereinigten Staaten hatten einige wenige Juden bereits gleiche staatsbürgerliche Rechte erhalten; noch wichtiger war jedoch der Umstand, daß sie bekanntermaßen ein angenehmes Leben unter Nichtjuden führten. In Europa selbst schienen die alten Grenzen zu fallen. Das zeigte sich besonders dramatisch in Frankreich, als die Revolution den Adel und den hohen Klerus ihrer Privilegien beraubte, und 1791 wurden alle Juden in Frankreich den übrigen Bürgern rechtlich gleichgestellt. Bis 1812 waren die französischen Heere siegreich durch Europa marschiert, geradewegs vor die Tore Moskaus. Überall brachten diese Armeen die Lehre von »Freiheit, Gleichheit, Brüderlichkeit« mit.

Selbst unter den Nationen, die Frankreich Widerstand geleistet hatten, machte sich der neue, revolutionäre Geist nachdrücklich bemerkbar, zumindest in der obersten Schicht der Gesellschaft. Vor allem in Berlin kamen literarische und politische Salons groß in Mode. Einige der berühmteren bildeten sich um brillante jüdische Frauen wie Rahel (Levin) Varnhagen (1771–1833), die zum Protestantismus übergetreten war. Zu diesen ständigen Abendgesellschaften und Gesprächen kamen Menschen ohne Ansehen ihrer Religion oder ihres Standes. In dieser Umgebung war es eine Behinderung, Jude zu sein – zumindest solange die Zugehörigkeit zum Judentum noch irgendeine ernsthafte Bedeutung hatte –, so etwas wie eine erbliche Krankheit. Es kam vielfach zu Mischehen, vor allem zwischen christlichen Männern und jüdischen Frauen, die gewöhnlich ein großes Vermögen erbten. Es war in diesen Salons, wo der Ausspruch geprägt wurde: »Judentum ist keine Religion, sondern ein Unglück.« Doch wir wissen aus erhalten gebliebenen Briefen und Tagebüchern, daß einige dieser Frauen über ihren Austritt aus dem Judentum nicht glücklich waren. Rahel Varnhagen lernte die Religion bewundern, die sie früher verabscheut hatte. Auf ihrem Totenbett bekannte sie ihrem Ehemann: »Was so lange Zeit meines Lebens mir die größte Schmach, das herbste Leid und Unglück war, eine Jüdin geboren zu sein, um keinen Preis möcht' ich das jetzt missen. Wird es mir nicht eben so mit diesen Krankheitsleiden gehen, werd' ich einst nicht eben so mich freudig an ihnen erheben, sie um keinen Preis missen wollen? O lieber August, welche tröstliche Einsicht, welch bedeutendes Gleichniß! Auf diesem Wege wollen wir fortgehen!« Diese Bejahung ihres Schicksals als Jüdin war indessen nicht unabhängig von ihrer christlichen Identität. Unter vielen Tränen fuhr sie zu sprechen fort: »Lieber August, mein Herz ist im Innersten erquickt; ich habe an Jesus gedacht und über sein Leiden geweint; ich habe gefühlt, zum erstenmal es so gefühlt, daß er mein Bruder ist. Und Maria, was hat *die* gelitten! Sie sah den geliebten Sohn leiden, und erlag nicht, sie *stand* am Kreuze! *Das* hätte ich nicht gekonnt, so stark wäre ich nicht gewesen. Verzeihe mir es Gott, ich bekenne es, wie schwach ich bin.«[5]

David Friedländers berühmte Petition

Für einen Juden war der Übertritt zum Christentum im Namen einer universellen Moral bestenfalls eine Selbsttäuschung. Von den bekehrungswilligen Juden wurde praktisch verlangt, christliche Glaubensinhalte und Praktiken zu übernehmen, die vor dem Richterstuhl der »aufgeklärten Vernunft« keine besseren Gründe für sich geltend machen konnten als die jüdische Religion, der sie den Rücken kehrten. Diese Illusion bewog David Friedländer (1750–1834), einen wohlhabenden Geschäftsmann und Schüler Moses Mendelssohns, 1799 zu einem Sendschreiben an Propst Wilhelm Abraham Teller, das Oberhaupt des Berliner Oberkonsistoriums der Lutheranischen Kirche.[6] Darin machte er Teller – selbst ein Mann der Aufklärung (er war der führende Modernist innerhalb der christlichen Geistlichkeit in Berlin) – den Vorschlag, ihm den Eintritt in die christliche Kirche zu gestatten, auch wenn er den Glauben an die Göttlichkeit Jesu nicht teile. Friedländer, der für sich selbst und »im Namen einiger jüdischer Hausväter« sprach, erklärte in aller Offenheit, daß der einzige Zweck ihres Wunsches nach einem Übertritt in die Kirche darin bestand, Zutritt zur Gesellschaft und Kultur der Mehrheit zu erlangen. Friedländer hatte sinngemäß geschrieben, wenn eine Gleichberechtigung der Juden anders nicht möglich sei, sei er bereit, zum Christentum überzutreten. Warum sollte man sich die christliche Lehre zu eigen machen, fragte Friedländer, wenn »aufgeklärte Juden« und Protestanten den Monotheismus Moses' miteinander gemeinsam hatten? Damit war er die erste bedeutende Persönlichkeit, die darauf bestand, daß die Juden ihre Besonderheit nicht aufgeben dürften, solange die Kirche nicht ihrerseits dasselbe tat. Worum es Friedländer letztlich ging, war eine neue Welt, in der es weder Juden noch Christen gab, nur noch aufgeklärte Menschen, die den Glauben an einen biblischen Monotheismus teilten. Friedländers Lösung war eine gemäßigte Wiederaufführung dessen, was einige Jahre früher auf dem Höhepunkt der Französischen Revolution geschehen war. Alle Religion war abgeschafft, an ihre Stelle war eine »Vernunftreligion« getreten. Die große Kathedrale von Paris, Notre-Dame, war zum Tempel der Vernunft geworden, und den Kalender hatte man so geändert, daß nur noch jeder zehnte Tag ein Ruhetag war. Dieser revolutionäre Versuch, die Kultur neu zu ordnen, wurde nach einigen Jahren durch eine Konterrevolution unterdrückt, doch die Hoffnung lebte weiter, daß menschliche Anstrengung eine neue Gesellschaft, die mit der Vergangenheit gebrochen hatte, schaffen konnte.

Teller wies Friedländers Sendschreiben zurück, auch wenn er nicht verlangte, daß dieser und die übrigen, in deren Namen er gesprochen hatte, im Fall ihres Übertritts zum Christentum buchstäblich jedes Dogma der Kirche übernahmen. In seiner Antwort billigte er Friedländer zu, daß er und seine Freunde nicht gezwungen seien, an die Lehre der Menschwerdung Gottes zu glauben. Andererseits konnte Teller ihre Forderung nicht akzeptieren, weil es selbst in seinem liberalen Denken ein unüberwindliches Hindernis gab. Um Christ zu werden, darin blieb auch Teller unnachgiebig, müsse der Konvertit die Überlegenheit des Christentums über das Judentum anerkennen; anders gesagt, er sollte akzeptieren, daß das Neue Testament gegenüber der hebräischen Bibel einen moralischen Fortschritt bedeutete. Teller erkannte, daß dies die zentrale Frage war, die auch die aufgeklärten Christen noch immer von den Juden trennte. Er hatte Friedländer richtig verstanden: Dieser hatte gesagt, daß Judentum und Christentum dieselbe biblische Moral verträten und das Christentum somit nur ein glänzender Firnis auf dem darstellte, was bereits im biblischen Judentum vorhanden war.

Dieser Konflikt enthielt bereits die Grundzüge der anhaltenden Auseinandersetzung zwischen den religiösen Liberalen beider Lager. Die Juden ließen sich nicht davon abbringen, daß das Neue Testament in Wirklichkeit eine Sammlung von Predigten sei, die den auf dem Berg Sinai (ob von Gott oder von Moses oder vom Kollektivbewußtsein des jüdischen Volkes) niedergelegten Morallehren hinzugefügt wurden, überlagert vom bewegenden Pathos und der bildlichen Vorstellung von Kreuzigung und Auferstehung. Die Christen ihrerseits haben von Wilhelm A. Teller am Ende des 18. Jahrhunderts bis Arnold Toynbee, dem umstrittenen Historiker in der ersten Hälfte des 20. Jahrhunderts, darauf bestanden, daß die Menschwerdung Gottes zwar nicht unbedingt wörtlich zu verstehen ist, das Christentum aber dennoch einen qualitativen Fortschritt gegenüber dem Judentum bedeute: Es machte aus dem Schicksal eines einzelnen Stammes eine Universalreligion; es stellte die Forderung »Liebe deinen Nächsten wie dich selbst« auf und definierte den »Nächsten« nicht nur als Angehörigen der eigenen Sippe, sondern als den Menschen überhaupt. Darauf erwiderten die Juden mit gleicher Beharrlichkeit, daß der Universalismus des Christentums bereits im biblischen Judentum vorhanden war.

Im Laufe des 19. Jahrhunderts verließen mindestens sechzigtausend Juden die Synagoge und traten zur Kirche über, doch nur eine Minderheit glaubte an den Inhalt des neu erworbenen Bekenntnisses. Die meisten Juden, die sich assimilierten, wie Moses Mendelssohns Sohn Abraham, Bankier und Vater des großen Komponisten Felix Mendelssohn Bartholdy, betrachtete eine Konversion einfach als eine Eintrittskarte für die umfassendere Gesellschaft. Diese Haltung kommt in einem Brief an seine Tochter Fanny aus Anlaß ihrer Einsegnung zum Ausdruck: »Wir haben Euch, Dich und Deine Geschwister, im Christentum erzogen, weil es die Glaubensform der meisten gesitteten Menschen ist und nichts enthält, was Euch vom Guten ableitet, vielmehr manches, was Euch zur Liebe, zum Gehorsam, zur Duldung und zur

Resignation hinweist, sei es auch nur das Beispiel des Urhebers, von so wenigen erkannt und noch wenigeren befolgt.«[7] Wie funktionierte dieser Gesellschaftsvertrag? Nicht sehr gut. Zweifellos gaben sich einige der freundlicheren Nichtjuden den Anschein, als wüßten sie nicht, daß die meisten dieser Bekehrungen von dem Wunsch nach einer Karriere motiviert waren, und viele Juden wollten sich einreden, mit einer Taufe seien sie überall vorbehaltlos akzeptiert und gleichgestellt, obwohl die meisten von ihnen wußten, daß dem nicht so war. Dennoch hielten alle Juden, die in die umfassendere Gesellschaft aufgenommen werden wollten, die Hoffnung aufrecht, daß eine Taufe ihr Anderssein beenden würde. Unter diesen Zeitgenossen war David Friedländer ein Konservativer. Er versuchte, die Juden in seinem Kreis davor zu bewahren, mit fliegenden Fahnen auf die andere Seite überzulaufen. Die von Friedländer gestellte Bedingung – daß die Juden, die im Interesse ihrer Zulassung zur umfassenderen Gesellschaft zu einer Taufe bereit waren, nicht gezwungen werden sollten, sämtliche Glaubensartikel der christlichen Kirche zu übernehmen – stellte den Versuch dar, den Juden ein möglichst hohes Maß an Würde zu bewahren. Er wollte keine Assimilation um jeden Preis; er war der General einer geschlagenen Armee, der Truppen Mendelssohns, und er bot alles auf, um die allerletzte Barrikade gegen die mächtige Taufbewegung zu verteidigen. Friedländer hätte auch sagen können: Wenn ihr schon das Judentum aufgeben müßt, dann werdet wenigstens keine bedingungslosen Christen.

Karl Marx: Luther in Rot

Damit war in den ersten Jahrzehnten des 19. Jahrhunderts in Mitteleuropa die Bühne bereitet für zwei unvereinbare und entgegengesetzte Vorstellungen darüber, wie Juden ihr Anderssein abschütteln konnten. Eine Möglichkeit war, zum Christentum überzutreten; die andere bestand darin, sowohl

Judentum als auch Christentum fahrenzulassen und eine neue Gesellschaft zu schaffen. Auf der einen Seite stand Heinrich Marx (früher Hirschel ha-Levi), der Sohn eines Oberrabbiners in Trier, der ein Deist wurde, ein Mann der Aufklärung. Für ihn, der allen Religionen gleichgültig gegenüberstand, bedeutete es kein Problem, 1817 zum Protestantismus überzutreten. Dieser Schritt verschaffte ihm die Möglichkeit, seine berufliche Laufbahn wiederaufzunehmen, nachdem Napoleon gestürzt war und die Preußen die Stadt zurückerobert und alle Gesetze wiedereingeführt hatten, die den Juden ausnahmslos den Zugang zu den freien Berufen verboten. Anschließend ließ Heinrich Marx alle seine acht Kinder taufen, darunter auch Karl, der zum überragenden Theoretiker des Sozialismus werden sollte.

Als Heranwachsender gab Karl Marx sich große Mühe, wie ein Deutscher zu fühlen. Wer ein echter Preuße sein wollte, mußte Lutheraner sein. Selbst nachdem er sich von der Religion abgewandt und bewußt zum Sozialismus bekehrt hatte, äußerte Marx sich über die Juden noch in der Sprache Martin Luthers. Die Rhetorik seines Aufsatzes *Zur Judenfrage* wurde vom ersten Tag seines Erscheinens im Jahre 1843 an als antisemitisch verurteilt. Es war eine judenfeindliche Hetzschrift besonderer Art; die Juden wurden darin so dargestellt, wie man es von einem »echten Deutschen« jener Zeit erwartete. Karl Marx versuchte offenbar die Aufrichtigkeit seines Übertritts zum Luthertum nicht durch seine Frömmigkeit, sondern durch seinen Judenhaß unter Beweis zu stellen, den er für ein Wahrzeichen des Nichtjuden hielt. Wie sollte jemand argwöhnen, daß er im Herzen immer noch ein Jude war, wenn er wie ein Antisemit redete? Welchen überzeugenderen und schändlicheren Beweis für sein Deutschsein hätte er liefern können als diese furchtbaren Zeilen über Juden?

»Welches ist sein [des Juden] weltlicher Gott? Das *Geld* ... Die Emanzipation vom *Schacher* und vom *Geld*, also vom praktischen, realen Judentum wäre die Selbstemanzipation unsrer Zeit.«[8]

Doch mitten in solchen Ausbrüchen erklärte Marx, daß das Substantiv *Jude* eigentlich eine Metapher für die Angehörigen der Kaufmannsschicht sei, der Bürger, die vom Handel lebten statt von der Primärproduktion. Zweifellos waren die Juden in dieser Gruppe stark vertreten, aber sie waren nicht die einzigen »Juden«. Die endgültige Beseitigung des Antisemitismus war nach Marx nur möglich, indem die bestehende Gesellschaft umgestürzt und eine neue aufgebaut würde, in der alle als Gleiche wieder von vorn anfangen könnten. In der Theorie würden die Juden dann keine Außenseiter mehr sein, und alle Religionen hätten sich erübrigt. In der Praxis blieben die Juden Außenseiter, und ihr einziger verfügbarer Schlupfweg war die Taufe. Doch selbst die nützte nicht immer.

Shylock und Fagin

Der Antisemitismus hat beim Heraufdämmern des modernen Zeitalters eine verhängnisvolle Wendung genommen. Diese Veränderung wird sichtbar, wenn wir die beiden bösartigsten Juden in der westlichen Literatur, Shylock in Shakespeares Stück *Der Kaufmann von Venedig* und Fagin in dem Roman *Oliver Twist* von Charles Dickens einander gegenüberstellen. Shakespeares Shylock ist der Jude, wie er von spätmittelalterlichen Antisemiten geschildert wird. Er ist ein habgieriger und rachsüchtiger Wucherer, der die Christen verabscheut. Doch Shylock kann auf den Weg zur Besserung geführt werden. Am Ende des Stückes steht er im Begriff, seine abstoßenden Eigenschaften abzulegen. Der Zuschauer darf vermuten, daß seine früheren Peiniger ihn jetzt bei sich aufnehmen werden. Dieser Ausgang läßt sich in Shylocks anrührend menschlicher Klage darüber vorausahnen, wie übel er als Jude von den Christen behandelt wird, wenn er uns sagt, er sei ein menschliches Wesen, das sich in nichts von allen anderen unterscheidet:

»Hat nicht ein Jude Augen? Hat nicht ein Jude Hände, Gliedmaßen, Werkzeuge, Sinne, Neigungen, Leidenschaften? ... Wenn ihr uns stecht, bluten wir nicht? Wenn ihr uns kitzelt, lachen wir nicht? Wenn ihr uns vergiftet, sterben wir nicht? Und wenn ihr uns beleidigt, sollen wir uns nicht rächen? ... Sind wir euch in allen Dingen ähnlich, so wollen wir's euch auch darin gleichtun ... Die Bosheit, die ihr mich lehrt, die will ich ausüben, und es muß schlimm hergehn, oder ich will es meinen Meistern zuvortun.« (III.1)

Der Jude Fagin bei Charles Dickens ist viel niederträchtiger als Shylock. Er besitzt immer noch alle negativen Eigenschaften, die im ausgehenden Mittelalter Juden von ihren Feinden zugeschrieben wurden, einschließlich eines schlechten Geruchs. Doch das wirklich grundlegend Neue ist der Umstand, daß Fagins Gemeinheit *in seiner Natur liegt* und keiner Besserung zugänglich ist. Die Gesellschaft kann ihn nur ausschließen, vorzugsweise durch die Unterbringung in einem Gefängnis oder durch den Tod. Als Dickens von einem seiner Leser getadelt wurde, weil er »ein gemeines Vorurteil gegen die verachteten Juden« schüre, erwiderte dieser, er schildere lediglich die Verhältnisse, wie sie seien, denn wenn man eines Verbrechers habhaft werde, sei dieser fast immer ein Jude. Das entsprach nun überhaupt nicht den Tatsachen, doch das Problem bei Dickens besteht weniger darin, daß er seinem Roman falsche Tatsachen über das Verbrecherunwesen in London zugrunde legt. Vielmehr verbreitet er die Lehre der schlimmsten antisemitischen Persönlichkeiten der Aufklärung (und der Rassisten seiner eigenen Zeit), die den Juden keine besonderen Tugenden, dafür jedoch eine einzigartige Neigung zum Laster zuerkannten. Diese modernen Antisemiten hatten die alten hellenistischen Schauergeschichten Manethos und Apions, die die Juden zu ansteckenden Aussätzigen erklärt hatten, wieder in Umlauf gesetzt. Der neue Aussätzige trug jetzt den Namen Fagin.

Wie kam es zu dieser verhängnisvollen Wendung? Die herrschende Lehre der christlichen Kirchen lautete nach wie vor, daß ein getaufter Jude allen anderen Christen gleichgestellt sei, doch gleichzeitig hielt sich die Rede von der »Schule

Satans«, die Verteufelung des Juden innerhalb der christlichen Gesellschaft noch jahrhundertelang als wirkmächtiges Thema. Hatten die Juden nicht etwas Unausrottbares von der Natur Satans angenommen? Diese feindselige Idee war die Grundlage eines Dekrets, das im Jahre 1449 in Toledo gegen die Tausende getaufter Juden erlassen wurde, von denen die meisten durch die Aufstände und Verfolgungen, die 1391 begonnen hatten, in die katholische Kirche gezwungen wurden. Das Dekret hatte eine neue Lehre der »Reinheit des Blutes« (*limpieza de sangre*) verkündet. Nur diejenigen, die beweisen konnten, daß alle ihre vier Großeltern bereits als Christen geboren wurden, erhielten die Erlaubnis, innerhalb der Gesellschaft eine höhere Machtposition zu bekleiden. Diese Lehre hatte sich mit der Zeit so tief eingewurzelt, daß noch zur Mitte des 19. Jahrhunderts, fast vierhundert Jahre, nachdem alle bekennenden Juden aus Spanien vertrieben waren, kein Mann mit jüdischem Blut in seinen Adern ein Offizierspatent in der Armee erwerben konnte.

Doch Spanien war ein rückständiges Land in den Augen der europäischen Intelligenz des 18. Jahrhunderts, der führenden Philosophen der Aufklärung. Sie spotteten über die Kirche in Spanien und Portugal und ihre Inquisition, weil sie noch immer Ketzer auf dem Scheiterhaufen verbrannte. Dessenungeachtet war selbst der schärfste Kritiker der spanischen Inquisition, Voltaire, anscheinend ein Anhänger der Doktrin, daß den Juden eine tiefsitzende fanatische Gier eingeboren sei, so wie Deutsche und Briten mit blondem Haar geboren werden. »Ich wäre nicht im geringsten überrascht, wenn diese Leute nicht eines Tages tödlich für die Menschheit wären.«[9] Voltaire stand mit diesem Urteil nicht allein, auch wenn zum Glück die Mehrheit der Menschen der Aufklärung mit Shakespeare überzeugt war, der Jude sei ein Mensch wie jeder andere und könne »gebessert« werden.

Die Verteufelung der Juden hielt bis ins 19. Jahrhundert an. Die Hauptquelle des neuen Antisemitismus war die Rassentheorie, die Idee, daß die Menschheit in wohldefinierte biologische Gruppen zerfiel und daß diese Rassen im Hinblick auf ihre Tugendhaftigkeit, Intelligenz und Nützlichkeit in eine Rangskala gebracht werden könnten. Die neuen Rassentheoretiker stammten, wie wir noch sehen werden, zumeist aus rechtskonservativen Kreisen; es waren Menschen, welche die Französische Revolution ablehnten und die prinzipielle Überlegenheit ihrer »arischen« Rasse und ihrer gesellschaftlichen Schicht bekräftigen wollten. Sie waren sich darin einig, daß die Juden ganz unten auf der Skala rangierten. Doch Charles Dickens legte den jüdischen Protagonisten seines Romans nicht deshalb so negativ an, weil er Bücher über die Ungleichheit der Rassen gelesen hatte. Dickens war ein Reformer, der sehr wohl wußte, was zeitgenössische sozialistische Denker wie Charles Fourier und Pierre-Joseph Proudhon in Frankreich über die Juden geschrieben hatten. Diese Revolutionäre hielten sich an Voltaire, wenn sie behaupteten, daß die schöne neue Welt, die von der Menschheit geschaffen werden könne und müsse, nur möglich sei, wenn die von Natur aus verderbten Juden ausgeschlossen würden. Fagin war das Geschöpf einer frühsozialistischen Idee, der zufolge das noch zu schaffende Utopia so wichtig war, daß es ausschließlich jenen vorbehalten bleiben sollte, die seiner würdig waren, selbst wenn sich dieser Traum nur durch die äußerste Grausamkeit gegenüber denen realisieren ließ, die sich angeblich nicht für den Traum eigneten oder ihn unterminierten. Somit konnte der Autor die Figur des Fagin als ein widerwärtiges und hoffnungsloses Ungeheuer darstellen. Charles Dickens, der sich selbst als Verteidiger der Tugend und als Menschenfreund verstand, konnte allerdings nicht ahnen, daß er die Tür zu den rassistischen Schrecken, die sich ein Jahrhundert später ereignen sollten, ein kleines Stück weiter aufgestoßen hatte.

12
Das Neuerfinden des Judeseins

Wir haben nun in unserer Geschichte der jüdischen Erfahrung im Lauf der Jahrhunderte den entscheidenden Wendepunkt erreicht – den Übergang vom Mittelalter zur Neuzeit. Es herrscht die Auffassung, daß die Juden in die Neuzeit eintraten, als sie emanzipiert wurden, das heißt, als die seit langem bestehenden, ausschließlich gegen sie gerichteten Diskriminierungen nach der amerikanischen und der Französischen Revolution aufgehoben wurden.

Diese Auffassung unterstellt, daß die Juden jahrhundertelang in passiver Wartestellung verharrt und erst, als man ihnen in Grenzen den Zutritt zu den europäischen Gesellschaften erlaubte, aus ihrem Elend und ihrer talmudischen Enge zu neuem Leben erwacht seien. Die Schwäche dieser Konzeption liegt darin, daß sie die Sichtweise derer übernimmt, von denen der Vorschlag stammte, die Juden zu »bessern«. Sie unterstellt, daß die jüdische Gemeinschaft völlig untätig und rein reaktiv gewesen sei. Eine solche Annahme ist jedoch unzutreffend. Die Juden haben sich nie völlig von den äußeren Umständen abhängig gemacht. Wie in jedem vorangegangenen Zeitalter haben sie sich zu einem großen Teil durch die Kraft ihres eigenen Willens neu erfunden.

Zu Beginn des 19. Jahrhunderts, als Westeuropa und die Vereinigten Staaten sich im Übergang zur Neuzeit befanden, wurde der Voluntarismus zum Signum des neuen Zeitalters; jetzt war es einzelnen Individuen möglich, ungehindert ihre Glaubens- und Wertvorstellungen zu ändern. Die meisten Menschen entschieden sich dafür, in den Gruppen und Traditionen zu verbleiben, in die sie hineingeboren wurden und denen sie sich zugehörig fühlten, doch die Frage war, ob sie wirklich eine Entscheidung getroffen hatten. Alle, die ihr Selbst in der Weise ihrer Vorfahren behaupteten, konnten das jetzt nicht mehr so unreflektiert tun wie bisher. Diese neue Freiheit, Entscheidungen zu treffen, erforderte, daß selbst diejenigen, in deren Augen alles beim alten geblieben war, einsehen mußten, daß sie unbeirrbar in einer Welt weiterlebten, in der andere Juden sich entschieden hatten, die Gewißheiten des traditionellen jüdischen Glaubens in Frage zu stellen oder sogar dagegen aufzubegehren.

Unter den Juden war das gängige Bild einer freien religiösen Entscheidung negativ besetzt. Es ist die Geschichte eines »freidenkenden« Jeschiwaschülers wie des jungen Baruch de Spinoza, der auf »Abwege« geriet, weil er heimlich fremde Bücher las. Solche Geschichten ereigneten sich nach dem Tod Spinozas immer wieder – überall und bis auf den heutigen Tag –, doch sie liefen nicht auf die Revolution hinaus, welche die Art und Weise des jüdischen Gemeindelebens beim Anbruch der Moderne neu definieren sollte.

Die Wendung zu einer voluntaristischen Haltung bei den Juden setzte wesentlich dramatischer ein, während der großen Erschütterung als Folge des Auftretens von Sabbatai Zwi und ein Jahrhundert später des Aufkommens des Chassidismus. Sabbatai Zwi hatte einen Aufstand gegen die Tradition angeführt, und auch wenn er niedergeschlagen wurde, hinterließ er doch die unauslöschliche Erinnerung an Juden, die es gewagt hatten, gegen die Art ihrer Vorväter aufzubegehren. Die Chassidim waren sogar noch wichtiger, weil sie nicht aus der jüdischen Gemeinschaft ausgeschlossen werden konnten. Sie kamen in Gemeinden auf, die unter dem strengen Regiment jüdischer Führer standen, die keinerlei Abweichung vom Althergebrachten duldeten. Der Kampf mit den Chassidim begann bereits, als sie die ersten, noch geringfügigen Änderungen einführten, erhielt jedoch seine besondere Schärfe durch den Umstand, daß die chassidischen Gruppen freiwillige Zusammenschlüsse waren. Einzelne Juden faßten den Entschluß, sich der chassidischen Bewegung anzuschließen und zu Anhängern eines bestimmten Zaddiks (»Gerechter«) zu werden. Den einzelnen Chassidim stand es frei, ihren Rebben zu verlassen und einem anderen zu folgen oder sich ganz von den übrigen Chassidim abzuwenden und eine moderne Weltanschauung zu übernehmen.

Die ideologischen Erben des Wilnaer Gaons bestanden nachdrücklich darauf, daß die Tradition gewahrt bleiben müsse, wenn das Judentum nicht untergehen sollte. Diese Lehre eines entschlossenen Widerstandes gegen die Moderne wurde nicht in einem abgelegenen Dorf in der Ukraine verkündet und praktisch angewandt, wo die Juden noch immer wie selbstverständlich ihr eigenes Leben führten, sondern in Bratislava (Preßburg) in der Westslowakei, unweit von Wien, der Hauptstadt des Habsburger Reiches. Hier, ganz am Rand der europäischen und jüdischen Moderne, verkündete Rabbi Moses (Schreiber) Sofer (1762–1839), daß keine Abweichung, nicht einmal die geringste, von den alten Gebräuchen zulässig sei. Er untersagte jede Übernahme westlicher Elemente in der Kleidung oder im Verhalten. Im Alltag durfte nur Jiddisch und beim Beten nur Hebräisch gesprochen werden. Er verurteilte jede weltliche Bildung als Ketzerei und prägte den Ausspruch: »Alles Neue ist von der Thora verboten.« Er distanzierte sich sogar vom Kampf um die Emanzipation, da die Juden auf diese Weise in Kontakt mit Nichtjuden kommen und durch ihre Kultur verführt würden. Seine Anhänger wollten nicht nur mit Nichtjuden, sondern auch mit den meisten übrigen Juden nichts zu tun haben. Sofer schuf eine neue Art Orthodoxie. Im Unterschied zu den Rabbinern der letzten Jahrhunderte behauptete Sofer von sich nicht mehr, für alle Juden zu sprechen; er rief eine separatistische Sekte von »wahren Gläubigen« ins Leben. Seine Erben heute sind die Haredim, die ultraorthodoxen Juden, die erklärt haben, daß jede andere Ausprägung des Judentums falsch und gefährlich sei.

Für Moses Sofer war Moses Mendelssohn der letzte Ketzer, der gekommen sei, um die Juden von ihrem alten Glauben abzubringen. Sofer hatte unrecht. Mendelssohn hatte sein Leben und vor allem seine späteren Jahre mit dem Versuch verbracht, ein neues Bild des Judentums zu schaffen, das sich in das moderne Zeitalter einfügen konnte, ohne den Weg der Assimilation zu beschreiten. Mendelssohns wahre ideologische Erben sind die drei großen jüdischen Bewegungen, die in den Anfangsjahren des 19. Jahrhunderts aufkamen: Reformbewegung, konservative und Neuorthodoxie. Jede war auf ihre Weise eine Antwort auf die zentrale Frage, die Mendelssohn gestellt hatte: Wie sollte der moderne gläubige Jude aussehen?

Samson Raphael Hirsch, der integrierte Andere

Manche Orthodoxe weigerten sich, Rabbi Sofer in die Isolation zu folgen. Sie bestanden darauf, in die neue Welt einzutreten, ohne jedoch auch nur ein Quentchen ihrer ererbten Religion preiszugeben. Der Gründer dieser Denkschule, Samson Raphael Hirsch (1808–1888), verkörperte das Paradox eines Menschen, der ein vollkommen integrierter deutscher Wirtschaftsbürger und zugleich als Jude ein vollkommen anderer war. Der Streit zwischen Hirsch und Sofer ging nicht primär um theologische Fragen. Alle orthodoxen Juden hielten sich streng an die Halacha, das religiöse Gesetz, das für sie göttlich geoffenbart und damit unveränderlich war. Ein liberaler Gesetzesausleger mochte einige Gebote abmildern, doch die Orthodoxie konnte selbst in ihren großzügigsten Versionen unmöglich beispielsweise die Abschaffung der Speisegebote rechtfertigen oder gestatten, daß die Einhaltung der Sabbatgebote lax gehandhabt würde. Samson Raphael Hirsch bekräftigte das Gesetz Gottes peinlich genau, doch die meisten konservativen Gläubigen mißtrauten ihm, weil er der erste Jude war, der aus der anerkannten Rolle des Rabbiners heraustrat. Hirsch trug bei seinen Gottesdiensten ein Gewand im Stil des Meßtalars protestantischer Pfarrer, und er führte einige Änderungen im Gottesdienst ein. In seiner Synagoge sang ein Chor, und die Versammelten stimmten in musikalischer Ordnung mit ein. Hirsch predigte zweimal im Monat, und zwar nicht auf jiddisch, sondern auf deutsch, »der nationalen Kultursprache«. Für die älteren orthodoxen Rabbiner war er ein noch größeres Ärgernis, weil er darauf pochte, weltliche Literatur und die Künste seien »erhebende Werke«, die zur Göttlichkeit beitrügen.

Hirsch legte seine Ansichten unter anderem in einer 1854 erschienenen Abhandlung mit dem Titel *Die Religion im Bunde mit dem Fortschritt* nieder, in der er alle Änderungen ablehnte, die an den Grundsätzen des jüdischen Glaubens etwas ändern oder das jüdische Gesetz gefährden würden. Für ihn waren es die Juden und nicht das Judentum, die einer Reform bedurften. Was am meisten not tat, war »Erziehung« – die Erhebung zu den ewigen Ideen des Judentums – und nicht »Fortschritt«, ein Lieblingsbegriff der Reformer, der für ihn gleichbedeutend mit Assimilation war. Besonders scharf verurteilte Hirsch die Praxis der Reformer, den Gottesdienst in deutscher Sprache abzuhalten, da er die Kenntnis des Hebräischen als unverzichtbar für die Wahrung der Einheit des jüdischen Volkes in der Zerstreuung ansah.

Hirschs neuorthodoxer Jude sollte nach dem Vorbild Mendelssohns ein ganz und gar in der Gegenwart lebender Mensch sein, der die gottgegebenen rituellen Gebote der Bibel und des Talmuds einhielt; an diesen Geboten durfte kein Jota geändert werden. Um ein gegenwartsbewußter Mensch zu sein, schrieb Hirsch, mußte der Jude in dieser Welt und innerhalb ihrer Kultur leben und jeden Versuch aufgeben, im Heiligen Land wieder ein jüdisches Gemeinwesen zu schaffen, denn dies sei durch ein altes talmudisches Gesetz verboten (eine häufig zitierte Mahnung im Talmud untersagte den Juden, »eine Menschenmauer zu bilden«, um das Land zurückzuerobern). Die Erlösung würde zu dem von Gott festgesetzten Zeitpunkt kommen. Doch Hirsch hielt es für unabdingbar, daß die Gebete für die Wiederherstellung Zions in der Liturgie ebenso erhalten blieben wie die Verbindungen mit dem Heiligen Land, einschließlich der geheiligten Verpflichtung, Almosen an Einrichtungen in Jerusalem und anderen »heiligen Städten« zu schicken, in denen fromme Juden lebten, beteten und sich dem Studium hingaben. Im Heiligen Land müßten die Juden ihre eigenen frommen Männer unterstützen, so wie auch die Christen ihren Klöstern, Kirchen und Geistlichen verbunden blieben. Was noch grundlegender war, die Christen hatten seit jeher von der Wiederkunft Christi geträumt, und sie beteten immer noch für das Eintreten dieses Ereignisses und das Ende der Tage. Dann würden keine Kaiser und Zaren über die Christen mehr herrschen, sondern der König der Könige. Diese religiösen Hoffnungen stellten den Patriotismus von Deutschen oder Österreichern oder Ungarn nicht in Frage. Warum sollten die religiösen Hoffnungen der Juden auf das »Ende der Tage« sie weniger geeignet machen, ein Teil der bestehenden Gesellschaft zu sein?

Ein moderner und zugleich gesetzestreuer Jude zu sein, war nicht einfach. Ein orthodoxer Jude trug einen Bart, da die Bibel es untersagt hatte, sich mit einem Messer den Bart abzunehmen, doch wie sollte man sich in die Kultur des modernen Geschäftslebens einfügen und weiterhin wie ein Jude aussehen, der aus der älteren Kultur der Absonderung kam? Solche Männer suchten Abhilfe bei Enthaarungscremes, die ihren Rabbis zufolge im Unterschied zu Rasierapparaten nicht gegen das religiöse Gesetz verstießen. Während der dreiwöchigen Trauerperiode über die Zerstörung des ersten und des zweiten Tempels, in der die Juden ihre Kleidung nicht wechseln dürfen, weil ein frisch gewaschenes Hemd ein Zeichen von Wohlhabenheit ist, zogen sich einige der vermögenderen Anhänger Samson Hirschs am Vorabend der Trauerzeit nacheinander einundzwanzig Hemden an und wieder aus, so daß diese nicht mehr »frisch« waren und sie in den drei folgenden Wochen täglich ihr Hemd wechseln konnten. An solchen Beispielen demonstrierte Hirsch, daß es möglich war, den Buchstaben des Gesetzes zu befolgen und gleichzeitig die

Annehmlichkeiten, die Lebensart und die Kleidung eines modernen Bourgeois zu genießen.

Hirsch gewann diese Schlacht. In allen großen Zentren jüdischen Lebens, von New York und London bis Tel Aviv und Johannesburg, gibt es bis heute Synagogen, die sich als »neuorthodox« bezeichnen. Samson Raphael Hirsch selbst war ein Wanderer zwischen beiden Welten. Er war überzeugt, daß eine weltliche Bildung wertvoll und wichtig war. Er las Schiller und Goethe und zitierte sie in seinen Predigten. Doch heute steht eine weltliche Bildung bei den Nachfolgern Hirschs, die zunehmend von der Wendung der Orthodoxen zur religiösen Rechten beeinflußt werden, weniger hoch im Kurs. Die wahrsten Erben Hirschs finden sich an der Jeschiwa-Universität in New York, die »Thora und Wissenschaft« zu ihrem Wahlspruch gewählt hat. Im Zentrum dieser Institution steht ihre orthodoxe rabbinische Schule, doch gleichzeitig beherbergt sie auch eine nichtsektiererische juristische und eine medizinische Fakultät. Auch hier nimmt der Einfluß der Ultraorthodoxen zu, denn diese attackieren fortwährend die Wertschätzung der westlichen Kultur und die Partizipation an ihr, für die Samson Raphael Hirsch eingetreten war und wie sie von der schöpferischsten Persönlichkeit der Jeschiwa-Universität, Josef Dow Soloweitschik, in dieser Zeit verkörpert wurde. Die Verbindung von »modern« und »orthodox« erscheint heute weniger möglich als zur Zeit Hirschs. Die entschiedensten Verfechter der Orthodoxie sind heute zugleich die schärfsten Gegner der Modernität und erklären sie zu einer Versuchung und einer Falle.

Abraham Geiger, ein radikaler Reformer

Die von Hirsch vorgeschlagene Lösung konnte jene Juden nicht befriedigen, die nicht an der Frage interessiert waren, wie man innerhalb des religiösen Gesetzes leben, sondern ob man es überhaupt befolgen sollte. Für sie ging es letztlich nicht um Bequemlichkeit; es war eine Glaubenskrise. Eine Orthodoxie jedweder Art bot all denen keine Alternative mehr, die in der Bibel nicht mehr das unverfälschte Wort Gottes sahen. Wenn die Thora ein von Menschen geschriebener Text ist, der für eine bestimmte Zeit und für einen bestimmten Ort verfaßt wurde, dann wird es möglich, die jüdische Praxis radikalen Änderungen zu unterwerfen. Was Menschen einmal gemacht haben, können Menschen auch wieder rückgängig machen. Auf dieser Linie argumentierte Abraham Geiger (1810–1874), der brillanteste der frühen Reformrabbiner, das orthodoxe Ritualsystem sei in den vergangenen Jahrhunderten von großer Bedeutung gewesen, weil es die Juden in einer Zeit der Absonderung definiert habe, als sie in defensiver Position im Exil lebten. Doch jetzt seien die Juden in das moderne Zeitalter des Universalismus eingetreten, eine Zeit, in der der Verzehr von ausschließlich koscheren Speisen und andere Formen der Abgrenzung der Einheit der Menschheit zuwiderliefen; sie seien gottfeindlich. Deshalb müßten die Juden von der Befolgung aller Riten befreit werden, auch von der Beschneidung, durch die sie sich von der übrigen Gesellschaft unterschieden.

Bei oberflächlicher Betrachtung schien es Abraham Geiger darum zu gehen, einen Zugang zum Hauptstrom deutscher Kultur und Gesellschaft zu finden. Trotz seiner profunden Kenntnisse der rabbinischen Texte und der hebräischen Sprache hielt er es für wichtig, daß die jüdische Religion der Gegenwart sich ebenso wie andere religiöse Überzeugungen in Preußen in der deutschen Sprache ausdrückte. Doch Geigers eigentliches Anliegen war die Aufklärung. Er sah das Judentum als die letzte Ausdrucksform eines religiösen Universalismus in einem Zeitalter des Fortschritts. Diese Vision würde eines fernen Tages die ganze Menschheit erheben; bis dahin sei es Aufgabe und Verantwortung der Juden – der Reformjuden Geigers –, das Judentum fortzuführen.

Einmal stellte Geigers Sohn Ludwig seinem Vater die Frage, warum das Judentum überhaupt fortgeführt werden sollte, wenn die ideale Welt die einer Universalmoral sei. Geiger antwortete, der Triumph einer Universalmoral liege noch mehrere Generationen weit in der Zukunft, und so lange sei das Judentum als Katalysator für diesen Prozeß erforderlich. Doch der Fortschritt erfolgte nur langsam, und den Juden gelang es nicht, ihren Weg in die deutsche Gesellschaft zu machen. Gegen Ende seines Lebens schwächte Geiger seine Position etwas ab. Er behielt bestimmte hebräische Teile in der Liturgie bei, führte den zweiten Tag bei den hohen Feiertagen wieder ein, beließ es beim Sabbatgottesdienst am Samstag statt am Sonntag und bekräftigte wieder den Ritus der Beschneidung. Am Ende kehrte der radikale Reformer gerade zu einigen jener Rituale zurück, die jahrhundertelang das Anderssein der Juden hervorgehoben hatten.

Geiger änderte seinen Kurs, weil seine Ansichten bis zur Mitte des Jahrhunderts in Deutschland etwas unmodern geworden waren. Der Stimmungswandel hatte im ersten Jahrzehnt des 19. Jahrhunderts eingesetzt. Romantik und Nationalismus kamen als Schlagworte gegen Napoleon Bonaparte auf, das militärische Genie, das sich zum Kaiser Frankreichs aufgeschwungen und den eroberten Nationen Europas seine Gesetze und bürgerlichen Rechte auferlegt hatte. Als Antwort begannen die deutschen Nationalisten ihre nationale Vergangenheit zu verklären. Plötzlich waren mittelalterliche Themen in der Literatur in Mode, und der »Volksgeist« wurde gefeiert und ganz besonders angebetet. Das Gefühl stand über dem Verstand und die Geschichte über der Philosophie. Das neue Ethos war nicht mehr auf die Zukunft gerichtet; es bezog im Gegenteil seine Eingebung aus der Vergangenheit, aus den Maßstäben, die von einem Volk im Lauf seiner historischen Erfahrung aufgestellt wurden.

Zacharias Frankel und die Ahnenverehrung

Einige reformistische jüdische Gelehrte und Rabbiner, allen voran Zacharias Frankel (1801–1875), wandten den romantischen Nationalismus auf die jüdische Geschichte und Kultur an. Er stellte Geigers Behauptung in Frage, daß Gott die Juden dazu ausersehen habe, die Hauptträger universeller moralischer Absoluta zu sein. Ihre Geschichte hatte die Juden Frankel zufolge zu einem besonderen und einzigartigen Volk gemacht; das Judentum sei nicht nur eines unter vielen religiösen Bekenntnissen. Die kollektive Erfahrung der Juden und nicht die Theologie definiere den jüdischen Charakter. Frankel war überzeugt, daß das Judentum sich weiterentwickeln könne und müsse; gewisse Veränderungen an den Rändern der Rituale waren zulässig, sofern sie nicht dem Wesen des Judentums zuwiderliefen, wie dieses im Lauf seiner langen Geschichte schon immer formuliert und praktiziert wurde.

Frankel, der als gemäßigter Reformer galt, hatte keine Hemmungen, gemeinsam mit anderen zu Neuerungen bereiten Rabbinern in den vierziger Jahren des vorigen Jahrhunderts an den Versammlungen teilzunehmen, in denen sich das Reformjudentum eine neue Gestalt gab. Er übernahm, wenn auch protestierend, vorgeschlagene Änderungen des Rituals bei Bekehrungen zum Judentum. Was ihn schließlich dazu bewog, mit Geiger und den Reformern zu brechen, war deren Vorschlag, auf Hebräisch als die Sprache der Gebete zu verzichten. Eine solche Maßnahme war in seinen Augen ein Verstoß gegen den authentischen jüdischen Geist und die Kontinuität des Judentums. Das war für Frankel die Grenze, die er nicht überschreiten wollte.

Frankel sah sich von rechts durch Samson Raphael Hirsch und von links durch Abraham Geiger angegriffen. Hirsch setzte Frankel immer wieder mit der Frage zu, ob er daran glaube oder nicht, daß die Thora von Gott komme. Frankel gab auf diese Frage nie eine Antwort, ebensowenig wie seine

Schüler, die späteren Gründer der konservativen Bewegung (sie nannten sie »positiv-historisches« Judentum) in Deutschland um die Mitte des 19. Jahrhunderts und bald darauf auch in den Vereinigten Staaten. Hirsch und seine Anhänger vertraten die Meinung, daß etwas von der Stimme Gottes im jüdischen Gesetz zu vernehmen sei, dieses jedoch im Lauf der Jahrhunderte immer wieder von den größten Weisen des Judentums überarbeitet wurde. Wo die Grenze zwischen den beiden Inspirationen verlaufen mochte, ließ sich mit den beschränkten Mitteln des menschlichen Geistes unmöglich entscheiden. Von der anderen Seite kritisierte Geiger Frankel als so altmodisch und so absorbiert von den alten talmudischen Texten, daß er nicht in der Lage sei, auf den Geist des neuen Zeitalters zu antworten. Frankel stemmte sich gegen den Strom; er hielt an der uralten Behauptung der Juden fest, daß sie anders seien als die anderen und dies auch bleiben müßten. Geiger räumte ein, daß der Talmud mit seinem Schutz der zerstreuten Existenz der Juden einen bedeutenden historischen Dienst erwiesen hatte, doch jetzt hielt er die Zeit für gekommen, ins nächste Stadium überzugehen, nämlich das jüdische Leben von den überholten Gesetzen zu befreien, die verhindert hatten, daß die Juden sich der Majorität anschlossen und die Menschheit dazu brachten, sich die universellen Ideale der biblischen Propheten zu eigen zu machen.

Israel Jacobson, der erste Reformjude

Vordergründig mochte es so scheinen, als werde die Reformbewegung innerhalb des Judentums in Mitteleuropa von modern denkenden rabbinischen Intellektuellen angeführt, doch den wichtigsten Anstoß dazu hatten eine Generation zuvor jüdische Laien gegeben wie die Führer der Juden in Bordeaux, die das Talmudstudium aus dem Unterricht verbannten, sowie Israel Jacobson (1768–1828), der erste Reformjude. Jacobson, ein erklärter Anhänger Mendelssohns, war Bürger des Herzogtums Braunschweig, das nach der französischen Eroberung im Jahre 1808 vom Königreich Westfalen annektiert wurde. Alle rechtlichen Benachteiligungen, die seit Jahrhunderten in diesem deutschen Fürstentum bestanden hatten, wurden mit einem Schlag unter dem Code Napoléon aufgehoben. Jacobson war der anerkannte Führer der Juden in der Region, in der Hauptsache, weil er am wohlhabendsten war und als Hofagent über die besten Beziehungen zur Regierung verfügte. Die orthodoxen Gläubigen murrten gegen ihn, konnten jedoch wenig ausrichten, weil er von der Obrigkeit als Führer der jüdischen Gemeinde ausersehen war.

Jacobson legte großen Wert auf einen würdevollen Gottesdienst. Hierzu gehörte in seinen Augen, daß die Juden das laute, regellose Beten, wie es im Ghetto üblich war, aufgaben und sich in der Synagoge so gesittet verhielten wie die Protestanten bei ihrem Gottesdienst. Nach dem Vorbild von Naphtali Herz Wessely eine Generation vor ihm gründete Jacobson im Jahre 1801 eine moderne jüdische Internatsschule, in der der Schwerpunkt auf berufliche Bildung und auf Fächer, die einen Bezug zur Kultur der umfassenderen Gesellschaft hatten, gelegt wurde. In der Synagoge dieser Schule führte Jacobson bislang beispiellose Neuerungen ein. Hier wurden die Predigten zum ersten Mal auf deutsch statt auf jiddisch gehalten, und für jüdische Kinder gab es eine Art Konfirmation, wie sie bei den Protestanten üblich war. 1810 richtete er in Seesen einen »Tempel« ein, in dem er als erster Chorgesang, deutsche Choräle und eine Orgel einführte. Bei der Einweihungszeremonie trug Jacobson den schwarzen Talar eines protestantischen Geistlichen.

Nach der Rückeroberung des Königreichs Westfalen durch Preußen und seiner Teilung konnte Jacobson sein Werk nicht fortsetzen. 1815 zog er nach Berlin und richtete dort im Haus eines Freundes einen regelmäßigen Gottesdienst ein. Nach einigen Monaten ließ die Regierung solche religiösen Veranstaltungen in Privaträumen verbieten. 1817 gründete Jacobson eine ausdrücklich so bezeichnete Reformsynagoge, doch der starke und anhaltende Widerstand aus den Reihen der Orthodoxen führte dazu, daß der König sie sechs Jahre später schließen ließ.

In Hamburg ging eine Gruppe von Juden in der Reformierung der religiösen jüdischen Gebräuche noch über Jacobson hinaus. Die Juden mußten in ihren Augen ihr Anderssein aufgeben, indem sie sich in der eigenen Tradition von allem abkehrten, das ihren Anspruch gefährden konnte, gute Deutsche jüdischen Glaubens zu sein. Als die Hamburger Reformer 1818 ihren »Tempel« eröffneten, trugen die Männer beispielsweise nicht mehr die seit Jahrhunderten übliche Kopfbedeckung beim Gebet. Aus ihrem 1841 erschienenen neuen Gebetbuch waren die traditionellen Gebete der Sehnsucht nach einem Ende der Verbannung und der Rückkehr nach Zion gestrichen. Damit zerstörten sie einen Eckpfeiler jüdischer Identität, den Glauben der Juden an die Auserwähltheit ihres Volkes, das darauf wartet, in das Land der Verheißung zurückkehren zu können.

Israel Jacobson und die Gründer des Tempels in Hamburg und überhaupt die modern denkenden Rabbiner, die in den vierziger Jahren des vorigen Jahrhunderts in Synoden zusammenkamen, um das Reformjudentum als eine neue Version des alten Glaubens zu definieren, hatten dabei keine Assimilation im Sinn; im Gegenteil, sie wollten das Judentum bewahren, indem sie ihm eine universelle Form gaben. Warum sollte man sich taufen lassen und Christ werden, wenn man ein guter Deutscher sein konnte, der Gott auf dieselbe Weise verehrte wie die anderen Deutschen, und dabei noch immer in direkter Verbindung zu seinen Vorfahren blieb?

Es ist bezeichnend, daß die Reformrabbiner eine Generation später als die Laienführer, die zu Beginn des Jahrhunderts einen religiösen Wandel eingeleitet hatten, auf den Plan traten. An einer Änderung interessierte Laien waren es auch, die den »Großen Sanhedrin« dominierten, die Versammlung, die 1807 von Napoleon einberufen wurde, um darüber zu beraten, unter welchen Bedingungen die Juden in seinem

Herrschaftsbereich als gleichberechtigte Staatsbürger akzeptiert werden könnten. Die Laien schoben die Rabbiner vorwärts, damit diese einige Zugeständnisse an den »Geist der Zeit« machten. Diese Versammlung faßte den Beschluß, daß in Frankreich und im Königreich Italien die Zivilehe juristisch den Vorrang vor einer in der Kirche oder der Synagoge geschlossenen Ehe haben sollte. In einer Erklärung des Großen Sanhedrins hieß es:

»Es ist eine religiöse Pflicht für jeden Israeliten in Frankreich..., von nun an die Zivilehe als staatsbürgerliche Pflicht zu betrachten, und deshalb untersagt der Sanhedrin jedem Rabbiner oder jeder anderen Person in beiden Ländern, einer kirchlichen Eheschließung beizuwohnen, ohne sich zuvor zu vergewissern, daß die Ehe nach dem Gesetz vor einem Standesbeamten geschlossen wurde. Der Große Sanhedrin erklärt ferner, daß Ehen zwischen Juden und Christen, die in Übereinstimmung mit den Gesetzen des Zivilrechts geschlossen wurden, zivilrechtlich legal sind und auch in solchen Fällen, in denen eine religiöse Sanktionierung nicht möglich ist, keiner religiösen Verfolgung ausgesetzt sein dürfen.«[1]

Die Juden des Großen Sanhedrins hatten keine andere Wahl als den Code Napoléon anzuerkennen, demzufolge alle Eheschließungen Sache des Staates waren. Doch die Rabbiner bestanden auf ihrem Recht, die kirchliche Anerkennung nicht auf solche Handlungen auszudehnen, die sie unmöglich akzeptieren konnten. Seitdem ist die Lage der Juden in der westlichen Zerstreuung überall dieselbe geblieben. Das Zivilrecht des Staates regelt Eheschließungen und Ehescheidungen, und religiöse Instanzen haben nur die Möglichkeit, ihre eigenen Vorschriften auf jene Gläubigen anzuwenden, die ihre Autorität akzeptieren. Diese Unterscheidung wurde vor allem in den Vereinigten Staaten bedeutsam, wo die jüdische Gemeinde in mehrere Bekenntnisse aufgesplittert war. Die Orthodoxen konnten nicht länger darüber bestimmen, wie die Mehrheit der Juden sich in Fragen des Familienstandes verhielt. Und die Reformjuden konnten ohne weiteres die *get* (kirchliche Scheidung) abschaffen und wie die Protestanten in Fragen der Schließung und Scheidung von Ehen die zivile Rechtsprechung akzeptieren.

In den Vereinigten Staaten, wo die Juden ihre Gemeinschaften auf freiwilliger Basis und ganz neu organisieren mußten, brachte das Judentum, das sich sehr bald entwickelte, das Leben der Laien an der Grenze der europäischen Zivilisation und nicht die ererbten Traditionen des alten Landes zum Ausdruck. Bereits 1825 schloß sich eine Gruppe jüngerer Mitglieder der Beth-Elohim-Synagoge in Charleston, South Carolina, zusammen, um den Ritus in großem Umfang zu reformieren. Sie wollten, daß der Gottesdienst überwiegend auf englisch abgehalten würde, weil sie kein Hebräisch mehr verstanden, und in der Liturgie sollten die Lehren des Deismus oder des Unitarismus statt des traditionellen jüdischen Glaubens an den Gott der Bibel zum Ausdruck kommen. Diese Gruppe wahrte eine eigene Identität, doch gelang es ihr nie, als Gemeinde festen Fuß zu fassen, und nach ein paar Jahren löste sie sich wieder auf. Die erste Gemeinde, die als Reformsynagoge gegründet wurde, der Har-Sinai-Verein in Baltimore, 1842 von einer Gruppe weltlicher Juden ganz ohne Mitwirkung eines Rabbiners ins Leben gerufen, übernahm das Gebetbuch des Tempels in Hamburg. Überall in Amerika in der Mitte des 19. Jahrhunderts wurden Gemeindereformen von Laienführern eingeleitet, die die Notwendigkeit einer »schicklichen« Form jüdischer Andacht empfanden, von der ihre christlichen Nachbarn nicht befremdet wären, falls sie einen jüdischen Gottesdienst besuchten.

Anfangs waren die Änderungen rein äußerlich; die Reformer wollten manierliche Verhaltensformen und ästhetische Vorstellungen der bürgerlichen Welt übernehmen. Doch sehr bald erhoben sich zwangsläufig auch dogmatische Fragen. Wie konnten diese Einwanderer in ihrer Dankbarkeit für die Chancen, die sich ihnen plötzlich und auf eine fast wunderbare Weise in Amerika eröffneten, auch weiterhin die Liturgie am Versöhnungstag oder den Passah-Seder mit der Formel

»Nächstes Jahr in Jerusalem« beenden? Kansas City oder Dubuque oder San Francisco waren ihr Jerusalem geworden, weil Amerika ihnen ermöglicht hatte, ein neues Leben für sich selbst zu beginnen. Einige Einwanderer arbeiteten sich in höhere Staatsämter hoch und wurden Bürgermeister einer Großstadt oder spielten eine aktive Rolle in der nationalen Politik. Einer oder zwei von ihnen fanden sogar Zutritt zum Freundeskreis von Präsident Abraham Lincoln. Die Spannung zwischen der langen Geschichte des jüdischen Andersseins und seinem Ende in den USA (der amerikanische Antisemitismus machte sich erst in der zweiten Hälfte des 19. Jahrhunderts massiv bemerkbar) war so stark, daß Reformen in der jüdischen Religion unvermeidlich wurden. Und diese Juden benötigten keine rabbinische Führung, um die Reform zuwege zu bringen, auch wenn sich das ändern sollte, als die Rabbiner aus Mitteleuropa nach Amerika kamen.

Isaac Meyer Wise, Architekt des amerikanischen Reformjudentums

Der bedeutendste dieser religiösen Führer, Isaac Meyer Wise (1819–1900), kam 1846 in New York an, nachdem er in Steingrub in Böhmen als eine Art Geistlicher und Lehrer gewirkt hatte. Wise studierte an mehreren Jeschiwot (orthodoxen Seminaren), wurde jedoch wahrscheinlich nie ordiniert. Trotzdem bezeichnete er sich als »Rabbi«. Darüber hinaus nannte er sich »Doktor«, obwohl er in Prag nicht einmal ein Jahr lang studiert hatte. In der Pionierzeit Nordamerikas war das Auftreten von Geistlichen mit zweifelhaften Zeugnissen nichts Ungewöhnliches. Immer mehr christliche Prediger schossen wie Pilze aus dem Boden, die sich vom »reinen Geist« berufen fühlten, ohne für sich eine Ordination oder auch nur ein formales religiöses Studium in Anspruch zu nehmen.

Der erste ordinierte Rabbiner, der sich in den Vereinigten Staaten niederließ, war Abraham Rice. Ein Schüler von Rabbi

Moses Sofer und selbst ein standhafter Verfechter der Orthodoxie, hatte Rice in Baltimore nur eine kurze und unglückliche Zeit als Geistlicher. In tiefer Verzweiflung schrieb er einem Freund in Deutschland:
»Ich verweile in höchster Dunkelheit ohne einen Lehrer oder Gefährten ... Das religiöse Leben in diesem Land befindet sich auf niedrigstem Niveau; die meisten Leute essen verbotene Speisen und entweihen öffentlich den Sabbat ... Unter diesen Umständen ist mein Geist verwirrt, und ich frage mich, ob es einem Juden überhaupt erlaubt ist, in diesem Land zu leben.«[2]

1849 trat er von seinem Rabbinat zurück, und in den folgenden dreizehn Jahren ernährte er sich und seine Familie als kleiner Händler. Als er 1862 starb, hielt Bernard Illowy eine düstere Grabrede: »Wir müssen zu unserer eigenen Schande gestehen, daß es seit dem Fall der jüdischen Monarchie kein Zeitalter und kein Land gab, in dem die Israeliten ihre Religion läßlicher genommen und ihr gleichgültiger gegenübergestanden hätten als in unserem Zeitalter und in unserem Land.«[3] Solche Klagen hörte man in den Vereinigten Staaten nicht zum ersten Mal. Im Jahre 1783 schrieb Haym Salomon, der jüdische Geschäftsmann, der zur Finanzierung der amerikanischen Revolution beigetragen hatte, an seinen Vater in Posen, er würde keinem der Kinder seines Bruders raten, nach Philadelphia zu gehen, weil sie dort »wenig Jiddischkeit« finden würden.

Von den Rabbinern auf diesen Vorposten der Zivilisation erwartete man, daß sie sich mit allen Änderungen abfanden, die von ihren weltlichen Arbeitgebern verfügt wurden. Natürlich kam es auch vor, daß der eine oder andere Rabbiner noch stärker auf Neuerungen bedacht war als der Gemeindevorstand, und gelegentlich führten ihre Meinungsverschiedenheiten zu heftigen Zusammenstößen. Das war beispielsweise 1850 der Fall, als Isaac Meyer Wise, damals Rabbiner der Beth-El-Synagoge in Albany, sein Auge auf das angesehenere und mittlerweile erklärtermaßen reformistische Rabbinat von Beth Elohim in Charleston, South Carolina, geworfen hatte. In seiner Probepredigt erklärte Wise, er glaube weder an die Ankunft des Messias noch an die Wiederauferstehung der Toten. Wise nahm das Amt in Charleston nicht an (er fürchtete die inneren Differenzen der dortigen Gemeinde), doch die »Ketzereien«, die er hier geäußert hatte, empörten die Traditionalisten seiner Heimatsynagoge in Albany, die damals noch orthodox war. Die Gemeindemitglieder spalteten sich genau in der Mitte in zwei sich befehdende Fraktionen, von denen die eine die Entlassung Wises forderte und die andere ihrem Rabbiner zur Seite stand. Zwar wurde Wise vom Gemeindevorstand entlassen, doch der Entlassene bestritt die Rechtmäßigkeit dieser Entscheidung. Wise ließ dem Gemeindevorsitzenden mitteilen, »nach dem Gesetz und auf Ersuchen der Kuratoren bleibe er im Amt und werde alle mit diesem verbundenenen Aufgaben wahrnehmen«. Und so kam am Vorabend von Rosch Ha-Schana, dem jüdischen Neujahrstag, Wise in die Synagoge und stieg auf die Kanzel. »Es erhob sich ein allgemeines Getümmel«, berichtete der *Albany Evening Atlas* am 7. September 1850:

»Argumentation, Überzeugungskraft und Versöhnlichkeit galten nichts mehr; statt dessen zählten nur noch zornige Worte, Drohungen und sogar Schläge, und in einigen Fällen kam es zu tätlichen Angriffen. Der Frieden in diesem Teil der Stadt wurde schließlich in so besorgniserregender Weise gestört, daß es im Interesse der öffentlichen Sicherheit und der Kämpfenden selbst erforderlich wurde, die Polizeibehörden zum Eingreifen zu veranlassen. Sheriff Beardsley erschien sogleich am Ort des Geschehens, begleitet von starken Polizeikräften, und ließ die Synagoge vollständig räumen, verschloß deren Türen und nahm die Schlüssel in Gewahrsam.«[4]

Die Zeitung schrieb nichts darüber, wohl weil es zu peinlich gewesen wäre, daß auch Rabbiner Wise und der Vorsitzende der Synagoge sich einen Faustkampf geliefert hatten. Nach diesem Fiasko gründete Wise seine eigene Synagoge, zog jedoch bald von Albany nach Cincinnati, »der Perle des

Westens«. Dort wurde er Rabbiner der Gemeinde B'nai Jeschurun und organisierte nach einiger Zeit einen landesweiten Verband von Synagogen, die Union of American Hebrew Congregations, sowie das erste Reformrabbinerseminar in den Vereinigten Staaten, das Hebrew Union College. (Wise zog es offenbar vor, seine Institution mit den stolzen biblischen »Hebräern« zu identifizieren und nicht mit den »Juden«, weil dieser Begriff an die antisemitische Vorstellung des kriecherischen Ghettojuden erinnerte.)

Nach dem Bürgerkrieg errichtete Wises Gemeinde eine neue Synagoge an der Plum Street, mitten im Herzen dieses geschäftigen Flußhafens. Als Angehörige der wirtschaftlichen Machtelite waren die Juden Cincinnatis der Meinung, daß ihr Heiligtum in der Mitte zwischen den Kirchen der großen christlichen Gemeinden der Stadt liegen sollte. Die Einweihung von Wises Synagoge im Jahre 1868 war eine größere öffentliche Angelegenheit. Neben dem Gouverneur von Ohio waren zahlreiche weitere Würdenträger anwesend. In seiner Einweihungspredigt betonte Wise, dieses Gotteshaus sei nicht die Synagoge vergangener Leiden, sondern ein Haus der Andacht, das sich der Freiheit in Amerika erfreuen werde.

Wises Geschichte ist die Geschichte seiner Generation, der mitteleuropäischen Juden, deren Einwanderung in großer Zahl um die Mitte des vorigen Jahrhunderts einsetzte. Von 1825 bis 1875 stieg die Zahl der in den Vereinigten Staaten lebenden jüdischen Einwanderer (die zum größten Teil aus deutschsprachigen Ländern kamen) von 5000 auf 150 000. In der Regel waren es die jüngeren Kinder armer Juden, die nicht in ihrem Geburtsort bleiben konnten, weil die Zahl der an einem Ort ansässigen jüdischen Familien stark begrenzt war. Innerhalb von ein bis zwei Generationen arbeiteten sich die ehrgeizigsten dieser Neuankömmlinge in Amerika zu Eigentümern von Kaufhäusern, Bankiers und Finanziers hoch. Auch in den USA nistete sich der Antisemitismus mit seinen Vorurteilen ein, doch das Fehlen rechtlicher Einschränkungen im Hinblick auf die wirtschaftliche Betätigung und der

Grundsatz, daß jeder sich nach seinen Talenten entfalten dürfe, ermöglichten den Juden in den Vereinigten Staaten schneller als in jedem anderen Land den beruflichen Erfolg. Diese jüdischen Neuankömmlinge erwarteten deshalb, daß sie in der Neuen Welt zu den »brave Americans all« gehören würden.*

Die jüdischen Einwanderer aus deutschsprachigen Ländern waren in der Mehrzahl keine »Assimilationisten«. Einige von ihnen wollten natürlich genau wie alle anderen sein. Sie sagten sich von den übrigen Juden los und verschwanden. Innerhalb der organisierten Gemeinschaft selbst wollten einige sich als Universalisten verstehen. Felix Adler, der Sohn des Rabbiners Samuel Adler von der Synagoge Emanu-El in New York City, gründete in den sechziger Jahren des vorigen Jahrhunderts eine neue Bewegung unter dem Namen »Ethical Culture«, in der sich gleichgesinnte Menschen christlicher und jüdischer Herkunft zusammenschließen konnten, um gemeinsam universellen Idealen zu leben. Doch die überwältigende Mehrheit der deutschsprechenden Juden fühlte sich am wohlsten in der aufblühenden Reformbewegung. Die Gründer solcher Gemeinschaften hatten das tiefe Empfinden, der jüdischen Gemeinschaft auf der ganzen Welt zuzugehören, obwohl sie das Gebet um die Rückkehr nach Zion aus ihrer Liturgie entfernt hatten. Sie übernahmen die Führung im Protest gegen die mörderischen Judenpogrome in Rußland 1881–1882, und sie betrachteten unerschütterlich den Zaren und seine unterdrückerische Regierung als ihren Feind.

Der anerkannte Führer dieser amerikanischen Juden war der Finanzier Jacob Schiff (1847–1920). Er war ebenso herrisch und temperamentvoll wie drei Jahrhunderte früher Doña Gracia. Sie hatte den Papst bekämpft, während er den Kampf mit dem Zaren aufnahm, doch er war zu seiner Zeit

---

* Im »Liberty Song« von John Dickinson aus dem Jahr 1768 heißt es: »Then join hand in hand, brave Americans all! / By uniting we stand, by dividing we fall.«

weitaus erfolgreicher. Er ließ keinen Zweifel daran, daß er als Jude handelte, als er beschloß, die russische Regierung wegen ihrer erbarmungslosen und blutigen Angriffe gegen die Juden zu bestrafen. 1904 bewilligte Schiff einen 200-Millionen-Dollar-Kredit an die japanische Regierung, die sich mit Rußland im Krieg befand. Nach dem Sieg Japans erhielt er einen Orden und war der erste Ausländer, der zu einem Essen in den Kaiserpalast geladen wurde.

Selbst die erfolgreichsten Juden in den USA im 19. Jahrhundert – einschließlich des mächtigen Jacob Schiff – machten sich keine Illusionen; sie wußten, daß ihr Jüdischsein gleichbedeutend war mit Anderssein. Sie mußten ihre eigene Gesellschaft parallel zu ihren nichtjüdischen Nachbarn organisieren, die mit ihnen außer geschäftlichen Dingen kaum etwas zu tun hatten. Doch ihr höchstes Streben wollten sie nicht aufgeben: Amerika sollte sie als einen Teil seiner Elite begreifen. Es war kein Zufall, daß Isaac Meyer Wise und seine Gemeinde ihrer Synagoge an der Plum Street ein arabisches Äußeres verliehen. Sie wollten an das Goldene Zeitalter in Spanien erinnern, als Juden Minister muslimischer Kalifen und des christlichen Königshauses waren und als muslimische Philosophen ebenbürtig anerkannt wurden. Diese Hausierer, die in Amerika zu Handelskönigen aufgestiegen waren, konnten einen solchen Rang nur erreichen, indem sie behaupteten, zu den Spitzen eines großen Volkes zu gehören. Sie wollten sich in der umgebenden Gesellschaft Respekt verschaffen, indem sie sich als ein Volk von adliger Herkunft darstellten.

Benjamin Disraeli, der Fürst des Parlaments

Die verblüffende Idee, daß der lange Zeit verachtete und verfolgte Jude in Wirklichkeit an der Spitze des Adels stand, verkörperte sich im 19. Jahrhundert am deutlichsten in Benjamin Disraeli (1804–1881), dem Premierminister des viktorianischen England. Man hätte erwarten können, daß er versuchen würde, seine jüdische Herkunft zu vertuschen, wie so viele Taufjuden es getan hatten, oder sich wie Karl Marx vom jüdischen Volk loszusagen, indem er zu einem maßlosen Antisemiten würde. Doch Disraeli strich im Gegenteil seine jüdische Abstammung heraus und machte daraus eine Rüstung, von der die Wurfgeschosse und Pfeile seiner antisemitischen Verleumder abprallten.

Statt mit dreizehn Jahren seine Bar Mizwa zu feiern, wurde Benjamin anglikanisch getauft. Sein Vater Isaac D'Israeli war ein überzeugter Deist, der der spanisch-portugiesischen Synagoge in London angehörte, bis er mit deren Führung in einen erbitterten Streit geriet. Die Gemeinde stellte ihn vor die Wahl, das Amt eines Synagogenleiters zu übernehmen oder eine empfindliche Geldbuße in Höhe von vierzig Pfund zu bezahlen.* Isaac D'Israeli lehnte empört beides ab, und der Streit zog sich über mehrere Jahre hin. Als sein orthodoxer Vater starb, zog D'Israeli sich aus der Synagoge zurück und ließ seine fünf Kinder taufen. Isaac selbst blieb ein nicht praktizierender Jude und schrieb Bücher und Aufsätze über jüdische Themen, darunter auch eine Huldigung an Moses Mendelssohn.

Der junge Benjamin erhielt eine gründliche Ausbildung im christlichen Glauben, und anscheinend nahm er seine neue Religion sehr ernst. Dennoch las er auch weiterhin jüdische Bücher aus der Bibliothek seines Vaters. Benjamin verlegte sich bald auf das Schreiben von Romanen, in deren Protagonisten sich eine leidenschaftliche Unterströmung jüdischer Empfindungen verriet. Obwohl er ein Leben als gläubiger Christ führte, blieb Benjamin bis an sein Lebensende im Herzen ein Jude und sogar ein Chauvinist.

Wie verhielt sich Benjamin Disraeli gegenüber diesem Pa-

---

* Der Leiter der Synagoge war unter anderem auch für deren finanziellen Unterhalt verantwortlich. Soweit er die hierzu benötigten Mittel nicht von den Gemeindemitgliedern einsammeln konnte, mußte er den fehlenden Betrag aus der eigenen Tasche bezahlen, so daß dieses Amt für den Vater D'Israelis eine schwere finanzielle Bürde dargestellt hätte.

radox? Er hing der Vorstellung an, daß das Wesen eines Volkes durch sein genetisches Erbe, sein Blut bestimmt werde. Damals verbreitete sich in Europa die Idee unterschiedlicher Menschenrassen. Einige Sozialisten pflichteten den Reaktionären bei, von denen die Juden die abscheulichste und zersetzendste aller Rassen verteufelt wurden. Disraeli, der mit seinen schwarzen Locken, vollen Lippen und seiner krummen Nase ein klassisches semitisches Äußeres aufwies, trug seine eigene Theorie vor – daß die jüdische Rasse die mit Abstand talentierteste auf der Welt und der illustre Disraeli selbst das beste Beispiel hierfür sei. In Disraelis erstem Roman *Alroy* führt der jüdische Held einen Aufstand zur Rückeroberung des Heiligen Landes von den Babyloniern an. Alroys Machtgier hat die Niederlage seines Heeres zur Folge. Doch er erlangt für sich selbst Erlösung, indem er sich weigert, seinem Glauben abzuschwören (eine eigenartige Wendung der Dinge aus der Feder des konvertierten Disraeli). Durch die Person und den Charakter Alroys sieht Disraeli sich selbst in der Rolle eines Führers der Juden, der sein Volk mit dem Schwert in der Hand nach Palästina zurückbringt. Es lag eine trotzige Kühnheit in der Veröffentlichung eines solchen Romans zu einer Zeit, da er im Begriff stand, eine politische Laufbahn einzuschlagen und einen Sitz im britischen Parlament zu erringen.

Disraeli hielt es für besonders bedeutsam, daß Gott sich zuerst und vor allem den Juden geoffenbart hatte. Das Christentum selbst ist die Religion, die von Juden definiert wurde, die Gott zu seinen Sendboten auf Erden bestimmt hatte. In seinem 1847 erschienenen Roman *Tancred or the New Crusade* läßt er eine Jüdin zum Protagonisten des Romans sagen:

»›Vorherbestimmt von dem Schöpfer der Welt vor ungezählten Zeitaltern! Und mit solch einer Lehre, die allen Raum und alle Zeit umfaßt, ja mehr, ja mehr noch, das Chaos und die Ewigkeit, mit göttlichen Personen als Trägern des Geschehens und der Erlösung des Menschengeschlechtes als Ziel – wie könnt Ihr damit die erbärmliche Verfolgung einer einzelnen Rasse vermengen! Dieses Christentum der Praxis findet sich nicht in Euren christlichen Büchern, die alle von Juden geschrieben sind; es muß von einer der Kirchen herrühren, von denen Sie sprachen. Uns verfolgen, uns! Glaubtet Ihr, was Ihr herbetet, Ihr müßtet knien vor uns! Ihr errichtet Standbilder dem Helden, der ein Land rettete. Wir haben das Menschengeschlecht gerettet, und Ihr verfolgt uns – weil wir es taten.‹ Als Tancred aufsah, um Antwort zu geben, fand er sich allein.«[5]*

Was bezweckte Disraeli mit dieser Lehre von der Überlegenheit? Er selbst betrachtete sich als den Führer der Juden, schon zu Beginn seiner Laufbahn, als »ganz London« in ihm einen aufgeputzten Gecken sah. Jemand beschrieb seinen Aufzug einmal mit folgenden Worten: »Ein schwarzer, mit Atlas gesäumter Samtrock, purpurrote Hosen mit einem Goldband auf den Außennähten, eine scharlachrote Weste und lange Spitzenrüschen, weiße Handschuhe und darüber mehrere Brillantringe und lange, schwarze Ringellocken bis auf die Schultern.« Disraeli spielte den Prinzen aus Tausendundeiner Nacht, und die Frauen lagen ihm zu Füßen. Als er innerhalb der Konservativen Partei, der politischen Vertretung des grundbesitzenden Adels, um deren Führung kämpfte, be-

---

* Die deutsche Übersetzung dieses Romans erschien 1936 in Berlin im Verlag Jüdische Buchvereinigung; der Übersetzer und Bearbeiter war Julius Elbau. Weder die Veröffentlichung des Romans in Deutschland noch die Art und Weise seiner Präsentation und Bearbeitung im dritten Jahr des Hitlerregimes waren zufällig. Es erforderte beträchtlichen Mut, die zitierte Passage in dem Buch zu belassen; trotzdem wurde manches weggelassen, so zum Beispiel der Schluß der zitierten Zeilen: »›Ich bin kein Ankläger‹, sagte Tancred mit Bewegung in der Stimme, ›und wäre ich es gewesen, so hätte mein Besuch in Bethanien mein Herz von solch dunklen Gedanken geläutert.‹ ›Wir teilen bestimmte Einsichten‹, sagte seine Gefährtin und erhob sich. ›Wir stimmen darin überein, daß die Hälfte der Christenheit eine Jüdin verehrt und die andere Hälfte einen Juden. Nun will ich Ihnen noch eine Frage stellen. Welche Rasse sollte Ihrer Meinung nach höherstehen, die Angebeteten oder die Anbeter?‹ Als Tancred aufsah, um Antwort zu geben, fand er sich allein.« *Tancred or the New Crusade*, London und New York 1894, S. 195f.

tonte er bewußt seine noble jüdische Abstammung, um allen den Wind aus den Segeln zu nehmen, die versuchen sollten, ihn als einen echten Engländer in Frage zu stellen. Auf dem Gipfel seiner Karriere, zu der zwei Amtszeiten als Premierminister gehörten, wurde Disraeli ein enger Freund Königin Victorias. Er schmeichelte ihr und entzückte sie, was er unter anderem damit erreichte, daß er immer wieder betonte, er sei der Abkömmling des ältesten und erhabensten »arabischen« Stammes. Disraeli, der zum ersten Earl of Beaconfield geadelt wurde, war der Meinung, er habe ein Anrecht auf seine Stellung innerhalb der Spitzen der britischen Gesellschaft, da er von David und Salomo abstamme und insofern den überdauernden Adel der Juden repräsentiere.

Disraeli schreckte weder in der nationalen noch in der internationalen Politik vor der Judenfrage zurück. Im eigenen Land führte er den Kampf um die volle Integration der Juden in die Gesellschaft. Er kam seinem Freund Baron Lionel de Rothschild zu Hilfe, der viermal in seinem Wahlkreis die Wahl gewonnen hatte, aber sein Mandat im Unterhaus nicht wahrnehmen konnte, weil es seine Würde als Jude verletzt hätte, den Amtseid auf die christliche Bibel zu leisten. Bis auf den heutigen Tag befindet sich in dem Kasten vor dem Pult des Speakers im Unterhaus neben der englichen Bibelversion des Alten und Neuen Testaments eine hebräische Bibel, die von Disraeli eingeführt wurde und auf die die jüdischen Abgeordneten ihren Amtseid ablegen können.

Auf dem Berliner Kongreß 1878 kam Disraeli mit dem respekteinflößenden deutschen Kanzler Otto von Bismarck zusammen. Sie schufen ein Gleichgewicht der Mächte in Europa, das eine Generation lang Bestand hatte, bis Kaiser Wilhelm II. Deutschland in den Ersten Weltkrieg führte. Auf dem Kongreß weigerte sich Disraeli, ein unabhängiges Rumänien anzuerkennen, solange diese Nation den Juden keine verfassungsmäßig verankerten staatsbürgerlichen Rechte zugestand. Die Rumänen protestierten, doch schließlich mußten sie Disraelis Bedingungen akzeptieren, auch wenn sie später diese Zusage nicht einhielten. Nach diesem Kongreß äußerte Bismarck sich bewundernd über Disraeli: »Der alte Jude, das ist der richtige Mann!« Er akzeptierte Benjamin Disraeli als den wahrhaft weisen Mann Europas.

Bis an sein Lebensende blieb Disraeli praktizierender Christ, bestand jedoch hartnäckig und unbeirrbar darauf, sich als Jude – als anders als die anderen – zu verstehen. Disraeli kleidete diese Selbstdefinition in eine übertriebene Rhetorik über die Überlegenheit der jüdischen Rasse. Er brachte diese Auffassung zwar in einer romantischen und sentimentalen Sprache zum Ausdruck, wußte jedoch genau, was das Besondere an den Juden war: Ihre Religion hatte als Kritik am Heidentum begonnen und setzte sich als ein Aufruf zur moralischen Verantwortung an die gesamte Menschheit fort. Disraeli erkannte als einer der ersten modernen Menschen, daß die Verbindung der Juden zur Heimat ihrer Vorväter, zum Heiligen Land, für das Einzigartige an den Juden von zentraler Bedeutung war. Bereits in den dreißiger Jahren des vorigen Jahrhunderts, noch vor dem Aufkommen des modernen Zionismus, verfiel er auf die Idee, im Heiligen Land ein jüdisches Gemeinwesen wiedererstehen zu lassen. Und er richtete die politischen Interessen Englands auf den Vorderen Orient, indem er mit Baron de Rothschild vereinbarte, den Bau des Suezkanals zu finanzieren.

Disraeli hat anscheinend nie dieselbe Art einer Verbindung zwischen seinem Jüdischsein und seinem sozialen Gewissen hergestellt. Doch immerhin war er der Begründer der konservativen Denkschule, die auf der Vorstellung beharrte, daß die Verteidiger der überkommenen Gesellschaftsstruktur sich der Armen annehmen müßten. Indem er mindestens einen Teil der britischen Torys dazu bewog, nicht nur die eigenen Interessen zu verteidigen, sondern auch nach dem Grundsatz »Noblesse oblige« zu handeln, brachte Disraeli eine fundamentale religiöse Lehre der Juden zum Ausdruck. Im Judentum ist Mildtätigkeit als eine Verpflichtung vorgeschrieben. Disraeli hat sich vermutlich nie mit diesem Text beschäftigt, doch er konfrontierte die Konservativen mit der goldenen Regel, die der weise Hillel zwei Jahrtausende zuvor formuliert hatte: »Tue nichts, was dir hassenswert erscheint, einem anderen an.«

Es war nicht die Absicht Disraelis, ein Modell zu entwerfen, in welcher Weise sich das Anderssein der Juden in aufeinanderfolgenden Generationen äußern würde, doch er definierte letztlich den modernen, säkularen Juden. Die wichtigsten Elemente dieser Identität waren der Stolz auf die jüdische Vergangenheit, das Gefühl der Besonderheit, das Eintreten für jüdische Rechte, Schutz der Armen und die einbekannte Sehnsucht nach einer Rückkehr in das Gelobte Land. Es ist faszinierend und eigentlich paradox, daß die Formulierung dessen, was das Wesen eines Juden ausmacht, von einem zum Christentum konvertierten Juden stammte. Sie läßt sich in drei Begriffen zusammenfassen: Gruppenstolz, jüdischer Nationalismus und soziale Verantwortung. Jüdische Religion und jüdische Kultur ließ er unerwähnt, weil sie für ihn keine besondere Bedeutung hatten. Dasselbe läßt sich von vielen heutigen Juden sagen. Sie sind »stolz darauf, Juden zu sein«, erdulden die Leiden aller Juden, aber sie haben keine Zeit für jüdische Studien, und sie meiden jene uranfängliche göttliche Autorität, den Gott ihrer Väter.

13
Zwei radikale Lösungen

Während meiner Studienzeit wohnte ich weiterhin in meinem Elternhaus inmitten tiefster chassidischer Orthodoxie. Mit dem Herzen war ich immer noch dort – und bin es im Grunde bis heute geblieben –, doch mein Verstand führte mich auf einen neuen Weg. Eigentlich hatte es schon viel früher begonnen, als ich die neunte oder zehnte Klasse der High-School besuchte. In meinem jugendlichen Sturm und Drang hatte ich mich einer sozialistisch-zionistischen Jugendgruppe namens Gordonia angeschlossen, benannt nach A. D. Gordon, dem bedeutenden geistigen Führer der »Zurückaufs-Land«-Bewegung im jüdischen Palästina. Später auf dem College begeisterte ich mich bald für linke politische Ideen, denn in den dreißiger Jahren stand ein echter Intellektueller politisch links. In Spanien herrschte Bürgerkrieg, und die Unerschrockensten in der amerikanischen Linken meldeten sich freiwillig, um auf der Seite der spanischen Republik gegen die faschistischen Aufständischen unter General Franco zu kämpfen.

Gegen Ende meines ersten Studienjahres an der Johns Hopkins University wurde ich unmittelbar mit dem konfrontiert, was man als die Krise des modernen Judentums bezeichnen könnte – dem Konflikt zwischen Gefühl und Verstand, zwischen meinen tiefsten inneren Überzeugungen und den Werten und Zielen einer modernen Ideologie. Der Führer der kommunistischen Studenten wollte mich anwerben. Da er als »große Nummer« auf dem Campus galt, fühlte ich mich durch sein Interesse an mir natürlich geschmeichelt. Aber ich hatte zunächst einige Fragen an ihn. Ich wollte von ihm wissen, ob er wirklich glaube, daß die Revolution in Amerika Erfolg haben könne. Er war von ihrem Sieg überzeugt, denn schließlich habe die Große Depression den amerikanischen Kapitalismus ein für allemal diskreditiert. Ich bohrte weiter: Wird dann die Religion fast ganz verboten werden, so wie in der Sowjetunion? Ohne zu zögern antwortete er, daß die Revolutionsregierung dies tun werde, sobald sie in den Vereinigten Staaten die Macht übernommen habe. Was würde dann mit meinen Eltern geschehen? Ich wollte darauf hinaus, daß sie niemals ihren Glauben aufgeben würden. Er antwortete, daß sie wahrscheinlich in irgendeinem amerikanischen Gegenstück zu Sibirien landen würden, vielleicht in einem Lager in Idaho. Oder, wie er dunkel andeutete, es könnte auch noch schlimmer kommen, falls sie sich als Konterrevolutionäre entpuppten. Daraufhin erklärte ich ihm, daß er mich also aufforderte, mich auf die Seite von Leuten zu schlagen, die das Leben meiner Eltern zerstören würden. Dieser Preis für all die angeblichen Herrlichkeiten und Wunder, die die Revolution mit sich bringen würde, war mir zu hoch – und so wurde ich niemals Kommunist.

Nach diesem Gespräch war ich auch nicht mehr der glühende sozialistische Zionist, der ich noch wenige Tage zuvor gewesen war. Ich war mit dem Kopf auf die erschreckende Tatsache gestoßen worden, daß radikale Lösungen für gesellschaftliche Probleme immer auf Kosten bestimmter Individuen gehen. Manche Juden verschrieben sich nur allzu bereitwillig der kommunistischen Idee, weil sie mit der Welt ihrer Vorfahren radikal brechen wollten. Diese Haltung war sogar innerhalb der zionistischen Bewegung anzutreffen. Manche Zionisten erklärten sich zu »neuen Juden« und forderten ihre Anhänger auf: Lassen wir die Diaspora und ihre kranke Kultur hinter uns. Begraben wir die Vergangenheit und bauen wir in Palästina eine völlig neue Gesellschaft auf, eine Gesellschaft, die auf eine Art jüdisch sein wird, wie sie sich unsere Vorfahren nie hätten träumen lassen. Theodor Herzl, der Begründer des politischen Zionismus, hegte keinerlei persönliche Abneigung gegen die jüdische Vergangenheit, aber sein Leben war so völlig außerhalb der jüdischen

Tradition und Gemeinschaft verlaufen, daß er sich den zukünftigen Judenstaat nur als eine Variante der westlichen Gesellschaft ohne einen eigenen jüdischen Charakter vorstellen konnte.

Die Zionisten und die jüdischen Kommunisten verkörperten eine moderne Antwort des Judentums auf den Antisemitismus: Sie setzten sich zur Wehr. Leo Trotzkij und Rosa Luxemburg wollten die Weltrevolution für die ganze Menschheit erkämpfen und eine neue Gesellschaft errichten, in der Antisemitismus und Religion in einem ausgerottet würden. Herzl wollte die Juden aus allen bestehenden Gesellschaften wegbringen, in denen sie auch künftig von Antisemiten verfolgt würden. Sobald die Juden ihren eigenen Staat hätten, so Herzl, würden sie auch die Macht haben, sich zu wehren. Herzls erste Handlung als Zionist bestand darin, jüdische Studenten zur Gründung von Burschenschaften, »schlagenden« Verbindungen aufzurufen. Herzl und Trotzkij, wären sie sich je begegnet, hätten sich wahrscheinlich nicht gemocht, aber beide waren der Meinung, daß die Juden nicht länger untätig zusehen konnten, wie andere über ihr Schicksal bestimmten.

Im ganzen 19. Jahrhundert ging die Mehrheit der Juden in Mittel- und Westeuropa immer noch davon aus, daß sich der Judenhaß allmählich verlieren würde, doch statt dessen schien er neu aufzuflammen. In den letzten Jahrzehnten vor der Jahrhundertwende wurden in Deutschland und Österreich antisemitische Parteien gegründet. In Frankreich vertraten Parteien der Rechten wie der Linken antisemitische Positionen. Und so gelangten einige Juden zur Ansicht, daß eine radikale Lösung gefunden werden müsse, um dem Antisemitismus ein für allemal ein Ende zu machen. Wenn der große Kampf der modernen Juden für die Emanzipation nicht durch Assimilation an die nichtjüdische Gesellschaft gewonnen werden konnte, dann mußten die Juden ihren eigenen Nationalstaat gründen, der so jüdisch sein würde, wie Deutschland deutsch war. Sie würden ihre Befreiung erlangen, indem sie mit einem kühnen, unerwarteten Schritt jenen den Rücken kehrten, die sich weigerten, Juden als Ebenbürtige zu behandeln. Diese Haltung fand ihren höchsten Ausdruck in der kurzen, kometenhaften und strahlenden Karriere Theodor Herzls (1860–1904). Eine Generation vor ihm hatte sich Benjamin Disraeli als einen semitischen Fürsten gesehen, der die Juden heroisch nach Zion zurückführte. Theodor Herzl, mit demselben Hang zur Theatralik, wies sich dieselbe Rolle zu. Mit seinem langen, eckig geschnittenen schwarzen Bart erinnerte Herzl an einen König aus dem alten Israel. Der entscheidende Unterschied zwischen den beiden Männern war, daß Disraeli (dessen Romane Herzl gelesen hatte) seine Phantasien nur in seiner Prosa auslebte, während Herzl, der nicht durch Staatsgeschäfte in Anspruch genommen war, politisch aktiv wurde, um seinen Traum von der Gründung eines Judenstaats zu verwirklichen.

Bevor Theodor Herzl 1895 Zionist wurde, verlief seine berufliche Laufbahn eher unspektakulär. Er hatte Theaterstücke geschrieben, die wenig Beachtung fanden, sowie einige reizvolle Aufsätze und – als Korrespondent der Wiener *Neuen Freien Presse* – kluge Berichte aus Paris verfaßt. Als Bühnenautor und Journalist wäre uns Theodor Herzl jedenfalls nicht als ein Mann in Erinnerung geblieben, der die Geschichte des 20. Jahrhunderts entscheidend geprägt hat.

Was Herzl jedoch vor anderen auszeichnete, war seine heldenhafte Suche nach einem wirksamen Gegenmittel gegen den Antisemitismus. Er war sein Leben lang dem Judenhaß begegnet – angefangen von seiner Schulzeit in Budapest, über sein Jurastudium bis hin zu der Zeit seiner schriftstellerischen Tätigkeit in Wien. Eine Bekehrung zum Christentum kam für Herzl nicht in Frage, obwohl er wohl einmal kurz mit dem Gedanken gespielt hat. Im ersten Eintrag seines berühmten Tagebuchs von 1895 heißt es:

»Zuerst hat mich die Judenfrage bitterlich gekränkt. Es gab vielleicht eine Zeit, wo ich ihr gern entwischt wäre, hinüber ins Christentum, irgendwohin. Jedenfalls waren das nur unbestimmte Wünsche einer jugendlichen Schwäche. Denn ich sage mir in der Ehrlichkeit dieser Aufschreibung ..., daß ich nie ernstlich daran dachte, mich zu taufen oder meinen Namen zu ändern.«[1]

Des ungeachtet machte Herzl 1892 angesichts des um sich greifenden Judenhasses in Österreich den Vorschlag, jüdische Kinder in großer Zahl taufen zu lassen. In seinem Tagebuch beschrieb er, wie er sich ein solches Ereignis vorstellte:

»Am hellichten Tage, an Sonntagen um zwölf Uhr, sollte in feierlichen Aufzügen unter Glockengeläute der Übertritt stattfinden in der Stefanskirche. Nicht verschämt, wie es einzelne bisher getan, sondern mit stolzen Gebärden. Und dadurch, daß die Führer Juden blieben, das Volk nur bis zur Kirchenschwelle geleiteten und selbst draußen blieben, sollte ein Zug großer Aufrichtigkeit das Ganze erheben. Wir Standhaften hätten die Grenzgeneration gebildet. Wir blieben noch beim Glauben unserer Väter. Aber unsere jungen Söhne sollten wir zu Christen machen, bevor sie ins Alter der eigenen Entschließung kämen, wo der Übertritt wie Feigheit oder Streberei aussieht.«[2]

Herzl erkannte jedoch schnell, daß eine solche »Lösung« nicht funktionieren würde. Viele Juden würden einen Übertritt zum Christentum ablehnen, und selbst jene, die dazu bereit gewesen wären, hätten wahrscheinlich trotzdem nicht in Frieden leben können.

Herzls Überzeugung, daß der Antisemitismus eine heilbare soziale Krankheit sei, geriet ins Wanken, als er im Januar 1895 von einem besonders widerwärtigen Schauspiel berichtete. Als Auslandskorrespondent in Paris erlebte er mit, wie man Hauptmann Alfred Dreyfus auf dem Exerzierplatz der École militaire öffentlich degradierte und anschließend zu lebenslanger Haft auf der Teufelsinsel verurteilte. Man hatte Dreyfus – der einzige jüdische Offizier im Generalstab der französischen Armee – fälschlich beschuldigt, den Deutschen Geheimdokumente zugespielt zu haben. Die Schmähungen des aufgebrachten Pöbels und die Rufe »Nieder mit den Juden!« veranlaßten Herzl, seine Bemühungen um eine Lösung der »Judenfrage« zu verstärken.

Anfang Juni 1895 traf sich Herzl mit Baron Moritz Hirsch, dem bedeutendsten jüdischen Philanthropen seiner Zeit, und bat ihn, sich dafür einzusetzen, Palästina für die Juden zu gewinnen. Der Baron tat das Anliegen des Journalisten als utopisch ab. Doch dieser Rückschlag entmutigte Herzl nicht. Unverzüglich verfaßte er eine Schrift mit dem Titel *Rede an die Rothschilds*, konnte aber niemanden dazu bewegen, beim französischen Zweig der berühmten Bankiersfamilie als Mittler aufzutreten. In zorniger Enttäuschung kehrte Herzl der jüdischen Elite den Rücken und wandte sich direkt an das jüdische Volk. Er arbeitete den Text zu einem kleinen Buch um, das im Februar 1895 unter dem Titel *Der Judenstaat* erschien und kurz darauf in fünf Sprachen übersetzt wurde. Herzl vertrat darin die These, daß das einzige Mittel gegen den Antisemitismus die Zusammenführung der Juden in einem eigenen Staatswesen sei, damit sie eine »normale Nation« würden. Solange dieses uralte Volk überall auf der Welt weiterhin eine Minderheit darstellte, würden die Juden immer wieder damit rechnen müssen, als Fremde ausgegrenzt und verfolgt zu werden. Das jüdische Volk sei erst dann sicher, wenn es in einem eigenen Staat die Mehrheit bilde, und zwar möglichst in der Heimat seiner Vorfahren.

Nach Herzls Vorstellung sollte der Judenstaat keine bestimmte kulturelle Ausrichtung haben. Als westliche Demokratie würde er sich auf die fortschrittlichen Prinzipien sozialer Gerechtigkeit stützen; die Bürger würden keinerlei kulturellen oder religiösen Zwängen unterliegen. Das jüdische Volk würde sich in einem eigenen Staat hauptsächlich nationalen und staatsbürgerlichen Belangen – und nicht der Erfüllung religiöser Pflichten oder dem Studium heiliger Texte – widmen.

Herzl erregte mit seinem Buch ungeheures Aufsehen, widersprach es doch einer Prämisse, von der die jüdische Politik im 19. Jahrhundert ausgegangen war: daß sich die Gesellschaft zu mehr Toleranz und Demokratie hin entwickle und jeder noch verbliebene Antisemitismus eine Abweichung von der Norm sei, ein Relikt mittelalterlichen Denkens. Herzl bestritt, daß der Antisemitismus seinen Ursprung in dem Vorwurf habe, daß die Juden Jesus als den Sohn Gottes ablehnten. Seiner Einschätzung nach war der Judenhaß in seiner modernen Ausprägung eine Form der Fremdenfeindlichkeit, des Hasses gegen alles Andersartige. Die Juden seien Zielscheibe dieses Hasses, weil sie länger und in mehr Gesellschaften als jede andere Bevölkerungsgruppe eine Minderheit gewesen seien. Herzl wußte nicht, daß Leon Pinsker bereits 1882 in einer Broschüre mit dem Titel *Autoemanzipation* dieselbe These vertreten hatte; Pinsker stammte allerdings aus Odessa in der Ukraine und hatte seine Streitschrift als Reaktion auf die rapide um sich greifenden Pogrome im zaristischen Rußland verfaßt. Herzl erkannte, daß sich der Antisemitismus in Wien und Paris, den Zentren der aufgeklärten westlichen Welt, von dem Antisemitismus in der ukrainischen Provinz nicht wesentlich unterschied und daß er eine starke und gefährliche Triebkraft bleiben würde. Er kam zu dem Schluß, daß den Juden nur zwei Auswege blieben: Entweder sie gingen fort und schufen ihren eigenen Nationalstaat, oder sie assimilierten sich vollständig an die jeweils dominante Kultur.

Herzl konnte nicht ignoriert werden, denn seine Idee stieß in Osteuropa, wo die Mehrheit des Weltjudentums noch immer unter der Knute des Zaren lebte, auf enormes Interesse. Auch in Deutschland, Frankreich, England, Österreich-Ungarn und sogar den Vereinigten Staaten fand Herzl begeisterte Anhänger. 1897 schlossen diese sich zusammen und gründeten die Zionistische Weltorganisation, die in Basel ihren ersten Kongreß veranstaltete. Am Eröffnungsabend entschied Herzl, daß nur Delegierte in Gesellschaftskleidung den Saal betreten dürften. Allerdings erbot er sich, mittellosen Juden die Leihgebühr für die erforderliche Garderobe aus eigener Tasche zu bezahlen. Ihm lag viel daran, daß die Weltpresse diese Zusammenkunft als erste Sitzung eines Nationalparlaments auf dem Weg zu einem Judenstaat auffaßte, und deshalb war der festliche Rahmen des Kongresses von größter Bedeutung. Herzl schrieb in sein Tagebuch, daß er in Basel den Judenstaat gegründet habe und daß in fünfzig Jahren die ganze Welt anerkennen werde, was er an diesem Abend bereits gewußt habe. Knapp einundfünfzig Jahre später, am 14. Mai 1948, wurde in Palästina der Staat Israel ausgerufen.

In seinen letzten acht Lebensjahren (er starb 1904 im Alter von vierundvierzig Jahren) schuf Herzl die zionistische Bewegung und ihre wichtigsten Institutionen. Diese eindrucksvolle Leistung war nicht zuletzt Herzls überragender Persönlichkeit zu verdanken. Seine Anhänger waren von ihm fasziniert, und selbst viele Zionisten, die seine Politik ablehnten, betrachteten ihn als einen modernen Mose. Der türkische Sultan und der Papst in Rom empfingen ihn wie einen Würdenträger, obwohl er keine bestehende Macht repräsentierte, sondern lediglich den Traum von einem jüdischen Staat. Die Trauer über seinen Tod war in der modernen Geschichte der Juden ohne Beispiel. Zehntausende eilten nach Wien zu seiner Beerdigung, und auf der ganzen Welt fanden in jeder größeren jüdischen Gemeinde Gedenkfeiern statt.

Herzl verfolgte sein Lebensziel mit außergewöhnlicher Geradlinigkeit und Klarsicht. Er wollte die Juden von ihrem Anderssein befreien. Hat er sein Ziel erreicht? Diese Frage wird gemeinhin bejaht. Er stampfte eine Nationalbewegung aus dem Boden und war der Gründungsvater eines jüdischen Staates. Doch das eigentliche Anliegen, dem Herzl sich verschrieben hatte, konnte er nicht verwirklichen: Der Zionismus konnte das Anderssein der Juden nicht beenden. Der Judenstaat gab den Juden ein neues Selbstbewußtsein und befreite sie von einigen Komplexen und Ängsten, unter denen ein machtloses Volk litt, ein Volk, das nirgendwo auf der Welt einen Hafen oder einen Flugplatz besaß, der es ihm ermöglicht hätte, verfolgte Juden aufzunehmen. Aber er hat dem Antisemitismus kein Ende gemacht. Der Zwist mit den Arabern, den Herzl gerne vermieden hätte, hat in weiten Teilen der muslimischen Welt einen starken Judenhaß erzeugt. Die arabischen Feinde Israels glauben, das Heilige Land nicht gegen die Zionisten, sondern gegen eine jüdische Weltverschwörung gegen die Araber verteidigen zu müssen. Ironischerweise hat Herzls Zionismus, mit dem er das gespannte Verhältnis zwischen Juden und Christen überwinden wollte, das Problem lediglich vom Okzident in den Orient verlagert.

In mancher Hinsicht ist Israel ein ganz gewöhnlicher Staat mit einem jüdischen Präsidenten, einem jüdischen Ministerpräsidenten, jüdischen Generälen, Botschaftern und allem, was staatliche Souveränität noch mit sich bringt. Und doch ist Israel kein x-beliebiger Staat innerhalb der Staatengemeinschaft. Herzl träumte von jüdischer »Normalität«, aber er hat nicht gesehen, daß die Juden niemals bereit sein würden, wie alle anderen zu werden, weder in der Diaspora noch in ihrem eigenen Land. Das Anderssein des jüdischen Volkes ist nicht an Staatsgrenzen gebunden; es ist eine Geisteshaltung.

Herzl war sich zeitlebens der Tatsache bewußt, daß er seine Machtlosigkeit aufgrund seines Judeseins niemals würde überwinden können. Natürlich wußte er, daß es Möglichkeiten gab, bestimmte Diskriminierungen zu umgehen, vor allem durch die Taufe, aber Herzl hatte seinen eigenen Stolz. Wer sich taufen ließ, um Professor oder Intendant eines Staatstheaters zu werden, hätte in seinen Augen seine Seele verkauft. Ein solcher Schritt wäre weit unehrenhafter gewesen, als im Ghetto mit alten Kleidern zu handeln.

Herzl war überzeugt, daß der Judenstaat innerhalb von fünfzig Jahren, möglicherweise sogar noch zu seinen Lebzeiten, gegründet würde. Vielleicht nannte er in seinem Tagebuch die Zahl fünfzig, weil er hoffte, das Ereignis noch selbst zu erleben; er wäre dann 86 Jahre alt gewesen. Tatsächlich war der erste Präsident des Staates Israel, Chajim Weizmann, der sich in Herzls Bewegung von Anfang an engagiert hatte, bei seinem Amtsantritt fast 84 Jahre alt.

Rosa Luxemburg: Die Schuld des Opfers

War der Zionismus die erste radikale Antwort auf das Fortbestehen des Antisemitismus in Europa, so war die sozialistische Revolution, die Schaffung einer »klassenlosen Gesellschaft«, die zweite. Die Mehrheit der Juden, die sich den revolutionären Kadern anschlossen, versuchte nicht nur, den Antisemitismus zu bekämpfen, sondern war auch verzweifelt bemüht, ihr eigenes Judentum zu leugnen. Viele brillante junge Juden schlossen sich der Revolutionsbewegung an und opferten bei mißglückten Attentatsversuchen auf den Zaren oder in politischen Aufständen in Rußland und Mitteleuropa ihr Leben.

Die echten jüdischen Marxisten hatten nicht die geringsten Zweifel daran, daß die Revolution von ihnen verlangte, jede Bindung an die jüdische Gemeinde zu lösen und ihre Identität als Juden aufzugeben. Das galt auf jeden Fall für die charismatische, aber letztlich tragische Revolutionsheldin Rosa Luxemburg (1871–1919). Sie kam in der polnischen Stadt Zamosc zur Welt, wo einige Jahre zuvor auch einer der großen jiddischen Schriftsteller, J. L. Perez, geboren wurde. Als Rosa drei Jahre alt war, zog die wohlhabende Kaufmannsfamilie nach Warschau, da sie sich in der von jiddischsprechenden orthodoxen Juden beherrschten Gemeinde in Zamosc fremd fühlte. Noch als Schulmädchen schloß sich Rosa der polnischen Revolutionsbewegung in Warschau an. 1898 ging sie nach Deutschland, wo sie – ganz, wie es sich für eine Revolutionärin bürgerlicher Herkunft gehörte – einen nichtjüdischen Drucker – einen Mann aus der Arbeiterklasse – heiratete und dadurch deutsche Staatsbürgerin wurde. Luxemburg sollte bald eine führende Persönlichkeit im revolutionären linken Flügel der deutschen sozialistischen Bewegung und eine Mitstreiterin Wladimir Iljitsch Lenins und Leo Trotzkijs werden.

Zeit ihres Lebens lehnte Rosa Luxemburg es ab, sich mit ihrer jüdischen Herkunft zu identifizieren oder irgendeine politische Frage auch nur für einen Augenblick von einem jüdischen Standpunkt aus zu betrachten. Sie erinnerte sich zwar noch gut daran, wie sie sich 1881 als Zehnjährige in Warschau in einem Hauseingang versteckt hatte, während der Pöbel an ihr vorbeigerannt war und »Tod den Juden!« gebrüllt hatte. Aber sie warf den Juden später vor, daß sie an ihrem Anderssein festhielten. Sie vertrat die Ansicht, daß Pogrome am besten dadurch zu verhindern seien, daß die Juden sich assimilierten und verschwanden: »Was willst Du mit den speziellen Judenschmerzen?« schrieb sie in einem Brief an Mathilde Wurm vom 16. Februar 1917. »Mir sind die armen Opfer der Gummiplantagen in Putumayo, die Neger in Afrika, mit deren Körper die Europäer Fangball spielen, ebenso nahe. Weißt Du noch die Worte auf dem Werke des Großen Generalstabs über den Trothaschen Feldzug in der Kalahari: ›... Und das Röcheln der Sterbenden, der Wahnsinnsschrei der Verdurstenden verhallten in der erhabenen Stille der Unendlichkeit.‹ O diese ›erhabene Stille der Unendlichkeit‹, in der so viele Schreie *ungehört* verhallen, sie klingt in mir so stark, daß ich keinen Sonderwinkel im Herzen für das Ghetto habe: ich fühle mich in der ganzen Welt zu Hause, wo es Wolken und Vögel und Menschentränen gibt.«[3] Rosa Luxemburg war auch gegen die Bildung einer eigenen jüdischen Sektion innerhalb der sozialistischen Bewegung und blieb bis zum Schluß eine überzeugte Befürworterin der Assimilation. Während der revolutionären Unruhen Anfang 1919 in Berlin wurden Rosa Luxemburg und Karl Liebknecht, mit dem sie gemeinsam eine kommunistische Zeitung herausbrachte, von Offizieren der Freikorps umgebracht.

Leo Trotzkij: Ein Leben lang Bronstein

Leo Trotzkij (1879–1940), der unter dem Namen Leib Dawidowitsch Bronstein zur Welt kam und den russischen Namen Trotzkij annahm, als er Revolutionär wurde, war wie Rosa Luxemburg davon überzeugt, daß die Probleme der Juden nur durch eine Weltrevolution gelöst werden könnten. Trotzdem begegneten Trotzkij und Luxemburg der Judenfrage in unterschiedlicher Weise. Rosa Luxemburg hatte nichts übrig und mit Sicherheit kein Mitgefühl für die Leiden der Juden als besonderes Volk. Trotzkij dagegen wußte, daß es Zeit brauchte, bis der Antisemitismus ausgerottet sein würde, und beteiligte sich deshalb 1905 an der Organisation bewaffneter jüdischer Gruppen, die sich im Fall von Pogromen zur Wehr setzen konnten. Als die russische Regierung sechs Jahre später in einem Prozeß gegen Mendel Beilis die aus dem Mittelalter stammende Beschuldigung des Ritualmordes wiederaufgriff, warf Trotzkij ihr vor, daß sie mit dieser ungeheuerlichen Anschuldigung die Juden zum Sündenbock mache.

Doch in den meisten Fällen ließ sich Trotzkij nicht von seinem orthodoxen Marxismus abbringen, auch wenn er wußte, daß sein Verhalten nach jüdischen Maßstäben unmoralisch war. Als Trotzkijs verarmter Vater nach der Revolution ein Paar Schuhe benötigte, weigerte sich sein Sohn, der zweitmächtigste Mann des Landes, sie für ihn zu beanspruchen. Und so mußte der alte Mann barfuß durch den Schnee laufen. »Wenn so viele Menschen keine Schuhe haben«, erklärte Trotzkij, »wie kann ich da für meinen Vater Schuhe verlangen?« Als sein unterernährter Vater 1922 an Typhus starb, ließ Trotzkij ihn nicht auf dem jüdischen Friedhof beerdigen, sondern ordnete an, daß man den Leichnam auf dem Gut der Familie bestattete.

Wie Marx glaubte auch Trotzkij, daß die Religion das Opium des Volkes sei, weil sie falsche Hoffnungen auf eine zukünftige Welt wecke und die Menschen vom revolutionären Kampf ablenke. Die Menschheit könne nur dadurch erlöst werden, daß sich die Arbeiter auf der ganzen Welt zusammenschlössen und eine neue Weltordnung errichteten, die auf dem Prinzip ökonomischer Gerechtigkeit beruhe. Nach der bolschewistischen Revolution wandten sich die Juden hilfesuchend an Trotzkij, weil ihre Synagogen und Schulen geschlossen wurden, doch er verweigerte ihnen seine Unterstützung. Als der Oberrabbiner von Moskau, Jakob Mazeh, ihn beschwor, seine Gemeinde zu verschonen, reagierte der Revolutionsführer ablehnend und klärte den Rabbiner kühl darüber auf, daß er sich nicht mehr als Jude betrachte. Darauf soll Mazeh geantwortet haben: »Die Trotzkijs machen die Revolutionen, aber die Bronsteins müssen dafür bezahlen.« Bei dieser Unterredung prallten zwei jüdische Geisteshaltungen aufeinander. Auf der einen Seite saß Trotzkij, der mächtige Kriegskommissar des bolschewistischen Regimes. Er hätte jederzeit den Befehl geben können, daß die Wachen den widerspenstigen Konterrevolutionär, der Mazeh war, in den Keller führten und erschossen. Aber der Rabbiner hatte keine Angst, Trotzkij ins Gesicht zu sagen, daß die Revolution die »Judenfrage« nicht aus der Welt schaffen werde, da jene, die durch die »Diktatur des Proletariats« aus ihren Positionen verdrängt wurden, unweigerlich die Juden dafür verantwortlich machen würden. Trotzkij wußte, daß der Rabbiner recht hatte. Die weißrussischen Truppen, die in einem Bürgerkrieg immer noch die Revolution bekämpften, veranstalteten überall Pogrome und hatten es besonders auf jüdische Kommunisten abgesehen.

Trotzkij sollte sein Leben lang Bronstein bleiben, selbst in den Augen seiner Genossen Lenin und Stalin. Lenin sagte einmal zu dem Schriftsteller Maxim Gorkij: »Trotzkij ist keiner von uns – er gehört zwar zu uns, aber er ist keiner von uns.« Stalin machte aus seiner Verachtung für Trotzkij, den er für einen »wurzellosen Kosmopoliten« und »Angehörigen einer fremden Rasse« hielt, kein Hehl. Trotzkij hatte sich große Mühe gegeben, seinen Familiennamen auszulöschen, denn er wollte die internationale Revolution unbedingt als

Russe anführen. Aber er sollte sein Leben lang ein Außenseiter bleiben. Wie der Rabbiner Mazeh prophezeit hatte, sollte Bronstein für sein Leben als Trotzkij teuer bezahlen.

In den dreißiger Jahren meldete die sowjetische Presse die Verhaftung von Trotzkijs jüngstem Sohn Sergej Sedow (er trug den Mädchennamen seiner Mutter), der angeblich einen Giftanschlag auf eine Gruppe von Arbeitern geplant hatte. Der sowjetische Geheimdienst versäumte es nicht, bekanntzumachen, daß Sergejs richtiger Name Bronstein war. Trotzkij, der in Mexiko im Exil lebte, beklagte sich bitter über diese Pressemeldung, da sie allein dazu diene, »meine jüdische Herkunft und die halbjüdische Herkunft meines Sohnes herauszustreichen«. Er warf Stalin vor, das mittelalterliche Klischee vom Juden als Brunnenvergifter wiederzubeleben. Stalin begnügte sich nicht damit, Trotzkijs jüngsten Sohn zu beseitigen; er sorgte dafür, daß schließlich alle Kinder Trotzkijs hingerichtet wurden. Nur ein Urenkel Trotzkijs hat überlebt; es heißt, daß er als orthodoxer Jude in Israel lebt. Während der Moskauer Schauprozesse zwischen 1936 und 1938 wurde Trotzkijs jüdische Herkunft immer wieder herausgestellt. Einige Altbolschewiki, die in der Revolution eine zentrale Rolle gespielt hatten, wurden hingerichtet, weil sie angeblich für einen »jüdischen Internationalismus« eingetreten waren, was als Brüskierung des sowjetischen Vaterlands betrachtet wurde. Trotzkij wurde in Abwesenheit schuldig gesprochen und zum Tode verurteilt.

Trotzkij sah voraus, daß Hitler in Europa Millionen von Juden vernichten würde, konnte sich jedoch mit dem Zionismus, den er immer wieder als »tragisches Trugbild« bezeichnete, nicht anfreunden. Im Juli 1940, einen Monat vor seiner Ermordung, erklärte er, daß die Zionisten Hunderttausende von Juden in eine Falle gelockt hätten, die zuschnappen werde, sobald die deutsche Armee in Palästina einfalle.

Am 20. August 1940 führte ein stalinistischer Agent im mexikanischen Goyoacán den Hinrichtungsbefehl Stalins aus, indem er Trotzkij einen Eispickel in den Kopf schlug. Sechs

Monate zuvor hatte Trotzkij in seinem Testament folgendes niedergeschrieben:

»Ich werde als proletarischer Revolutionär, als Marxist, als dialektischer Materialist und folglich als unbeirrbarer Atheist sterben ... Aber wie immer auch die Umstände meines Todes sein werden, ich werde sterben im unerschütterlichen Glauben an die Zukunft des Kommunismus. Dieser Glaube an den Menschen und seine Zukunft gibt mir eben jetzt eine Widerstandskraft, die mir keine Religion geben könnte.«[4]

Wenn Trotzkij glaubte, daß diese Worte die Welt davon überzeugen würden, daß Leib Dawidowitsch Bronstein nicht mehr existierte, so irrte er sich. Winston Churchill wußte, daß die Antisemiten dafür sorgen würden, daß Trotzkij Jude blieb. »Er war immer noch ein Jude«, schrieb Churchill. »Nichts konnte daran etwas ändern. Wie tragisch, wenn man seine Familie im Stich gelassen, sein Volk verleugnet, die Religion seiner Väter verachtet und Juden wie Nichtjuden mit derselben Mißachtung gestraft hat, und dann aus einem so engstirnigen Grund um den langersehnten Lohn gebracht wird!«

Das tragische Schicksal Trotzkijs ist ein immer wiederkehrendes Muster im neuzeitlichen Judentum. Seit Spinoza haben einige der brillantesten und kühnsten jüdischen Denker eine neue Welt entworfen, in der die Kategorien jüdisch und nichtjüdisch aufgehoben sind. Aber überall wurde dieser Traum einer Universalität von den alten Eliten und vom Pöbel als jüdische Verschwörung gegen die bestehende Gesellschaftsordnung angesehen. All die Bronsteins, die Trotzkijs werden wollten, wurden nicht zuletzt deshalb so gehaßt, weil sie von den Nichtjuden verlangten, daß auch sie ihre Vergangenheit hinter sich ließen.

14
Über die Schwierigkeit, Jude zu sein

Meine Porträtgalerie bedeutender moderner Juden ist noch nicht vollständig. Wir haben uns bisher mit Menschen befaßt, die entweder bereit waren, durch völlige Assimilation in der sie umgebenden Gesamtgesellschaft aufzugehen, oder die hartnäckig daran festhielten, immer noch wie im 16. Jahrhundert zu leben. Wir sind einigen jüdischen Denkern begegnet, die versucht haben, diese beiden Extreme miteinander zu versöhnen und eine moderne Form des Judentums zu entwickeln. Und wir haben berühmte Persönlichkeiten wie Theodor Herzl und Leo Trotzkij betrachtet, die die Judenfrage in einem kühnen Handstreich lösen wollten. Womit wir uns noch nicht beschäftigt haben, sind all jene Juden – und es gibt viele von ihnen –, für die ihr Judentum in der modernen Welt ein unlösbares Problem darstellt, eine schmerzvolle persönliche Erfahrung, ein Unglück, das sie wie eine angeborene unheilbare Krankheit empfinden.

Der deutsch-jüdische Schriftsteller und Philosoph Theodor Lessing (1872–1933) hat dieses Phänomen in seinem Buch *Der jüdische Selbsthaß* (1930) analysiert, eine Studie über jüdische Intellektuelle und ihren Hang zur Selbstverachtung. Seiner Ansicht nach wurden die Juden dazu gezwungen, am Rande der europäischen und asiatischen Kultur zu leben, was bei ihnen zu einer starken Vergeistigung und Dekadenz geführt habe. Um seine jüdische Identität abzustreifen, trat Lessing als junger Mann zum Protestantismus über. Als jedoch der Zionismus aufkam, wandte er sich erneut dem Judentum zu und identifizierte sich mit den neuen Juden, die in Palästina landwirtschaftliche Kollektivsiedlungen gründeten. Theodor Lessing kam nicht mehr dazu, zu Zion »aufzusteigen«. Er wurde 1933 von den Nazis ermordet. Sein Zeitgenosse Otto Weininger (1880–1903), ein Wiener Psychologe und Philosoph, konnte sich mit seiner jüdischen Herkunft nicht aussöhnen. Am Tag, an dem man ihm die Doktorwürde verlieh, trat er zum christlichen Glauben über; 1903 veröffentlichte er sein Hauptwerk *Geschlecht und Charakter*, eine antisemitische und frauenfeindliche Polemik. Noch im gleichen Jahr löste der Dreiundzwanzigjährige ein für allemal sein Judenproblem, indem er Selbstmord verübte.

Franz Kafka hat einmal geschrieben:

»Weg vom Judentum ... wollten die meisten, die deutsch zu schreiben anfingen, sie wollten es, aber mit den Hinterbeinchen klebten sie noch am Judentum des Vaters und mit den Vorderbeinchen fanden sie keinen neuen Boden. Die Verzweiflung darüber war ihre Inspiration.«[1]

Mit diesem Bild erfaßte Kafka den Kern des jüdischen Selbsthasses – das Dilemma all jener Juden, die das Bild verfluchen, das sie jeden Morgen im Spiegel sehen und dem sie nicht entfliehen können; die ihren Eltern vorwerfen, daß sie sie als Juden in die Welt gesetzt und ihnen wenig jüdischen Stolz, aber viel Schmerz mit auf den Weg gegeben haben.

Diese bedauernswerten Menschen, die ihr Judesein als Kainsmal ansehen, möchten die Erinnerung an ihre Vorfahren auslöschen, was ihnen jedoch nur selten gelingt. Diesem Phänomen bin ich in meinem Leben mehrmals begegnet. Das Zusammentreffen mit Menschen, für die ihr Judentum eine quälende Erfahrung ist, hat mich jedesmal tief erschüttert, und vielleicht ist das der Grund, weshalb sie mir im Gedächtnis geblieben sind.

Eine solche Begegnung ereignete sich Ende der vierziger Jahre, als ich in Nashville, Tennessee, Rabbiner war. Es gab nur eine Handvoll Liberale in der Stadt, die ich nach kurzer Zeit alle persönlich kannte. Einer von ihnen war der Sproß einer bekannten Politikerfamilie, dem es jedoch nicht gelungen war, in die Fußstapfen seiner Vorfahren zu treten. Als ich ihn kennenlernte, pflegte er sich über diese Tatsache hinwegzutrösten, indem er bei einigen Gläsern Bourbon Geschichten über seine Vorfahren erzählte. Eines Tages lud er mich auf seinen Familiensitz im Nachbarort ein. Nachdem wir im Wohnzimmer den unvermeidlichen Bourbon mit Wasser getrunken hatten, führte er mich in einen kleinen, im rückwärtigen Teil des Hauses gelegenen Lagerraum, der sich voller Gemälde befand. Am eindrucksvollsten war das Ölgemälde eines Mannes mit schwarzem Bart und traurigen Augen. Ich erkannte sofort, daß es sich um einen Juden handelte, und fragte ihn, wer der Mann sei. Er erzählte mir, es sei sein Großvater, ein jüdischer Hausierer, der sich in den fünfziger Jahren des 19. Jahrhunderts in Tennessee niedergelassen hatte und bei seiner Heirat zum Christentum übergetreten war. Mein Gastgeber fügte hinzu, daß niemand aus seiner Familie dieses Porträt je einem Außenstehenden gezeigt habe. Er wußte, daß dieses väterliche Erbteil seiner Karriere nicht gerade förderlich war; wenn er es zur Schau stellte, würde er seinen Feinden nur noch mehr Munition liefern. Als ich ihn fragte, warum er das Bild denn mir zeige, gab er zur Antwort, er habe es jemandem zeigen wollen, der Mitgefühl für seinen Großvater habe, für einen Mann, der fernab von seiner jüdischen Heimat ein einsames Leben geführt haben müsse. Bis heute frage ich mich, ob mein Gastgeber darum trauerte, daß ihm ein Teil seiner Vergangenheit vorenthalten worden war, oder ob er sich schämte, weil er seinen jüdischen Großvater immer noch in einer Kammer versteckte?

Ich könnte von zahlreichen ähnlichen Schicksalen berichten, werde mich jedoch auf vier bedeutende Persönlichkeiten des kulturellen Lebens beschränken, die mit dieser Art von jüdischer Ambivalenz gerungen haben – eine Haltung, die in manchen Fällen sogar in Selbsthaß umschlug.

Heinrich Heine:
»Getauft, aber nicht bekehrt«

Heinrich Heine hatte große Schwierigkeiten mit seinem Judentum, die sich durch seinen Übertritt zum Protestantismus nur noch verschlimmerten. Heine sehnte sich nach Anerkennung als deutscher Schriftsteller, aber man räumte ihm nie den ihm gebührenden Platz in der zeitgenössischen deutschen Literatur ein; er blieb »der Jude Heine«. Damit verkörperte er eines der tragischsten Schicksale in der Geschichte des modernen Judentums, den randständigen Juden, der sich innerhalb des Judentums zutiefst fremd fühlt, sich aber trotzdem nicht von ihm befreien kann.

Heine hatte von Anfang an die denkbar schlechtesten Voraussetzungen, um sich in der jüdischen Welt heimisch zu fühlen. In Düsseldorf, das damals noch zum napoleonischen Reich gehörte, schickten ihn seine Eltern (seine Mutter war Deistin, sein Vater ein gläubiger Jude mit bürgerlichen Ambitionen) auf eine Klosterschule des Franziskanerordens. Seine Lehrer versuchten ihn nicht zu bekehren, denn als Schüler Voltaires und als Kinder des neuen Zeitalters der Aufklärung neigten sie zu einer universalistischen Weltanschauung. Heines jüdische Erziehung war lückenhaft und ohne Bezug zu seinem täglichen Leben. Als junger Mann fühlte er sich dem Judentum zunehmend entfremdet. Der Rolle des Außenseiters überdrüssig, trat er in seinem ersten Studienjahr an der Bonner Universität in eine offen antisemitische christliche Burschenschaft ein. Aber bald war er durch ihren widerwärtigen Chauvinismus und ihr Keuschheitsgebot ernüchtert. Als seine Feinde schließlich das Gerücht in die Welt setzten, er habe sich eine Geschlechtskrankheit zugezogen, wurde dies von seinen Bundesbrüdern bereitwillig geglaubt, die ihn wegen »Unkeuschheit« aus der Verbindung ausschlossen.

Heine führte sein Studium in Berlin zu Ende, wo er auf eine Gruppe von Intellektuellen stieß, die sich unter der

Führung von Leopold Zunz für eine Renaissance des Judentums engagierten. Heine wurde Mitglied ihres »Vereins für Kultur und Wissenschaft des Judentums« und begann jüdische Geschichte zu studieren und zu lehren. Aber schließlich verlor er wieder das Interesse am akademischen Judaismus; ihm waren die altmodischen Schtetl-Juden Polens lieber als die arrivierten Juden Deutschlands. »Der polnische Jude«, schrieb er, »mit seinem schmutzigen Pelze, mit seinem bevölkerten Barte und Knoblauchgeruch und Gemauschel ist mir noch immer lieber als mancher in all seiner staatspapiernen Herrlichkeit.«[2] Aus dieser Äußerung ist Heines Verachtung für die halbassimilierten bürgerlichen deutschen Juden, wie seine Eltern und Verwandten es waren, deutlich herauszuhören. Nur unter den Juden, denen Heine auf einer Reise durch Polen begegnete, traf er auf so etwas wie jüdische Authentizität. Diese Juden hatten keine Nichtjuden zu Richtern über ihr Selbstwertgefühl gemacht, sondern sie traten noch ohne Scham vor den Gott ihrer Vorfahren.

Heine brachte eine Haltung zum Ausdruck, die Kafka und Franz Rosenzweig in den ersten beiden Jahrzehnten des 20. Jahrhunderts teilen sollten. Beide Männer waren tief beeindruckt von ihren Begegnungen mit jiddischsprechenden Juden, die völlig im Einklang mit ihrer jüdischen Tradition lebten. Aber Heine fand keinen Zugang zu dieser Welt, da er nicht »die Kraft [hatte], einen Bart zu tragen, zu fasten und zu hassen, und aus diesem Haß heraus zu vergeben«. Enttäuscht über sein Unvermögen, seinen Platz in der jüdischen Welt zu finden, bezeichnete sich der Dichter selbst als einen »Verächter aller positiven Religionen«.[3]

Trotz seines Zornes auf Judentum und Christentum trat er schließlich zum protestantischen Glauben über, da er für die Zulassung zur Promotion in Jura einen Taufschein benötigte. Er hatte sich nur widerstrebend zu diesem Schritt entschlossen: »Aber dennoch halte ich es unter meiner Würde und meine Ehre befleckend, wenn ich, um ein Amt in Preußen anzunehmen, mich taufen ließe.«[4] Später schrieb er: »Kein

Jude kann je an die Göttlichkeit eines andern Juden glauben.«[5] Doch der Taufschein, den Heine als sein Entree in die westliche Gesellschaft bezeichnete, brachte ihm keine Vorteile, sondern bereitete ihm nur noch mehr Probleme. Er öffnete ihm keine Türen. Juden betrachteten ihn als Abtrünnigen, Christen sahen ihn als Opportunisten. »Ich bin jetzt bei Christ und Jude verhaßt. Ich bereue sehr«, so vertraute er einem Freund an, »daß ich mich getauft hab: ich seh' noch gar nicht ein, daß es mir seitdem besser gegangen sei, im Gegenteil, ich habe seitdem nichts als Unglück.«[6] Heine erklärte: »Man kann seine Religion nicht wechseln. Man kann nur die, der man sich entfremdet hat, aufgeben zugunsten einer anderen, der man jedoch nie angehören wird – ich wurde zwar getauft, bin aber nie konvertiert.«[7] Als er in Paris im Sterben lag, bezeichnete sich der gelähmte Dichter als armer todkranker Jude. Er las die hebräische Bibel und pries ihre humanitären Lehren. Als man ihn fragte, warum er sich nicht wieder dem Judentum zuwende, erklärte Heine, daß er sich nie wirklich von ihm gelöst habe. Auf die Frage, ob er seinen Frieden mit Gott gemacht habe, antwortete der sterbende Dichter: »Gott wird mir vergeben – das ist sein Geschäft« (»Dieu me pardonnera – c'est son métier«). Er wurde auf eigenen Wunsch auf einem nichtjüdischen Friedhof beerdigt, jedoch ohne christliche Zeremonie.

Franz Kafka: Verwandlung in Prag

In der mitteleuropäischen Gesellschaft des 19. Jahrhunderts war der Vater normalerweise die unangefochtene Autorität in der Familie. Deshalb symbolisierte das Aufbegehren gegen den Patriarchen häufig auch das Aufbegehren gegen die herrschende Ordnung und damit auch gegen die Religion. Eine Abkehr vom eigenen jüdischen Erbe ging meist mit einem Bruch mit der väterlichen Autorität einher, wie im Falle von Franz Kafka, dem Musterbild des randständigen Juden.

Obwohl Kafka emotional keinen Bezug zu dem inhaltsleeren Judentum seines bürgerlichen Vaters hatte, blieb er sein ganzes Leben hindurch seinem Judesein verhaftet. Kafkas Leben war geprägt von Gefühlen der Schuld und der Einsamkeit, des Selbsthasses und der Melancholie, des Zornes und des Grolls. In dem berühmten *Brief an den Vater*, den er 1911 verfaßte, jedoch nie abschickte, setzte sich Kafka schonungslos mit ihrer Beziehung auseinander. Er beklagte sich darüber, daß das Judentum, das ein verbindendes Element zwischen ihnen hätte sein können, sie statt dessen einander entfremdete. In diesem Brief heißt es: »Später, als junger Mensch, verstand ich nicht, wie Du mit dem Nichts von Judentum, über das Du verfügtest, mir Vorwürfe deshalb machen konntest, daß ich (schon aus Pietät, wie Du Dich ausdrücktest) nicht ein ähnliches Nichts auszuführen mich anstrenge.«[8] Da ihm, wie er erklärte, die nostalgischen jüdischen Regungen seines Vaters nicht das geringste bedeuteten, kam er zu dem Schluß, daß der wirkungsvollste Akt der Frömmigkeit darin bestehe, so schnell wie möglich alles Jüdische abzustreifen. Kafka empörte sich gegen die Assimilationsbestrebungen der jüdischen Kaufleute in Prag, die die deutsche Sprache und Kultur zu Idolen erhoben. Er verabscheute die Arroganz und Scheinheiligkeit jener Juden, die sich in der Synagoge (die sie kaum besuchten) auf erhabene Werte beriefen und im täglichen Leben nicht die Spur von Mitmenschlichkeit an den Tag legten. In seinem Brief hielt Kafka seinem Vater Gefühlskälte vor, als dieser über einen an Tuberkulose erkrankten Angestellten gesagt hatte: »Er soll krepieren, der kranke Hund.«[9]

Seine ersten positiven Erfahrungen mit dem Judentum machte Kafka als Erwachsener, als er einer Truppe von jiddischen Wanderschauspielern begegnete, die im Café Savoy in Prag auftraten. Er notierte in sein Tagebuch, daß ihm bei der Aufführung von *Der Meschumed* (*Der Abtrünnige*) »ein Zittern über die Wangen gegangen« sei. Kafka war hingerissen von »diesen Menschen, die auf ganz unverfälschte Weise Juden sind, ... weil sie ... ohne jede Anstrengung [in ihrer Religion] leben ... ohne Verlangen oder Neugier nach Christen«. Besonders beeindruckt war er von dem Schauspieler Isak (Jizchak) Löwy, dessen künstlerische Authentizität und kraftvolle Ausstrahlung sich auf so natürliche und spontane Weise aus seinem Jüdischsein speisten. Durch Löwys Schilderungen von Warschau und das chassidische Leben angeregt, begann sich Kafka mit jüdischer Literatur und Geschichte zu befassen und besuchte kulturelle Veranstaltungen; er überwand sogar seine große Schüchternheit und organisierte einen jiddischen Rezitationsabend.

Kafka, der sich über den Einfluß der Sprache auf das menschliche Bewußtsein im klaren war, dachte in seinem Tagebuch über die Frage nach, inwieweit die deutsche Sprache seine Gefühle gegenüber seiner Mutter beeinflußt habe:

»Gestern fiel mir ein, daß ich die Mutter nur deshalb nicht immer so geliebt habe, wie sie es verdiente und wie ich es könnte, weil mich die deutsche Sprache daran gehindert hat. Die jüdische ›Mutter‹ ist keine Mutter ... [das Wort ›Mutter‹] enthält unbewußt neben dem christlichen Glanz auch christliche Kälte, die mit Mutter benannte jüdische Frau wird daher nicht nur komisch sondern auch fremd. ›Mama‹ wäre ein besserer Name ... Ich glaube, daß nur noch Erinnerungen an das Ghetto die jüdische Familie erhalten, denn auch das Wort ›Vater‹ meint bei weitem den jüdischen Vater nicht.«[10]

Herrmann Kafka teilte nicht die Begeisterung seines Sohnes für das Jiddische und die Schtetl-Juden; im Gegenteil, er empfand die Anwesenheit der verarmten jiddischen Schauspieler aus Polen in Prag als peinlich. Der alte Kafka höhnte über den Schauspieler Isak Löwy, mit dem sich sein Sohn angefreundet hatte, und verspottete ihn mit dem Sprichwort: »Wer sich mit Hunden zu Bett legt, steht mit Wanzen auf.«[11] Einige Kafka-Forscher sehen einen Zusammenhang zwischen der Schlüsselszene in Kafkas Erzählung *Die Verwandlung*, in der ein Mann eines Morgens als Insekt aufwacht, und der menschenverachtenden Haltung seines Vaters seinem »unschuldigen« Freund Löwy gegenüber.

Nach seiner dreimonatigen Schwärmerei für die faszinierenden jiddischen Schauspieler schrieb Kafka in sein Tagebuch: »Bei den ersten Stücken konnte ich denken, an ein Judentum geraten zu sein, in dem die Anfänge des meinigen ruhen und die sich zu mir hin entwickeln und dadurch in meinem schwerfälligen Judentum mich aufklären und weiterbringen werden, statt dessen entfernen sie sich, je mehr ich höre, von mir weg. Die Menschen bleiben natürlich und an die halte ich mich.«[12] Kafka hoffte, daß ihm die jiddischen Schauspieler den Weg zu einer Form des Judentums wiesen, mit der er sich identifizieren konnte. Als er diese Menschen näher kennenlernte, stellte er fest, daß auch sie sich vom Glauben ihrer Eltern entfernt hatten; dies war der Grund dafür, weshalb sie ihre Zeit mit Theaterspielen statt mit dem Studium heiliger Texte verbrachten. Trotzdem bewunderte Kafka ihr Judentum, denn sie waren im Gegensatz zu ihm in einer authentischen jüdischen Kultur verwurzelt. Kafka fand erst Zugang zu seiner jüdischen Identität, als er sich unter dem Einfluß seiner Freunde Max Brod und Hugo Bergmann einem Kreis jüdischer Intellektueller anschloß, die den Verein jüdischer Hochschüler, Bar-Kochba, gegründet hatten.

Anfangs lehnte Kafka die Zionisten ab, weil sie sich seiner Ansicht nach dem jüdischen Volk entfremdet hatten, aber nach einer allmählichen Annäherung begann er sogar gewissenhaft Hebräisch zu lernen. Doch erst als er, unheilbar an Tuberkulose erkrankt, in einem Sanatorium in der Nähe von Wien im Sterben lag, söhnte er sich mit seinem Judentum aus. Er träumte davon, im Heiligen Land zu leben, mußte sich aber damit begnügen, mit dem Finger über eine Landkarte von Palästina zu fahren. Franz Kafka starb 1924 im Alter von einundvierzig Jahren und wurde auf dem jüdischen Friedhof in Prag-Straschnitz beerdigt. Heute pilgern ganze Busladungen von Touristen nach Prag, um das Grab eines Mannes aufzusuchen, dessen Name gleichbedeutend ist mit dem vergeblichen Ringen des Außenseiters um Gerechtigkeit und Anerkennung.

In den Romanen Kafkas ist nie explizit von Juden die Rede, aber ihre Protagonisten leiden unter derselben beklemmenden Entfremdung, die Kafka durchlebte: als deutscher Schriftsteller, der kein Deutscher war, als tschechischer Staatsbürger, der kein Tscheche war, und als Jude, der die jüdische Tradition, in der er aufgewachsen war, ablehnte. Sein enger Freund und Biograph Max Brod schrieb, daß Kafka die umfassende Tragödie der Menschheit beschreibt, im einzelnen aber die Leiden seines eigenen unglücklichen Volkes, der heimatlosen, gequälten Judenheit. Seine Helden werden häufig irgendeines vagen, unerklärlichen Vergehens beschuldigt, wie beispielsweise in dem Roman *Der Prozeß*, der mit den folgenden Zeilen beginnt: »Jemand mußte Josef K. verleumdet haben, denn ohne daß er etwas Böses getan hätte, wurde er eines Morgens verhaftet.« Einerseits steht Josef K. für einen ganz normalen Menschen, der nicht begreift, wie ein gerechter, barmherziger Gott es zulassen kann, daß Unschuldige leiden. Andererseits handelt der Roman aber auch von der ewigen Opferrolle des Juden als Außenseiter.

Kafkas unvollendeter Roman *Das Schloß* kann sowohl in einem universellen als auch in einem jüdischen Kontext verstanden werden. Es ist die Geschichte des Landvermessers K., der verzweifelt versucht, das Schloß zu erreichen, aber immer wieder an irgendwelchen unbestimmten Widerständen scheitert und letztlich sein Ziel nie erreicht. Thomas Mann bezeichnete den Roman als satirische Darstellung des »groteske[n] Unverhältnis[ses] zwischen Mensch und Transzendenz«, wobei die letztere durch das Schloß symbolisiert wird.[13]

Max Brod stimmte diesen allgemeinen religiösen Deutungen des Romans *Das Schloß* zwar zu, hielt sie aber für unzureichend. Thomas Mann hatte Kafka universalistisch interpretiert, aber das starke jüdische Element in der Seele des unglücklichen Schriftstellers völlig ignoriert. In seiner Kafkabiographie schreibt Brod über das *Schloß*, Kafka habe hier aus seiner jüdischen Seele hervor in einer schlichten Erzählung »über die Gesamtsituation des heutigen Judentums mehr gesagt, als in hundert gelehrten Abhandlungen zu lesen ist ... Schon in [der Eingangsszene, der ersten Begegnung K.s mit den Bauern] findet man die Situation der [Nichtjuden] in ihrer ruhigen Ablehnung und die des Juden in seiner notgedrungenen Freundlichkeit, Anbiederung, ja Aufdringlichkeit mit erschütternd objektiver Melancholie gezeichnet.«[14] Die Dorfbewohner wollten K. nicht unter sich haben und verbündeten sich mit dem Schloß, um den Eindringling abzuwehren.

Im *Schloß* findet sich vielleicht die Kernaussage in der Literatur des 20. Jahrhunderts über den Juden in seiner Rolle als andersdenkenden Außenseiter:

»Sie sind nicht aus dem Schloß, Sie sind nicht aus dem Dorfe, Sie sind nichts. Leider aber sind Sie doch etwas, ein Fremder, einer, der überzählig und überall im Weg ist, einer, wegen dessen man immerfort Scherereien hat, einer, dessen Absichten unbekannt sind ... Sie sind ein paar Tage im Ort, und schon wollen Sie alles besser kennen als die Eingeborenen. Ich leugne nicht, daß es möglich ist, einmal auch etwas ganz gegen die Vorschriften und gegen das Althergebrachte zu erreichen, aber dann geschieht es gewiß nicht auf die Weise, wie Sie es tun, indem man immerfort nein sagt und nur auf seinen Kopf schwört.«

Max Brod bemerkt dazu: »Kafka scheitert auf kläglich lächerliche Art, wiewohl er alles so ernst und gewissenhaft in Angriff genommen hat. Er bleibt einsam.«[15]

Kafka erinnert mich an Abraham im Land der Hethiter. Obwohl er an alles mit Ernst und Gewissenhaftigkeit heranging, blieb er ein Fremder, und die Hethiter hielten es für unter ihrer Würde, ihm den Grund dafür zu nennen.

Sigmund Freud und die Pelzmütze seines Vaters

Die bedeutendste Persönlichkeit der Moderne auf dem Gebiet der menschlichen Selbsterkenntnis war sicherlich Sigmund Freud, der Begründer der Psychoanalyse. Er war das älteste von sieben Kindern einer jüdischen Kaufmannsfamilie, die, als Freud vier Jahre alt war, von Mähren nach Wien zog. Das Kernstück der Freudschen Theorie der Persönlichkeit war die Annahme, daß jedes Individuum durch das Zusammenwirken dreier Faktoren verstanden werden müsse: unbewußte Triebe (das Es), die durch das Gewissen repräsentierten gesellschaftlichen Normen und Werte, die das Es im Zaum halten (das Über-Ich), und eine bewußt entscheidende und handelnde Instanz, die aus dem immerwährenden Konflikt zwischen Es und Über-Ich hervorgeht (das Ich). Freud war davon überzeugt, daß bestimmte kulturelle und religiöse Vorstellungen – darunter auch seine eigenen – Täuschungen seien, die das Individuum an der gesunden Entwicklung seiner Persönlichkeit hinderten. Als erklärter Atheist verwarf er die Religion als Ausdruck des infantilen Wunsches, die eigene Ohnmacht zu überwinden, indem man zu einer allmächtigen Vaterfigur im Himmel Verbindung suche. Sigmund Freud verbündete sich im Namen einer höheren, universellen Wahrheit mit den Gegnern von Religion und kulturellem Partikularismus und verlagerte die Diskussion vom Rationalismus Spinozas und dem Marxschen ökonomischen Determinismus auf die inneren Mechanismen der menschlichen Psyche.

Ähnlich wie Spinoza und Marx galt auch Freud bei seinen Zeitgenossen als subversiv. Sein Frevel bestand in der These, daß alle menschlichen Gefühle Äußerungen der Sexualtriebe seien. Als seine Theorien 1910 auf einem Kongreß deutscher Neurologen und Psychiater in Hamburg erwähnt wurden, hieb der Psychiater Wilhelm Weygandt mit der Faust auf den Tisch und meinte: »Das ist kein Diskussionsthema für eine wissenschaftliche Versammlung, das ist Sache der Polizei.«[16] Die Gegner der Psychoanalyse sahen in Freuds Theorie einen jüdischen Angriff auf die Normen und Werte der bestehenden Gesellschaft. Freud war deshalb höchst erfreut, als sich auch nichtjüdische Persönlichkeiten wie Carl Gustav Jung seiner beinahe ausschließlich jüdischen Anhängerschaft anschlossen. Er tolerierte den Schweizer Protestanten selbst dann noch, als er befürchtete, daß dieser nicht nur seiner psychoanalytischen Lehre den Rücken kehren würde, sondern auch ein Antisemit war. Freud wollte die Psychoanalyse als universelle Wahrheit und nicht als Heilsbotschaft einer jüdischen Sekte oder gar als Teil einer jüdische Verschwörung verstanden wissen.

Sigmund Freuds Haltung zu seinem eigenen Judentum war bestenfalls ambivalent. Er hatte eine ziemlich gute jüdische Ausbildung erhalten. Während seiner Schulzeit in Wien hatte er den jüdischen Religionsunterricht besucht (für jedes Schulkind war der Unterricht in seiner Religion obligatorisch) und stets gute Noten bekommen. Freuds Vater, der im Talmud sehr bewandert war, schenkte seinem Sohn zu dessen Doktorexamen eine Bibel, in die er auf hebräisch eine Widmung geschrieben hatte; Freud konnte anscheinend genug Hebräisch, um sie zu verstehen. Seine Mutter, die erst 1930 starb, sprach innerhalb der Familie nur Jiddisch. Freud muß diese Sprache zumindest verstanden haben, sonst hätte er sich unmöglich mit ihr unterhalten können. Doch all diese frühen Bezüge zu seinem Judentum wurden offensichtlich durch ein Ereignis überschattet, das ihm unvergeßlich blieb:

»Ich mochte zehn oder zwölf Jahre gewesen sein, als mein Vater begann, mich auf seine Spaziergänge mitzunehmen und mir in Gesprächen seine Ansichten über die Dinge dieser Welt zu eröffnen. So erzählte er mir einmal, um mir zu zeigen, in wieviel bessere Zeiten ich gekommen sei als er: Als ich ein junger Mensch war, bin ich in deinem Geburtsort am Samstag in der Straße spazieren gegangen, schön gekleidet, mit einer neuen Pelzmütze auf dem Kopf. Da kommt ein

Christ daher, haut mir mit einem Schlag die Mütze in den Kot, und ruft dabei: Jud, herunter vom Trottoir! Und was hast du getan? Ich bin auf den Fahrweg gegangen und habe die Mütze aufgehoben, war die gelassene Antwort.«[17]

»Das schien mir nicht heldenhaft von dem großen starken Mann«, war Jahre später Freuds Kommentar. Er träumte von einem heldenmütigen Vater wie dem karthagischen Feldherrn Hamilkar Barkas, der seinen Sohn Hannibal schwören ließ, sich an den Römern zu rächen.

Freud blieb bis an sein Lebensende »ein Ungläubiger« und lehnte jede Form des Nationalismus als gefährlich ab. Wie er jedoch in einer Rede vor dem Verein B'nai B'rith in Wien erläuterte, gab es Kräfte in ihm, die ihn unwiderstehlich zu seinem Judentum hinzogen:

»... viele dunkle Gefühlsmächte, um so gewaltiger, je weniger sie sich in Worten erfassen ließen ... Und dazu kam bald die Einsicht, daß ich nur meiner jüdischen Natur die zwei Eigenschaften verdankte, die mir auf meinem schwierigen Lebensweg unerläßlich geworden waren. Weil ich Jude war, fand ich mich frei von vielen Vorurteilen, die andere im Gebrauch ihres Intellekts beschränkten, als Jude war ich dafür vorbereitet, in die Opposition zu gehen und auf das Einvernehmen mit der kompakten Majorität zu verzichten.«[18]

Freud akzeptierte damit, was ihn zum Juden machte: die ererbte intellektuelle Neigung und die vertraute Rolle des Außenseiters, der einer Minderheit angehört. Doch was hielt den großen Erforscher des Unbewußten davon ab, diesen »vielen dunklen Gefühlsmächten« seines Judentums tiefer auf den Grund zu gehen? Die Beschäftigung mit dieser Frage hätte ihn unweigerlich zu seinem Vater und dessen Gott zurückgeführt. Er war weder in der Lage, mit ihnen vollständig zu brechen, noch sich zu ihnen zu bekennen.

Ebenso wie sein Vater sollte auch Freud persönlich mit dem Antisemitismus konfrontiert werden – den neuen nationalsozialistischen Machthabern in Österreich. 1938 emigrierte er nach London; um ein Ausreisevisum zu bekommen, mußte er jedoch auf dem Präsidium der Gestapo in Wien erscheinen und eine Erklärung unterzeichnen, in der er bestätigte, daß er von den Behörden korrekt behandelt worden sei. Freud unterschrieb, jedoch nicht, ohne diesen Unterwerfungsakt durch eine aufmüpfige Geste zu ironisieren – die Rache des kleinen Mannes, wie er es nannte. Er fügte seiner Unterschrift den Satz hinzu: »Ich kann die Gestapo jedermann aufs beste empfehlen.«[19] Hätte sich sein Vater, der wortlos seine Pelzmütze aus dem Straßenkot aufgehoben hatte, anders verhalten? Letzten Endes stand Sigmund Freud dem Antisemitismus genauso hilflos gegenüber wie sein Vater mehr als siebzig Jahre zuvor.

In den Anfangsjahren des 20. Jahrhunderts befand sich die moderne Judenheit Europas in einer Sackgasse. Dies war die düstere, tragische Bedeutung im Werk Kafkas, ja sogar die seines Lebens. Er konnte, ob als Deutscher oder Tscheche, kein Nichtjude werden, und er brachte auch nicht die innere Kraft auf, sein Leben als Jude zu leben. Die Lösungen dieses Dilemmas, die zu jener Zeit angeboten wurden, waren unterschiedlich. Manche Juden entschieden sich zu einer radikalen Änderung, durch die sozialistische Revolution oder den Zionismus; doch die meisten blieben, wo sie waren, oder gingen nach Amerika, das heißt, sie zogen es vor, auch weiterhin als Minderheiten in der Diaspora zu leben.

Zwischen 1882 und 1914 wanderten über zwei Millionen Juden in die Vereinigten Staaten aus. In den wimmelnden Einwandererviertelnder Großstädte vermißten sie schmerzlich die Werte und die zwischenmenschliche Wärme, die sie aus den Städten und Dörfern ihrer Heimat gewohnt waren. Viele Kinder wuchsen unbeaufsichtigt auf der Straße auf, während ihre Eltern in Ausbeuterbetrieben ihren Lebensunterhalt verdienen mußten. Die zunehmende Entfremdung dieser Kinder von der Kultur ihrer Eltern war auch das Thema des ersten abendfüllenden amerikanischen Tonfilms *The Jazz Singer* (*Der Jazzsänger*). Al Jolson spielt in diesem

Film einen begabten Sänger, der hin- und hergerissen ist zwischen einer Karriere als Broadwaystar und einer Laufbahn als Kantor in der orthodoxen Synagoge, der sein strenggläubiger Vater vorsteht. Der dramatische Höhepunkt der Handlung ist eine Szene, in der der Hauptdarsteller in die Synagoge zurückkehrt, um anstelle seines im Sterben liegenden Vaters die Gebete des Versöhnungstages, dem höchsten jüdischen Feiertag des Jahres, zu intonieren. Danach kehrt er wieder in sein weltliches, amerikanisch geprägtes Leben zurück, das er sich als Entertainer aufgebaut hat. Die Filmhandlung weist starke Parallelen zu Jolsons eigener Biographie auf: Als Sohn eines Kantors hatte er im Chor seines Vaters gesungen, ehe er von zu Hause weglief, um Varietésänger zu werden. Jolson führte ein Leben außerhalb der jüdischen Gemeinde. In seinem Testament verfügte er, daß der größte Teil seines Dreimillionendollar-Nachlasses zu gleichen Teilen an jüdische, katholische und protestantische Einrichtungen gehen sollte. Die Abkehr Jolsons von der eigenen jüdischen Tradition war im Hollywood jener Zeit gang und gäbe, wo große Stars wie selbstverständlich ihre Namen änderten, um ihre jüdische Identität auszulöschen. Doch eine Generation später gab es einen Filmregisseur, der sein neurotisches Verhältnis zu seinem Judentum zu einem immer wiederkehrenden Thema seiner Filme machte.

Woody Allen – der Unglücksrabe

Woody Allen (1935 unter dem Namen Allen Stewart Konigsberg geboren) rebellierte schon früh gegen die jüdische Welt seiner Jugend im New Yorker Stadtteil Brooklyn. Seinen Filmen und Presseinterviews läßt sich entnehmen, daß er mit den altmodischen Sitten und Gebräuchen seiner jüdischen Eltern wenig anfangen konnte. »Sie glauben an Gott und an Teppichböden«, spöttelte er einmal. In seinen frühen Filmen *Woody – der Unglücksrabe* und *Bananas* stellt Allen sich als wehleidigen jüdischen Schlemihl und ewiges Sorgenkind seiner Eltern dar. Seine späteren filmischen Selbstporträts sind melancholischer; aus der Parodie werden nach und nach Tragödien. In seinem 1997 entstandenen Film *Harry außer sich* schmort Harrys Vater, der ein Gebetskäppchen trägt, wegen seelischer Grausamkeit in der Hölle; er hat seinem Sohn die Schuld am Tod seiner Frau gegeben, die bei dessen Geburt gestorben war. Aber ist es nicht genauso tragisch und ungerecht, dem eigenen Vater vorzuwerfen, daß er einen Juden gezeugt hat?

Als Komiker hat Allen immer seinen großen Vorbildern nachgeeifert: Charlie Chaplin, Bob Hope oder Groucho Marx, die sich alle über ihre ethnische Herkunft und die Religion ihrer Vorfahren hinwegsetzten, um universelle Figuren zu schaffen. Sein Biograph Eric Lax möchte uns glauben machen, daß Allens »Qualen und seine Schwächen ... nicht ethnischer, sondern universeller Art sind. Sie sind mit Charlie Chaplins Ambitionen und mit Hopes Glauben, er sei ein Frauenheld, zu vergleichen. Die drei sind kleine, durchschnittliche Männer, die sich für groß und einzigartig halten, und hier verbergen sich der Konflikt und der Witz.«[20] Die von Woody Allen in seinen Filmen verkörperten Rollen widersprechen allerdings dieser Sichtweise.

In seinem Film *Annie Hall* (*Der Stadtneurotiker*, 1977) hat Allen sein problematisches Verhältnis zu seinem Judentum eine deutliche Sprache verliehen. In dem Film geht es um den vergeblichen Versuch Alvys (Woody Allen), eine gemeinsame Basis mit seiner nichtjüdischen Freundin Annie (Diane Keaton) zu finden, die eigentlich überhaupt nicht zu ihm paßt. Allen verdeutlicht dies, indem er auf der geteilten Leinwand zwei Essensszenen einander gegenüberstellt: auf der einen Seite Alvys lebhafte, lärmende jüdische Familie in Brooklyn und auf der anderen Annies beklemmend steife Familie im Kleinstadtmilieu Wisconsins. Alvy sieht sich mit den kalten Augen von Annies antisemitischer Großmutter und verwandelt sich in einen gekrümmten Chassiden mit langem

Bart und schwarzem Kaftan. Beide Darstellungen sind von Gehässigkeit getränkt. Allen will damit sagen: »Ihr könnt mich alle beide mal! Ich tausche doch keinen jüdischen Wahnsinn gegen nichtjüdischen Schwachsinn.« Und so kehrt Alvy traurig nach Manhattan zurück, um sich in ein dunkles Kino zu setzen und wieder einmal seinen Lieblingsfilm *Das Haus nebenan – Chronik einer französischen Stadt im Kriege* anzusehen, Marcel Ophüls' sechsstündige Betrachtung über den Holocaust.

Allen kann sich anscheinend von der Erinnerung an den Holocaust nicht befreien. Obwohl er von sich behauptet, nicht religiös zu sein, beschäftigt ihn doch die theologische Frage: Wo war Gott? In *Verbrechen und andere Kleinigkeiten*, dem Film, in dem sich Allen am intensivsten mit dieser Frage auseinandersetzt, läßt ein jüdischer Augenarzt seine Geliebte durch einen Auftragsmörder umbringen und lebt glücklich bis ans Ende seiner Tage. Die Moral der Geschichte ist, daß nur der bestraft wird, der sich erwischen läßt, da es keinen Gott gibt. Im Film gibt es auch einen Rabbi namens Ben, ein Muster an moralischer Integrität, der am Ende der Geschichte erblindet. Warum straft Allen ausgerechnet den Rabbi mit Blindheit?

»Ben ist bereits blind, noch bevor er erblindet, denn er sieht nicht, was in der realen Welt vorgeht. Aber es geht ihm gut, denn er hat seine Naivität... Dann bleibt einem nichts anderes als die eigene Spiritualität. Sonst ist das Leben ziemlich beschwerlich.«[21]

Allens Skeptizismus gipfelt in einer Szene, in der sich ein Überlebender des Holocausts, ein Philosoph, der Liebe und Hoffnung predigt, ohne ersichtlichen Grund aus dem Fenster stürzt und stirbt. In der letzten Szene des Films bleibt der von Woody Allen verkörperte Protagonist allein, verstört und deprimiert zurück.

Aus Woody Allens Sicht hat Gott die Welt im Stich gelassen. Judentum und Christentum sind bedeutungslos. Woody Allen ist ein erklärter Verehrer von Groucho Marx, von dem der berühmte Ausspruch stammt: »Ich möchte keinem Klub angehören, der Leute wie mich als Mitglied aufnimmt.« Für Woody Allen ist dieser Klub offensichtlich gleichbedeutend mit Juden. In *Harry außer sich* stellt er gläubige Juden als abergläubische Eiferer hin, die sich aus der Gesellschaft ausgrenzen und sich so sehr in die Vorstellung ihres Andersseins verrennen, daß sie genau wissen, wen sie zu hassen haben. Als Harrys frömmlerische jüdische Halbschwester ihm jüdischen Selbsthaß vorwirft, antwortet er: »Vielleicht hasse ich mich, aber nicht, weil ich Jude bin.« Woody Allen mag den Zusammenhang zwischen Selbsthaß und Judentum leugnen, aber in *Harry außer sich* hat er mit kompromißloser Vehemenz deutlich gemacht, daß jedes zustimmende Bekenntnis zum Judentum bestenfalls naiv ist. Zu seinem und zu unserem Glück hat Allen jedoch in all den Jahren, die er auf der Couch eines Therapeuten verbracht hat, seinen Humor – die Rache des kleinen Mannes – nicht verloren.

Ich glaube, daß Woody Allen in seinen Filmen immer wieder zu düsteren jüdischen Themen zurückkehrt, weil ihn der Antisemitismus tief beunruhigt. Er weiß, daß er, wenn er in den vierziger Jahren in Europa gelebt hätte, ein zu großer Schlemihl gewesen wäre, um den Nazis zu entkommen. Als in *Harry außer sich* der Schwager Harrys ihn beschuldigt, ein jüdischer Antisemit zu sein, der sogar den Holocaust leugnet, antwortet Harry: »Nicht nur, daß ich über die sechs Millionen Juden Bescheid weiß, viel beunruhigender ist die Tatsache, daß Rekorde aufgestellt werden, um gebrochen zu werden. Ich weiß, wovon ich rede.« Vielleicht wird es Woody Allen eines Tages – wie Kafka – gelingen, das Volk, von dem er abstammt, zu akzeptieren. Doch bis dahin wird er nur die dunklen Seiten seines Judentums sehen können.

Als wir die letzten Seiten dieses Kapitels in den frühen Morgenstunden fertigstellten, war es an der Zeit, das Morgengebet zu sprechen. Ich wiederhole die Worte, die Juden schon viele Jahrhunderte hindurch täglich gesprochen haben: »Wie herrlich ist unser Anteil, wie lieblich unser Los und wie schön unser Erbe.« Ich habe diese Worte schon unzählige Male wiederholt, und doch waren sie an diesem Morgen keine liturgischen Formeln für mich. Ich dachte an all die Menschen, die diese Worte im Laufe der vergangenen Jahrhunderte gesagt haben: Juden, die vor Pogromen flüchteten, Juden, die mit dem Schiff ins Exil unterwegs waren, und, in jüngerer Vergangenheit, Juden, die, in Viehwaggons zusammengepfercht, nach Auschwitz deportiert wurden. Unter schwierigen oder lebensbedrohlichen Bedingungen suchten diese Juden Zuflucht in der jüdischen Tradition und der jüdischen Lehre. Die meisten dieser Betenden, damals wie heute, finden in ihrem Glauben einen Halt. Manche sprechen dieses Gebet, weil sie voller Liebe und Stolz der jüdischen Ahnenreihe gedenken, die bis zu Abraham und Sara zurückreicht. Die Juden, die jeden Tag diese Worte wiederholen – und viele andere, die sich mit ihnen identifizieren –, halten sich mit trotzigem Stolz an den rabbinischen Grundsatz: Es ist besser, zu den Verfolgten zu gehören als zu den Verfolgern. Es war eine schmerzliche Erfahrung für uns, uns mit Juden zu beschäftigen, die sich für das Verbrechen bestrafen, daß sie in diese Tradition hineingeboren wurden.

15
Ein Judentum ohne Gott?

Moritz Steinschneider (1816–1907) war der Nestor der jüdischen Gelehrsamkeit im 19. Jahrhundert. In einem langen Leben erstellte er bis heute unübertroffene Bibliographien der in den führenden Bibliotheken Europas versammelten hebräischen Handschriften, und die Liste seiner eigenen Arbeiten umfaßte über 1400 Titel. Steinschneider verbrachte die meiste Zeit seines Lebens in Berlin im Herzen einer jüdischen Gemeinde, die sich rasch assimilierte, und er war überzeugt, daß sich dieser Trend so lange fortsetzen würde, bis die gesamte Judenheit verschwunden wäre. Was bewog ihn also dazu, sämtliche Zeugnisse für die jüdische Kreativität vergangener Jahrhunderte, die er aufspüren konnte, für die Nachwelt zu verzeichnen? Wenn man ihm diese Frage stellte, gab Steinschneider stets dieselbe Antwort: »Ich bereite den Judaismus auf ein würdiges, ehrenvolles Begräbnis vor.« Sein bibliographisches Werk war offenbar als eine Art gedrucktes Museum gedacht, das die Erinnerung an ein untergegangenes Volk bewahren sollte, ähnlich wie die ägyptischen Mumien im Louvre. Als eines Tages ein russischjüdischer Dichter namens Jehuda Leib Gordon Steinschneider aufsuchte und ihm erzählte, daß er seine Lyrik in modernem Hebräisch verfaßte, erwiderte Steinschneider: »Wann sind Sie denn gestorben?« Der Gelehrte konnte es nicht fassen, daß die Kultur, für die er einen wissenschaftlichen Nachruf verfaßte, tatsächlich zu neuem Leben erwachen sollte. Mumien können doch nicht wieder lebendig werden.

Jüdische Mumien schon. Wie bereits erwähnt, machte Nachman Krochmal die Beobachtung, daß alle anderen Völker nur einen einzigen Zyklus des Aufstiegs und Niedergangs durchlaufen, während die Juden diesen Zyklus stets aufs neue wiederholen, denn Gott begleitet sie auf ihrer langen historischen Reise, und jeder Erneuerungszyklus läßt die Erinnerung an die Strategien, mit denen ihre jüdischen Vorfahren in früheren Zyklen ihr Überleben sicherten, wieder wach werden. Krochmals Zeitgenosse Zacharias Frankel erklärte die Vorfahren zum Gegenstand der Verehrung; er definierte Gott als die Kraft, die die Kontinuität jüdischer Erfahrung herstellt. Frankel schien ein neues Argument für den Glauben an den jüdischen Gott gefunden zu haben, aber dieses Konzept warf einige neue und letztlich verhängnisvolle Fragen auf. Frankels Kritiker verwiesen mit Recht darauf, daß es die »historische Perspektive« Juden erlaube, ihre ererbte Religion nach ihren eigenen Vorstellungen neu zu gestalten.

Am Ende des 19. Jahrhunderts verfaßte der führende Vertreter eines historischen Judaismus, Rabbi Salomon Schechter (1847–1915), geschliffene und leidenschaftliche Aufsätze, in denen er erklärte, daß die höchste Autorität im Judentum das »katholische Israel« sei – die Gemeinschaft aller bekennenden Juden. In jeder neuen Generation definiere das jüdische Volk seine religiösen Riten neu und lasse sich in seinen Entscheidungen vom Geist des jüdischen Gottes leiten. Auch Schechter untermauerte diesen Standpunkt mit zahlreichen Beispielen für religiöse Veränderungen im Laufe der Jahrhunderte, aber auch seine Argumentation konnte nicht überzeugen. In der Vergangenheit wurden religiöse Neuerungen von gelehrten Rabbinern mit dem erklärten Ziel eingeführt, die wahre Bedeutung der Bibeltexte zu erschließen. Schechter dagegen erklärte: »Die Stimme des Volkes ist die Stimme Gottes.« Seine Theologie drückte im wesentlichen die Haltung all der Juden aus, denen die überlieferten Traditionen, mit denen sie aufgewachsen waren, immer noch sehr am Herzen lagen, auch wenn sie sich vom orthodoxen Glauben entfernt hatten. Deshalb versuchten sie, ihren Gottesglauben zu stärken, indem sie die jüdische Geschichte oder das jüdische Volk heraufbeschworen.

Die erste große Bresche in den orthodoxen Kanon hatte

Moses Mendelssohn geschlagen. Er war, wir sahen es, ein frommer Jude, aber in den Schriften, in denen er seine Glaubenspraxis verteidigte, zog er eine scharfe Trennungslinie zwischen den Ursprüngen der Moral und des Ritus. Für ihn war Moral etwas Universelles, etwas, das für jeden Menschen gleichermaßen galt; der jüdische Ritus hingegen war den Juden aus dem unerforschlichen Ratschluß Gottes auferlegt worden, damit sie bis zum Tag der messianischen Erlösung ein Volk blieben. Wenn das zutraf, welche Rolle kam dann Gott in der Welt zu? Zweifellos konnte sie sich nicht darin erschöpfen, über die Einhaltung der jüdischen Gebote zu wachen. Mendelssohns Unterscheidung konnte nicht einmal die Mehrheit seiner eigenen Kinder dazu bewegen, am jüdischen Glauben festzuhalten.

Trotzdem traten moderne jüdische Denker wie Krochmal, Frankel und Schechter in die Fußstapfen Mendelssohns. Sie alle erfanden für Gott eine neue Rolle, die jene jüdischen Zweifler zufriedenstellen würde, denen der traditionelle Beweis – Gottes Wort in der hebräischen Bibel – nicht genügte. Krochmal wandte sich an die »Verwirrten seiner Zeit« und erklärte, das Judentum sei nicht nur eine Religion, sondern auch ein Volk, eine ethnische Gemeinschaft mit einer Geschichte, in der Gott sich nach und nach offenbare. Damit wurde die Offenbarung auf dem Berg Sinai zu einem in einer ganzen Kette von Ereignissen innerhalb der Zyklen der jüdischen Geschichte, die das jüdische Volk zu seinem religiösen Vermächtnis zusammenfügte. Tausend Jahre zuvor hatte der jüdische Theologe Saadja Gaon erklärt: »Unser Volk existiert nur, weil wir die Hüter der Thora Gottes sind.« Krochmal kehrte das Argument um: Die Thora existierte, weil das jüdische Volk sie geschaffen hatte. Dieser Gedanke erschien um so attraktiver, als um die Mitte des 19. Jahrhunderts der Gottesglaube bei den gebildeten Menschen Europas deutlich zurückging. Karl Marx hatte die Religion als das Opium des Volkes bezeichnet, und Charles Darwin (obwohl gläubiger Christ) hatte sich mit der Theorie einen Namen gemacht, daß die belebte Natur dem Prinzip der Auslese und keinem göttlichen Plan folge.

Die Auffassung, daß Geschichte und Kultur und nicht Religion die Gruppenzugehörigkeit bestimmten, zog einige Juden an, die modern dachten und dennoch an ihrem Judentum festhalten wollten. Sie erlaubte ihnen, jene Elemente ihrer Vergangenheit zu bewahren, an denen sie festhalten wollten, neue hinzuzufügen und alles andere über Bord zu werfen. Dieses intellektuelle Klima schuf einen idealen Nährboden für eine moderne jiddische und hebräische Literatur, deren Autoren jüdische Nationalisten waren, welche die Literatur, Kunst und Folklore ihrer Zeit um eine neuerwachende jüdische Kultur bereichern wollten. Aber bald kam es zu erbitterten Auseinandersetzungen zwischen Jiddischisten und Hebraisten. Nach Ansicht der Jiddischisten stand und fiel die Zukunft der Juden mit der intensiven Pflege der Sprache, die von ihrer Mehrheit gesprochen wurde. Für die Hebraisten dagegen war allein Hebräisch, nicht Jiddisch, die Sprache des jüdischen Volkes. Alle vorangegangenen Generationen hätten Hebräisch beherrscht, und es sei immer noch die Verkehrssprache des jüdischen Volkes in der Diaspora; deshalb könne eine zeitgenössische, weltliche jüdische Kultur nur auf der hebräischen Sprache aufgebaut werden. Zudem erforderte in ihren Augen die Wiederbelebung des Hebräischen ein kulturelles Zentrum in Palästina, dem Land ihrer Vorfahren. Einige Hebraisten forderten, daß die neue zionistische Gemeinde in Palästina vollständig mit dem gottestrunkenen jüdischen Leben in der Diaspora brechen müsse. Junge hebräische Autoren wie die Essayisten Micha Josef Berdyczewski und Josef Chajim Brenner und der Dichter Schaul Tschernichowsky meinten, der überkommene Gott der Juden stehe einem gesunden, gegenwartsbezogenen jüdischen Leben im Wege. Die Zukunft gehöre dem wiedererwachenden jüdischen Volk, das sein Leben nach seinen eigenen Vorstellungen gestalten würde.

Achad Haam, »einer aus dem Volk«

Diese jungen Schriftsteller standen in Opposition zu dem führenden hebraistischen Intellektuellen der Jahrhundertwende, dem Dichter Ascher Ginzberg (1856–1927), der unter dem Pseudonym Achad Haam (»einer aus dem Volk«) veröffentlichte. Achad Haam war ebenso areligiös wie seine Gegner, denn er war ein entschiedener Anhänger des britischen Philosophen Herbert Spencer, der Darwins Theorie in der Weise auslegte, daß die Natur und nicht Gott die Welt lenke. Trotzdem war Achad Haam intuitiv davon überzeugt, daß die Juden, auch wenn sie Hebräisch sprachen, einfach als eine weltliche Nation unter anderen unmöglich weiterbestehen könnten. Er zog daraus den Schluß, daß das Judentum seinem Untergang nur entgehen könne, wenn die Juden am Glauben an ihre Auserwähltheit festhielten. Auf irgendeine unerklärliche Weise, so Achad Haam, hätten sich die Juden zu einem Volk gemacht, das nicht nur anders als die andern sei, sondern das sogar häufig den zentralen Werten der Gesellschaft, in der es lebte, ablehnend gegenüberstehe. Die neue zionistische Besiedlung Palästinas dürfe die Juden nicht dazu verleiten, »ein Volk wie jedes andere« zu werden. Das »spirituelle Zentrum« des jüdischen Volkes müsse eine einzigartige hebräische Kultur einschließen, die sich auf die hohen moralischen Werte gründete, die das Wesen des Judentums seit dem Altertum ausmachten. Achad Haam führte einen erbitterten Kampf gegen Berdyczewski und Brenner, die sein Beharren auf der Erwähltheitslehre für widersinnig hielten, solange er die Existenz eines persönlichen Gottes leugne. Achad Haam hielt dem entgegen, die Juden hätten ihren auserwählten Status selbst geschaffen, indem sie eine höhere Form der Moral entwickelten, lieferte aber nie einen systematischen Beweis für seine These. Sein leidenschaftliches Festhalten an der Auserwähltheitslehre läßt sich wohl am ehesten mit einem Wechselspiel zwischen seinem Herzen und seinem Verstand erklären: In seinem Herzen kam seine zutiefst orthodoxe Erziehung zum Ausdruck, während sein Verstand ihm sagte, daß ein nüchterner jüdischer Säkularismus keine Zukunft habe.

Die Argumente, mit denen Achad Haam die Auserwähltheit der Juden untermauerte, waren vor allem für die Juden in Amerika nicht überzeugend. Hunderttausende ostjüdischer Einwanderer in den Vereinigten Staaten sehnten sich danach, ein Teil dieser neuen Welt zu werden, einer Welt, in der Pogrome keine alltägliche Bedrohung mehr darstellten. Diese jüdischen Neuankömmlinge sahen sich vor der unvermeidlichen Frage: Wie sollten sie ihr Judentum in Amerika definieren? Vor diesem Problem standen nicht nur die Juden. Anfang des 20. Jahrhunderts wanderten Italiener, Iren, Deutsche, Polen, Griechen, Russen und Angehörige aller anderen europäischen Nationen in großer Zahl nach Amerika ein. Alle standen sie offenbar vor derselben Frage: Wie können wir ein Teil Amerikas werden und zugleich bestimmte kulturelle Elemente, Werte und Traditionen aus unserer alten Heimat bewahren? Diese Frage beschäftigte besonders die Juden, die ja nicht nur eine eigene ethnische Gemeinschaft sind, sondern auch die Träger einer religiösen Tradition, in deren Zentrum die Lehre vom auserwählten Volk steht. Wie können wir in Amerika anders als die anderen bleiben, wenn wir doch in dieses Land gekommen sind, um ein Teil der »Amerikaner alle« zu werden? Achad Haams Verweis auf die identitätsstiftende Rolle der Kultur war für jüdische Intellektuelle, die sich mit diesem Dilemma herumschlugen, zwar hilfreich, doch an der Auserwähltheitslehre schieden sich die Geister.

Mordechaj M. Kaplan, der jüdische Reduktionist

Die dominierende amerikanische Philosophie zu Beginn des 20. Jahrhunderts war der Pragmatismus, der auf menschliches Handeln und Aktivismus mehr Gewicht legte als auf abstraktes Denken, Kontemplation oder Studium. In Amerika maß man Aktivitäten, die ein Zusammengehörigkeitsgefühl förderten, weit mehr Bedeutung bei als theologischen Lehrsätzen. In seinem Programm für die Rekonstruktion des Judentums schrieb Rabbi Mordechaj M. Kaplan (1882–1984): »Unser Problem besteht nicht darin, wie wir bestimmte Glaubensinhalte oder Gesetze bewahren, sondern wie wir das jüdische Volk befähigen können, als ein hochentwickelter sozialer Organismus zu funktionieren und die geistigen Kräfte, die in ihm schlummern, zur Entfaltung zu bringen.«[1] Für Kaplan entsprangen diese geistigen Kräfte nicht »der alten religiösen Schuld« einer überweltlichen Religion. »Das heutige jüdische Leben muß so ansprechend gestaltet werden«, erklärte er, »daß die Juden in ihrem Judentum eine reiche, positive Bedeutung finden.«

Kaplan war überzeugt, daß das neue Modell für ein jüdisches Leben in der amerikanischen Gesellschaft nur ein kultureller Pluralismus sein konnte: Alle Bürger lebten innerhalb der gemeinsamen amerikanischen Kultur, aber jede Gruppe hatte das Recht, ja sogar die Pflicht, ihre eigene Gemeinschaft und Subkultur zu pflegen. Kaplan brachte dies auf die Formel »Leben in zwei Kulturen«. Er stieß sich vor allem an der jüdischen Erwähltheitslehre. Wie können wir als gleichberechtigte Bürger in einer Demokratie leben, fragte er, und zugleich aus religiösen Gründen behaupten, unsere Gemeinschaft sei das erwählte Volk Gottes? Entschlossen und gegen starke Widerstände verbannte Kaplan jeden Hinweis auf die Erwähltheit der Juden aus der Liturgie seiner Synagoge. Er war bereit, ein sehr kostbares Element des klassischen Judentums zu opfern, und hoffte auf ein Gegenangebot der christlichen Mehrheit, damit die beiden historisch gewachsenen Gemeinden, die er nicht miteinander vermischen wollte, zumindest gleichberechtigt nebeneinander existieren konnten.

Mordechaj Kaplan und Achad Haam rangen beide mit derselben schwierigen Frage: Worin besteht der Gehalt des Judentums für all jene, die nicht mehr an einen persönlichen Gott glauben? Kaplan schrieb: »Wir stehen vor keiner geringeren Aufgabe, als das Denken und Fühlen des jüdischen Volkes umzugestalten. Solange das jüdische Volk nicht bereit ist, seine mythischen Vorstellungen von Gott aufzugeben und die Vorstellung von einer dem menschlichen Geist immanenten Göttlichkeit zu akzeptieren, ... hat es nichts weiteres zur Zivilisation beizutragen.« Demnach bezieht sich der Begriff Gott in Kaplans »Rekonstruktion« der jüdischen Religion auf die höchsten moralischen Werte der Gemeinde. Die Geschichte von der Offenbarung Gottes auf dem Berge Sinai war ein nützlicher Mythos, den die Juden geschaffen hatten, um ihren höchsten moralischen Werten Gewicht zu verleihen. Judesein in Amerika bedeutete, die Zusammengehörigkeit der Gemeinde zu erhalten und das Andenken an die jüdische Kultur zu bewahren – ohne dabei anders sein zu wollen.

Ende des 19. Jahrhunderts, hundert Jahre, nachdem jüdische Denker zum ersten Mal mit der Frage gerungen hatten, wie moderne Juden ihren Glauben leben könnten, stand die Mehrheit der akademisch gebildeten Juden hinter dem philosophischen Konzept, das Spinoza und die Deisten entwickelt hatten und dessen bedeutendster Anhänger unter den Philosophen Immanuel Kant war. Sein wichtigster Interpret war der jüdische Philosoph Hermann Cohen, der an der Marburger Universität lehrte. Cohen verbrachte viele Jahre damit nachzuweisen, daß der Gott der Bibel identisch war mit dem, was Kant als die Quelle absoluter Moral bezeichnet hatte. Cohen wurde bei einer berühmt gewordenen Begegnung in einer Berliner Synagoge auf das Problematische dieser Auffassung gestoßen. Ein polnischer Jude trat auf den hochgeschätzten Professor zu und sagte zu ihm: »Herr Dr. Cohen, ich glaube, ich habe Ihre Definition Gottes verstanden, aber sagen Sie mir doch, zu wem ich beten soll? Welchem Gott kann ich mein Herz ausschütten, welchen Gott kann ich um Hilfe bitten?« Cohen erwiderte nichts, aber ihm standen Tränen in den Augen. Ja, zu wem sollte man beten? Sicher nicht zu dem Gott Baruch de Spinozas oder Immanuel Kants. Genausowenig konnte man in schweren Zeiten im jüdischen Nationalgefühl Trost suchen.

Somit verfügten die Juden am Ende des 19. Jahrhunderts über etliche theologische Modelle, die ihre Religion philosophisch aufwerten und zeitgemäßer machen wollten, und über ebenso viele Denkmodelle, denen zufolge das jüdische Volk eine fortschrittliche, ja revolutionäre Kraft auf der Welt war. Dennoch blieb eine tiefe Sehnsucht nach einem persönlichen Gott, den die Philosophen der Vergessenheit anheimgegeben hatten. Der erneute Ruf nach einem jüdischen Gott wurde allerdings nicht mehr mit den alten orthodoxen Argumenten begründet, sondern bestand in der Behauptung, daß ein Jude, der sich von Gott entfernt habe, kein richtiger Jude sei, und daß die jüdische Gemeinde nur in Gegenwart des Göttlichen weiterbestehen könne. Der Philosoph, dem diese erneute Hinwendung zum jüdischen Glauben mehr als jedem anderen am Herzen lag, war Franz Rosenzweig.

Die Gotteserfahrung Franz Rosenzweigs

Franz Rosenzweig (1886–1929) wurde in eine akkulturierte deutschjüdische Familie in Kassel hineingeboren. Als junger Mann schrieb er eine brillante Dissertation über Hegels Philosophie und stand am Anfang einer großen akademischen Karriere. Viele seiner Freunde und Verwandten konvertierten zum Christentum, darunter auch seine Cousins, die Brüder Ehrenberg; Rudolf Ehrenberg wurde als bedeutende neue

Stimme im deutschen Protestantismus gefeiert. Auch der junge Rosenzweig fühlte sich zum Christentum hingezogen, aber nicht, weil ihm dies berufliche oder soziale Vorteile gebracht hätte, sondern weil das Christentum für ihn die Seelenspeise bereitzuhalten schien, die ihm weder die Philosophie, in der er zu Hause war, noch das Judentum, das ihm wie »ein leerer Geldbeutel« vorkam, geben konnten.

1913 stand Rosenzweig kurz vor der Taufe, aber er wollte diesen Schritt aus einer jüdischen und nicht aus einer heidnischen Tradition heraus tun. Deshalb beschloß der junge Philosoph, als Vorbereitung zu seinem Übertritt in einer kleinen chassidischen Synagoge in Berlin Gottesdienste an hohen jüdischen Feiertagen zu besuchen. Und dort begegnete er Menschen, die von der ganzen Leidenschaft eines Volkes erfüllt waren, das unmittelbar vor Gott steht; es war das, wonach er sich sein Leben lang gesehnt hatte. Zum ersten Mal fühlte Rosenzweig sich als Jude geborgen. Der junge Gelehrte brauchte sich nun nicht mehr von seiner Vergangenheit loszusagen, um Gott zu finden, denn er hatte eine authentische jüdische Gemeinschaft entdeckt, und zwar unter genau jenen Menschen, die von seiner Familie und ihren Freunden als rückständig und unkultiviert betrachtet wurden. Rosenzweig sollte später in einem Brief an seinen Cousin Rudolf Ehrenberg schreiben: »[Christ zu werden] erscheint mir nicht mehr notwendig ... und daher ... nicht mehr möglich.«[2]

Rosenzweigs Begegnung mit den Chassidim brachte ihm zu Bewußtsein, daß der jüdische Kalender, der Sabbat, die Feste und der gesamte Rhythmus des jüdischen Lebens ein Spiegelbild der Ewigkeit sind. Die Juden leben also in zwei Dimensionen – im Jetzt und im Ewigen. Die Juden haben unter wechselnden und oftmals tragischen Bedingungen gelebt, aber ihre Religion hat sie in ein anderes Reich erhoben, in ein Reich der Unveränderlichkeit. Die religiösen Feste und die von den Juden befolgten Gebote sind zeitlos. Historische Ereignisse sind vergänglich. Die zionistische Besiedlung Palästinas hat für die Kontinuität des Judentums keine größere

Bedeutung als der Aufstand gegen Rom, die Vertreibung aus Spanien oder die Pogrome in Rußland. Rosenzweigs erhabene Vision von den Juden als einem Volk, das jenseits der Geschichte lebt, folgt der Auffassung der talmudischen Meister, daß beim Thorastudium Chronologien ohne Bedeutung sind; alle Lehren und Auslegungen des Talmuds sind ewige Werte, welche die Zeit transzendieren. Für Rosenzweig beruhte daher die Fixierung auf die »Judenfrage« – auf die Juden statt auf das Judentum – auf einem falschen Verständnis vom eigentlichen Wesen und Charakter dieses einzigartigen Volkes.

Rosenzweig maßte sich nicht an, etwas zu behaupten oder zu praktizieren, das er noch nicht verstand, aber er hielt es für wichtig, daß Urteile über Texte, deren Bedeutung noch dunkel, oder Gebote, deren Sinn noch unklar war, vorläufig in der Schwebe blieben. Wir müßten die Möglichkeit offenlassen, daß wir mit wachsenden Kenntnissen über das Judentum die Werte und Bräuche übernehmen, die von den heiligen Texten vorgeschrieben werden. Deshalb müsse die gesamte Tradition durch das Studium der Schriften lebendig gehalten werden.

1920 zog Rosenzweig nach Frankfurt, wo er auf Einladung von Nehemiah Nobel, einem der führenden Rabbiner der Stadt, die Leitung der jüdischen Volkshochschularbeit im »Freien jüdischen Lehrhaus« übernahm. Die Lehrkräfte, darunter Martin Buber, Gerschom Scholem und Erich Fromm, unterwiesen ihre Schüler im Studium klassischer jüdischer Texte, wobei das verbindende Element zwischen Lehrer und Schüler in der Achtung vor der jüdischen Lehre und dem Wunsch bestand, die Bedeutung der Texte nach bestem Willen und Wissen zu erschließen. Juden aller Art konnten ungeachtet ihrer Weltanschauung und ihres Bildungsstandes im gemeinsamen Studium zusammenfinden. Sie konnten sich aus freien Stücken dafür entscheiden, sich soviel formales religiöses Wissen anzueignen, wie es ihnen für ihr Leben als Juden gerade richtig erschien. Da die meisten Schüler wie überhaupt ihre ganze Generation kein Hebräisch mehr beherrschten, gelangte Rosenzweig zu dem Schluß, daß er die jüdischen Klassiker ins Deutsche übersetzen müsse. Gemeinsam mit Martin Buber arbeitete er an einer neuen deutschen Übersetzung der Bibel, ein Projekt, das durch seinen vorzeitigen Tod 1929 unterbrochen wurde. Buber führte es bis 1961 zu Ende, lange, nachdem die deutschen Juden, für die die Übersetzung bestimmt war, aus Deutschland vertrieben oder in den Vernichtungslagern der Nazis ermordet worden waren.

Rosenzweigs Weg führte ihn zum »Orthodoxieren«, wie er es nannte, aber nicht zur Orthodoxie. Er akzeptierte die Theorie der modernen Bibelkritiker, die seit langem die Auffassung vertraten, daß die Fünf Bücher Mose kein einheitlicher Text seien. Diese Wissenschaftler hatten die orthodoxe Lehre erschüttert, der zufolge Gott den Wortlaut dieser Bücher Mose quasi diktiert hatte. Auch Rosenzweig war der Meinung, daß die Bibel zu verschiedenen Zeiten von mehreren Autoren verfaßt und daß die einzelnen Teile möglicherweise im 6. Jahrhundert v. u. Z. zu einem Text zusammengefügt wurden. Allerdings interpretierte er diesen Prozeß anders. Er wies darauf hin, daß die modernen Erforscher der hebräischen Bibel den Großbuchstaben R, mit dem der Herausgeber bezeichnet war, als Abkürzung für *redactor* deuteten, und fragte sich, ob dieses R nicht auch für *Rabbenu* (»unser Lehrer«) stehen könne. Der *redactor*, der entschieden hatte, welche Teile der Schriftrollen, die die traditionellen Überlieferungen enthielten, in die Heilige Schrift aufgenommen werden sollten, war der Stimme Gottes gefolgt. Er war also von einer höheren Macht geleitet worden, als er bestimmte Abschnitte der Schriftrollen und andere Textfragmente zu dem Dokument zusammenstellte, das als die Fünf Bücher Mose verehrt wurde.

1922 stellte sich bei Rosenzweig eine fortschreitende Lähmung seiner Gliedmaßen und schließlich auch seines Sprechvermögens ein. Im letzten Stadium dieser Krankheit war er so stark paralysiert, daß er nur noch die Augenlider bewegen konnte. Seine Frau, die seine Signale verstand, schrieb seine Aufsätze mit der Schreibmaschine und übersetzte seine Zeichensprache für alle Besucher, die von dem großen Mann lernen wollten. Rosenzweig war in einem zerstörten Körper gefangen, aber er überließ sich nicht dem Selbstmitleid, denn er wußte, daß er in zwei Dimensionen lebte – im Jetzt und im Ewigen.

Martin Buber, der Zionist auf der Suche nach Gott

Rosenzweig war aus der fast vollständigen Assimilation seiner Eltern und ihres Umkreises zum Judentum zurückgekehrt. Anders lagen die Dinge bei seinem engsten Mitarbeiter und Freund Martin Buber. In Wien geboren, hatte dieser seine Kindheit aber größtenteils in Lemberg (Lwow) verbracht, einer der größten Städte im polnischen Galizien, das damals zu Österreich-Ungarn gehörte. Er wuchs unter der Obhut seines Großvaters Salomon Buber auf, der ein sehr wohlhabender Geschäftsmann und obendrein ein angesehener Judaist war. Mit neunzehn Jahren schloß sich Martin Buber dem engen Kreis um Theodor Herzl an und wurde zunächst dessen Mitarbeiter und später sein Nachfolger als Herausgeber der Wochenschrift *Die Welt*, die Herzl gegründet hatte, um die zionistische Idee zu verbreiten. Die Zusammenarbeit mit Herzl war für Buber aufreibend und belastend. Man hat das gespannte Verhältnis zwischen den beiden Männern vor allem mit dem Gegensatz zwischen Herzl, dem Politiker, und Buber, dem jungen Mann auf der Suche nach Gott, zu erklären versucht. Darüber hinaus mußten ihre unterschiedlichen Temperamente einfach aufeinanderprallen, denn Herzl war ungeduldig und despotisch, während Buber von Widerspruchsgeist beseelt war.

Doch der Hauptgrund für den unvermeidlichen Bruch zwischen Herzl und Buber ist wohl die Tatsache, daß sie verschiedenen Epochen angehörten, obwohl Buber keine zwanzig Jahre jünger war als Herzl. Als Mann der Aufklärung glaubte Herzl immer noch daran, daß man die Gesellschaft vervollkommnen könne, daß der Fortschritt unaufhaltsam sei und daß man den Antisemitismus auf pragmatischem Wege besiegen könne: Man müsse nur alle Juden aus der Diaspora zusammenbringen und einen jüdischen Staat gründen. Buber hingegen kehrte der Leere einer Welt den Rücken zu, in der es keiner weltlichen Ideologie gelungen war, die Gesellschaft zu vervollkommnen, und wandte sich Gott zu.

Während manche jüdischen Sucher in östlichen Lehren, vor allem im Buddhismus und Konfuzianismus, religiöse Inspiration zu finden hofften, wandte Buber sich dem Studium der biblischen Propheten zu. Von ihnen lernte er, daß der Kern religiöser Erfahrung darin besteht, mit höchster Aufmerksamkeit und Hingabe auf Gott zu hören. Als Sechsundzwanzigjähriger fand Buber in den chassidischen Rebbes eine brauchbare Vergangenheit für sich selbst und für all jene, die sich nach einem spirituellen Leben innerhalb ihres eigenen jüdischen Erbes sehnten. Buber machte seine Gotteserfahrung, als er sich mit den Lehren des Baal Schemtow beschäftigte:

»Da war es, daß ich, im Nu überwältigt, die chassidische Seele erfuhr. Urjüdisches ging mir auf...: die Gottes-Ebenbildlichkeit des Menschen als Tat, als Werden, als Aufgabe gefaßt... Ich erkannte die Idee des vollkommenen Menschen. Und ich wurde des Berufs inne, sie der Welt zu verkünden.«[3]

Doch Buber zog sich nicht aus der modernen Gesellschaft in die Welt der Chassidim zurück. Sein Ideal wurde die Kibbuzbewegung in Palästina, die ein wahrhaftiges, gleichberechtigtes menschliches Zusammenleben anstrebte und die er als Manifestation des göttlichen Geistes ansah. Er störte sich nicht daran, daß die Mitglieder der meisten landwirtschaftlichen Kollektive praktisch alle areligiös waren. In seinem berühmtesten Werk *Ich und Du* beschrieb Buber die Begegnungen zwischen Mensch und Gott, in denen sich der göttliche Geist manifestiert. Auf den ersten Blick hat das Buch keinerlei Bezug zum Judentum. Buber sagte, daß Ich-Du-Beziehungen in erster Linie nicht an den üblichen Orten – wie Kirchen, Synagogen oder Moscheen – entstehen, sondern dort, wo sich der göttliche Geist in Alltagsbegebenheiten offenbare.

»Das wovor wir leben«, schrieb er, »das worin wir leben, woraus und worein wir leben, das Geheimnis: es ist geblieben, was es war. Es ist uns gegenwärtig geworden und hat sich mit seiner Gegenwart uns kundgetan als das Heil, wir haben es ›erkannt‹, aber wir haben keine Erkenntnis von ihm, die uns seine Geheimnishaftigkeit minderte – milderte. Wir sind Gott nahe gekommen, aber einer Enträtselung, Entschleierung des Seins nicht näher. Erlösung haben wir verspürt, aber keine ›Lösung‹. Was wir empfangen haben, damit können wir nicht zu den anderen gehen und sagen: Dieses ist zu wissen, dieses ist zu tun. Wir können nur gehen und uns bewähren.«[4]

Buber war bei den jüngeren jüdischen Intellektuellen beliebt, weil er ihnen eine Version des Judentums nahebrachte, die es ihnen ermöglichte, am Mysterium des Judentums teilzuhaben, ohne dazu verpflichtet zu sein, nach den jüdischen Geboten zu leben. Sie konnten seine *Erzählungen der Chassidim* lesen und sich die Rebbes nach ihren Vorstellungen ausmalen – als warmherzige, liebevolle und nachsichtige Lehrmeister. In Wirklichkeit waren die meisten Rebbes autoritäre Menschen, die von ihren Anhängern die unbedingte Unterwerfung unter ihre Interpretation erwarteten, wie Gott zu dienen sei.

Für Buber war Israel die letzte Bestimmung der Juden. In der Wiederbegegnung mit dem Land ihrer Väter konnten die Juden eine spirituelle Ganzheit erfahren; sie würden nach den höchsten Idealen der biblischen Propheten leben. Buber wanderte 1938 nach Israel aus, nachdem die Nazis ihm verboten hatten, weiterhin Vorlesungen über den Judaismus zu halten. Er lehrte an der Hebräischen Universität und wurde der erste Präsident der Israelischen Akademie der Natur- und

Geisteswissenschaften. Buber nutzte sein Ansehen und gründete gemeinsam mit anderen Berit Schalom, den »Bund des Friedens«, eine Gruppe, die eine friedliche, ethisch vertretbare Einigung mit den Arabern anstrebte. Wenn Israel der wahre Judenstaat sein wolle, so Buber, müsse er auf den Prinzipien der Gerechtigkeit und Humanität allen Menschen gegenüber gegründet sein. Israel könne nur weiterbestehen, wenn es an seiner Berufung zur Einzigartigkeit festhalte, wenn es die göttlichen Worte, die beim Bundesschluß gesprochen wurden, in die Tat umsetze.[5]

Bubers eigene religiöse Position war schwer zu fassen. Immer wieder schrieb er, daß die Begegnung mit Gott eine individuelle Erfahrung sei, die jeder machen könne, der Gott allein gegenübertrete und ihm zuhöre. Und dennoch löste sich Buber nie ganz von der jüdischen Vorstellung, daß Gott auch durch das Gesetz erfahrbar ist und daß der einzelne Gott durch seinen Gehorsam begegnet. Aber dem folgte sogleich der Nachsatz, daß das Gesetz von jedem Menschen individuell wahrgenommen wird; es ist keine übergeordnete allgemeingültige Norm, die alle auf die gleiche Weise erfüllen müßten. Buber war ein Zionist, der glaubte, daß die neuen zionistischen Kollektivsiedlungen der ideale Ort seien, an dem der einzelne Gott begegnen könne. Aber auch dies hing allein von der individuellen Entscheidung ab, und die meisten Juden verspürten durchaus keinen Drang, einem Kibbuz beizutreten. Buber war als Theologe wie als Zionist ein solcher Individualist, daß Gerschom Scholem ihn als einen »religiösen Anarchisten« bezeichnen konnte.

Und doch leistete Buber einen wichtigen historischen Beitrag. Er brachte den jüdischen Intellektuellen die tröstliche Botschaft, daß sie nicht allein und ohnmächtig seien, da sie mit Gott in Verbindung treten könnten; und der Gott, der ihnen dann begegnete, sei kein Fremder, sondern ebender, der zu ihren Vorfahren gesprochen habe.

Rabbi Abraham Jizchak Kook:
Vorbereitung auf den Messias

Ebenso wie Buber nahm sich Abraham Jizchak Kook, der erste Oberrabbiner Palästinas, der Kibbuzgründer an, aber nicht, weil er in ihnen die Vorboten einer neuen jüdischen Spiritualität sah, sondern weil sie das Land Israel für das jüdische Volk wiedergewannen. Es mochte sich im Heiligen Land vielleicht vorübergehend eine moderne, säkulare Gesellschaft etablieren, aber Kook glaubte nicht, daß ein Judenstaat in dieser Form lange Bestand haben könne. Über kurz oder lang würde sich das Heilige dieses Landes wieder durchsetzen. Deshalb betrachtete Kook die Zionisten, die im Zuge der Erneuerung jüdischen Lebens die hebräische Sprache wiederbelebten und das Land kultivierten, als Werkzeuge Gottes, die, ohne es zu wissen, einen göttlichen Plan erfüllten. »Es ist zwecklos, einen erbitterten, fehlgeleiteten Feldzug gegen jene zu führen, die nur einem bestimmten Aspekt des jüdischen Wesens treu sind«, schrieb Kook. »Was sie auch denken mögen: Da jedes Element des jüdischen Geistes im gesamten Leben unseres Volkes verwurzelt ist, trägt das Element, das sie sich zu eigen gemacht haben, zwangsläufig auch jeden anderen Aspekt seines Ethos in sich.«[6]

Kook sah in dem zionistischen Projekt in Palästina einen Beweis dafür, daß die Ankunft des Messias bevorstand und der Mensch diesen Prozeß mit seinen Bemühungen beschleunigen könne. Nach den Massenschlachten des Ersten Weltkriegs – diesem »Krieg zwischen Gog und Magog« – glaubte Kook, daß der Messias der Juden nun gewiß bald kommen werde, um die Menschheit, die den tragischen Irrtum begangen habe, an die westliche Kultur zu glauben, zu erlösen. Der moderne Staat Israel, so Kook, werde der Welt den Weg zu ihrer Genesung weisen:

»Die Sicherung des Weltgefüges, das zur Zeit unter den blutigen Stürmen des Krieges erzittert, verlangt den Aufbau der jüdischen Nation ... Alle Zivilisationen der Welt werden durch die Wiedergeburt unseres Geistes erneuert werden. Alle Streitigkeiten werden geschlichtet, und dank unserer Erneuerung wird alles Leben von der Freude über die Neugeburt hell erstrahlen.«[7]

Rabbi Abraham Jizchak Kook wurde in seinem Glauben an Gott niemals wankend. Im Gegenteil, er war ein sehr kundiger Talmudgelehrter und befolgte gewissenhaft alle talmudischen Vorschriften im Sinne des Wilnaer Gaons; darüber hinaus war er ein Kabbalist in der Nachfolge Isaak Lurjas, der die über die ganze Welt verstreuten Funken der Göttlichkeit zu befreien suchte und sich auf die nahende Erlösung vorbereitete.

Martin Buber dagegen war nie ein praktizierender Jude gewesen, weder in seiner Kindheit im Hause seiner assimilierten Eltern noch in seinem späteren Leben, als er immerhin erklärte, Gott stehe im Zentrum des menschlichen Lebens. Trotzdem spricht aus dem Werk beider Männer dieselbe tiefe Enttäuschung über die europäische Zivilisation; und beide rufen in ihren Schriften zum Handeln auf. Die Moderne hatte Frieden und Fortschritt verheißen und in den Juden die Hoffnung geweckt, daß sie endlich von den jahrhundertelangen Verfolgungen erlöst würden. Der junge Buber hatte sich Theodor Herzl angeschlossen, weil der zionistische Visionär den Mut gehabt hatte, zu sagen, daß der Antisemitismus in absehbarer Zeit nicht auszumerzen sei und daß es deshalb für die Juden die beste Lösung sei, Europa zu verlassen. Sowohl Buber als auch Kook glaubten, daß die Welt erlöst werden müsse und daß dies nur durch eine Begegnung mit Gott erreicht werden könne.

Zu Anfang dieses Buches habe ich das Wesen des Judentums am Bild eines Flusses verdeutlicht, der bis zu Abraham als Quelle zurückreicht. Die Lebenssituationen und Probleme der modernen Juden sind das Delta, in dem sich der Fluß in viele Arme verzweigt, aber die ganze Kraft geht immer noch von der Quelle aus. Ich habe diese Metapher als Gegenmodell zur modernen Vorstellung eingeführt, die mit der Gegenwart und der zeitgenössischen jüdischen Situation beginnt und die Vergangenheit je nachdem entweder ignoriert oder neu erfindet. Da wir uns nun dem Ende unserer Reise flußabwärts nähern, ist es an der Zeit, den grundlegenden Unterschied zwischen diesen beiden Sichtweisen deutlich zu machen.

Das Entscheidende ist, daß der große Fluß des jüdischen Lebens in allen vergangenen Jahrhunderten durch Uferbänke eingedämmt war und die Juden gezwungen waren, innerhalb ihres Jüdischseins zu verharren. Während der gläubigen Jahrhunderte zweifelten selbst sektiererische Juden nicht daran, daß Gott ihnen seine Gebote gegeben hatte. Im 19. Jahrhundert, einem Zeitalter wachsenden Unglaubens, hielten die Uferbänke noch stand, weil der Antisemitismus an die Stelle Gottes getreten war. Während die Stimme Gottes immer schwächer wurde, nahm das Geschrei der Antisemiten an Stärke zu. Und so hieß es in einem jiddischen Volkslied aus dem 19. Jahrhundert: »Wir können sein, was wir wollen, wir bleiben immer Juden.« Mit anderen Worten, es ist unerheblich, was die einzelnen Juden von sich denken, denn wir haben alle dasselbe Problem, wir teilen dasselbe Schicksal und müssen gemeinsam unserem Feind gegenübertreten. Deshalb war der Kampf für eine völlige Gleichstellung und einen eigenen Staat mehr als hundert Jahre lang das Hauptanliegen der Juden, und dieser Kampf gab ihnen das Gefühl, ein gemeinsames, unabwendbares Schicksal miteinander zu teilen.

Die existentielle Krise der jüdischen Identität setzte ein, als die Juden nicht mehr an Gott glaubten und sich in ihnen die Überzeugung regte, daß der Antisemitismus nicht von Dauer sein werde. Dieser Optimismus erlaubte es vielen Juden, sowohl in Palästina als auch in der Diaspora, ihr Judentum nach ihren persönlichen Vorstellungen umzugestalten. Als zur Jahrhundertwende in den Vereinigten Staaten eine Masseneinwanderung aus Osteuropa einsetzte, schien die amerikanische Demokratie den Juden das Ende ihrer Verfolgungen und völlige Freiheit und Gleichberechtigung zu verheißen. Zweifellos würden diese »neuen Juden« wichtige Aspekte ihrer Vergangenheit beibehalten, aber es würde ihnen hauptsächlich darum gehen, sich die neuerlangten Annehmlichkeiten ihres Lebens zu bewahren.

Mordechaj Kaplan sah diese Möglichkeit voraus, als er mir einmal sagte, daß sich der Judaismus nicht mehr auf die Formel »Ich muß« bringen lasse, denn in einer Demokratie bestünden für das Individuum, das nicht mehr an einen persönlichen Gott glaube und mit der übrigen Gesellschaft im Einklang lebe, keinerlei Zwänge mehr. Wenn das Judentum in einer freiheitlichen Umgebung überleben solle, so Kaplan, dann nur unter der Maxime »Ich müßte«. Aber wie bringt man Juden dazu, »Ich müßte« zu sagen, fragte ich ihn. In einer liberalen Umgebung bestehe immer die Gefahr, daß sich die Juden für eine Alternative zum Judentum in welcher Form auch immer entschieden. Darauf antwortete Kaplan, daß man die jüdische Erfahrung so reich und verlockend gestalten müsse, daß die Juden sich dafür entschieden, wenigstens einen Teil ihres Lebens dieser Erfahrung zu widmen. Die Hinwendung zu einer zwangloseren Form des Judentums ist in der offenen Gesellschaft unvermeidlich, aber es stellt sich die Frage, ob sich auf diesem Wege die Ufer des uralten Flusses neu befestigen lassen, damit dieser in seinem alten Bett bleibt. Das glaube ich nicht.

Menschen ändern ihre Meinung, wenn es um persönliche Vorlieben und Fragen des Geschmacks geht. Wer darauf hofft, daß die Juden an ihrem Glauben festhalten, weil jüdische Musik, jüdische Kunst oder jüdische Riten ihnen persönlich etwas geben, der hofft vergebens. Meine Verbundenheit mit dem Judentum rührt nicht daher, daß ich jüdische Bräuche für erbaulicher oder als Festzeremonien für ästhetisch ansprechender halte als die Riten anderer Gemeinschaften. Ich gehe am Abend vor Jom Kippur nicht deshalb in die Synagoge, weil ich mich an der ergreifenden Melodie des Kol Nidre ergötzen will. Als Nachfahre einer chassidischen Familie bewegt mich der chassidische Tanz sehr, aber nicht, weil ich ihn für eine eindrucksvollere Darbietung halte als eine Aufführung des Bolschoi-Balletts oder die Tänze der Sufis. Und am Freitagabend esse ich nicht deshalb Hühnersuppe, weil sie mir vielleicht besser schmeckt als Gazpacho. Wenn es um das Gefühl einer spirituellen oder kulturellen Bereicherung des Individuums geht, würde der Judaismus im Vergleich zu anderen Glaubensbekenntnissen sicher nicht schlecht abschneiden, aber heute, in einer Zeit, in der die kulturellen und religiösen Erfahrungen von vielen verschiedenen Völkern innerhalb von Sekunden per Computer abgerufen werden können, wird der Judaismus nicht unbedingt immer unter den vordersten sein. Jene Juden, die glauben, sie hätten ihren spirituellen Bedürfnissen mit einer halben Stunde Kabbalalektüre Genüge getan, könnten sich eines Tages in einem Aschram in Nordindien wiederfinden. Die Religion des New Age, deren höchster Maßstab die Wünsche, Bedürfnisse, Sehnsüchte und Kümmernisse des einzelnen sind, hat von ihrer ganzen Anlage her nur wenig gemeinsam mit der Bindung des Juden durch seine Religion.

Diese Erkenntnis stand im Zentrum der Philosophie von Buber und Rosenzweig. Buber wußte, daß das Individuum in einer Welt, in der die Götter der Moderne versagt haben, keinen Rückhalt mehr hat, und wandte sich deshalb dem Gott Israels zu. Buber gestattete sich kein leichtes Leben, weder in Deutschland noch in Israel. Bis zu seinem Lebensende widmete er sich den Aufgaben, zu denen er sich berufen fühlte: Er führte eine ganze Generation jüdischer Intellektueller zurück zu ihrem Judentum, setzte völlig neue Maßstäbe für eine Bibelübersetzung und kämpfte für einen Frieden zwischen Juden und Arabern. Rosenzweig war in einer so weitgehend assimilierten Umgebung aufgewachsen, daß er die jüdische Gemeinschaft hätte verlassen können, ohne daß dies seine Familie oder seine Freunde berührt hätte. Er hatte die Freiheit, zu tun und zu lassen, was er wollte. Als Rosenzweig zu seinem Judentum zurückfand, studierte er die jüdischen Texte, um herausfinden, welches seine Aufgabe war.

Abraham Jizchak Kook hatte offenbar einen völlig anderen religiösen Hintergrund, denn er war zeitlebens ein tiefgläubiger Jude, doch auch er erkannte deutlich die Herausforderung der Moderne. Er wußte, daß die Gründer der modernen, weltlichen zionistischen Siedlungen im Heiligen Land die Freiheit für sich in Anspruch nahmen, ihr Leben ganz nach ihren eigenen Vorstellungen zu gestalten. Er hielt jedoch daran fest, daß diese Männer und Frauen Teil eines göttlichen Plans seien; sie belebten die hebräische Sprache wieder und gewannen das Land ihrer Vorfahren zurück, weil diese Ziele die dauerhaften Impulse des großen historischen Flusses waren, der die Erfahrung der Juden verkörpert. Mochten sie glauben, daß sie aus eigenem Antrieb handelten, aber in Wirklichkeit wurden sie von der starken jüdischen Grundströmung vorangetrieben. Wie Buber und Rosenzweig wußte auch Kook, daß die Juden nicht ohne die tiefe Überzeugung existieren konnten, daß Gott ihnen einen Auftrag erteilt hatte.

Ein Jahrhundert später ist die Frage noch immer unbeantwortet: Woher rührt dieser innere Drang? Liegt er im Wesen der Juden begründet, wie Achad Haam vermutet hatte? Oder haben sich die Juden vielleicht verhalten wie Jona in der Bibel, der vor Gott flüchtete, als dieser ihm auftrug, in Ninive zu predigen, und sich im Bauch eines großen Fisches wiederfand? Erst dort flehte er: »Gott, errette mich!« Ist es möglich, daß wir dem jüdischen Gott einfach nicht entrinnen können? Diese Frage kann ich nur mit einem eindeutigen Ja beantworten – aber nicht aus dem Grund, der üblicherweise angeführt wird. Ich muß nicht beweisen, daß der Gott der Juden existiert. Jeder Jude und jede Jüdin, die sich so verhalten, als hätten sie den Auftrag, Juden zu sein, bezeugen die Existenz Gottes.

Debatten über die Frage, ob auch nichtgläubige Juden »gute Juden« sein können, sind müßig. Es gibt nur zwei Formen eines jüdischen Unglaubens: Die eine wird von denen vertreten, die fest davon überzeugt sind, daß kein besonderes Verdienst oder keine Notwendigkeit mehr darin liege, Jude zu bleiben, womit sie zugleich eine Begründung für ihre Assimilation und den Austritt aus ihrer Gemeinschaft gegeben haben. Die andere besteht in der Ablehnung der besonderen Riten, die im Judentum vorgeschrieben sind. Aber gleichzeitig verwenden diese Nichtgläubigen schier übermenschliche Energien darauf, den Staat Israel zu verteidigen, jüdische Schulen und Bildungsinstitutionen zu gründen und in jüdischen politischen Organisationen mitzuarbeiten. Manchen Menschen, die sich solchen Aufgaben widmen, fällt es schwer, eine logische Erklärung für ihr Festhalten am Judentum zu finden, aber sie handeln aus einem inneren Drang. Sie könnten sich ebensogut für irgendeinen anderen gemeinnützigen Zweck einsetzen, oder sie könnten auch gar nichts tun und es sich nur gutgehen lassen, aber sie haben sich jüdischen Zielen verschrieben. Die Menschen, die so viele Mühen auf sich nehmen, bekräftigen damit ihre Bindung an das fortdauernde Anderssein der Juden, und sie zerstören weiterhin Götzenbilder. Für mich spielt es keine Rolle, wie diese Juden ihre Handlungsweise erklären. Wenn sie ihre Kinder dazu erziehen, ihnen in diesem Drang nachzufolgen, ist der Gott der Juden unter ihnen lebendig.

Jeden Sabbat wird in der Synagoge für die Gemeinschaft aller Juden ein Gebet gesprochen, das »all jene, die sich für die Belange der Gemeinde tatkräftig einsetzen«, ausdrücklich einschließt. Die Liturgie bestätigt also, daß sich die Verbundenheit mit dem Judentum auch im Tätigsein als Jude ausdrücken kann. Juden, die der Ansicht sind, daß weltliche, nichtgläubige Juden mindestens soviel wert sind wie gläubige Juden, haben völlig recht, vorausgesetzt, die Nichtgläubigen stellen ihr Judesein durch ihre Handlungen unter Beweis. Ich würde deshalb allen Juden, die mich bitten, ihnen ihren Agnostizismus zu verzeihen, erwidern: Was lehrt ihr eure Kinder und Enkel über ihre zukünftigen Pflichten als Juden?

Die alten Rabbiner waren beherzt genug, um genau diesen Gedanken Gott in den Mund zu legen: »Sie können sich getrost von mir abwenden, solange sie meine Gebote befolgen.« (Eichah Rabbah Petichah 2)

16
Von Gott verlassen

In den ersten Jahren nach ihrer Machtergreifung schienen sich sogar die Nationalsozialisten von früheren Judenverfolgern nicht wesentlich zu unterscheiden. Auch in der Vergangenheit hatte man Zugeständnisse an die Juden wieder rückgängig gemacht. Im Mittelalter wurden immer wieder und fast überall in Europa Juden aus ihrer Heimat vertrieben. Daß die Nazis den organisierten Massenmord an den Juden durchführen würden, war allerdings fast bis zu dem Tag unvorstellbar, an dem in Polen, dem Baltikum und dem westlichen Teil der Sowjetunion die ersten jüdischen Gemeinden zur Deportation zusammengetrieben wurden und deutsche Einsatzgruppen damit begannen, sämtliche Juden, die sie aufspürten, umzubringen.

In der Zeit unmittelbar nach der Judenvernichtung stand ein für allemal fest, daß die Juden unwiderruflich anders waren. Die Nazis hatten alle Juden – Dirigenten und Opernregisseure, Professoren und Bankiers, Avantgardekünstler und universalistische Philosophen – zusammen mit den Chassidim und den Mitnagdim in dieselben Viehwaggons gesperrt. Sie alle waren Juden. Zweifellos werden sich viele auf ihrem Weg nach Auschwitz gefragt haben, warum sie, die Gebildeten und Europäisierten, die mustergültigen Franzosen, Deutschen, Holländer, Italiener oder Ungarn als Juden ihrem Tod entgegengehen mußten.

Die orthodoxen Gläubigen zweifelten nie daran, daß die Juden anders waren. Gott hatte ihnen eine besondere Rolle zugedacht, eine Rolle, die nicht nur Glück, sondern auch Leid und Schmerz mit sich brachte. Die Orthodoxen wehrten sich gegen die Vorstellung, daß die Ermordung der europäischen Juden ein beispielloses, einzigartiges Ereignis in der jüdischen Geschichte sein sollte. Für sie war die Judenvernichtung nur die jüngste in einer langen Abfolge von Tragödien, die mit der Zerstörung des ersten Tempels begann; in ihren Augen waren jene, die den Massenmord an den Juden als etwas Besonderes hinstellten, im Grunde nur bitter enttäuscht von der westlichen Zivilisation. Deshalb reagierten die meisten orthodoxen Juden ablehnend, als die weltliche israelische Regierung einen offiziellen Jahrestag zum Gedenken an den Holocaust einführte, wofür sie den Tag wählte, an dem die Deutschen den Aufstand im Warschauer Ghetto endgültig niedergeschlagen hatten. Statt dessen gingen die Orthodoxen dazu über, an einem ihrer traditionellen Versöhnungstage, wie dem Fastentag des Neunten Aw, an dem der Zerstörung der beiden Tempel und anderer großer jüdischer Tragödien gedacht wird, einige zusätzliche Gebete zu sprechen. Die Orthodoxen waren schlicht der Meinung, daß die Ermordung der Juden durch die Nazis nichts Neues sei; sie hatten schon mehr als ein Auschwitz erlebt.

Die unfreiwillige Reise zurück zu ihrem Judesein war für jene am schwersten, die sich vom Glauben ihrer Vorfahren am weitesten entfernt hatten. Als der große französische Historiker und Résistancekämpfer Marc Bloch in Frankreich durch ein deutsches Erschießungskommando exekutiert werden sollte, bot man ihm den geistlichen Beistand eines Rabbiners an. Bloch lehnte dies mit der Begründung ab, er wolle als Franzose in den Tod gehen. Selbst Juden, die zum Christentum übergetreten waren, entkamen nicht den Naziinquisitoren, die dem Gott der Rassenreinheit huldigten. Im Warschauer Ghetto, in das die Nazis nur jene deportiert hatten, die sie als Juden ansahen, existierten bis zum Schluß zwei katholische Kirchen. Die Gemeinde bestand aus Konvertiten, auch die Priester waren zum Katholizismus übergetretene Juden. Ich möchte gern wissen, was die Besucher dieser Gottesdienste wohl gedacht und empfunden haben, wenn sie daran dachten, daß ihre Naziwächter auf der anderen Seite der Mauer derselben religiösen Zeremonie beiwohnten.

Das Schicksal der deutschen Philosophin Edith Stein (1892–1942) war besonders tragisch. Nach einer tiefen Glaubenskrise, die sie vom orthodoxen Judentum zur römisch-katholischen Kirche führte, trat sie in den dreißiger Jahren in den Karmeliterorden ein. 1938 floh sie vor den Nazis in ein Kloster in Holland. Als die holländischen Bischöfe den Antisemitismus der Nazis öffentlich verurteilten, verhaftete die Gestapo in einem Vergeltungsakt Edith Stein und andere Nonnen und Priester jüdischer Herkunft. Edith Stein wurde in Auschwitz ermordet. Papst Johannes Paul II. erklärte sie zur Märtyrerin, die für ihren christlichen Glauben gestorben war, und sprach sie 1999 heilig. Dieser Schritt stößt bei Juden, die wissen, daß Edith Stein nicht wegen ihres christlichen Glaubens oder ihrer Frömmigkeit nach Auschwitz verschleppt worden war, auf wenig Verständnis; schließlich mußte sie sterben, weil sie als Jüdin zur Welt gekommen war. Und es fragt sich wirklich, ob Edith Stein, als sie in der Gaskammer das Zyklon B einatmete, tatsächlich dachte, daß sie ihr Leben der katholischen Kirche opferte.

Seit der Judenvernichtung durch die Nazis quälen unzählige Fragen unser Gewissen: War der Holocaust ein einzigartiges Ereignis? Wie tief reichen die Wurzeln des Antisemitismus? Warum entzogen sich die Staaten, die hätten eingreifen können, ihrer Verantwortung? Haben sich die Juden in den USA nicht genug eingesetzt, um ihre Regierung zum Einschreiten zu bewegen? Haben die Juden in Palästina genug getan in dem Bemühen, einige der Ermordeten zu retten? Eine Erörterung dieser Fragen würde den Rahmen dieses Buches sprengen, dennoch möchte ich drei weitere Fragen anschließen: Wie ging das amerikanische Judentum nach dem Massenmord an den Juden mit dessen Realität um? Standen die Christen auf der falschen Seite? Und wo war Gott?

Nach 1945 waren die Vereinigten Staaten die große Siegermacht. Die Juden in den USA beanspruchten ihren Anteil am Sieg der Alliierten, und das zu Recht; jüdische GIs hatten tapfer im Krieg gekämpft. Als Amerikaner gehörten sie zu den großen Gewinnern, als Juden hingegen wurden sie mit den ermordeten Opfern des Naziterrors in Verbindung gebracht und nicht mit General Eisenhower, der entsetzt auf die Leichenberge in den befreiten Todeslagern starrte. Der innere Konflikt der amerikanischen Juden bestand in ihrem Wunsch, sich mit den siegreichen Alliierten zu identifizieren, und dem Wissen, daß sie in ihrer Eigenschaft als Juden den Krieg verloren hatten. Darüber hinaus hatten die amerikanischen Juden auch mit Schuldgefühlen zu kämpfen, weil sie sich vorwarfen, nicht mehr für die Rettung von Verwandten und Bekannten getan zu haben. Deshalb setzten sie sich in den Jahren nach 1945 mit großem Elan für die Gründung des Staates Israel ein. Aber sie konnten sich noch nicht der unausweichlichen Botschaft der Shoah stellen, nämlich der Tatsache, daß Juden anders sind. Deshalb untersagten sie in ihren religiösen Bildungseinrichtungen die Beschäftigung mit der Vernichtung der Juden; es war ein Thema, das man lieber vergessen wollte.

Dieses Tabu begann sich erst in den sechziger Jahren zu lockern. Erst zu jener Zeit waren die amerikanischen Juden in allen wesentlichen Bereichen der Gesellschaft gleichberechtigt. Die sozialen Barrieren waren längst noch nicht alle überwunden, aber es war nicht mehr so wichtig, ob bestimmte Country Clubs immer noch keine Juden aufnahmen. Im wirtschaftlichen und politischen Bereich hatten die Juden mittlerweile so viel Einfluß gewonnen, daß sie ein noch nie gekanntes Selbstvertrauen entwickelten. In den sechziger Jahren, besonders nach dem Sieg Israels im Sechstagekrieg, waren die amerikanischen Juden endlich in der Lage, ihr Verhältnis zur Shoah neu zu definieren. Die Überlebenden der Vernichtungslager begannen von ihren Erfahrungen zu berichten und ihre Lebenserinnerungen niederzuschreiben. Nachdem sie seit zwanzig Jahren in den Vereinigten Staaten lebten, hatten es viele Juden zu materiellem Erfolg gebracht und waren selbstsicher genug, um sich in einem nationalen Verband zusammenzuschließen. Ein Großteil der überlebenden Juden war jetzt in den mittleren Jahren; sie begannen sich zum ersten Mal mit dem Gedanken an ihre Sterblichkeit zu beschäftigen und fragten sich, welche Erfahrungen sie an ihre Kinder weitergeben sollten. Sie mußten ihre Geschichte erzählen, und sei es auch nur, um die Erinnerung an eine beispiellose Tragödie weiterzugeben, und vielleicht sogar, um in ihr irgendeinen Sinn zu entdecken.

Ende der sechziger, Anfang der siebziger Jahre wuchs eine neue Generation amerikanischer Juden heran. Für diese jungen Menschen waren Hitler und die Judenvernichtung weder eine persönliche Erfahrung noch eine lebendige Erinnerung. Die ältere Generation fürchtete, daß sich die Jungen dem jüdischen Glauben entfremden und Mischehen eingehen könnten. Ihre Reaktion darauf war, der jungen Generation auf schmerzhafte Weise ins Bewußtsein zu rufen, daß die Juden von Todfeinden umgeben seien. Die großen amerikanisch-jüdischen Organisationen, die um die Jahrhundertwende gegründet worden waren – das American Jewish Committee, die Anti-Defamation League und der American Jewish Congress –, hatten jahrzehntelang den Antisemitismus in den USA bekämpft. Doch was konnten sie der Nachkriegsgeneration vermitteln, die an amerikanischen Universitäten studierte, ohne je mit den antijüdischen Zulassungsbeschränkungen konfrontiert worden zu sein, die viele ihrer Eltern noch daran gehindert hatten, die Harvard-Universität, die Yale-Universität oder eine andere Elitehochschule zu besuchen? Diese jungen Menschen mochten vielleicht einem sozialen Antisemitismus begegnen, aber ihnen stand die Möglichkeit offen, aufgrund ihrer Fähigkeiten und Begabungen eine akademische Laufbahn einzuschlagen. Trotzdem schärfte die amerikanisch-jüdische Gemeinde ihren jungen Mitgliedern weiterhin ein: Glaubt nur nicht, daß die Welt ein sicherer Ort für Juden ist. War der Holocaust nicht der beste Beweis dafür?

Plötzlich wußte die amerikanisch-jüdische Gemeinde die Erfahrungen der Shoah für sich zu nutzen. Mitte der siebziger Jahre wurde der Massenmord an den europäischen Juden ein wesentlicher Bestandteil jüdischer Bildung. In zahlreichen Städten zahlten jüdische Organisationen am Ort Zuschüsse an Colleges oder Universitäten, damit dort Kurse über den Holocaust eingerichtet wurden. Die Beschäftigung mit diesem Thema sollte der jüngeren Generation den Antisemitismus, die mit diesem kaum persönliche Erfahrungen gemacht hatte, auf indirektem, aber dafür um so eindrücklicherem Wege nahebringen. Der Widerstand gegen den Antisemitismus wurde immer wieder als wichtigste verbindende Kraft zwischen den Juden beschworen; er wurde sogar als Argument dafür angeführt, am Judentum festzuhalten.

Doch weder die Angst vor dem Antisemitismus noch der Stolz auf Israel vermochten den Trend zur Assimilation aufzuhalten. Im Gegenteil, immer mehr junge Juden und Jüdinnen gingen Mischehen ein. Eine groß angelegte demographische Studie des Council of Jewish Federations and Welfare Funds wies zweifelsfrei nach, daß sich eine beachtliche Minderheit der jüdischen Gemeinde, wenn auch in unterschiedlichem Maße, vom Judentum entfernte. Angesichts dieser bestürzenden Erkenntnis verlagerte die jüdische Gemeinde den Schwerpunkt ihrer Aktivitäten von der Bekämpfung des Antisemitismus auf ein neues ehrgeiziges Projekt, nämlich die Förderung jüdischer Kontinuität. Folglich beschäftigte man sich in den neunziger Jahren nicht mehr so sehr mit der Frage, auf welche Weise sechs Millionen Juden umgekommen waren, sondern wie sie eigentlich gelebt hatten. Vor 1939 befand sich das Zentrum der jüdischen Kultur in ihren unterschiedlichen Ausprägungen nicht in Tel Aviv oder New York, sondern in Mittel- und Osteuropa, vor allem in Polen. Die Nazis vernichteten nicht nur ein Drittel der jüdischen Bevölkerung, sondern raubten dem jüdischen Volk auch den Mittelpunkt seines religiösen Lebens und seiner Kultur. Viele amerikanische Juden haben mittlerweile erkannt, daß das Andenken an den Holocaust ihnen abverlangt, das Schrifttum, die Traditionen und Überzeugungen zu bewahren, die die Nazis versucht hatten zu zerstören.

Die schmerzlichsten Erinnerungen an den Holocaust wurden und werden in Europa wach, in ebenjenen Ländern, in denen sich diese schrecklichen Ereignisse abspielten. Nach dem Zweiten Weltkrieg blieben nur wenige jüdische Überlebende in ihrer Heimat. In den Jahrzehnten nach der Shoah drängte sich eine Frage auf, die nicht leicht zu beantworten war: Wie kann man als Jude unter den Mördern seines Volkes leben? Nach dem Krieg sahen sich die Bürger beinah jedes europäischen Staates mit ähnlich schwierigen Fragen konfrontiert, aber den heikelsten Themen wich man häufig aus. Die Deutschen gingen bei der Aufarbeitung ihrer nationalsozialistischen Vergangenheit am konsequentesten vor; sie konnten auch schlecht behaupten, daß sie nichts mit den Nazis zu tun gehabt hätten. Und so trug die deutsche Regierung mit mehrheitlicher Unterstützung der Bevölkerung einen Teil ihrer nationalen Schuld ab, indem sie an die überlebenden Opfer des Massenmords hohe Entschädigungssummen zahlte. Die Franzosen, Italiener, Österreicher, Holländer, Norweger, Schweizer, Ukrainer und andere Europäer wissen, daß es unter ihnen Faschisten gab, die mit den Nazis kollaboriert hatten, ebenso wie es einige wenige unter ihnen gab, die Juden gerettet hatten. Aber in ganz Europa bietet sich im wesentlichen das gleiche Bild: Beinahe jedes Land hält daran fest, daß die Mehrheit seiner Bevölkerung auf der Seite der Guten gestanden habe und daß jene, die die Nazis unterstützt hatten, einer verschwindenden Minderheit angehört hätten und daher nicht repräsentativ seien. Fast überall sträubt man sich dagegen, sich zur eigenen Vergangenheit zu bekennen. Aber in der Folge peinlicher Enthüllungen mußten sich die europäischen Regierungen nach und nach der Tatsache stellen, daß ihre Führung es versäumt hatte, die Weltöffentlichkeit lückenlos und wahrheitsgemäß über die Mitschuld ihres Landes an der Ausplünderung und Ermordung von Juden während des Holocausts aufzuklären. Keines dieser Länder wird mit sich ins reine kommen, bevor es dieses dunkle Kapitel seiner Geschichte nicht ans Licht bringt und sich selbstkritisch mit einigen schwerwiegenden moralischen Fragen auseinandersetzt.

Ganze Bibliotheken befassen sich mit der Rolle der katholischen und protestantischen Kirche während der Shoah: Was unternahmen die Christen, um den Juden zu helfen, oder vielmehr, was unterließen sie? Viel weniger hat man sich dagegen mit der Frage beschäftigt, inwieweit der Holocaust eine Krise der christlichen Religion und Kultur auslöste. Beinah alle Täter waren getauft. Wie kann eine Religion, die für Liebe und Frieden wirbt, so viele Massenmörder hervorbringen? Dafür gibt es natürlich eine einfache Erklärung: Auch Christen sind fehlbar und erweisen sich der Lehre, der sie anhängen, als unwürdig. Aber nach Meinung einiger christlicher Theologen spricht diese Antwort die christliche Religion nicht von ihrer Verantwortung frei. Für sie hat der Holocaust eine beunruhigende Frage aufgeworfen: Fand zwischen 1939 und 1945 noch einmal die Kreuzigung statt, und standen die Christen auf der falschen Seite?

Der Anblick von Juden, die an einer schweigenden oder höhnenden Menschenmenge vorbei zu Bahngleisen getrieben werden, hat fatale Ähnlichkeit mit dem Leidensweg Jesu, der sein Kreuz auf der Via Dolorosa nach Golgatha tragen mußte. Selbst die Szene unter dem Kreuz, als man Jesu Gewand verloste, erinnert an die Habgier, mit der man den Besitz der Juden unter sich aufteilte, nachdem diese nur wenige Minuten zuvor aus ihren Häusern geschleift worden waren. Aufrechte Christen haben sich die Frage gestellt, ob die Juden – allein und an den Rand der Gesellschaft gedrängt – möglicherweise das ewige jüdische Schicksal des Leidens und Sterbens neu durchlebten. Hatten die Christen, darunter auch viele Geistliche, die all dies zugelassen hatten, menschlich versagt? Verantwortungsbewußten Christen drängte sich die Frage auf, ob die Leidensgeschichte Jesu nur ein einziges Mal vor zweitausend Jahren stattfand oder ob die Juden sie Jahrhundert für Jahrhundert – in Gestalt von Unterdrückung und Verfolgung – immer wieder aufs neue durchlebt haben. Genau diese Fragen sind es, die die Selbstachtung der Christen erschüttern. Deshalb haben die großen christlichen Kirchen in den letzten Jahren Abbitte geleistet: für den Antisemitismus, den sie einst lehrten, und für ihre Untätigkeit, als vor ihren Augen die Massenvernichtung der Juden stattfand. Die evangelische Kirche hat sich mittlerweile von Martin Luthers Antisemitismus distanziert, und der Vatikan hat sich für das Unrecht, das er im Laufe der Jahrhunderte an den Juden begangen hat, offiziell entschuldigt. Nach dem Holocaust haben sich Judentum und Christentum aufeinander zu bewegt. Das ist eine erfreuliche Entwicklung – aber war der Preis nicht zu hoch?

Die schreckliche Einsamkeit der Juden während des Völkermords der Nazis hat die Juden mit einer ähnlich aufwühlenden Frage konfrontiert: Wo war Gott? Es ist mir nie gelungen, Gott von seiner Verantwortung freizusprechen. Ich finde keinerlei Trost in der theologischen Auffassung, daß Gott eine begrenzte Macht ist, die die Menschheit zwar dazu anhalten kann, Gutes zu tun, die aber nicht für das Böse und den Schmerz in der Welt verantwortlich ist. Lange, bevor die Nazis auf der Bildfläche erschienen, sprach Mordechaj Kaplan von einem begrenzten Gott, um das Phänomen des Bösen zu erklären. Aber dieser Gott ist nach dem Vorbild eines Predigers geschaffen, der die Macht hat, zu ermahnen, aber nicht zu gebieten, und der deshalb für das, was auf der Welt geschieht, keinerlei Verantwortung trägt.

Eine interessante Variante dieses Gedankens entwickelte Martin Buber in seinem Buch *Gottesfinsternis* (1952). Buber beschwor die kabbalistische Vorstellung herauf, daß Gott manchmal sein Gesicht vor der Welt verbirgt und daß zu solchen Zeiten Finsternis auf der Welt herrsche. Buber modifizierte diesen Gedanken, indem er sagte, daß sich Gott nicht willentlich von uns abgewandt, sondern eine dunkle Macht ihn zeitweise verdeckt habe. Aber welches Recht hatte Gott, habe ich Buber einmal empört gefragt, sich von uns abzuwenden oder sich überschatten zu lassen, während mein Großvater, sämtliche Geschwister meiner Mutter und deren Kinder in Konzentrationslagern umgebracht wurden?

Noch empörter reagiere ich regelmäßig auf jene, die das Verhalten Gottes in den dreißiger und vierziger Jahren rechtfertigen, indem sie den Juden selbst die Schuld an ihrem Schicksal geben. Wie wir wissen, begründet die Bibel das Leiden der Juden in der Regel damit, daß sie Gottes Gebote mißachtet und deshalb ihre gerechte Strafe verdient hätten. Doch welche Sünde mußte mit sechs Millionen Toten gesühnt werden? Der ultraorthodoxe jüdische Theologe Joel Teitelbaum, der Rebbe von Satmar, vertrat in seinem 1967 erschienenen Buch *Über Rettung und Erlösung* (*Al ha-Geulah veal ha-Temurah*) die Auffassung, daß Gott die Juden für die Sünde des Zionismus bestraft habe, für ihre Weigerung, untätig auf die Ankunft des Messias zu warten, wie es ihnen geboten war; die Zionisten hätten sich gegen Gott aufgelehnt, indem sie aus eigener Kraft den Staat Israel gegründet hatten. Viele Zionisten, darunter auch David Ben Gurion, vertraten die entgegengesetzte Position; ihrer Ansicht nach war der Holocaust eine Strafe dafür, daß die Juden aus der Geschichte nichts gelernt hatten, daß sie nach der Machtergreifung Hitlers 1933 in Europa geblieben waren, statt sich den Gründern Israels, der Heimat des jüdischen Volkes, anzuschließen. Ich halte beide Erklärungen – daß die Opfer des Holocausts entweder zu zionistisch oder nicht zionistisch genug gewesen seien – nicht nur für anmaßend, sondern auch für obszön.

Eine andere Antwort ist die Leugnung der Existenz Gottes. Einige meiner Freunde, die vor 1933 orthodoxe Juden gewesen waren, wurden nach der Shoah erbitterte Atheisten. Ich bin ihnen nicht gefolgt, denn ich habe immer wieder das *Buch Hiob* gelesen. Hiob, dieser rechtschaffene, gottesfürchtige Mann, den alle erdenklichen Schicksalsschläge ereilten, ringt mit der Frage, womit er so viel Leid verdient hat. Er verwirft sämtliche Erklärungen, die ihm seine mitfühlenden Freunde anbieten, und wendet sich an Gott um eine Antwort. Gott, der ihm aus dem Wettersturm antwortet, versichert ihm, daß es einen Sinn in der Welt gibt; er erklärt Hiob, daß selbst sein schreckliches Leiden einen Sinn habe, daß sich dieser jedoch dem Verständnis des Menschen entziehe. Hiob erkennt, daß er nicht länger über sein Schicksal klagen kann. Er gründet eine neue Familie, legt sich Viehherden zu und bewirtet großzügig jeden, der an seinem Zelt vorbeikommt. Hiob vergißt nicht, was er verloren hat, aber er lebt weiter. Und dennoch, selbst wenn ich diese Verse immer wieder von neuem durchlese, stelle ich mir die Frage: Was ist mit dem Verlust von Hiobs Kindern? Hiob überlebte zwar die Tragödie ihres Todes, aber konnte er Gott je vergeben?

Ein Gespräch über den Holocaust, mit dem ich leben muß und der mich verfolgt, hat nie stattgefunden. Aaron Rokeach, der Rabbiner von Belz in Südostpolen, verlor in der Shoah seine gesamte Familie – seine Frau, seine Kinder und Enkelkinder. Er erwähnte sie nie und sprach nicht einmal Gebete, die ihr Andenken bewahrt hätten. Als ich im Sommer 1949 mit ihm in Tel Aviv zusammentraf, wollte ich mich mit ihm über meinen Großvater und meine Onkel, die seine Schüler und Freunde gewesen waren, unterhalten, aber er reagierte nicht, nicht einmal mit einer Geste. Seine engsten Mitarbeiter erklärten mir später, daß die Toten zu heilig seien, um der Worte zu bedürfen. Der Rabbiner hatte die Tragödie – seine persönliche und die anderer Juden – schweigend akzeptiert, selbst als er im Heiligen Land seinen chassidischen Hof wieder aufbaute. Schweigen und Wiederaufbau: Das war seine Art, seinen Glauben zu bezeugen.

Obwohl mich das Schweigen des Rabbiners von Belz damals tief beeindruckte, kann ich seine Haltung nicht teilen. Ich muß zum Gedenken an meine Familienangehörigen, die in der Shoah umkamen, Kerzen entzünden, und meine Erschütterung über ihren grauenvollen Tod hält in mir unvermindert an. Der Jude in mir kann die Gaskammern nicht vergessen, aber was er ebenfalls nicht vergißt, sind die Kinder, die in Theresienstadt eine Zeitung herausbrachten, die Lagerinsassen in Auschwitz, die heimlich Gebetsstunden abhielten, und die Helden im Warschauer Ghetto, die trotz der Verbote der Nazis Schulen einrichteten.

Nach der Erfahrung des Holocausts können wir unseren Glauben nicht in irgendeiner theologischen Formel wiederfinden. Vielmehr offenbart er sich in dem Mut all jener, die bis zum letzten Augenblick ihr Jüdischsein lebten, und in dem Mut der Überlebenden, die die Willenskraft aufbrachten, noch einmal neu anzufangen.

17
Die Zukunft

Am Ende des 19. Jahrhunderts waren die Juden verängstigt und verunsichert. Jene, die im zaristischen Rußland lebten, wußten, daß die Obrigkeit auf der Seite der Initiatoren von Pogromen stand. In Mittel- und Westeuropa, gerade in den Ländern, in denen der Antisemitismus angeblich zurückging, erstarkte er wieder. Überall wurden seit langem anerkannte religiöse Wahrheiten in Frage gestellt. Dies führte wiederum zu einer Aufspaltung des Judentums in sich befehdende politische und religiöse Gruppierungen. Jede von ihnen schien Hoffnung und Zuversicht zu verheißen. Aber konnten neue Heilslehren die Juden von ihrer Angst und Verzweiflung befreien? Mordechaj Feuerberg beschreibt die Atmosphäre der neunziger Jahre in seinem berühmten hebräischen Roman *Le'an?* (*Wohin?*). Der Roman handelt von einem jungen Mann, der hin- und hergerissen ist zwischen den miteinander wetteifernden Weltanschauungen, denen sich moderne Juden in der Diaspora gegenübersehen, und der sich fragt: Wohin soll ich gehen? Für welche Richtung soll ich mich entscheiden?

Seitdem ist ein Jahrhundert vergangen. Die Juden sind nicht mehr machtlos. Sie haben ihren eigenen Staat, und die in der Diaspora lebenden Juden fühlen sich auf der ganzen Welt zugehöriger denn je. Aber Feuerbergs Frage stellt sich noch immer und harrt einer Antwort. Die größte Gefahr geht mittlerweile nicht mehr von den Antisemiten aus, die heute weniger Macht und Einfluß haben als jemals in diesem Jahrhundert. Sie geht nicht einmal von der Assimilation aus, denn solche Rückschläge mußte das jüdische Volk in seiner Geschichte schon mehrfach hinnehmen, ohne daß die Kontinuität des Judentums je ernsthaft gefährdet wurde; all jene Juden, die sich dafür entschieden und noch entscheiden, sich zu ihrem Judentum zu bekennen, halten die jüdische Tradition aufrecht. Das wirklich brisante Problem geht heute von der uralten Krankheit der Zersplitterung aus, die im Laufe der jüdischen Geschichte immer wieder mit großer Heftigkeit ausgebrochen ist. Doch diesmal bedroht sie die Zukunft des gesamten jüdischen Volkes.

Fünfzig Jahre Israel

Im Jahre 1948 herrschte unter den Juden auf der ganzen Welt ein Einvernehmen, wie es seit Jahrhunderten nicht mehr bestanden hatte. Der neue Staat Israel wurde zum zentralen Anliegen des Weltjudentums, da Israel seine Tore allen Juden öffnete, die dort Heimat und Zuflucht suchten. Unmittelbar nach der Staatsgründung 1948 strömten Hunderttausende von Juden in ihre neue Heimat. Sie kamen aus Flüchtlingslagern in Europa, aus arabischen Ländern im Nahen Osten und Nordafrika und in kleinerer Zahl auch aus den westlichen Demokratien. In den letzten Jahren wanderten Hunderttausende von russischen und äthiopischen Juden nach Israel ein und erhöhten die Zahl der jüdischen Bevölkerung auf nahezu sechs Millionen. Auch auf kultureller Ebene hat Israel Beeindruckendes geleistet; die israelischen Universitäten und Forschungsinstitute genießen internationalen Ruf. Israelische Schriftsteller und Musiker haben Weltruhm erlangt. Und die Wiederbelebung der traditionellen jüdischen Lehre an theologischen Hochschulen, den Jeschiwot, und an nichtorthodoxen Judaistik-Instituten hat alle Erwartungen übertroffen.

Die große Mehrheit der Israelis vertraut auf die wirtschaftliche Stärke ihres Landes und auf die Fähigkeit Israels, sich seiner Feinde zu erwehren. Und die in der Diaspora lebenden Juden bleiben dem einzigen Land verbunden, in dem die Juden die Bevölkerungsmehrheit bilden und in dem der Samstag der Ruhetag ist. Dies sind Anzeichen für eine vielversprechende Zukunft. Und doch stellt sich anläßlich eines freudigen Ereignisses, nämlich des fünfzigjährigen Jubiläums der israelischen Staatsgründung, den Juden überall auf der Welt die alte Frage: Wenn alles so gutgeht, wieso geht es dann so schlecht?

Positiv ist zweifellos, daß die Juden in diesem Jahrhundert die ihnen ureigene Kraft zurückgewonnen haben, um nach der Shoah einen Neuanfang zu wagen und sich zu ihrem Judentum zu bekennen. Natürlich hat es auch Menschen gegeben, die sich von ihrem Judentum lossagten, wie beispielsweise die Eltern der amerikanischen Außenministerin Madeleine Albright. Aber die meisten Juden, vor allem die Überlebenden der Vernichtung, haben sich bemüht, von dem Leben, das zerstört worden war, soviel wie möglich wiederherzustellen. Der Staat Israel ist das mächtigste Symbol für diese Erneuerungskraft, die sich jedoch überall in der jüdischen Welt offenbart hat. Der Aufstieg der amerikanischen Juden in einflußreiche Positionen in fast allen Bereichen des amerikanischen Lebens ist außerordentlich gewesen. Daß die Juden in der ehemaligen Sowjetunion die Willenskraft aufbrachten, sich als Juden zu behaupten, grenzt an ein Wunder. Ebenso erstaunlich ist die Tatsache, daß in den europäischen Ländern, in denen die jüdischen Gemeinden durch den Holocaust völlig ausgelöscht wurden, eine bemerkenswerte jüdische Renaissance eingesetzt hat. Die jüdischen Gemeinden sind zwar klein, aber allein die Tatsache, daß sie ihr Judentum wiederbeleben möchten, ist ein weiterer Beweis für die uralte Fähigkeit, aus der Asche wiederaufzuerstehen.

Ich frage also noch einmal: Warum geht es den Juden trotz der positiven Entwicklungen in den letzten fünfzig Jahren so schlecht? Weil die Juden nach wie vor dazu neigen, sich gegenseitig zu bekämpfen. Und am tragischsten dabei ist, daß diese Streitigkeiten nicht von bösen Menschen, die anderen Juden schaden wollen, vom Zaun gebrochen werden, sondern von wohlmeinenden Juden, die glauben, daß sie im Namen Gottes handeln. Der Rabbi von Kotzk sagte einmal, daß der Satan, wenn er Unheil anrichten wolle, einen Menschen nicht dazu verleite, Böses zu tun; er schickt ihn vielmehr zu einer guten Tat zur falschen Zeit und an den falschen Ort. Vor zweitausend Jahren hätte nichts tugendhafter sein können, als sich im Namen eines reinen jüdischen Monotheismus gegen das heidnische Rom zu erheben, und nichts hätte zerstörerischer sein können. Heute könnte kaum etwas tugendhafter sein, als auszurufen: »Ich möchte den Messias hier und jetzt«, doch wer diesen messianischen Wunsch in der besetzten West-Bank propagieren wollte, würde Tod und Zerstörung heraufbeschwören. Wenn der Messias ohnehin bald kommt, warum sich dann überhaupt mit den Arabern einigen? Warum auch nur einen Millimeter des Heiligen Landes aufgeben? Gott wird die Gläubigen schon vor den Konsequenzen ihres Handelns bewahren. Die bewaffneten Propheten in der West-Bank und ihre ultranationalistischen Anhänger stellen die jüdische Zukunft auf dasselbe brüchige Fundament wie die Zeloten, die sich einst gegen Rom erhoben, nämlich auf die Annahme, daß Gott die Zerstörung Jerusalems nie zulassen würde. Eine solche Denkweise grenzt an Wahnsinn; sie entspringt der Wildheit, die eine jüdische Sekte von wahren Gläubigen befallen hat, die behaupten, Gottes Absichten zu kennen.

Ich habe die jüdische Welt viele Jahre lang davor gewarnt, daß der Gott, der schweigend zusah, wie die europäischen Juden vernichtet wurden, keine Gewähr dafür bietet, daß die jüdischen Siedlungen in der West-Bank und die Städte in Israel in den Kriegen zwischen Gog und Magog verschont bleiben. Das muß klar und deutlich gesagt werden. Die größte Gefahr für das jüdische Volk geht nicht von einem äußeren Feind aus, sondern von jenen Kräften in seinem Innern, die sich über jedes Urteil erhaben fühlen und sich zum Richter über alle anderen aufschwingen. Ich spreche von einigen Ultraorthodoxen und Ultranationalisten, die von einer geoffenbarten Bestimmung Israels überzeugt sind.

Der berühmte Erforscher der jüdischen Kabbala und Mystik, Gerschom Scholem, hat wiederholt davor gewarnt, den Staat Israel als wichtigste Grundlage unserer Erlösung anzusehen. Seiner Ansicht nach ist die jüdische Nation die humane Antwort auf die politischen Probleme unserer Zeit. Es grenzt an Ketzerei, sie zum Instrument messianischer Heilserwartung zu machen. Die Juden müssen eine gerechte und ethische Gesellschaft für all ihre Mitglieder aufbauen; nur dann offenbart sich in ihr jüdischer Geist.

Man kann ohne Übertreibung sagen, daß die heutigen jüdischen Messianisten, die sich den Mantel der Rechtmäßigkeit umhängen und für sich in Anspruch nehmen, die jüdische Kontinuität zu bewahren, in Wirklichkeit in der Tradition von Sabbatai Zwi stehen, dem falschen Messias des 17. Jahrhunderts. Damals wie heute ließen sich viele bedeutende Rabbiner von jenen in die Irre leiten, die verkündeten, daß die Ankunft des Messias bevorstehe. Es ist höchste Zeit, daß die Juden der heutigen Generation erkennen, welche Anmaßung es ist, beispielsweise die Ermordung des israelischen Premierministers Rabin gutzuheißen oder im Atomzeitalter den Zorn der Araber zu schüren und zu glauben, daß die Ankunft des Messias sie vor den fatalen Folgen einer solchen Haltung – sei es ein terroristischer Rachefeldzug oder ein Krieg gegen das Volk Israel – bewahren würde. Jene, die behaupten, daß ihre politische Doktrin den göttlichen Willen zum Ausdruck bringe, werden immer scheitern und über andere Unheil bringen. Mögen die Führer der orthodoxen Juden und auch alle anderen Juden weise und mutig genug sein, um ihre Stimme gegen die neuen Sabbatianer zu erheben, ehe es zu spät ist.

Wenn Israel in den nächsten fünfzig Jahren und darüber hinaus wachsen und gedeihen soll, muß es sich von einigen lange gehegten Vorstellungen lösen, die es von seinen weltlichen zionistischen Gründervätern übernommen hat. Ende des 19. Jahrhunderts gründete Theodor Herzl die zionistische Bewegung in der Annahme, daß ein Nationalstaat, der die

Tradition und Kultur der überwältigenden Mehrheit seiner Bevölkerung repräsentiere, die ideale Gesellschaftsform sei. Heute entwickeln sich fast alle modernen Staaten, darunter auch Israel, zu multiethnischen Gesellschaften. Aber was noch wichtiger ist: Rund eine Million palästinensische Araber (knapp zwanzig Prozent der Bevölkerung) sind israelische Staatsbürger. Wenn Israel ein jüdischer und demokratischer Staat sein will, dann sollte es den Satz des Propheten Amos »Seid ihr mir nicht wie die Mohrensöhne, Söhne Jißraels?« beherzigen und die Araber und auch alle anderen Menschen wie ihresgleichen behandeln. Es ist unmoralisch, zu behaupten, die Palästinenser seien Eindringlinge in einem Land, das Gott den Juden gegeben hat. Wer so denkt, hat vergessen, daß Gott den Juden das Heilige Land unter der Bedingung überließ, daß sie Fremden dort besonderen Schutz gewährten, »denn ihr seid auch Fremdlinge in Ägyptenland gewesen« (2 Mose, 22:21).

Die Welt ist eine Einheit, und das nicht nur in ethischer Hinsicht. Im wirtschaftlichen Bereich ist dieser Trend am deutlichsten spürbar. Im 21. Jahrhundert, wenn sich die Welt immer mehr zu einem globalen Dorf entwickelt hat, wird das wirtschaftliche Überleben nach völlig anderen Gesetzen verlaufen als im merkantilistischen Zeitalter, als man noch in einem Nullsummenspiel die eigene Wirtschaft auf Kosten anderer zu stärken versuchte; der Weltmarkt ist mittlerweile ein eng ineinander verzahntes System, auf das sich die Spielregeln vergangener Jahrhunderte nicht mehr anwenden lassen. Aus diesem Grund kommt auch der jüdische Staat immer mehr von der separatistischen, autarken Wirtschaftsform ab, wie die zionistischen Pioniere sie angestrebt hatten. Mit enormem Aufwand und ungeheuren Geldsummen brachte man damals die Wüste zum Erblühen, aber der Anbau von Mais oder Weizen mit Hilfe von Bewässerungssystemen ist in Israel einfach unwirtschaftlich. Deshalb führt Israel jetzt einen Großteil seiner Nahrungsmittel ein. Wie die meisten postindustriellen Staaten wird Israel immer weniger in die Grundstoffproduktion investieren und sich dafür mehr auf technische Entwicklungen und den Handel mit anderen Staaten auf dem Weltmarkt konzentrieren; und wenn der Frieden erreicht ist, wird es auch mit seinen Nachbarn Handel treiben.

Itzhak Rabin wurde erschossen, weil er wußte, daß Israel nicht würde überleben können, wenn es trotzig in seiner isolierten Position verharrte. Die Anhänger und die Gegner Rabins stehen sich unversöhnlich gegenüber, und die Fronten verhärten sich weiter. Die moderate Mehrheit der jüdischen Welt darf diesen bewaffneten Propheten nicht nachgeben. In ihrer messianischen Verblendung drohen sie, Israel in einen Bürgerkrieg oder einen Krieg mit seinen Nachbarn zu stürzen.

Das Ende der Einheit des Judentums

Die neuen Messianisten und die ihnen häufig gleichgesinnten Ultraorthodoxen führen Israel nicht nur auf den falschen Weg, sondern bringen auch die gesamte jüdische Welt in Gefahr. Eine der größten Leistungen der Juden in der heutigen Zeit besteht wahrscheinlich darin, daß sie das Prinzip, auf dem die Einheit des Judentums beruht, neu definierten. Jahrhundertelang bestand das verbindende Element der Juden in ihrem Glauben und in der strikten Einhaltung jüdischer Gebote; jeder, der wie Uriel Acosta oder Baruch de Spinoza vom herrschenden Dogma abwich, wurde aus der religiösen Gemeinschaft ausgeschlossen. Im 19. und 20. Jahrhundert ließ dieser Zwang zur Konformität stetig nach, und die jüdischen Gemeinden gewannen einen immer versöhnlicheren Charakter. Immer häufiger übernahmen weniger strenggläubige oder nichtgläubige Juden in der jüdischen Gemeinde wichtige Funktionen, ohne ihre religiöse Eignung unter Beweis stellen zu müssen. Als Theodor Herzl den politischen Zionismus begründete, erklärte er, daß seine Bewegung für alle offen sei, die sich zum jüdischen Nationalismus bekannten. Das Zelt der nationalen Erneuerung der Juden sei groß genug, um alle Gruppierungen aufzunehmen, und tatsächlich sind bis zum heutigen Tag in der zionistischen Bewegung Vertreter fast aller jüdischen Weltanschauungen und religiöser Positionen zu finden. Die große Mehrheit des Judentums ist sich heute darin einig, daß die Juden durch viele praktische Belange miteinander verbunden sind, vor allem die Unterstützung des Staates Israel und die Rettung bedrohter Juden auf der ganzen Welt. Aber dieses Bündnis speist sich auch aus der Überzeugung, daß die Juden eine lange, unauflösliche Bindung zu ihrem uralten heiligen Schrifttum haben. Selbst jene, die sie nicht als Leitfaden religiösen Handelns verstehen, betrachten die alten Lehren und Traditionen als das Erbe aller Juden.

Natürlich war dieses Bündnis immer gefährdet. Es wurde besonders vehement von religiösen Minderheiten boykottiert, die sich gegen alles Neue sperrten. Trotzdem trat im letzten Jahrhundert ein Wandel ein: Die Juden entwickelten ein neues Selbstverständnis, das jedes Individuum einschloß, das sich, aus welchen Gründen auch immer, als Jude oder Jüdin verstand. Dieser Wandel setzte in den fünfziger Jahren ein, als der erste israelische Ministerpräsident David Ben Gurion an führende Denker und Gelehrte einen Fragebogen verschickte, der Aufschluß darüber geben sollte, was sie unter jüdischer Identität verstanden. Die Mehrheit der Befragten war der Ansicht, daß jeder, der sich als Jude oder Jüdin betrachtete, Teil des jüdischen Volkes sei.

Die große Wende ereignete sich unmittelbar nach dem Sechstagekrieg im Juni 1967, als die Messianisten begannen, die West-Bank zu besiedeln. Seitdem sieht sich der pluralistische Konsens heftigen Angriffen ausgesetzt, sowohl in Israel als auch in der Diaspora. Die neuen Sabbatianer haben ihre Gegner – also die Mehrheit der Juden – als Feinde Gottes verurteilt. Einige Ultraorthodoxe (vor allem die Anhänger des Lubawitscher Rebben) haben sich den Messianisten angeschlossen, die darauf beharren, daß die West-Bank von den

Juden gehalten werden müsse, da dies Gottes Wille sei. Die Mehrheit der Ultraorthodoxen vertritt einen immer separatistischeren Standpunkt und nimmt für sich in Anspruch, die einzig wahren Juden zu sein. Diese Fanatiker beherrschen praktisch die gesamte orthodoxe Gemeinde. Dies hat dazu geführt, daß der liberale, gemäßigt orthodoxe Flügel, der dem breiten jüdischen Bündnis angehörte, immer weiter ins separatistische Lager abgedriftet ist.

Ein untrügliches Zeichen für die zunehmende Zerrissenheit in der jüdischen Gemeinschaft seit 1967 ist der radikale Wandel der religiösen Zionisten. Als sich diese Gruppe vor fast hundert Jahren unter dem Namen Misrachi gründete, brach sie mit der rabbinischen Dogmatik ihrer Zeit und schloß sich der Zionistischen Weltorganisation an, die der als weltlich geschmähte Theodor Herzl leitete. Zwischen 1948 und 1967 war die nationalreligiöse Partei (die Vertretung der Misrachi in Israel) in jeder Koalitionsregierung unter der Führung der zionistischen Arbeitspartei vertreten. Es war das Hauptanliegen der Misrachi, das Glaubensleben der Juden in der pluralistischen Gesellschaft zu bewahren; ihre führenden Vertreter versuchten jedoch nicht, unter Berufung auf eine höhere Wahrheit oder die Ankunft des Erlösers, auf die Außenpolitik der israelischen Regierung Einfluß zu nehmen. Heute verfügen die religiösen Parteien über eine ausreichende Zahl von Sitzen im jüdischen Parlament, um jede Regierung zu stürzen, die zu weit von ihrer Vision eines jüdischen Staates abweicht.

Im Gegensatz zu früher gehen die verschiedenen religiösen Bewegungen alles andere als tolerant miteinander um. Hierfür möchte ich ein paar Beispiele nennen: Als die Nazis 1933 in Deutschland an die Macht kamen, war Leo Baeck Oberrabbiner von Berlin, ein Reformrabbiner, dessen Autorität von allen Juden gleichermaßen anerkannt war. Heute verhalten sich die orthodoxen Führer der organisierten jüdischen Gemeinden in Deutschland den entstehenden Reformgemeinden gegenüber ausgesprochen ablehnend. Der Oberrabbiner der größten orthodoxen Gemeinde in Großbritannien, Joseph Herman Hertz, der für König Georg V. einen jüdischen Gedenkgottesdienst abhielt, lud die führenden Rabbiner der liberalen und der reformjüdischen Gemeinden ein, am Gottesdienst teilzunehmen. Als 1997 der Rabbiner der reformjüdischen West London Synagogue, Hugo Gryn, starb, versicherte der Oberrabbiner Jonathan Sacks den ultraorthodoxen Rabbinern in London, daß er den Verstorbenen in einer Gedenkfeier als Holocaust-Überlebenden, aber nicht als Rabbiner würdigen werde. Obwohl sich Sacks dem sektiererischen Druck der Ultraorthodoxen beugte, versuchte er noch ein Mindestmaß an Fairneß aufrechtzuerhalten, aber dies erwies sich als immer schwieriger. In den Vereinigten Staaten hatte der Synagogue Council of America jahrzehntelang als eine Art Dachorganisation für die Vereinigungen der drei jüdischen Hauptströmungen – Orthodoxe, Konservative und Reformjuden – fungiert. Die Vertreter der Orthodoxen hatten diesem Gremium lange angehört, bis es schließlich aufgelöst wurde, weil die Ultraorthodoxen es ablehnten, in religiösen Fragen mit reformjüdischen und konservativen Rabbinern zusammenzuarbeiten; sie fürchteten, man könnte ihnen unterstellen, daß sie mit den Zerstörern des Judaismus gemeinsame Sache machten.

Der wachsende Einfluß der Frauen

Trotz der zunehmenden Spannungen und Auseinandersetzungen zwischen den verschiedenen jüdischen religiösen Gruppierungen zeichnet sich überraschenderweise eine Entwicklung ab, an der alle Elemente des religiösen Spektrums beteiligt sind: eine Intensivierung der jüdischen Lehre und Glaubenspraxis und eine stärkere Einbeziehung von Frauen in das jüdische Leben. Im kommenden Jahrhundert werden die meisten Synagogen gleich welcher Glaubensrichtung keine Männerdomäne mehr sein, und dieser Wandel wird das gesamte Judentum verändern.

Orthodoxe Männer, die in einer säkularen Gesellschaft leben, in der jungen Frauen dieselben Bildungschancen eingeräumt werden wie jungen Männern, wissen, daß sie ihre Töchter nicht mehr so behandeln können, als lebten sie noch im legendären Anatevka des 19. Jahrhunderts. Manche gemäßigte Orthodoxe haben sich deshalb dafür entschieden, für ihre Töchter die Bat-Mizwa-Zeremonie zu Hause oder auch in der Synagoge zu vollziehen, obwohl sie wissen (oder es vielleicht auch verdrängt haben), daß dieser von Mordechaj Kaplan 1922 eingeführte Ritus in den Augen orthodoxer Rabbiner ketzerisch ist. Die Frage, weshalb sich moderne orthodoxe Juden weigern, Mädchen dieselben Rechte einzuräumen wie Jungen, läßt sich mit einer Aussage des Soziologen Émile Durkheim beantworten, der erklärte, daß die Religion der gesellschaftliche Bereich sei, der sich am langsamsten verändere. Trotzdem führt an der vollen Gleichberechtigung der Frauen kein Weg vorbei, denn die religiösen Gesetze, die Frauen auf dieselbe geistige und emotionale Stufe stellen wie Kinder, sind absurd. Die strengen »Halachisten«, die den Status quo verteidigen, indem sie darauf verweisen, daß das mündlich überlieferte Gesetz göttliche Offenbarung sei und deshalb befolgt werden müsse – ganz gleich, wie schwierig es sein möge –, mißverstehen den Sinn genau jener Texte, die von ihnen besonders verehrt werden.

Die frühen Rabbiner, die das mündlich überlieferte Gesetz schufen, waren keine orthodoxen Hardliner; sie waren religiöse Revolutionäre, die sich gegen die orthodoxen Führer ihrer Zeit wandten – gegen die abgeschotteten Priester im Tempel, die die ersten Rabbiner als Eindringlinge und als Verräter an ihrer ererbten Religion betrachteten. In einigen kritischen Fragen folgten die Rabbiner ihrem sittlichen Empfinden und legten die eindeutigen Aussagen der Heiligen Schrift sehr frei aus. Beispielsweise revidierten die Talmudgelehrten die biblische Aussage über den väterlichen Umgang mit einem ungehorsamen Sohn, indem sie erklärten, daß das Recht des Vaters, sein ungehorsames Kind töten zu lassen, nicht wörtlich zu verstehen und vom moralischen Standpunkt aus zu verdammen sei. Es handele sich dabei lediglich um ein Gleichnis, mit dem ungehorsame Kinder eingeschüchtert werden sollten. Im 2. Jahrhundert schaffte Rabbi Akiba die Todesstrafe ab, indem er den Gerichten bei Kapitalverbrechen eine so strikte Beweispflicht auferlegte, daß kein Angeklagter je schuldig gesprochen werden konnte. Er erklärte, daß jedes Gericht, das auch nur einen einzigen Angeklagten zum Tode verurteile, gottlos sei. Offensichtlich hatte Rabbi Akiba die von der Thora vorgeschriebenen Todesstrafen gründlich geprüft und festgestellt, daß sie mit dem wiederholten biblischen Aufruf zu Barmherzigkeit und Liebe zu allen Gotteskindern unvereinbar und damit moralisch unannehmbar waren.

Die Rabbiner, deren Argumente im Talmud überliefert sind, waren in ihrem Bemühen, die Rechte der Frauen zu schützen, ebenfalls revolutionär. In der Bibel wird einem Ehemann das uneingeschränkte Recht eingeräumt, sich von seiner Frau scheiden zu lassen, ohne ihre materielle Versorgung sicherstellen zu müssen. Deshalb schufen die Rabbiner einen Ehevertrag, die Ketuba. Jeder Bräutigam mußte sich dazu verpflichten, sich nicht leichtfertig von seiner Frau scheiden zu lassen und für ihr Wohlergehen Sorge zu tragen. Die Rabbiner verlangten sogar, daß keine Ehe ohne diesen Vertrag geschlossen werden dürfe. Auch hier formulierten die Talmudgelehrten also ein sittliches Gebot, das über die Aussagen des biblischen Textes hinausging.

Die ersten Anstöße zur Beteiligung von Frauen am jüdischen Leben gingen von einigen bedeutenden orthodoxen Persönlichkeiten des 20. Jahrhunderts aus. In den ersten Jahrzehnten setzte sich der damalige Rabbiner von Belz für die Gründung von Schulen für Mädchen ein, in denen sie das Thorastudium betreiben konnten (ein Anliegen, dem sich der Gurer Rebbe in Polen und Rabbi Israel Meir ha-Cohen in Litauen öffentlich anschlossen). Diese Initiative wurde mit dem Argument begründet, daß sich die Zeiten gewandelt hätten und daß der in den alten rabbinischen Quellen vertretene Standpunkt, daß man ein Mädchen statt der Thora ebensogut Torheit lehren könne, nicht mehr haltbar sei. In jüngerer Zeit erklärte der Lubawitscher Rebbe, daß man jungen Frauen die innere Bedeutung der Thora nahebringen müsse. Der Rebbe war der Ansicht, daß Frauen, die mittlerweile über einen hohen Bildungsgrad verfügten, ebenfalls eine umfassende jüdische Unterweisung erhalten sollten, nicht zuletzt deshalb, weil sie ja weiterhin die Hauptverantwortung für die Erziehung ihrer Kinder trügen. Aus diesem Grund sollten Frauen den Talmud studieren, auch wenn dies jahrhundertelang verboten war. Diese großen Männer scheuten sich nicht zu sagen, daß der gesellschaftliche Wandel von gläubigen Juden verlange, althergebrachte Gebote über Bord zu werfen.

Das Bedauerliche heutzutage ist, daß den modernen »Halachisten«, die sich für die Nachfolger jener bedeutenden Männer halten, der moralische Mut fehlt, sich über das Prinzip eines dogmatischen Festhaltens an rabbinischen Präzedenzfällen hinwegzusetzen. Zur Zeit besteht das wichtigste Anliegen aller Juden, die innerhalb der jüdischen Tradition leben möchten, in der gesellschaftlichen Anerkennung und Gleichstellung der Frauen. Dieses Ziel läßt sich nur erreichen, wenn jeder Aspekt des jüdischen Gesetzes und der jüdischen Glaubenspraxis, der Frauen erniedrigt, beseitigt wird. Und dies wird gelingen, denn jüdische Frauen setzen sich schon seit dreißig Jahren für dieses Anliegen ein und haben bereits Beachtliches erreicht. Seit 1972 werden Frauen aller Glaubensrichtungen mit Ausnahme der orthodoxen zu Rabbinerinnen ordiniert. In New York gibt es mittlerweile zwei orthodoxe Synagogen, die ausgebildete jüdische Theologinnen in eingeschränkten rabbinischen Funktionen einsetzen, obwohl diese Frauen nicht ordiniert sind. Alle Bereiche des jüdischen Lebens sind im Wandel begriffen. Die Erklärungen für diese Entwicklung mögen unterschiedlich sein, aber überall folgt das jüdische Gesetz dem Leben.

Der Herrschaftsanspruch der Orthodoxen

Orthodoxe Hard-liner möchten uns einreden, daß nur ihre Form des Judentums authentisch und tragfähig sei. Für sie gibt es nur zwei Arten von Juden: die thoratreuen Gläubigen und die gottlosen Ketzer, die aus der jüdischen Gemeinde verschwinden werden. Dabei übersehen sie, daß das jüdische Volk noch nie eine homogene Glaubensgemeinschaft gewesen ist. Vor der Zerstörung des zweiten Tempels bestand das Judentum aus rivalisierenden Sekten. Der Tempel selbst befand sich in der Hand der Sadduzäer, der führenden Priestersekte, die strenge Halachisten waren und viele Auslegungen der Pharisäer, der Rabbinersekte, nicht akzeptierten. Darüber hinaus gab es noch die Essener, die sich in Klöster zurückzogen und sich strengeren Reinheitsgeboten unterwarfen als die Rabbiner.

Die Pharisäer setzten sich letztlich durch, weil sie den Judaismus neu definierten, indem sie ihn auf die Synagoge hin ausrichteten: Die Synagoge wurde eine Art tragbarer Tempel, das perfekte Format für ein im Exil lebendes Volk. Nachdem die Rabbiner die Kontrolle über das jüdische Gemeindeleben übernommen hatten, hielten sie ein wachsames Auge auf alle andersdenkenden jüdischen Fraktionen. Sie schlossen alle Gruppen, die ihre religiöse Weltanschauung in Frage stellten, aus ihrer Gemeinde aus, darunter die Karäer, eine Sekte, die es ablehnte, den rabbinischen Auslegungen der biblischen Texte zu folgen; ebenso die Kabbalisten, die nach den tiefgründigen Geheimnissen der Heiligen Schrift forschten, und die verschiedenen messianischen Bewegungen, die verkündeten, daß die Erlösung nahe sei. Gegenüber all diesen religiösen Abweichlern nahm der orthodoxe Machtapparat dieselbe Haltung ein: Ihr seid Ketzer, ihr repräsentiert die Rebellion gegen das Wort Gottes. Ihr müßt vernichtet, ihr müßt ausgeschlossen werden.

Der rabbinische Herrschaftsanspruch beruht im wesentlichen auf der Ansicht, daß jedes pluralistische Element in der jüdischen Erfahrungswelt ketzerisch sei und deshalb unterdrückt werden müsse. Hinter diesem orthodoxen Dogma steht vor allem die Absicht, allen modernen jüdischen Bewegungen – von den Zeiten Moses Mendelssohns bis heute – jede Legitimation abzusprechen. Alle, die vom wahren Pfad der Orthodoxie abweichen, sind Abtrünnige, deren Nachfahren für den Judaismus verloren sind. In der Diaspora wird diese Sichtweise durch Statistiken untermauert, die belegen, daß die Zahl der Mischehen unter nichtorthodoxen Juden weit höher ist als unter orthodoxen. Es ist eine unbestreitbare Tatsache, daß sämtliche modernen jüdischen Bewegungen, also jene, vor denen die Orthodoxie uns angeblich schützen will, nur deshalb entstanden, weil es der Orthodoxie im 19. und 20. Jahrhundert nicht gelang, ihre Schäfchen zusammenzuhalten. Kann das orthodoxe Establishment deshalb wirklich behaupten, daß seine Form des Judentums das einzig wirksame Mittel gegen die Assimilation ist?

In der jüdischen Gemeinde hat man sich bisher viel zu wenig mit der Frage beschäftigt, weshalb sich immer mehr Juden von der Orthodoxie abwenden. Alle neueren Untersuchungen über orthodoxe Juden in der Diaspora, vor allem in den Vereinigten Staaten, haben gezeigt, daß die Gruppe der Orthodoxen im Vergleich zu den anderen jüdischen Hauptströmungen stagniert. Während die Ultraorthodoxen an Zahl und Einfluß gewonnen haben, verliert die moderne Orthodoxie offenbar an Bedeutung. In seiner Analyse des National Population Survey of American Jewry von 1990 stellte der Soziologe Egon Mayer fest, daß sich nur zweiundzwanzig Prozent der Befragten, die eine orthodoxe Erziehung hatten, immer noch mit dieser Richtung identifizierten. Unter jenen, die als Konservative aufgewachsen waren, rechneten sich nur noch siebenundfünfzig Prozent dieser Gruppe zu. Und unter den Reformjuden betrug der Anteil achtundsiebzig Prozent. Da die Geburtsrate bei Orthodoxen mindestens doppelt so hoch ist wie bei Mitgliedern anderer jüdischer Bewegungen, müßte der Anteil der Orthodoxen Jahr für Jahr steigen, aber das ist nicht der Fall. Der National Jewish Population Survey von 1970 ergab, daß sich elf Prozent der Befragten zur Orthodoxie zählten; zwanzig Jahre später war die Zahl auf sechs Prozent gesunken. Diese Entwicklung läßt sich nur mit einer spürbaren, stetigen Abwanderung aus der orthodoxen Gemeinde erklären.

Wenn die Orthodoxie also nicht imstande ist, die Kontinuität des Judentums zu gewährleisten, wer dann? In den letzten zweihundert Jahren war der Pluralismus das einigende Prinzip des modernen Judentums; Juden, die auf theoretischer Ebene stark voneinander abweichen, können in der Praxis aber trotzdem zusammenarbeiten. Sie teilen noch immer die gleichen Überzeugungen, die die jüdischen Fraktionen schon vor zweitausend Jahren zusammenhielten. Sowohl die Zeloten, die zum Aufstand gegen Rom aufriefen, als auch jene, die gegen eine militärische Auseinandersetzung waren, stimmten darin überein, daß die jüdische Religion und Kultur sich von allen anderen Religionen und Kulturen auf der Welt unterschieden. Sie waren sich lediglich in der Frage uneins, ob dieser einzigartige Status am besten durch einen Krieg oder durch politische Anpassung zu erhalten sei. Die Zionisten, die Orthodoxen und die religiösen Liberalen von heute haben zwar unterschiedliche Vorstellungen darüber, wie sich Juden verhalten sollten, aber sie alle verfolgen dasselbe Ziel – nämlich die Erhaltung des jüdischen Volkes als etwas Einzigartigem, Besonderem auf der Welt.

Die zweite Grundüberzeugung, die Juden zu allen Zeiten teilten, ist der Glaube an ihre Erwähltheit. Es ist gar nicht so wichtig, wer die Juden erwählte. Viel wichtiger ist, daß die Juden diese erhebende oder auch quälende Gewißheit niemals abschütteln können. Der Glaube an ihre Erwähltheit hat die Juden zusammengeschweißt und am Leben erhalten. Vom Altertum bis heute haben die Juden – ob erwählt oder nicht – sich untereinander gestritten und mit ihrer Außenwelt in Spannung gelebt. Juden können sich nicht in Frieden lassen, weil sie die Erben langer Generationen von Vorfahren sind, die sich nie darüber einig werden konnten, welche Verpflichtungen ein Jude eigentlich zu erfüllen hat. Und sie müssen sich mit der nichtjüdischen Welt auseinandersetzen, weil sie von ihren Vorfahren eine Vorstellung übernommen haben, von der sie unnachgiebig verfolgt werden und die von ihnen stolz verteidigt wird: daß den Juden bei der Vervollkommnung der Welt eine unverzichtbare Rolle zufällt. Juden aller Glaubensrichtungen halten weiterhin am Traum ihrer Vorfahren fest, daß es am Jüngsten Tag keinen Haß, keine Armut und keine Ungerechtigkeit mehr geben wird. Oft haben sie die Hoffnung aufgegeben, dieses Ziel je zu erreichen, aber sie haben immer gewußt, daß sie an der Vervollkommnung und Erlösung der Welt mitarbeiten müssen.

In den Jahrzehnten nach dem Massenmord an den Juden haben einige jüdische Theologen vom Tod Gottes oder von einem begrenzten Gott gesprochen. Oder man flüchtete sich in fromme Reden über die höchsten Ideale einer neu zu gestaltenden Gesellschaft. Wir hofften, unser seelisches Gleichgewicht wiederherstellen zu können, ohne uns Fragen nach unserem Gewissen und unserem Glauben stellen zu müssen. Aber Gott ist aus dem Exil zurückgekehrt. Laut dem Annual Survey of American Jewish Opinion von 1997, den das American Jewish Committee durchführte, stimmten dreiundsechzig Prozent der Befragten der Aussage zu, daß es einen Gott gibt; zweiundzwanzig Prozent hielten den Inhalt dieser Aussage für wahrscheinlich, und nur drei Prozent lehnten sie entschieden ab. Diese Ergebnisse waren überraschend. Die meisten amerikanischen Juden gehen selten in die Synagoge und befolgen nur wenige jüdische Gebote. Und dennoch glaubt die Mehrheit von ihnen an die Existenz Gottes. Warum? Weil es im Leben mehr geben muß als zwei Karrieren, zwei Luxusautos und zwei Psychotherapeuten.

Die erneute Hinwendung zu Gott und der jüdischen Tradition vollzieht sich in allen Hauptströmungen des Judentums. Auf der ganzen Welt entstehen zahlreiche neue orthodoxe Jeschiwas und Tagesschulen, und immer mehr Erwachsene entschließen sich zu einer religiösen Weiterbildung. Mittlerweile betreiben Tausende von Juden, vor allem die orthodoxen, ihr tägliches Talmudstudium. Eine von führenden Reformjuden eingeleitete neue Bildungsinitiative mit dem Ziel, den Juden die Thora nahezubringen, stößt auf wachsendes Interesse. Reformjuden und konservative Juden bilden zu Hause, an ihrem Arbeitsplatz oder im Internet Thorastudiengruppen. Selbst die ultraweltliche, linksgerichtete Mapam-Partei in Israel veranstaltet an Schawuot, an dem der Empfang der Gesetze durch Mose gefeiert wird, ein Tikkun (ein nächtliches Studium klassischer jüdischer Texte). Überall ist unter jenen, die sich als Juden verstehen, ein deutliches Interesse an den traditionellen religiösen Texten wiedererwacht. Keine Strömung des Judentums kann die heiligen Schriften und Traditionen des Judaismus für sich reklamieren, denn sie gehören allen Juden.

Aber warum sind diese uralten Texte am Ende des 20. Jahrhunderts so wertvoll für uns? Weil sie eine Antwort auf die Frage geben können, was der Gott unserer Vorfahren von uns verlangt. Judesein verlangt von uns, daß wir uns der Führung Gottes überlassen; Judesein verlangt, daß wir bestimmte Dinge tun, weil sie richtig sind, und nicht, weil sie uns einen persönlichen Vorteil oder materiellen Nutzen bringen. Hätte Abraham ein geruhsames und sorgenfreies Leben führen wollen, hätte er wie sein Vater Götzenbilder aufgerichtet. Judesein heißt, sein Zelt nach allen Seiten hin zu öffnen, damit jeder Fremde, der Nahrung oder ein Obdach sucht, eintreten kann. Judesein bedeutet, an *tikkun olam* zu glauben, daran, daß die Welt eines Tages erlöst wird. Judesein heißt, sich von der Strömung des uralten jüdischen Flusses, der immer weiterfließt, tragen zu lassen. Die Reise geht weiter.

Chronologie der jüdischen Geschichte

Vor unserer Zeitrechnung

Um 2000	Zeit Abrahams und Saras
1004–928	Regierungszeit Davids und Salomos
722	Zerstörung des Nördlichen Reiches
586	Zerstörung von Jerusalem; babylonisches Exil
520–515	Wiederaufbau des Tempels
332	Alexander der Große erobert das Land Israel
167	Beginn des Aufstands der Hasmonäer (Makkabäer)
164	Juda Makkabi erobert Jerusalem und weiht den Tempel erneut

Unsere Zeitrechnung

37	Caligula ruft sich zum Gott aus; Herodes erobert Jerusalem
38	Judenfeindliche Aufstände in Alexandria
50	Tod Philons von Alexandria
66	Beginn des Aufstands gegen Rom
67	Zeloten übernehmen die Herrschaft in Jerusalem
70	Zerstörung des zweiten Tempels
73	Fall Massadas
132–135	Bar-Kochba-Aufstand
390	Palästinensischer (Jerusalemer) Talmud abgeschlossen
499	Babylonischer Talmud abgeschlossen
638	Eroberung Jerusalems durch die Araber
1096	Erster Kreuzzug; Massaker an den Juden im Rheinland durch die Kreuzritter
1141	Tod Raschis
1147–1149	Zweiter Kreuzzug
1189–1192	Dritter Kreuzzug
1204	Tod Moses Maimonides'
1242	Verbrennung des Talmuds in Paris
1263	Disputation in Barcelona
1348	Pest in Europa

1391	Massaker und Zwangsbekehrungen in Spanien
1492	Vertreibung aus Spanien
1497	Vertreibung aus Portugal
1508	Tod Isaak Abrabanels
1543	Luthers Kampfschrift gegen die Juden: *Von den Juden und ihren Lügen*
1556	Verbrennung von Marranen in Ancona
1569	Vertreibung der Juden aus dem Kirchenstaat; Doña Gracia Nasi gestorben
1572	Isaak Lurja gestorben
1581	Die Niederlande erklären ihre Unabhängigkeit von Spanien
1590	Marranen lassen sich in Amsterdam nieder
1609	Juda Löw (Maharal von Prag) gestorben
1640	Selbstmord Uriel Acostas
1654	Juden kommen in New Amsterdam (New York) an
1656	Wiederzulassung von Juden in England; Baruch de Spinoza verbannt
1665	Sabbatai Zwi ruft sich zum Messias aus
1677	Baruch de Spinoza gestorben
1680	Nathan von Gaza gestorben
1760	Der Baal Schemtow gestorben
1769	Streit zwischen Mendelssohn und Lavater
1772	Erste Verbannung von Chassidim
1776	Amerikanische Unabhängigkeitserklärung
1783	Moses Mendelssohn veröffentlicht *Jerusalem*
1786	Moses Mendelssohn gestorben
1789	Ausbruch der Französischen Revolution
1791	Französische Nationalversammlung gewährt den Juden uneingeschränkte Staatsbürgerrechte
1797	Elija, der Gaon von Wilna, gestorben
1799	David Friedländers Brief an Teller
1807	Französischer Sanhedrin
1812	Schnëur Salman von Ladi gestorben
1818	Hamburger Reformtempel
1839	Mosche (Schreiber) Sofer gestorben
1846	Isaac Meyer Wise kommt in die USA
1856	Heinrich Heine gestorben
1871	Judenpogrom in Odessa
1881	Benjamin Disraeli gestorben
1881–1882	Judenpogrome in Südrußland
1894	Dreyfus-Affäre in Frankreich
1896	Theodor Herzl veröffentlicht *Der Judenstaat*

1897	Erster Zionistischer Weltkongreß
1903	Kischinjower Pogrom
1904	Theodor Herzl gestorben
1914	Ausbruch des Ersten Weltkriegs
1917	Russische Revolution
1919	Rosa Luxemburg ermordet
1924	Franz Kafka gestorben
1929	Franz Rosenzweig gestorben
1929	Schwarzer Donnerstag an der Wall Street
1933	Hitler wird Reichskanzler
1935	Abraham Jizchak Kook gestorben
1936	Arabische Unruhen in Palästina
1939	Beginn des Zweiten Weltkriegs; Sigmund Freud gestorben
1940	Leo Trotzkij ermordet
1943	Aufstand des Warschauer Ghettos
1945	Kapitulation Deutschlands
1948	Gründung des Staates Israel
1955	Albert Einstein gestorben
1965	Martin Buber gestorben
1967	Sechstage-Krieg; Jerusalem wiedervereinigt; Besetzung der West-Bank
1972	Das Hebrew Union College ordinierte erste Rabbinerin
1973	Jom-Kippur-Krieg; David Ben Gurion gestorben
1983	Mordechaj Kaplan gestorben
1998	50. Jahrestag des Staates Israel

Anmerkungen

Einleitung

1 Ronald W. Clark, *Einstein: The Life and Times*, New York 1971.

1 Die Erwählten

1 *Forum*, August 1957, S. 20–38, aus einem Briefwechsel mit Nathan Rosenstreich. Zit. in: A. Hertzberg, *The Zionist Idea*, Philadelphia 1997, S. 94.
2 Achad Haam, *Am Scheidewege*, Bd. 2, Berlin 1916, S. 255.

2 Eine zerstrittene Sippschaft

1 Arno Ullmann (Hrsg.), *Israels Weg zum Staat. Von Zion zur parlamentarischen Demokratie*, München 1964, S. 309f.

3 Die Außenseiter

1 Aurelius Augustinus, *Der Gottesstaat*, in: *Des heiligen Kirchenvaters Aurelius Augustinus ausgewählte Schriften*, Kempten/München 1911, S. 329 (VI.11).
2 Cicero, *Pro Flacco*, 28.69.

4 Ein Zug von Wildheit

1 Philon von Alexandria, »Die Gesandtschaft an Caligula«, in: *Die Werke in deutscher Übersetzung*, hrsg. von L. Cohn, I. Heinemann, M. Adler und W. Theiler, Bd. 7, Berlin 1964, S. 234f.
2 Yoma Fol. 9b. *Der babylonische Talmud*, neu übertragen durch Lazarus Goldschmidt, Berlin 1930f., Bd. 3, S. 22.
3 Josephus Flavius, *Der jüdische Krieg*, hrsg. von O. Michel und O. Bauernfeind, Darmstadt 1959, Bd. 2.2, S. 133ff. (Buch 7).

4 Reuben Ainsztein, *The Warsaw Ghetto Revolt*, New York 1979, S. 36f.
5 Josephus Flavius, a.a.O., S. 5.
6 Sabbat Fol. 33b; *Der babylonische Talmud*, Bd. 1, S. 533.
7 Zit. in: Menahem Stern, *Greek and Latin Authors on Jews and Judaism*, Jerusalem 1974, Bd. 2, S. 103. Deutscher Text: Juvenal, *Satiren*, Leipzig 1876, S. 249f. (XIV, 160ff.).
8 Salo Wittmayer Baron, *A Social and Religious History of the Jews*, New York 1952, Bd. 1, S. 170.

5 Die Synagoge Satans

1 Jacob A. Marcus, *The Jew in the Medieval World*, Cincinnati 1938, S. 43–47.
2 *A Treasury of Jewish Letters*, hrsg. von Franz Kobler, New York 1952, Bd. 1, S. 98.
3 Isadore Twersky, *A Maimonides Reader*, New York 1972, S. 3f.
4 Salo Wittmayer Baron, *A Social and Religious History of the Jews*, New York 1952, Bd. 9, S. 85.

6 Die furchtbare Wahl

1 Zit. in: David M. Gitlitz, *Secrecy and Deceit*, Philadelphia 1996, S. 9.
2 *A Treasury of Jewish Letters*, hrsg. von Franz Kobler, New York 1952, Bd. 1, S. 326f.
3 *Ein Querschnitt durch das Werk des Rabbis Mosche ben Maimon*, hrsg. und übers. von Nahum N. Glatzer, Köln 1966, S. 185f.
4 Sabbat Fol. 10a; *Der babylonische Talmud*, neu übertragen durch Lazarus Goldschmidt, Berlin 1930f., Bd. 1, S. 458.

7 Die Dame gegen den Papst

1 Arthur Hertzberg, *Shalom Amerika! Die Geschichte der Juden in der Neuen Welt*, München 1992, S. 20.
2 Cecil Roth, *Doña Gracia of the House of Nasi*, Philadelphia 1948, S. 84.
3 Ebd., S. 77.

8 Messiaswahn

1 *A History of the Jewish People*, hrsg. von H.H. Ben-Sasson, Cambridge (USA) 1976, S. 709.
2 *A Treasury of Jewish Letters*, hrsg. von Franz Kobler, New York 1952, Bd. 2, S. 526.
3 A. Feilchenfeld (Hrsg.), *Denkwürdigkeiten der Glückel von Hameln*, Berlin 1913, S. 61f.

9 Das Zeitalter der Ketzer

1 Martin Luther, »Daß Jesus Christus ein geborener Jude sei«; zit. in: Walther Bienert, *Martin Luther und die Juden. Ein Quellenbuch mit zeitgenössischen Illustrationen, mit Einführungen und Erläuterungen*, Frankfurt 1987, S. 75.
2 Martin Luther, »Von den Juden und ihren Lügen«, in: *Luthers Kampfschriften gegen das Judentum*, hrsg. von Walther Linden, Berlin 1935, S. 201f.
3 Zit. in: *Freiburger Rundbrief*, Heft 3 (1997), S. 175.
4 Jacob Katz, *Exclusiveness and Tolerance: Studies in Jewish-Gentile Relations in Medieval and Modern Times*, London 1961, S. 167.
5 Ebd., S. 168.
6 Abraham J. Heschel, *The Circle of the Baal Shem Tov: Studies in Hasidism*, Chicago 1985, S. 40.
7 Heinrich Graetz, *Die Geschichte der Juden*, Bd. 10, Leipzig 1890, S. 443ff.
8 Baruch de Spinoza, *Theologisch-politische Abhandlung*, München 1826, S. 76f.
9 Ebd., S. 77.
10 Ebd., S. 77f.

10 Die chassidische Revolution

1 Isaak Leib Perez, *Der Prozeß mit dem Wind. Jiddische Geschichten und Skizzen*, Frankfurt 1987, S. 165–170.
2 Zit. in: Israel Cohen, *Vilna*, Philadelphia 1943, S. 235–237.
3 Rabbi Yosef Wineberg, *Lessons in Tanya*, Brooklyn 1988, Bd. 2, S. 483 und 404.

11 Unerwiderte Liebe

1 Arthur Hertzberg, *The French Enlightenment and the Jews*, New York 1968, S. 159.
2 Ebd., S. 284f.
3 C. Duschinsky, *The Rabbinate of the Great Synagogue of London from 1756–1842*, London 1921, S. 94.
4 Moses Mendelssohn, *Jerusalem oder über religiöse Macht und Judentum*, Berlin 1783, Erster Abschnitt, S. 62.
5 Varnhagen von Ense, *Rahel. Ein Buch des Andenkens für ihre Freunde, Erster Theil*, Berlin 1834, S. 43; zit. in: Hannah Arendt, *The Jew as Pariah*, New York 1978, S. 48.
6 David Friedländer, *Sendschreiben an seine Hochwürden, Herrn Oberconsistorialrat und Probst Teller zu Berlin, von einigen Hausvätern jüdischer Religion*, Berlin 1799.
7 Sebastian Hensel (Hrsg.), *Die Familie Mendelssohn, 1729–1847*, Bd. 1, Leipzig 1924, S. 113; zit. in: *The Jew in the Modern World*, hrsg. von Paul R. Mendes-Flohr und Jehuda Reinharz, New York 1980, S. 222f.
8 Karl Marx, »Zur Judenfrage«, in: Karl Marx/Friedrich Engels, *Werke*, Bd. 1, Berlin 1974, S. 372.
9 Voltaire, *Œuvres Complètes*, Bd. XXVIII, Paris 1877ff.; zit. in: Arthur Hertzberg, *The French Enlightenment*, S. 300.

12 Das Neuerfinden des Judeseins

1 Arthur Hertzberg, *Judaism*, New York 1961, S. 46.
2 Arthur Hertzberg, *Shalom Amerika! Die Geschichte der Juden in der Neuen Welt*, München 1992, S. 71.
3 Ebd.
4 Sefton D. Temkin, *Isaac Meyer Wise: Shaping American Judaism*, New York 1992, S. 73. Vgl. James G. Heller, *Isaac M. Wise, His Life, Work and Thought*, New York 1966, S. 193f.
5 Benjamin Disraeli, *Tancred oder der neue Kreuzzug*, Berlin 1936, S. 149f.

13 Zwei radikale Lösungen

1 Theodor Herzl, *Tagebücher 1895–1904*, Bd. 1, Berlin 1922, S. 4f.
2 Ebd., S. 8.
3 Rosa Luxemburg, *Briefe an Freunde*, Zürich 1950, S. 48f.
4 Isaac Deutscher, *Trotzki*, Bd. 3, *Der verstoßene Prophet*, Stuttgart 1963, S. 442.

14 Über die Schwierigkeit, Jude zu sein

1 Brief an Max Brod, Juni 1921, in: Franz Kafka, *Briefe 1902–1924*, Frankfurt 1966, S. 337.
2 Heinrich Heine, *Über Polen*, in: H. H., *Sämtliche Schriften*, München 1976, Bd. 2, S. 77.
3 Herbert Schnierle/Christoph Wetzel, *Die großen Klassiker – Heinrich Heine*, Salzburg 1980, S. 34.
4 *Heinrich Heines Briefwechsel*, hrsg. von Friedrich Hirth, München–Berlin 1914, Bd. 1, S. 252.
5 Französisch geschriebener Brief an Alexander Weill (1840), in: *Gespräche, Briefe, Tagebücher*, hrsg. von Hugo Bieber, Berlin 1927, S. 179.
6 Heinrich Heine, *Briefe*, hrsg. von Friedrich Hirth, 6 Bde., Mainz 1951, Bd. 1, S. 250.
7 Französisch geschriebener Brief an Alexander Weill (1850), in: *Gespräche, Briefe, Tagebücher*, a.a.O., S. 313.
8 Franz Kafka, *Brief an den Vater*, Frankfurt 1976, S. 45.
9 Ebd., S. 33.
10 Franz Kafka, *Tagebücher in der Fassung der Handschrift*, Frankfurt 1990, S. 102.
11 Franz Kafka, *Tagebücher 1910–1923*, Frankfurt 1986, S. 103.
12 Ebd., S. 171.
13 Thomas Mann, »Dem Dichter zu Ehren. Franz Kafka und ›Das Schloß‹«, in: *Schriften und Reden zur Literatur, Kunst und Philosophie*, Bd. 2, Frankfurt 1968, S. 379.
14 Max Brod, *Kafka. Eine Biographie*, Frankfurt 1954, S. 229.
15 Franz Kafka, *Das Schloß*, zit. in: Max Brod, *Franz Kafka*, S. 231f.
16 Ernest Jones, *Das Leben und Werk von Sigmund Freud*, Bd. 2, Bern 1961, S. 136.
17 Sigmund Freud, *Die Traumdeutung, Gesammelte Werke II/III*, Frankfurt 1968, S. 203.
18 Sigmund Freud, »Ansprache an die Mitglieder des Vereins B'nai B'rith«, in: *Gesammelte Werke XVII*, S. 52.
19 Ronald W. Clark, *Sigmund Freud*, Frankfurt 1981, S. 575.
20 Eric Lax, *Woody Allen – Eine Biographie*, Köln 1992, S. 167.
21 Stig Björkman, *Woody über Allen*, Köln 1995, S. 250f.

15 Ein Judentum ohne Gott?

1 *The Menorah Journal* 6 (4. August 1920), S. 181–193.
2 Franz Rosenzweig, *Briefe und Tagebücher*, Den Haag 1979, S. 132f.
3 Martin Buber, *Mein Weg zum Chassidismus*, Frankfurt/M. 1918, S. 19.

4 Martin Buber, *Ich und Du*, Heidelberg 1958, S. 97.
5 Donald J. Moore, *Martin Buber. Prophet of Religious Secularism*, Philadelphia 1974, S. 78.
6 Zit. in: Arthur Hertzberg, *The Zionist Idea*, Garden City, N.Y. 1959, S. 426.
7 Ebd., S. 422f.

Dank

Der angenehmste Augenblick beim Verfassen eines Buches ist die Niederschrift dieser Zeilen. Wenn die Zeit für den Dank gekommen ist, sind die Arbeiten am Buch abgeschlossen, die Autoren fühlen sich halb erschöpft und halb erleichtert (und sind natürlich auch Gott dafür dankbar, daß es ihnen gelungen ist, über die Ziellinie zu stolpern). Nun, da das Manuskript abgeschlossen ist, können wir die Schulden zusammenrechnen, die wir uns unterwegs aufgeladen haben.

Dieses Buch ist entstanden, weil Aron Hirt-Manheimer zu Arthur Hertzberg kam und eine Idee hatte, die sehr bald zum Grundgedanken dessen wurde, was dieses Buch enthalten könnte. Ohne auch nur einen Augenblick zu zögern, erklärte sich eine der tatkräftigsten Literaturagentinnen in den USA, Patti Breitman, bereit, das Buch zu vertreten, weil es ein Buch war, das sie, wie sie uns ganz offen sagte, gern lesen wollte. Patti verkaufte das Buch nicht nur, sie las das Manuskript in seinen verschiedenen Entwürfen und gab besonnene Anregungen. Wir sind fest davon überzeugt, daß sie das Zeug zu einer hervorragenden Lektorin hätte – falls sie daran denken sollte, sich einen neuen Beruf zu suchen.

Nicht weniger Glück hatten wir mit unserem Lektor Mark Chimsky. Wie alle guten Lektoren hat er den Autoren gut zugeredet und ihnen gelegentlich sogar geschmeichelt, doch vor allem hat er klar erkannt, daß dieses Buch als ein sehr direkter und persönlicher Akt der Kommunikation mit dem Leser geschrieben werden mußte – und Mark hatte den Mut, an dieser Auffassung selbst dann noch festzuhalten, als die allerletzte Terminverlängerung ihrem Ende zuging. Unser Dank gilt auch den Lektoratsassistenten von Mark Chimsky, David Hennessy und Eric Hunt, für ihre Begeisterung und ihre Bemühungen, dieses Werk zu einem guten Ende zu bringen. Die Leiterin von HarperSanFrancisco, Diane Gedymin, und alle ihre Mitarbeiterinnen und Mitarbeiter haben dieses Projekt in allen Phasen tatkräftig unterstützt.

Der Talmud lehrte vor langer Zeit, daß die Werke des Menschen anfällig für Fehler sind. Die Genauigkeit des Manuskripts zu diesem Buch beruht auf der Mithilfe von Freunden, doch für die Fehler, die sich immer noch darin finden, sind wir selbst verantwortlich. Das komplette Manuskript wurde von Chimen Abramsky gelesen, dem emeritierten Inhaber des Goldsmid-Lehrstuhls für hebräische und jüdische Studien an der Universität London. Er korrigierte einige Fehler und machte nützliche und wichtige redaktionelle Vorschläge. An einigen Stellen auf unserem Weg erfuhren wir die Hilfe von Gladys Rosen, einer ehemaligen Mitarbeiterin des American Jewish Committee, Mark Friedman, der früher an der Columbia University lehrte, und Azriel Rosenfeld, Professor für Computerwissenschaft an der Universität von Maryland und Talmudgelehrter. Unser besonderer Dank geht an William Friedman, den Freund und Kollegen seit langen Jahren; an Linda Michaels, unsere begabte und engagierte Agentin für Auslandsrechte, an Hawa Ghaus, graduierter Assistent an der Universität New York, und an Andrew Apostolou, der uns vor allem in den letzten Phasen unserer Arbeit eine große Hilfe war.

Die einzige, die sich mit diesem Manuskript noch härter abgemüht hat als die beiden Autoren, war Carol Ivanovski, die immer wieder, Tag und Nacht sämtliche neuen Entwürfe und Korrekturen getippt hat, bis sie zufrieden konstatieren konnte, daß es alle richtig gemacht hatten. Vor allem hatte sie ein Händchen im Umgang mit den Autoren und begegnete ihnen mit großer Ruhe und viel Nachsicht.

Jeder der beiden Autoren schuldet einige Worte des persönlichen Danks an die Menschen, die ihm besonders hilfreich zur Seite gestanden sind. Aron Hirt-Manheimer arbeitet Tag für Tag eng mit seinen Kollegen in der Union of American Hebrew Congregations zusammen, deren Vierteljahresschrift *Reform Judaism* er als Redakteur betreut. Er empfindet eine besondere Dankbarkeit für die Freundschaft und die Ermutigung von Rabbi Eric Yoffie, dem Präsidenten der UAHC, von Rabbi Lennard Thal, Vizepräsident der UAHC, Joy Weinberg, der Chefin vom Dienst von *Reform Judaism*, Hilary Ziff, Redaktionsassistentin, und Rose Eichenbaum, Fotografin.

Arthur Hertzberg fühlt sich ganz besonders in der Schuld von Naomi Levine, Senior Vice-president an der Universität New York, und Philip Furmanski, dem Dekan der Fakultät für Geistes- und Naturwissenschaften, die ihn immer wieder ermutigt und ihm durch wichtige Anregungen weitergeholfen haben. Sie und ihre Mitarbeiter an der Universität New York haben dazu beigetragen, diese Stätte der Forschung und Lehre für jeden, der dort arbeiten möchte, zu einem einladenden und anregenden Ort zu machen. Arthur Hertzberg kam der Gedanke, ein Buch über seine eigenen religiösen Überzeugungen zu schreiben, vor einigen Jahren, als er Carl und Renée Landegger kennenlernte und sich mit ihnen anfreundete. Die zahlreichen Gespräche mit ihnen waren höchst aufschlußreich, und ihre Unterstützung hat ihm viel bedeutet. Manches in diesem Buch wurde erstmals in Fribourg in der Schweiz zu Papier gebracht, im Haus von Bluette Nordmann, von deren Freundschaft die Hertzbergs bis heute zehren.

Eine »besondere Beziehung« pflegen Arthur Hertzberg und Edgar Bronfman. Fast dreißig Jahre lang haben sie gemeinsam über viele öffentliche Fragen gearbeitet und sind einander in tiefer persönlicher Freundschaft verbunden. Seit 1991 hat Arthur Hertzberg die Stelle des Bronfman Visiting Professor für Geisteswissenschaften an der Universität New York inne, unterstützt von der Samuel Bronfman Foundation und dem ganz persönlichen Engagement von Edgar Bronfman. Dieses Buch verdankt ihm und seiner Frau Jan Aronson mehr, als sich in wenigen Worten sagen läßt.

Als es darum ging, für die deutsche Ausgabe die zitierten deutschen Originaltexte ausfindig zu machen, habe ich sehr vom Wissen und der Hilfsbereitschaft der Bibliothekare des Leo-Baeck-Instituts und des Jüdischen Theologischen Seminars in New York profitiert. Ihnen danke ich sehr. Auch Walter Hinderer von der Princeton University und seine Frau haben mir dabei sehr geholfen.

Wir haben auch zu danken dem deutschen Übersetzer, Udo Rennert, und dem Lektor Eginhard Hora, für ihre überaus verständige Arbeit. Ihre Fragen und Vorschläge waren sehr wertvoll und haben viel zur Klärung beigetragen.

Beide Autoren möchten ihre Liebe und Dankbarkeit gegenüber ihren Frauen und überhaupt ihren nächsten Angehörigen aussprechen für ihr Verständnis und ihre großzügige Haltung. Ihnen widmen wir dieses Buch.

Arthur Hertzberg
Aron Hirt-Manheimer

Namenverzeichnis

Aaron 59
Abimelech 28
Abner von Burgos 126f.
Abrabanel, Don Isaak 128–132, 134, 136, 141
Abraham 21–23, 26, 28, 37, 44f., 52, 59, 68–73, 76, 78, 82, 84, 112, 116, 180f., 278, 287, 305
Achad Haam (Ascher Ginzberg) 47f., 292f., 295, 309
Acosta, Uriel (Gabriel da Costa) 137f., 170, 330
Adler, Felix 245
Adler, Rabbi Samuel 245
Adorno, Theodor Wiesengrund 25
Agimet 113
Akiba, Rabbi 32, 104f., 132, 335
Albright, Madeleine 77, 326
Alexander der Große 26, 84, 86
Allen, Woody (Allen Stewart Konigsberg) 283–286
Amir, Jigal 63
Amos 40, 329
Apion von Alexandria 88–90, 223
Aschkenasi, Rabbi Joseph 149
Aschkenasi, Rabbi Saul Hakohen 130
Asulaj, Rabbi Chaim Joseph David 207
Auerbach, Rabbi Schlomo Zalman 60
Augustinus, Aurelius 89

Baal Schemtow (Rabbi Israel ben Elieser) 184, 186, 190–195, 200, 301
Baeck, Leo 332
Bär von Mesiritsch, Dow 186, 194–196
Bar Kochba 104f., 111, 154
Baron, Salo Wittmayer 18, 107
Barzini, Luigi 21
Beilis, Mendel 264
Ben Gurion, David 38f., 65f., 173, 321, 331
Berdyczewski, Micha Josef 291f.
Bergmann, Hugo 276
Bergson, Henri 75
Berlin, Sir Isaiah 53f.
Berlinski, Hirsch 100
Bismarck, Otto von 250f.
Bloch, Marc 313
Bodin, Jean 170
Boleyn, Anna 159
Bonnet, Charles 212
Brenner, Josef Chajim 291f.
Brod, Max 276–278
Buber, Martin 14, 184–187, 298–305, 308f., 320f.
Buber, Salomon 300
Bulan, König 116
Bullinger, Heinrich 163

Caligula 93f.
Cervantes, Miguel de 144
Chambéry, Rabbi Peyret von 113
Chaplin, Charlie 284
Chmielnicki, Bogdan 153, 172
Christiani, Pablo 120f.
Churchill, Winston 267

Cicero 86, 89
Clermont-Tonnerre, Stanislas de 9
Closener, F. 113f.
Cohen, Hermann 295f.
Cortez, Hernando 142
Cromwell, Oliver 167

Darwin, Charles 290, 292
David, König 58, 78, 80, 134, 250
de Avila, Alonzo 142f.
de la Reina, Josef 136
de Pinto, Isaak 202–204, 206f.
Dickens, Charles 222f., 225
Dickinson, John 245
Dinur, Benzion 187
D'Israeli, Isaac 247
Disraeli, Benjamin 246–252, 256
Dohm, Christian Wilhelm von 213
Donin, Nikolaus 119f.
Dreyfus, Alfred 257
Durkheim, Émile 334

Ehrenberg, Rudolf 296f.
Einstein, Albert 27, 54
Elbau, Julius 249
Eleasar ben Jair 99–101
Emden, Rabbi Jacob 165, 189
Emerson, Ralph Waldo 91
Esau 59, 153
Esther 87
Eybeschütz, Rabbi Jonathan 168f., 189

Faraj, Juda 148
Farrakhan, Louis 57
Feilchenfeld, Alfred 155
Feinstein, Rabbi Moshe 60
Ferdinand II., König 129, 139f.
Feuerberg, Mordechaj 324
Fourier, Charles 225
Frank, Jakob 189, 196
Frankel, Rabbi Zacharias 235f., 289f.

Freud, Sigmund 26, 49, 177, 279–282
Friedländer, David 217–218, 220
Fromm, Erich 298
Fronto, Haterius 98

Gaon von Wilna (Elija ben Schlomo Salman) 134, 182, 192, 195f., 209, 228, 305
Geiger, Abraham 232–236
Georg V., König 333
Gibbon, Edward 109
Ginzberg, Louis 13, 18
Glückel von Hameln 155
Goebbels, Joseph 89
Goldmann, Nahum 50, 56
Goldstein, Baruch 41
Gordon, Ahron David 253
Gorkij, Maxim 265
Gradis, Familie 207
Gryn, Hugo 333

ha-Cohen, Rabbi Israel Meir 335
Hagar 59
Halevi, Juda 116, 122, 153
Haman, Wesir 87
Hanna 92
Hannibal 106, 281
Heine, Heinrich 271–273
Heinrich VIII., König 159f.
Hell, François 213
Hertz, Joseph Herman 333
Hertzberg, Nechama (Mutter des Autors) 68, 184
Hertzberg, Zwi Elimelech (Vater des Autors) 17, 32f., 68f., 184, 206
Herzl, Theodor 25, 47, 176, 185, 254–261, 268, 300f., 305, 328, 330
Hillel 32, 252
Hiob 52, 321f.
Hirsch, Baron Moritz 258
Hirsch, Rabbi Samson Raphael 229–232, 235f.

Hitler, Adolf 77, 89, 149, 249, 266, 316, 321
Hope, Bob 284

Illowy, Bernard 242
Isaac, Jules 108
Isaak 59, 71
Isabella I., Königin 129, 139f.
Ismael 59

Jachia, Solomon 148
Jacobson, Israel 236–238
Jaime I. von Aragonien 120
Jakob 59, 153
Jehiel von Paris, Rabbi 119f.
Juda der Fürst, Rabbi (Juda Hanassi) 60, 105
Jeremias 81, 83
Jesaja 74
Jesus Christus 26, 39, 42, 79, 95–98, 109–112, 119, 121, 162, 165, 167, 186, 217, 231, 319
Johannes XXIII., Papst 108
Johannes Paul II., Papst 314
Jolson, Al (Joelson, Asa) 282f.
Joseph 59
Joseph, König der Chasaren 115f.
Josephus Flavius 88f., 98f., 101f.
Joshua 59
Juda 59
Jung, Carl Gustav 280
Juvenal 107

Kafka, Franz 26, 269, 272–278, 282, 286
Kafka, Herrmann 274f.
Kant, Immanuel 210, 295f.
Kaplan, Rabbi Mordechaj M. 56, 294f., 307, 320, 334
Karl II., König 167
Karo, Rabbi Josef 149
Katharina von Aragonien 159
Keaton, Diane 284
Kepler, Johannes 152
Kolumbus, Christoph 139–141

Konstantin I., Kaiser 109
Kook, Rabbi Abraham Jizchak 60, 304f., 309
Krochmal, Nachman 76f., 288–290
Kyros II., König 81

Laguna, Andres 146
Landau, Rabbi Ezechiel 209
Lavater, Johann Caspar 212f.
Lax, Eric 284
Leibniz, Gottfried Wilhelm 179
Leibowitz, Jeschajahu (Jesaja) 157
Lenin, Wladimir Iljitsch 47, 262, 265
Lessing, Gotthold Ephraim 10, 212f.
Lessing, Theodor 268
Lieberman, Samuel Aaron 45f.
Liebknecht, Karl 263
Lincoln, Abraham 241
Löwy, Isak (Jizchak) 275f.
Lurja, Isaak (Aschkenasi) 136–138, 157, 178, 195, 198, 305
Luther, Martin 161–163, 221, 320
Luxemburg, Rosa 255, 262–264

Maharal (Rabbi Juda Löw, der »Hohe Rabbi Löw«, Juda ben Bezalel) 151–153
Mahler, Raphael 188
Maimonides, Moses (Mosche ben Maimon) 41, 60, 76, 117f., 130–132, 134, 165, 172, 192, 207, 210
Maleachi 182, 194
Manasse ben Israel, Rabbi 167, 171
Manetho 88, 223
Mann, Thomas 277
Marie-Antoinette, Königin 205
Martínez, Ferrant 127
Marx, Eleanor 74
Marx, Groucho 284–286
Marx, Heinrich (Hirschel ha-Levi) 221

Marx, Karl 74, 177, 206, 220–222, 247, 264, 279, 290
Masso, Jakob 148
Mayer, Egon 338
Mazeh, Jakob 265f.
Meïr, Golda 150
Melanchthon, Philipp 163
Menachem Mendel (aus Kotzk) 133
Menachem Mendel (aus Witebsk) 195
Menachem Mendel Schneerson 158, 199–201
Mendelssohn, Abraham 219
Mendelssohn, Moses 10, 209–215, 217, 220, 228–230, 236, 247, 290, 338
Mendelssohn Bartholdy, Felix 219
Mendes, Francisco und Diogo 145–147
Mohammed 79f., 97
Montefiori, Claude 47
Moore, George Foot 13
Moses 28, 59, 77, 88, 111, 132, 137, 180, 217, 219, 299, 341
Moses ben Schemtow de Leon 125

Nachman ben Simcha aus Brazlaw 191, 200
Nachmanides (Moses ben Nachman) 120–122
Napoleon I., Kaiser 221, 234, 238
Nasi, Doña Gracia 140, 145–151, 153, 203, 245
Nathan aus Gaza 154–156
Nobel, Rabbi Nehemiah 298

Ophüls, Marcel 285
Orobio de Castro, Isaak 179
Osiander, Andreas 163

Paul IV., Papst (Kardinal Giovanni Pietro Caraffa) 140, 146–148
Paulus, Apostel 37, 110, 186f.

Penaforte, Raymond 120
Perez, Jizchak (Isaak) Leib 182–184, 262
Perez, Manuel Bautista 143
Petronius 94
Pfefferkorn, Johannes 161
Philon von Alexandria 73, 85, 93f., 172
Pico della Mirandola 160
Pilatus, Pontius 96
Pinchas von Korez, Rabbi 168
Pinsker, Leon (Jehuda Löb) 25, 259
Plechanow, Georgij 47
Potocki, Graf Valentin 166
Proudhon, Pierre-Joseph 225

Rabin, Itzhak 63, 328, 330
Raschi (R. Salomo b. Isaak) 193
Rawidowicz, Simon 78
Rembrandt 171
Reuchlin, Johannes 160f., 163
Rice, Abraham 241f.
Rivkes, Rabbi Moses 164f.
Rokeach, Rabbi Aaron 322
Roosevelt, Franklin Delano 68
Rosenzweig, Franz 272, 296–300, 308f.
Rothschild, Familie 147, 258
Rothschild, Baron Lionel de 250f.

Saadja (ben Josef) Gaon (zu Sura) 290
Sabbatai Zwi (Schabbatai Zewi; Asis Mehmed Effendi) 32, 154–158, 186f., 189f., 196, 227, 328
Sacks, Jonathan 333
Saladin, Sultan 118
Salanter, Rabbi Israel (Israel Lipkin) 44f.
Salomo, König 58f., 76, 78, 80f., 250
Salomon, Haym 242

Santangel, Luis de 141
Sara 28, 45, 59, 68, 70f., 78, 82, 84, 112, 287
Sartre, Jean-Paul 24f.
Schaprut, Chasdaj ibn 115–118
Schechter, Rabbi Salomon 13, 289f.
Schiff, Rabbi David Tewele 208
Schiff, Jacob Henry 245f.
Schnëur Salman von Ladi 195, 197–200
Scholem, Gerschom 187f., 298, 303, 328
Schulz, Gefreiter 30
Sedow, Sergej 266
Seneca 89
Seneor, Abraham (Fernando Nuñez Coronel) 128f., 139–141
Shakespeare, William 113, 222–224
Simon der Gerechte 86
Sobremonte, Tomás Treviño de 143
Sofer (Schreiber), Rabbi Moses 228f.
Soloweitschik, Rabbi Josef Dow 60, 232
Soncino, Rabbi Joshua 149
Spencer, Herbert 292
Spinoza, Baruch de 75, 170, 172–181, 212, 227, 267, 279, 295f., 330
Stalin, Jossif Wissarionowitsch 47, 90, 265f.
Stein, Edith 314
Steinschneider, Jehuda Leib Gordon 288
Steinschneider, Moritz 288
Stuyvesant, Peter 171
Süleiman I., Sultan 146

Teitelbaum, Rabbi Joel 321
Teller, Propst Wilhelm Abraham 217–219
Terach 70, 180
Tibbon, Samuel ben Juda ibn 130
Tiberius Julius Alexander 74
Titus 74, 98f., 103
Tocqueville, Alexis de 21
Torres, Luis de 142
Toynbee, Arnold 219
Trajan 104
Trotzkij, Leo (Leib Dawidowitsch Bronstein) 74, 255, 262, 264–268
Tschernichowsky, Schaul (Saul) 291

Usque, Samuel 147

Varnhagen, Rahel 216
Vecinho, Joseph 141
Vico, Giambattista 179
Victoria, Königin 250
Voltaire 109, 202–204, 224f., 271

Weininger, Otto 269
Weizmann, Chajim 54, 66, 261
Wessely (Wesel), Naphtali Herz (Hartwig) 208f., 237
Weygandt, Wilhelm 279
Wilhelm II., Kaiser 250
Williams, Roger 163f.
Wise, Isaac Meyer 241–244, 246
Wise, Rabbi Stephen S. 131f., 149
Wulff, Moses Benjamin 210

Zacuto, Abraham ben Samuel 141
Zunz, Leopold 272